D1717656

Verwaltungsressourcen und Verwaltungsstrukturen

herausgegeben von:

Prof. Dr. Hermann Hill, Universität Speyer,
Prof. Dr. Dieter Engels,
Präsident des Bundesrechnungshofs Bonn a.D., und
Prof. Dr. Utz Schliesky,
Direktor des Schleswig-Holsteinischen Landtages

Band 29

Prof. Dr. Hermann Hill/Prof. Dr. Mario Martini/
Edgar Wagner (Hrsg.)

Die digitale Lebenswelt gestalten

Nomos

Die Deutsche Nationalbibliothek verzeichnet diese Publikation in
der Deutschen Nationalbibliografie; detaillierte bibliografische
Daten sind im Internet über http://dnb.d-nb.de abrufbar.

ISBN 978-3-8487-2672-1 (Print)
ISBN 978-3-8452-7010-4 (ePDF)

1. Auflage 2015
© Nomos Verlagsgesellschaft, Baden-Baden 2015. Printed in Germany. Alle Rechte, auch
die des Nachdrucks von Auszügen, der fotomechanischen Wiedergabe und der Übersetzung, vorbehalten. Gedruckt auf alterungsbeständigem Papier.

Vorwort

Der digitale Wandel durchdringt unaufhaltsam alle Lebens- und Wirtschaftsbereiche, bringt insbesondere grundlegende Veränderungen für Leben und Arbeiten mit sich. Darin liegen Gefahren, etwa für den Persönlichkeitsschutz, aber auch viele Herausforderungen und Chancen für die Kommunikation und Kollaboration mit anderen und das Zusammenleben in der Gemeinschaft. Diese zukünftigen Entwicklungen gilt es zu gestalten.

Der Aufgabe, diesen Prozess wissenschaftlich zu begleiten, stellte sich das 3. Speyerer Forum zur digitalen Lebenswelt am 20./21. März 2014. Dessen Vorträge gibt der Band in teilweise überarbeiteter und erweiterter Form wieder. Die Veranstaltung fand als gemeinsame Veranstaltung der Deutschen Universität für Verwaltungswissenschaften Speyer und des Landesbeauftragten für den Datenschutz und die Informationsfreiheit Rheinland-Pfalz statt. Die letzten vier Beiträge des Bandes sind aus Ringvorlesungen, Seminaren und wissenschaftlichen Arbeiten auf dem Campus Speyer hervorgegangen.

Die Herausgeber bedanken sich bei Herrn Ass. iur. Fouad Yahia, Mag. rer. publ., wissenschaftlicher Mitarbeiter am Lehrstuhl von Univ. Prof. Dr. Hermann Hill, für die redaktionelle Bearbeitung des Bandes.

Speyer, im Juni 2015

Hermann Hill   Mario Martini   Edgar Wagner

Inhaltsverzeichnis

Wie werden und wollen wir morgen leben? – Ein Blick in die Glaskugel der digitalen Zukunft

Mario Martini

Übersicht

Seit der industriellen Revolution hat sich keine größere technologische und soziale Innovation vollzogen als die digitale Transformation. In Windeseile ist das Internet nicht allein zur zentralen (räumlich und zeitlich entgrenzten) technischen Infrastruktur der globalen Kommunikation, sondern auch zum Schwungrad industrieller Entwicklung avanciert. Seine disruptive Kraft setzt längst überkommene wirtschaftliche Geschäftsmodelle, Alltagsabläufe und Lebensentwürfe einem tief greifenden sozialen, technischen und kulturellen Wandlungsprozess aus.

Innovationsschübe gehören zur Biografie einer modernen Gesellschaft wie die Pubertät zur Entwicklung eines Menschen. Von früheren Entwicklungssprüngen der Menschheit, etwa der Erfindung des Buchdrucks oder der Eisenbahn, unterscheidet sich die digitale Revolution aber in einem wichtigen Aspekt: Während diese nur einzelne Lebensbereiche (mit Rückstrahlungen auf die Gesellschaft insgesamt) betrafen, legt die digitale Revolution eine Innovationsschicht über alle Lebens- und Arbeitsbereiche – von der Konsum- über die Arbeitswelt bis hin zur Partnersuche. Die digitale Revolution läutet auch einen Kulturwandel ein, der die Grundregeln unseres gesellschaftlichen Miteinanders einer Bewährungsprobe aussetzt. Bislang gesellschaftlich anerkannte »rote Linien« sozialer Normen, etwa das Tabu einwilligungslosen Fotografierens Dritter, lassen sich durch neue technische Möglichkeiten, wie etwa »Google Glass«,[1] unbemerkt übertreten. Die Technik verschiebt die Grenzen des Machbaren; das Machbare läuft der gesellschaftlichen Diskussion über das Wünschenswerte voraus und fordert unsere Gesellschaft zu einer Suche nach der ethischen Signatur der künftigen elektronischen Welt heraus: Wie wird und wie soll in der digitalen Welt das Verhältnis zwischen Privatheit und Öffentlichkeit ausgestaltet sein? Wird die Digitalisierung aller Lebensbereiche eine neue Blüte demokratischer Kultur in räumlich entgrenzten Gemeinschaften auslösen oder eher einer neuen Kultur der Überwachung, eines informatorischen Panoptikums, den Boden bereiten, in der – wie *Foucault*[2] es ausdrückte – die Macht bei denen liegt, die schweigen und beobachten, nicht bei denen, die sprechen und über sich Auskunft geben? Wer steuert und kontrolliert künftig die digitalen Ströme, auf die wir im Zeitalter des Internets angewiesen sind? Wie werden und wie wollen wir also morgen leben?

---

1 Die Aktivierung der Aufnahmefunktionen durch unauffällige Gesten oder ein Augenzwinkern ist weder für Gesprächspartner und noch weniger für Passanten erkennbar.

2 Der Gefangene solle niemals wissen, ob er zu irgendeinem Zeitpunkt beobachtet wird; aber er müsse sicher sein, dass er immer beobachtet werden kann. *Foucault*, Überwachen und Strafen: die Geburt des Gefängnisses, 14. Aufl., 2013 S. 258 f.

Mit diesen Herausforderungen lässt sich in zweierlei Weise umgehen: fatalistisch wie *Albert Einstein*, der gesagt haben soll: »Ich denke niemals an die Zukunft. Sie kommt früh genug«, oder optimistisch mit Neugierde und Gestaltungswillen wie *Alan Kay*: »Die Zukunft kann man am besten voraussagen, wenn man sie selbst gestaltet.« Der Wunsch, die Zukunft zu gestalten, verdient bei nüchterner Betrachtung einen stärkeren Impuls als kontemplatives Abwarten. Denn sie ist es, in der wir leben werden. Das *Comte*'sche Leitmotiv »Sehen, um vorauszusehen« ist Teil des Gebots einer rationalen Handlungswahl. Will die Gesellschaft nicht von der Faktizität technischer Entwicklungen überrollt werden, muss sie frühzeitig den Blick auf die Möglichkeiten und Grundfragen des digitalen Alltags der Zukunft richten. Das setzt eine Erschließung der technischen Grundlagen und Perspektiven voraus, auf deren Folie Visionäre die Parameter der Zukunft skizzieren und ein zweites Maschinenzeitalter[3] ausrufen.

Eine okkulte Kristallkugel, welche die Details des Lebens im Jahre 2025 sichtbar macht, steht dabei niemandem zu Gebote. Einige Entwicklungen zeichnen sich aber bereits heute klar ab – und mit ihnen zahlreiche Herausforderungen für die digitale Gesellschaft. Der Computerpionier *Alan Turing* hat sie mit den Worten beschrieben: »Wir können nur eine kurze Distanz in die Zukunft blicken, aber dort können wir eine Menge sehen, was getan werden muss.«

I. Sphären des digitalen Alltags der Zukunft

Schenkt man den technischen Prophezeiungen Glauben, wird der Alltag der Zukunft vor allem eines sein: smart. Wir leben in Smart Homes einer Smart City, deren gesamte Verkehrsinfrastruktur digital vernetzt und der autonomen Steuerung von Smart Cars anvertraut ist.

Die Welt von morgen ist gespickt mit Sensoren. Sie begleiten den Einzelnen auf dem Weg zur Arbeit in der U-Bahn, im Auto, im Supermarkt und beim Sport. Sie dienen als physische digitale Zapfstellen der Internetkommunikation.[4] Die Vorboten der damit verbundenen vollständigen digitalen Vermessung sind bereits fester Alltagsbestandteil der »Digital Natives« von

---

3   *Brynjolfsson/McAfee*, The second machine age, 2014.
4   Das Smartphone büßt dann seine Schaltstelle als Funkzentrale für alle persönlichen Daten ein Stück weit ein. An seine Seite tritt in einigen Bereichen eine Vielfalt von an das Internet gebundenen Alltagsgeräten.

heute. Ihre sich abzeichnenden Fortschreibungen laden ein zu einem soziologisch-juristischen Erkundungsgang in die verschiedenen Sphären unserer künftigen digitalen Lebenswelten der Mobilität (1.), der Arbeitswelt (2.) sowie des privaten Lebensraums (3.).

1. Mobilität

Lange Zeit war das Automobil der Inbegriff für Individualität und Freiheit. Weder produzierte es noch konsumierte es digitale Daten. Der technologische Fortschritt unterwirft diesen Befund einem Wandel. In aktuellen Mittelklasse-PKW sind heute mehr als 20 Daten erzeugende und datenverarbeitende Steuergeräte verbaut und miteinander vernetzt – angefangen bei der elektronischen Zündung, über Tankstands- und Öldruckmesser bis hin zu komplexen Systemen wie ABS, Airbags und Fahrerassistenzsystemen. Unter ihren Kühlerhauben verbirgt sich mehr Steuerungstechnik als in den amerikanischen Mondraketen der sechziger Jahre.

In den nächsten 10 Jahren werden sich Autos weit stärker verändern als in den vergangenen 50 Jahren zuvor. Die Fahrzeugindustrie steht vor einem historischen Umbruch, der das Verhältnis zwischen Mensch und Auto neu definieren wird: Die Vision eines digitalen Autopiloten auf Rädern ist der alltagstauglichen Umsetzung sehr nahe. Seiner ursprünglichen griechischen Wortbedeutung macht das Auto der Zukunft alle Ehre. Es wird ein Rechenzentrum auf Rädern sein, das – gespickt mit Minikameras, Radartechnik und Sensoren – dem Fahrzeugführer wie von Geisterhand die Steuerung abnimmt.[5] Es reagiert auf Gesten und Augenbewegungen seiner Passagiere; die Fenster können die Insassen als Bildschirm nutzen, um während der Fahrtzeit im Internet zu recherchieren, ein geschäftliches Videotelefonat zu führen oder sich durch einen Film unterhalten zu lassen.

Das autonome Fahrzeug denkt mit. Wird morgens um 7:30 Uhr der Kofferraum beladen und werden die Gurte des Fahrersitzes sowie der beiden Rücksitze angelegt, weiß der Autopilot: Fahrziel ist die Schule. Er nimmt selbsttätig den besten Weg – samt Abstecher zum Bäcker. Auf der Grundlage der gespeicherten Daten sowie via Eye-Tracking stellt der Smart Car selbstverständlich auch die gewünschte Sitzstellung, Klimatisierung sowie Musik ein.

---

5 Vgl. dazu etwa *Köhler/Wollschläger*, Die digitale Transformation des Automobils, 2014; *Rubinyi*, The Car in 2035, 2014.

Seine Annehmlichkeiten sollen den Menschen die beim herkömmlichen Fahren verlorene Zeit für andere Verwendungen schenken. Aufmerksamkeit und Fahrleidenschaft sind nicht mehr vonnöten. In seinem Prototyp des selbstfahrenden Autos hat Google deshalb mit radikaler Konsequenz nicht einmal mehr ein Lenkrad oder Pedale verbaut. Der »Computer auf Rädern« ist fortlaufend mit der Datenzentrale seines Herstellers verbunden. Dorthin sendet es auch seine Standort- und telemetrischen Daten.

Ebenso wie das Automobil der Zukunft automatisierte Entscheidungen trifft und mit seiner Umgebung vernetzt ist, verhält es sich auch mit der smarten Verkehrssteuerung von morgen: Bordcomputer und Motor kommunizieren nicht nur mit allen Bauteilen des digitalen Autopiloten, sondern auch mit anderen am Verkehr teilnehmenden Fahrzeugen, warnen diese etwa vor Glatteis oder einem unvermittelten Stauende. In die Fahrbahn eingelassene Sensoren zählen Fahrzeuge, messen Geschwindigkeiten und organisieren den öffentlichen wie individuellen Personenverkehr. Die digitale Steuerung der Verkehrssysteme minimiert dadurch den Risikofaktor »Mensch« und senkt so Unfallgefahren, die der Preis für die bisherige »freie Fahrt für freie Bürger« waren. Gegenwärtig gehen 90 % aller Unfälle auf Fahrfehler zurück. Die Automatisierung wird diese Zahl drastisch reduzieren. Die Vision vom unfallfreien Straßenverkehr wird womöglich Realität.

Zugleich ebnen Automatisierung und Vernetzung einer effizienten Ausnutzung der Verkehrsinfrastruktur unter den Bedingungen erhöhter allgemeiner Mobilität den Weg. Der Verkehrsfluss in der Smart City[6] kennt keine Staus und keine langen Wartezeiten an Bushaltestellen oder Bahnhöfen. Denn die digitale Koordination über die verschiedenen Verkehrssysteme hinweg optimiert Verkehrsabläufe in einem antizipatorischen System, dessen technische Möglichkeiten schon heute die Fantasie der Stadtplaner beflügelt. Die automatisierte Verkehrssicherung gestattet es, die Sicherheitsabstände zwischen Fahrzeugen zu reduzieren, dadurch den Verkehrsfluss zu verbessern, insbesondere ein Vielfaches des bisher üblichen Fahrzeugdurchsatzes zu erreichen, und manche Fläche, die bislang die Verkehrsinfrastruktur eingenommen hat, anderen Zwecken zugänglich zu machen.

Die Automatisierung kann aber nicht nur wie ein Bremsklotz auf die Freude am Fahren wirken. Sie ist auch grundrechtssensibel, fordert sie doch eine absolute Transparenz der Fahrzeugnutzung. Mobilitätsdaten lassen

---

6 Vgl. zum Begriff und zum ökonomischen Potenzial etwa *VDE*, VDE-Trendreport 2014 - Schwerpunkt: Smart Citys, 2014, S. 4 f.

sich nicht nur zur Funktionsprüfung, sondern auch zur Erstellung von Bewegungs- und Handlungsprofilen nutzen. Smart Cars und Smart Cities projizieren das Bild des gläsernen Autofahrers bzw. Fahrgasts an die Zukunftsleinwand, dessen autonome Verfügungsgewalt über seine Daten den Effizienzvorteilen digitaler Mobilität Platz macht.[7]

Mit der autonomen Steuerung tritt der Mensch auch einen Teil seiner ethischen Steuerungsmacht an den Algorithmus ab, der die Handlungsanweisungen trifft. Eine automatisierte Verkehrswelt lässt keinen Platz mehr für individuelle Entscheidungen am Lenkrad. Das gilt auch für Dilemmaentscheidungen – etwa die Entscheidung, ob das Fahrzeug dann, wenn unvermittelt ein Kind auf die Fahrbahn läuft, eher das Leben des Kindes, unbeteiligter Dritter oder der Fahrzeuginsassen aufs Spiel setzt. Die digitale Programmierung ethischer Dilemmaentscheidungen braucht einen Wertekompass für Entscheidungsregeln und Präferenzmuster. Damit verbindet sich auch eine Chance: Während bislang Konfliktsituationen und Unfallszenarien der Intuition und Reaktionskraft menschlicher Entscheidungen überantwortet waren, sind sie nun einer Steuerung zugänglich. Ihre Steuerung darf entsprechend auch nicht alleine der ethischen Wertung und den Interessen von Ingenieuren und Informatikern überlassen bleiben. Sie ist auf einen normativen Rahmen angewiesen, der gesellschaftlichen Präferenzen und Wertmuster in einer Welt automatisierter Entscheidungen zum Durchbruch verhilft. Das ethische Setting der Algorithmen muss den gesellschaftlichen Wertvorstellungen entsprechen – nicht umgekehrt.

Mit der algorithmischen Programmierung eng verknüpft sind bislang ungeklärte Haftungsfragen, die sich mit möglichen technischen Fehlern automatisierter Fahrzeugsysteme verbinden, so etwa: Wer haftet im Falle eines Auffahrunfalls, der durch das Funktionsdefizit eines sich selbst steuernden Fahrzeugs entstanden ist: der Fahrzeughalter, der Hersteller oder gar die

---

[7] Zu den damit verbundenen datenschutzrechtlichen Herausforderungen siehe den Überblick bei *Buchner*, DuD 2015, 372 ff.; *Cichy*, PinG 2 (2014), 200 ff.; *Hansen*, DuD 2015, 367 ff.; *Kinast/Kühnl*, NJW 2014, 3057 ff.; *Hornung/Goeble*, CR 2015, 265 (269 ff.); *Kremer*, RDV 2014, 240 (243 ff.); *Rieß/Agard*, PinG 2015, 98 (99 ff.); *Roßnagel*, DuD 2015, 353 ff.; *Rammo/Holzgräfe*, Datenschutz bei vernetzten Autos – elektronische Fahrtenbücher, in: Taeger (Hrsg.), Big Data & Co, 2014, S. 351 ff.; zur Verfügungsbefugnis über Fahrzeugdaten *Hornung*, DuD 2015, 359 ff.; *Kraus*, Telematik – wem gehören Fahrzeugdaten?, in: Taeger (Hrsg.), Big Data & Co, 2014, S. 377 (379 ff.).

Allgemeinheit?[8] Wie auch bei anderen technischen Entwicklungen, die Gefahren induzieren, welche die Gesellschaft aber als beherrschbar einstuft, wird eine allgemeine Gefährdungshaftung eine rechtstechnisch sinnvolle Zurechnungslösung etablieren: Derjenige, der durch die Nutzung technischer Systeme ein Risiko setzt, haftet dann ohne Rücksicht auf ein Verschulden für den Schaden, den die Nutzung des technischen Systems im Einzelfall hervorgerufen hat.

2. Arbeitswelt und Verteilung ihrer digitalen Dividende

a) Das Internet der Dinge als Quellcode einer neuen digitalen Revolution

Nicht nur auf der Straße, sondern auch in den Werkhallen der Zukunft realisiert sich die Vision der vollendeten Automatisierung: Die Smart Factory stellt die Produkte weitgehend autonom her. Alle Maschinen sind via IP-Adresse vernetzt. Der klassische Produktionsprozess bestand bislang aus weitgehend voneinander abgeschichteten Produktionswelten. Diese greifen in der Smart Factory ineinander. Zwischen den Wertschöpfungsstufen ergießt sich ein reicher Daten- und Informationsstrom.

aa) Funktionslogik des Internets der Dinge

In dem Internet der Dinge, einem Machine-to-machine-Internet,[9] das sich aus in physikalische Objekte integrierten Computersystemen zusammensetzt, verfügen alle Gegenstände über einen eigenen RFID-Chip. Sie koordinieren und steuern sich wechselseitig: Die digitale Lagerverwaltung meldet, welche Produkte benötigt werden. Die Maschinen signalisieren, welche Bauteile sie für die Zusammensetzung brauchen und bestellen selbsttätig Fertigungsmaterial. Anlagen reagieren autonom auf Störungen und Umweltveränderungen, simulieren verschiedene Produktionsszenarien und entscheiden sich auf der Grundlage eines Ergebnisabgleichs ihrer Rahmendatenanalyse für das geeignetste Verfahren.

---

8   Zu den haftungsrechtlichen, strafrechtlichen und zulassungsrechtlichen Implikationen *Lutz*, NJW 2015, 119 ff.
9   Im angelsächsischen Raum firmiert das »Internet der Dinge« daher auch unter dem Begriff »Industrial Internet«. Zu den datenschutzrechtlichen Herausforderungen siehe auch *Artikel-29-Datenschutzgruppe*, Opinion 8/2014 on the Recent Developments on the Internet of Things, WP 223, 2014.

Sensoren erfassen sämtliche Funktionsdaten über den Zustand von Anlagen, durchsuchen die Werkmaschinen auf Muster, die drohende Störungen erkennen lassen, und ermöglichen dadurch eine präventive Wartung. In der Smart Factory denken nicht nur Menschen, sondern auch Maschinen: Die Maschinen werden intelligent; sie konfigurieren, optimieren und regulieren sich durch stete wechselseitige Rückkopplung selbst, ohne dass es eines programmierenden Eingreifens von außen bedarf. Der Mensch bleibt der Dirigent in dem Wertschöpfungskonzert der Produktion. Das Orchester aber besteht aus einem konzertanten Zusammenspiel von Mensch und Technik.

Statt durch zentrale Steuerung wird die Produktion über dezentrale autonome Selbstorganisationseinheiten organisiert. So entsteht eine effiziente Interaktion zwischen Produkt und Produktion sowie zwischen Produzent und Verbraucher, die Arbeitsabläufe und Fertigungsstrukturen beschleunigt und flexibilisiert. Die Smart Factory ermöglicht dadurch Fertigung in kleinsten Losgrößen, schafft Geschäftsmodelle, die den gesamten Lebenszyklus von Produkten abdecken und verkürzt damit die Reaktionszeit auf Marktveränderungen.[10] Die horizontale Integration in globale Wertschöpfungsnetzwerke senkt die Instandhaltungskosten, erhöht die Produktivität sowie die Qualität und die Transparenz des Produktionsprozesses. Die verbesserte Effizienz der Betriebsabläufe schont Ressourcen, reduziert damit

---

10 Davon profitieren besonders Industriezweige mit sehr kurzen Produktionszyklen, wie die Verpackungsindustrie oder die Handyherstellung. 3D-Druck ergänzt bzw. ersetzt dabei konventionelle Fertigungstechnologien, erleichtert insbesondere die Fertigung von Ersatzteilen und die Individualisierung der Produktion, indem er auf der Grundlage detailscharfer Computervorlagen komplexe Komponenten schichtweise zu Fertigungsteilen aufbaut, ohne dass diese von Menschenhand geschweißt, gefräst oder gegossen werden bzw. lange Transportwege aus dem Herstellungsland in Kauf genommen werden müssen – von der Plastikfigur über das Ersatzteil des Staubsaugers bis hin zur einer zweistöckigen Villa (vgl. etwa *Ankenbrand*, Eine Villa aus dem 3D-Drucker, FAZ vom 6.3.2015, S. 22; zu den immaterialgüterrechtlichen Implikationen *Nordemann/Rüberg/Schaefer*, NJW 2015, 1265 ff.; *Solmecke*, Rechtliche Aspekte des 3D-Drucks, in: Taeger (Hrsg.), Big Data & Co, 2014, S. 283 ff.). Das senkt zum einen die Produktions-, zum anderen die Vorhaltekosten für (später nicht unbedingt benötigte) Bauteile und verkürzt die Absatzwege sowie Fertigungszeiten. Die Technologie macht sogar Bio-Printing-Verfahren vorstellbar, welche in Massenverfahren Produkte herstellen, die organischen Bestandteilen äquivalent sind. Bio-Printing reproduziert dann aus zuvor gezüchteten Zellen organisches Gewebe, aus dem nach heutigen Visionen eine Niere, eine Leber oder sogar ein Herz entstehen kann.

die Umweltbelastung und verleiht Innovationen im Idealfall über alle Produktionslebenszyklen hinweg einen Schub.

In diesen Entwicklungen liegt der Quellcode einer vierten industriellen Revolution, die nach dem Vorbild der vorangegangenen industriellen Revolutionen[11] Basisinnovationen mit langwelligen Konjunkturzyklen auszulösen verspricht. Mit ihrem disruptiven Potenzial läutet sie ein neues Zeitalter der Produktion ein, indem sie eine Brücke zwischen den Möglichkeiten der digitalen IT-Welt und der analogen Produktionslandschaft schlägt.

bb) Standardisierung als Wettbewerb konkurrierender Systeme

Die vollständige Vernetzung aller Produktionsprozesse setzt eine Standardisierung der Schnittstellen und Normung der technischen Standards voraus, um eine babylonische Sprachverwirrung zwischen den Maschinen und Plattformen zu verhindern. Standardsetzung entpuppt sich hier in besonderer Weise als Wettlauf konkurrierender Systeme: Wer die Standards definiert, liefert den Grundriss für die Architektur der digitalen Plattform der Zukunft. Er hat in dem Rennen um die Datenhoheit einen entscheidenden Wettbewerbsvorteil.[12] Die Startplatzierungen dafür werden heute verteilt.

cc) Verletzlichkeit der Systeme in integrierten Wertschöpfungsketten

Jede Schnittstelle in einer Welt der Industrie 4.0, über welche die Maschinen sowie Produkte miteinander kommunizieren, eröffnet zugleich eine potenzielle Angriffsfläche, mit deren Hilfe sich Dritte Zugänge zu sensiblen Informationen verschaffen können. Diese gilt es, vor unerwünschten Zu-

---

11 Erst zogen Wasser- und Dampfkraft in die Fabriken ein (Industrie 1.0 ab 1784) und ersetzten menschliche und tierische Arbeitskraft durch Maschinen. Mit ihrer Elektrifizierung, der arbeitsteiligen Massenfertigung auf Fließbändern sowie der Verbesserung der Logistik durch den verstärkten Eisenbahnbau rollte ab 1870 die zweite industrielle Revolution vom Band (Industrie 2.0). Dann kam die automatisierte Steuerung durch Computer und Software hinzu (Industrie 3.0 ab 1970). Die Industrie 4.0 verbindet diese Produktionsansätze nun miteinander zu einer übergreifenden digitalen Kommunikationseinheit.

12 Dazu und zum Zusammenspiel von technischen Standards und Patentrechten *Ullrich*, GRUR 2007, 817 ff.

griffen zu schützen. Die Angreifbarkeit von Fertigungsdaten, Betriebsgeheimnissen und ganzen Wertschöpfungsketten ist die empfindliche Kehrseite vollständiger Vernetzung.

Die Produktionsprozesse der Smart Factory sind verwundbar durch jegliche Form des Angriffs aus dem Cyberspace, sei es Industriespionage, sei es nachrichtendienstliche Überwachung, seien es Sabotageakte. Längst sind es insbesondere nicht mehr nur kriminelle Gruppen, die Schadsoftware mit der Zielsetzung programmieren, in Computersysteme eindringen und dort wirtschaftlichen Schaden anrichten zu können. Immer häufiger sind es Konkurrenzunternehmen, die den Vorsprung des Technologieführers und anderer Wettbewerber einzuholen und deren Know-how abzugreifen versuchen. Um sich darauf Zugriff zu verschaffen, genügt der Angriff auf ein einziges Objekt entlang des Produktionsprozesses.

Nicht alleine eigene, sondern auch fremde Infrastrukturen können zum Waffenlager von Cyberangriffen werden. Die Störung eines Systems kann eine Kette von Reaktionen in fremden Systemen auslösen. Die wachsende Zahl von Angriffspunkten wirksam zu schützen, ist entsprechend eine der zentralen Herausforderungen digitaler Industriepolitik: Alle Industriesektoren haben ein vitales Interesse an der Absicherung ihrer Wertschöpfungsnetzwerke gegen den unberechtigten Zugriff von außen.[13] Die Wehrfähigkeit der Sicherheitsarchitektur ist ein Schlüsselfaktor für die Verantwortbarkeit der neuen technologischen Produktionsmöglichkeiten. Nicht zuletzt hängt von dem Vertrauen in die Sicherheit die Bereitschaft zu ihrem Einsatz ab. Bedrohungen zu erkennen und sie zu bekämpfen, bevor ein Schaden entstehen kann, darf daher auch in einer Welt vernetzter Maschinen nicht nur eine Vision bleiben. Die Herstellung von Sicherheit gleicht dabei immer mehr dem Kampf gegen eine Hydra, deren Köpfe so schnell nachwachsen, wie die bereits erkannte Gefahr gebannt wird.

b)   Die Digitalisierung – Geburtsstunde einer neuen sozialen Frage?

Die Fabrik der Zukunft senkt die Grenzkosten für die Herstellung von Waren und Dienstleistungen drastisch. Sie macht insbesondere Arbeiten entbehrlich, die durch einen hohen Grad an Routine oder körperlicher Anstren-

---

13   Vgl. auch zum Datenschutz im Internet der Dinge: *Artikel-29-Datenschutzgruppe* (Fn. 9), S. 1 ff. sowie zu den haftungsrechtlichen und produktsicherheitsrechtlichen Herausforderungen *Bräutigam/Klindt*, NJW 2015, 1137 (1138 ff.).

gung gekennzeichnet sind. Eine Welt, in der Menschen nicht mehr eintönige, die körperliche Gesundheit gefährdende Arbeiten verrichten müssen, wird vorstellbar. Die entsprechenden Zeitressourcen und Fähigkeiten stehen für kreative, dem Menschen mit seinen besonderen Begabungen und seiner intellektuellen Kapazität zugänglichere Tätigkeiten zur Verfügung.

aa) Veränderungen der Bedarfsstruktur

Die vernetzte Welt überträgt digitalen Sklaven lästige und unangenehme Tätigkeiten einer Wohlstandsgesellschaft. Sie stellt aber auch dem einfachen Arbeiter der bisherigen Mittelschicht nicht mehr ohne Weiteres die überkommenen Strukturen bisheriger Arbeitsplätze in gewohnter Form und Menge zur Verfügung. Die Zahl der in der Fertigung oder Dienstleistungserbringung benötigten Mitarbeiter sinkt rapide. Einfache Fertigungsprozesse – im Grundsatz alle Tätigkeiten, die wenig soziale oder kreative Intelligenz bzw. keine komplexe Analyse ihrer Umgebung erfordern – können Maschinen und ihre technischen Assistenzsysteme übernehmen. Sicher: Die kognitive und haptische Flexibilität eines Arbeiters an der Werkbank lässt sich durch algorithmengesteuerte Roboter nicht ohne Weiteres vollständig ersetzen. Aber die Industrie 4.0 wird sie ergänzen. Die Bedien- und Programmierbarkeit, Einsatztauglichkeit und Fehlerresistenz moderner Roboter verbessern sich stetig. Während sie noch vor nicht allzu langer Zeit bereits an einfachsten motorischen Aufgaben scheiterten, sind sie inzwischen in der Lage, komplexe Aufgaben zuverlässig zu erfüllen. Die Verbreitung der Robotertechnologie im Alltag steht vor einem Durchbruch. Die Einführung von Mindestlöhnen verleiht dieser Entwicklung zusätzlichen Schub: Sie verschiebt die Renditekurve zusätzlich zugunsten der maschinellen Produktion von morgen.

Nachhaltige Umbrüche sagen Experten insbesondere dem Dienstleistungssektor voraus. Dort kommt der Robotik sogar ein noch größeres Potenzial zu als in der Industrie.[14] Digitale Assistenzsysteme, welche die Robotik dank ihrer technischen Entwicklungssprünge der jüngeren Zeit und drastisch sinkender Herstellungskosten (die teilweise ein Hundertstel der

---

14 Das *McKinsey Global Institute* geht davon aus, dass das potenzielle jährliche Marktvolumen der Robotik in Höhe von 1,7 bis 4,5 Billionen USD mit mehr als 0,8 bis 2.6 Billionen USD allein im Gesundheitssektor verortet ist, vgl. *Manyika/Chui/Bughin et al.*, Disruptive technologies: Advances that will transform life, business, and the global economy, 2013, S. 68.

früheren Kosten betragen) hervorbringt, finden ihre Einsatzfelder insbesondere als Helfer im Haushalt, bei der Pflege älterer Menschen und in der Logistik. Sie stehen rund um die Uhr zur Verfügung, machen keine Pausen, vergessen ihre einstudierten Aufträge und Arbeitsrhythmen nicht, begehen bei ihren automatisierten Entscheidungen keine Flüchtigkeitsfehler, brauchen keinen Urlaub, fallen nicht krankheitsbedingt aus und organisieren sich nicht in Interessenvereinigungen, Betriebsräten und Gewerkschaften.

Dem Exklusivbereich menschlicher Entscheidung bleiben damit langfristig nur noch die Vorbereitung und Überwachung der elektronischen Steuerung, das Lösen komplexer Probleme sowie wichtige Strukturentscheidungen in laufenden Prozessen vorbehalten – jeweils unterstützt durch digitale Agenten, welche die Fülle der Daten auswerten und Vorschläge unterbreiten. Nicht das Abarbeiten eines Auftrags, sondern die Steuerung laufender Produktionsprozesse wird zukünftig als besondere menschliche Leistung gefragt sein. Das Anforderungsniveau an diese spezielle Mitarbeiterequipe und der Bedarf an Berufen, die auf eine besondere soziale und kreative Intelligenz ihrer Ausübenden angewiesen sind, werden tendenziell steigen. Das gilt etwa für diejenigen Tätigkeitsbereiche, deren Kerngehalt darin besteht, auf andere Menschen und ihre Bedürfnisse einzugehen, sie zu betreuen oder ihnen in einer individuellen Problemlage helfend zur Seite zu stehen. Diese Leistungen und Fähigkeiten sind durch eine Automatisierung des Geistes[15] am schwersten ersetzbar.

Empathie hat bisher noch keine Maschine erlernen können. Wenn sich Prozesse in kurzen Abständen ändern, ist der Mensch (jedenfalls bislang noch) flexibler als ein programmierter Roboter. Anderes gilt demgegenüber für diejenigen Entscheidungen, welche auf der Grundlage einer umfassenden Datenanalyse und Datenauswertung rekonstruierbar sind, etwa die Aufgaben von Kassierern, Buchhaltern und Kreditanalysten.[16] Diese Arbeitnehmergruppen werden den Kampf um ihren Arbeitsplatz im Zweifel gegen Maschinen verlieren.

bb) Verteilung der digitalen Dividende

In der Tiefe ihrer Einschnitte für die Arbeitswelt unterscheidet sich die digitale von der industriellen Revolution. Während letztere vergleichsweise

---

15 *Kurz/Rieger*, Arbeitsfrei, 2015, S. 241.
16 Siehe auch die umfassende Auflistung bei *Frey/Osborne*, The Future of Employment, 2013, 57 ff.

hoch bezahlte handwerkliche Tätigkeit durch Fließbandarbeit ersetzte, die mehr Arbeiter, aber weniger Qualifikationen erforderte, wird die Industrie 4.0 die arbeitenden Menschen selbst entbehrlich machen.

Zugleich ging nahezu jeder Produktivitätsfortschritt und jede Innovation in der Menschheitsgeschichte bisher in der Regel mit einem Bedarf an neuen Arbeitskräften einher. So wird auch die digitale Revolution eine Vielzahl neuer Tätigkeitsfelder entstehen lassen – so wie sie bereits den Beruf des Datenanalysten oder Unternehmen für Klingeltöne von Mobilfunkgeräten geschaffen hat. Andere überkommene Tätigkeitsfelder werden sich wandeln und unter veränderten Bedingungen mit neuen Aufgaben fortbestehen – ähnlich wie sich in den letzten Jahrzehnten etwa das Arbeitsfeld der Sekretärin radikal gewandelt hat und nach der technischen Vorstellungswelt der siebziger Jahre heute als Beruf eigentlich nicht mehr in gleichem Umfang existieren dürfte. Denn viele ihrer tradierten Arbeitsfelder, etwa das Abtippen von Texten oder die Buchung von Reisen, lassen sich heute unter Inanspruchnahme digitaler Assistenzsysteme deutlich schneller erledigen. Dafür sind die an Sekretärinnen gestellten Anforderungen an das Terminmanagement und die Büroorganisation sowie Ablaufkoordination in einer dynamischer werdenden Welt gestiegen, welche sie weiterhin zu einer vielfach unentbehrlichen Hilfe im Arbeitsalltag machen.

Die Bedeutung der Arbeit als Kostenfaktor in der Produktionskette wird aber tendenziell (weiter) fühlbar abnehmen; die Prämie für qualifizierte Arbeit sinkt ebenso wie die Lohnquote, also der Anteil des Volkseinkommens, der auf die Beschäftigten entfällt, und der Anteil der Lohn- an den Herstellungskosten. Standortentscheidungen werden in Zukunft weitaus weniger als früher von dem Zugang zu Arbeitskräften an der Produktionsstätte, sondern stärker von anderen Standortfaktoren, wie etwa der Nähe zum Absatzmarkt, den steuerlichen und sonstigen regulatorischen Rahmenbedingungen sowie der verfügbaren Infrastruktur, abhängig sein.

Nicht nur die Anspruchslosigkeit und Leistungsstabilität von Robotern reduzieren den Wert steter Bindungen zwischen Arbeitnehmer und Arbeitgeber. Auch Arbeitsmodelle werden individueller, Zeitsouveränität gewinnt an Bedeutung. An die Stelle der überkommenen Präsenz- tritt eine Ergebniskultur. Crowdworking-Modelle erlauben eine situative Mitwirkung Externer, die zum kreativen Potenzial und Erfahrungswissen des fest angestellten Mitarbeiters in Konkurrenz treten.[17] Die Transaktionskosten, die

---

17 Vgl. dazu den Beitrag von *Tapper* in diesem Band.

das Aushandeln von Verträgen und die Suche nach geeigneten Arbeitskräften auslösen und als solche die Existenz der Arbeitnehmer-Arbeitgeber-Beziehung in Unternehmen ökonomisch erklären,[18] sinken drastisch.

Die Industrie 4.0 löst damit die Geschäftsgrundlage des alten Verteilungskonsenses und der ihm innewohnenden Richtigkeitsvermutung auf. Während sich in der Vergangenheit Arbeitgeber und Arbeitnehmer auf der Grundlage tarifvertraglicher Vereinbarungen die Produktivitätsfortschritte teilten, wird der einfache Arbeiter mithilfe der wirtschaftlichen Drohung einer Arbeitsniederlegung seinen Anteil am wirtschaftlichen Gesamtertrag der Gesellschaft nicht mehr in gleicher Weise einfordern können. Seine Arbeitsleistung wird zur Herstellung der Produkte nicht mehr benötigt. Entsprechend ist ihm der erzielte Produktivitätsfortschritt der Zukunft nicht mehr zurechenbar. In der Gesellschaft der Industrie 4.0 stellt sich mithin die Frage nach der gerechten Verteilung der im wirtschaftlichen Wertschöpfungsprozess erzielten Wohlstandsgewinne und Vermögen neu.

In den USA erzählt man sich scherzhaft-ironisch die Geschichte von der Begegnung eines Unternehmensvorstandes und eines Gewerkschaftschefs in der modernen, hochautomatisierten Fabrikhalle der Zukunft. Mit herablassendem Sprachduktus fragt der Vorstand den Gewerkschafter: »Wie willst du meine Roboter dazu bringen, für deine Gewerkschaft zu streiken?«. Der Gewerkschafter kontert schmunzelnd: »Wie willst du deine Roboter dazu bringen, deine Autos zu kaufen?«

Dass auch heute schon in den USA die Ungleichheit der Einkommen tendenziell wächst, passt womöglich zu dem Bild dieses Zukunftsszenarios: Der Reallohn der Masse der Beschäftigten stagniert, während der Anteil der am besten verdienenden Bevölkerungsschichten am Bruttosozialprodukt stetig zunimmt.[19] Viele sehen einen intellektuellen Kapitalismus heraufziehen[20] – und damit die Wiederkehr aristokratischer Gesellschaftsstrukturen vorangegangener Jahrhunderte, die es einer kleinen Schicht von Menschen erlaubt, einen erheblichen Teil der volkswirtschaftlichen Ressourcen auf sich zu vereinen.[21]

---

18 *Coase*, Economica 4 (1937), 386 ff.
19 *Stiglitz*, Der Preis der Ungleichheit, 2012, S. 29 ff.
20 Vgl. etwa *Kaku*, Die Physik der Zukunft, 6. Aufl, 2013, S. 471 ff.
21 Vgl. dazu etwa *Piketty*, Le capital au XXIe siècle, 2013, der mit seinem Werk sehr viel Aufmerksamkeit auf sich gezogen und eine neue gesellschaftspolitische Verteilungsdebatte ausgelöst hat. Siehe auch *Frey/Osborne* (Fn. 16), 14 ff.; *Brynjolfsson/McAfee*, Race against the machine, 2012.

Die Ballung wirtschaftlicher Macht in den Händen Weniger macht den Staat auf der einen Seite durch diese Gruppe erpressbar. Auf der anderen Seite wächst dem Staat als Verteilzentrum des gesellschaftlichen Produktivitätsfortschritts eine zentrale, immer wichtiger werdende Gestaltungsrolle zu. Handeln Arbeitnehmer und Arbeitgeber das Verteilungsergebnis nicht mehr wie bisher im Interessenkampf aus, muss der Staat noch stärker als früher mit seinen Instrumenten steuerlichen Zugriffs auf den wirtschaftlichen Ertrag die Rolle des verteilenden Akteurs einnehmen, wenn er die wirtschaftliche Machtasymmetrie zwischen beiden Gruppen ausgleichen will.

Dazu genügt im Zweifel weder eine bloße kosmetische Korrektur noch ein einfaches Facelifting des überkommenen Steuermodells. Um die Staatsfinanzierung beim Sprung in die autonomisierte digitale Gesellschaft vor einer Bauchlandung zu bewahren, wird vielmehr vermutlich ein grundlegender Umbau der Steuer- und Sozialsysteme erforderlich sein, der auch denjenigen, deren körperliche Arbeitsleistung die digitale Gesellschaft nicht mehr benötigt, eine Teilhabe an der wirtschaftlichen Wertschöpfung und am gesellschaftlichen Leben ermöglicht. Die digitale Rationalisierung menschlicher Arbeit und das damit einhergehende Wegbrechen der Lohn- und Einkommensteuererträge als einer zentralen Säule der Finanzierung unseres Gemeinwesens wird ein Nachdenken über die Besteuerung der menschliche Arbeitskraft substituierenden Leistung von Robotern auslösen sowie der alten Diskussion um das Modell der Vermögensteuer neue Nahrung geben.

3. Privater Lebensraum

Die Wohnung der Zukunft wird gespickt sein mit intelligenten Sensoren. Diese verinnerlichen die Muster, nach denen die Bewohner ihren Alltag bestreiten, und passen auf dieser Grundlage die Raumbedingungen autonom an deren Bedürfnisse an: Das elektronische Schaltsystem regelt rechtzeitig vor Eintreffen des Wohnungsinhabers Beleuchtung, Temperatur sowie den Funktionsstatus der Haushaltsgeräte. Es erkennt, welche Räume beheizt werden müssen. Alle wichtigen Funktionsgeräte – vom Fernseher über die Musikanlage und den Geschirrspüler bis zur Heizung und zur Photovoltaikanlage – sind mit einer eigenen IP-Adresse ausgestattet und über diese miteinander verbunden. Der Kühlschrank hat den Lieblingskäse, der schon fast aufgebraucht war, selbsttätig nachbestellt. Der Koch-Roboter bereitet die Cremesuppe und den Hauptgang nach dem Rezept und entsprechend den Künsten eines Dreisternekochs selbsttätig zu. Intelligente Gebäude-technik steigert die Eigenverbrauchsquote und den effizienten Einsatz von Wasser und Strom. Die »smarte« Waschmaschine reguliert die Wassertem-peratur so, dass die Enzyme bei der jeweils gewaschenen Kleidung ideal wirken können. Dazu tritt die »smarte« Kleidung via Chip mit dem Prozes-sor der Waschmaschine in Verbindung. Das digitale Haushaltssystem lässt den Waschgang selbstverständlich zu einem Zeitpunkt starten, zu dem der Strom besonders günstig ist. Energieversorger passen ihre Kraftwerke auf der Grundlage einer Zusammenführung technisch generierter Nutzungsda-tenprognosen und einer dezentralen, auf der Auswertung von Wetterdaten beruhenden Kraftwerkssteuerung regenerativen Energieträgern an.

Die digitale Ökonomie wird im Zweifel weniger durch individuelles Ei-gentum und damit verbundenen Ausschließlichkeitsrechte an jedem genutz-ten Alltagsgegenstand, etwa dem Auto, Haushaltsgeräten oder Maschinen, geprägt sein als durch eine Ökonomie des Teilens und des Besitzes (sog. Share Economy), die auf einem Pay-per-use-Ansatz aufbaut.[22] Eine Kultur des Teilens löst ein Stück weit die kapitalistische Kultur des Eigentums ab.[23] Sie ermöglicht, jeden gekauften in einen kurzfristig zu geringen Trans-aktionskosten leihbaren Gegenstand zu verwandeln und beflügelt damit die effiziente Nutzung knapper Ressourcen in einer globalisierten Welt.

Das Lernen wird sich in Zukunft nicht mehr unbedingt in den festen Lernrhythmen und Umgebungen des Klassenraums vollziehen, sondern ra-dikalen Wandlungen der Individualisierung unterworfen sein. Personali-sierte Lernprogramme (Customized Learning Programs) aggregieren in Echtzeit Lernaufgaben, welche auf den Entwicklungs- und Wissensstand sowie den augenblicklichen Aufenthaltsort und Handlungskontext des Schülers maßgeschneidert abgestimmt sind. Die schablonenartige Modula-risierung von Lerninhalten entlang traditioneller Lehrpläne, die sich persön-lichen Lernfortschritten und Ausgangspunkten des Wissens nicht anpassen, gehört im Zweifel der Vergangenheit an.[24] Ein individuell gestaltetes, weit-gehend von Ort und Zeit entgrenztes »Lebenslanges Lernen« tritt an seine Stelle.

Das Buch, mit dem der Mensch von morgen seinen Tag ausklingen lässt, schreibt sich in einem interaktiven Koproduktionsprozess zwischen dem

---

22 Dazu Weg bereitend *Weitzman*, The share economy, 1984.
23 Siehe dazu allgemein *Rifkin*, Die Null-Grenzkosten-Gesellschaft, 2014.
24 Zu diesen Visionen zukünftigen Lernens: *Bauer*, Lernen gestern – heute – morgen, in: Ludwig/Narr/Frank et al. (Hrsg.), Lernen in der digitalen Gesellschaft – offen, vernetzt, integrativ, 2013, S. 128, (128 ff).

Autor und seinen Lesern fort. In diesen kreativen Entwicklungsvorgang ist der Verleger als elektronischer Mittler zwischengeschaltet. Seine Lesegeräte analysieren, welche Stellen besonders gerne gelesen werden und wo sich die Aufmerksamkeit des Lesers verliert: Dass Amazon die Rolle der reinen Verkaufsplattform abstreift und selbst zum Verleger geworden ist, ist insofern wohl auch kein Zufall, sondern ein Vorbote dieser Entwicklung. Mit seinen Milliarden von Kundendaten und der Analyse der individuellen Lesegewohnheiten via Kindle lässt sich das kollektive Leseverhalten effizient und zuverlässig ermitteln. Während der Leser in den literarischen Welten eines E-Books umherstreift, schaut ihm Big Brother über die Schulter. Das Buch mutiert dadurch von einer Erkenntnis- zur Überwachungsquelle. So erschließt sich die Welt der Algorithmen Stück für Stück auch die letzte Bastion menschlicher Erlebniswelten, die ihr bislang weithin verschlossen war: die Gefühlswelt. Eine ganze Wissenschaftsdisziplin – Affective Computing – begibt sich mit dem Anspruch, die menschlichen Emotionen auf der Grundlage von Daten aufzuspüren und auszuwerten, an die Datenanalyse.

Auch vor dem kulturellen Genuss im Theater wird diese Entwicklung in Zukunft wohl nicht haltmachen: In Spanien haben die Betreiber des »Teatreneu« den Vorhang für diesen Trend geöffnet: Sie haben die Rückseite eines jeden Sitzplatzes mit speziellen Tablets ausgestattet, die in der Lage sind, den Gesichtsausdruck seines Betrachters zu analysieren. Die Gäste erhalten kostenfreien Eintritt; für jedes von dem Tablet erkannte Lachen müssen sie aber 0,30 EUR zahlen (max. 24 EUR, was 80 Lachern entspricht).[25]

Ähnlich wird die Werbung der Zukunft auf Grundlage intelligenter Sensoren, die unsere emotionale Befindlichkeit registrieren und Werbeaussagen entsprechend zuschneiden, als emotionales Targeting flächendeckend personalisiert sein. All dies ist heute bereits alles andere als Science-Fiction. Das Sprichwort »Zukunft ist etwas, das meistens schon da ist, bevor wir damit rechnen«, wird womöglich auch insoweit seine Lebensnähe unter Beweis stellen.

Heute noch Zukunftsmusik, aber wohl nur noch eine Frage der Zeit ist demgegenüber gegenwärtig noch das Auslesen von Gedanken durch die Analyse von Gehirnströmen. Entwicklungen der Neurotechnologie lassen die Vorstellung, dass der Mensch der Zukunft mit Hilfe von Computer-

---

25 Siehe *Schulz*, Billige Witze, http://sz-magazin.sueddeutsche.de/texte/anzeigen/ 42640/Billige-Witze (3.4.2015).

Hirn-Schnittstellen Gegenstände, etwa Prothesen, Bildschirmeingabehilfen, Roboterarme oder Alltagsgegenstände, alleine durch die Kraft seiner Gedanken steuern oder die Gedanken Dritter lesen kann, nicht mehr als Utopie erscheinen. Ein alter Menschheitstraum scheint Wirklichkeit werden zu können.[26] Netzhaut- und Cochlea-Implantate könnten Sinnesorgane ersetzen und Signale in das Gehirn von Parkinson- oder Epilepsiepatienten lenken, Wearables oder eingepflanzte Chips den Blutdruck und Blutzuckerspiegel von Insulinpatienten messen und den gesamten Gesundheitszustand des Körpers überwachen; als unheilbar erkrankt diagnostizierte Organe lassen sich auf der Grundlage der Fortschritte der Gewebetechnologie und Bioinformatik nachzüchten. Sogar die Vorstellung von der Unausweichlichkeit des Todes gerät womöglich ins Wanken.[27]

II. Der Nutzer im Zwiespalt zwischen convenience und surveillance

Der digitale Epochenwandel wirkt nachhaltig auf unsere überkommenen Vorstellungen von Privatheit ein. Die mit ihm einhergehende massenhafte elektronische Datenerfassung organisiert eine Buchführung des gesamten Lebens, die sich dem Vergessen zu entziehen und den Einzelnen einer ständigen Überwachung zu unterwerfen droht.

Zwar entfaltet sich Persönlichkeit seit jeher in der Interaktion mit anderen. Der Mensch ist auf den Austausch mit anderen angewiesen, um Privatheit erfahren und sich als Homo socialis entwickeln zu können. Schon dadurch ist er notwendig auch den Augen der Öffentlichkeit und fremden Einflusssphären ausgesetzt. Das schließt einen Anspruch auf besonderen Schutz der Daten aber nicht aus. Ohne den verdunkelnden Rückzugsraum der Privatheit kann der Einzelne dem gleißenden Licht der Öffentlichkeit auf Dauer nicht standhalten und seine Eindrücke nicht verarbeiten. In welchem Umfang er sich in der öffentlichen Wahrnehmung oder alleine in seinem Forum internum bewegt, entscheidet er aber grundsätzlich selbst. Diese Autonomie konstituiert den Wert der Privatheit.

In der digitalen Welt ist Datenautonomie demgegenüber immer weniger erfahrbar, ebenso wie die Grenzen zwischen Privatem und Öffentlichem immer weniger präzise abgrenzbar sind. Die massenhafte elektronische Datenerfassung eröffnet tiefe Einblicke in unser digitales Alter Ego. Verloren

---

26 Vgl. zu einem solchen Blick in die Zukunft etwa *Kaku*, Die Physik des Bewusstseins, 2014, S. 120 ff.; *Kaku* (Fn. 20), S. 86 ff.
27 Vgl. dazu *Kaku* (Fn. 20), S. 222 ff.

sich ehedem die Spuren des Guten und Sündigen im Sand der Zeit, sind sie nun auf Servern eingebrannt. Alltagsgegenstände werden zu Bewegungsmeldern, die viel über die Lebensgewohnheiten ihrer Nutzer zu erzählen wissen. Das Gerät, von dem die Menschen glaubten, es trüge die digitale Freiheit in sich, das Smartphone, sowie der Smart Car[28] werden zur digitalen Fußfessel. Die smarte Wohnung,[29] einst Refugium der Privatsphäre, leuchtet den digitalen Schatten aus, den der Bewohner an seine Wände malt.[30] Die Smart Factory[31] perfektioniert die alltägliche Überwachung des Mitarbeiters im Interesse einer Erhöhung seiner Produktivität. Jede Entscheidung, jeder Handgriff ist digital nachvollziehbar. Die hochentwickelten Sensoren und Aktoren zur Optimierung von Arbeitsabläufen werden zum Seismographen jeder menschlichen Regung und damit auch zum Spion. Sie machen das Leben erfassbar, entschlüsselbar und berechenbar (unten 1.). In den smarten Lebenswelten der Zukunft bleibt so kaum etwas geheim – weder, welcher Mitarbeiter wie lange Pause gemacht hat, noch, zu welchen Zeiten die Produktivität des Mitarbeiters von den erwünschten Kennzahlen um welche Prozentzahl abweicht. Während der Homo digitalis diesem Wandel mit Pragmatismus begegnet (unten 2.), greift insbesondere in der intellektuellen Elite zusehends die Sorge vor einem digitalen Totalitarismus um sich (unten 3.). Die Suche der Gesellschaft nach sachgerechten Reaktionsmustern auf die Herausforderungen des digitalen Wandels hat gerade erst begonnen; aber sie eilt (unten 4.).

1. Digitaler Schattenriss

Das Internet als Nervensystem des 21. Jahrhunderts eröffnet uns ungeahnte Möglichkeiten der Kommunikation und des Wissensaustauschs. Die Daten, die es vorhält, lassen sich dadurch auch zu einem Puzzle mit kontextübergreifendem Muster zusammensetzen, das ein detailgetreues Gesamtbild unserer Persönlichkeit erzeugt. Die algorithmische Einhegung des Menschen perfektioniert die Berechenbarkeit menschlichen Verhaltens. Die neue digitale Welt setzt uns einer Observation aus, die unser Verhalten auf Schritt

---

28 Dazu I. 1., S. 12 ff.
29 Dazu I. 3., S. 23 ff.
30 Zu den damit verbundenen datenschutzrechtlichen Implikationen im Einzelnen *Raabe/Weis*, RDV 2014, 231 (233 ff.); *Rüdiger*, RDV 2014, 253 (255 ff.).
31 Dazu I. 2., S. 15 ff.

und Tritt analysiert, und droht dadurch die Vision von einem über alles wachenden metaphysischen Panoptikum Realität werden zu lassen. Sensoren und Datenerfassungsgeräte bilden dic »Augen und Ohren« eines »weltumspannenden lebenden Organismus«,[32] der jede Regung und jede Tätigkeit systematisch erfasst und permanente Selbstoptimierung als zivilisatorischen Auftrag versteht.

Darin liegt ein für die Erforschung sozialen Verhaltens ähnlicher Quantensprung, wie es die Erfindung des Mikroskops für die Bakteriologie war. Sein Erkenntnispotenzial beflügelt bei manchem die Fantasie einer Zukunft, in der ein besseres Verständnis der Gesetzmäßigkeiten menschlichen Zusammenlebens eine bessere Gesellschaft formt.[33] Umgekehrt bereitet das Entschlüsseln menschlicher Handlungsmuster aber auch einem manipulativen, gesellschaftliche Entwicklungen gefährdenden Gebrauch dieses neuen Wissens das Feld. Ungeachtet ihrer neoliberalen Logik und kybernetischen Idee können die Vermessungsmöglichkeiten der digitalen Welt nämlich die Grundlagen der Freiheit und der Chance zu Selbstentfaltung sowie Entwicklung zerstören, die sich zu verteidigen behaupten. Die Steuerungstechnologie der smarten digitalen Welt vermittelt durch ihre Grundeinstellungen unausgesprochen auch einen Definitionsanspruch für richtiges Autofahren, richtiges Heizverhalten und Energiesparen. Die Möglichkeit sozialer Überwachung löst – wie jedes soziale Paradigma – einen formenden Druck auf das Subjekt aus: Sie kann durch die sublime Form der Kontrolle, die sie ausübt, zugleich zum Konformismus erziehen. Wer ubiquitäre Beobachtung vermutet, passt sich an die antizipierten Erwartungen der Außenwelt an. Das prämiert die Flucht in die Anonymität und drängt Diversität, Individualität sowie den beständig neu auszuhandelnden Kompromiss zwischen widerstreitenden Interessen aus den Lebensentwürfen der Menschen zurück. Oft ist es gerade die gezielte Übertretung der Grenzen des Konformen und Normalen, die gesellschaftlichem Wandel den Antrieb verleiht. Ohne Innovation droht das Gemeinwesen zu stagnieren, der Fortschritt zu erlahmen. Eine Rechtsordnung, »in der Bürger nicht mehr wissen können, wer was wann und bei welcher Gelegenheit über sie weiß«, hielt das

---

32 *Pentland*, Society's Nervous System: Building Effective Government, Energy, and Public Health Systems, 2010, S. 2.
33 So die optimistische Hoffnung des MIT-Datenwissenschaftlers *Alex Pentland* im SPIEGEL-Interview Can We Use Big Data to Make Society Better?, Spiegel online vom 26.5.2014, abrufbar unter www.spiegel.de/international/zeitgeist/scientist-alex-pentland-argues-big-data-can-be-used-to-improve-society-a-970443.html (28.1.2015).

BVerfG daher dereinst für mit dem informationellen Selbstbestimmungsrecht unvereinbar.[34]

Aber ist diese Forderung noch zeitgemäß? Oder muss man schlicht dem Bundesdatenschutzbeauftragten a. D. *Bull* beipflichten, der prophezeit, es werde nicht gelingen, den Internetnutzern zu garantieren, gleichzeitig sichtbar und doch unsichtbar zu sein?[35]

2. Das Privacy Paradox

Die Geschäftsmodelle digitaler Ökosysteme fußen auf einer Monetarisierung ihrer Inhalte. Die zahlreichen Annehmlichkeiten, mit denen digitale Anwendungen das Leben leichter machen, erkaufen die Nutzer um den Preis lückenloser Speicherung und Auswertung ihres Verhaltens sowie eines Kontrollverlustes über die autonome Verwendung von Daten. Der Nutzer ist nicht länger nur Kunde, er ist auch das Produkt, das der Anbieter zu verwerten trachtet. Die Daten sind die Gegenleistung für die Dienstleistung, in deren Genuss sie den Einzelnen bringt.[36] Die digitale Welt scheint beseelt von dem Ansinnen, die sprudelnden Datenquellen als Wirtschaftsgut in Geldströme umzuwandeln – wie König *Midas*, der alles, was er anfasste, in Gold zu verwandeln vermochte.

Die Nutzer der technischen Innovationen reagieren auf die Prämissen der digitalen Ökonomie mit einem ambivalenten Verhalten. Einige begreifen das Internet als bewusste Chance der Selbstvermarktung und Selbstinszenierung, die keine Scheu vor einem Eindringen in Residualsphären der Privatheit kennt; der Übergang zwischen obsessiver Preisgabe der Privatheit und unbedachter Selbstentblößung ist dabei bisweilen fließend. Andere erkennen die Risiken für ihre Privatsphäre, die mit der schönen neuen Dienste-Welt des Web 2.0 Einzug in ihren Alltag halten, sehr klar, nehmen diese aber in Kauf, da sie auf die Funktionalität der Dienste nicht verzichten

---

34 BVerfGE 65, 1 (43).
35 *Bull*, NVwZ 2011, 257 (263).
36 40 % derjenigen, die täglich Google in Anspruch nehmen, sind sich empirischen Analysen zufolge dieses Tauschgeschäftes nicht bewusst. *Köcher*, Folgenlose Ängste, FAZ vom 20.6.2014, S. 8.

wollen.[37] Denn – bei allem diffusen Unbehagen gegenüber der Informationsmacht des Datenkapitalismus – spenden diese substanziellen Nutzen, der das Alltagsleben in erfahrbarer Weise annehmlicher macht.[38] Diesen individuellen, kurzfristig erzielbaren Nutzungsvorteil gewichten die Betroffenen höher als abstrakte Gefahren für die individuelle Persönlichkeitsentfaltung oder langfristige kollektive Privacy-Gefährdungen.

Ein Experiment, das der Informatikprofessor *Alessandro Acquisti* in den USA zusammen mit Kollegen durchgeführt hat, illustriert diese Grundhaltung:[39] Sie verteilten an zwei Gruppen von Studienteilnehmern nach einem Zufallsverfahren zwei unterschiedlich werthaltige Einkaufsgutscheine: Die eine Gruppe erhielt einen Einkaufsgutschein im Wert von 10 USD, die andere Gruppe im Wert von 12 USD – allerdings mit der Besonderheit, dass die Einkäufe (nach dem Vorbild des Bonussystems »Payback«) protokolliert und in allen ihren Datenfacetten ausgeleuchtet werden. Die beiden Gruppen durften dann jeweils ihre Einkaufsgutscheine mit den Mitgliedern der anderen Gruppe tauschen. Lediglich 9 % der Besitzer von 12 USD-Gutscheinen wollte ihren Gutschein gegen einen 10 USD-Gutschein tauschen. Demgegenüber war die Hälfte der 10 USD-Gutscheinen-Besitzer bereit, ihren Gutschein gegen einen 12 USD-Gutschein auszuwechseln. Die Gutscheine, die einen geringfügigen ökonomischen Vorteil mit einer umfassenden Datenauswertung verknüpften, waren also deutlich beliebter. Mit dem in der Verhaltensökonomik bekannten sog. Besitzeffekt (engl. Endowment-Effect)[40] alleine lässt sich dieses Ergebnis nicht erklären. Die Mehrheit der Teilnehmerinnen und Teilnehmer maß ihrer Privatsphäre beim Einkauf offenkundig einen geringeren Wert als 2 USD zu. Die Gratifikation der Nutzung überwiegt die wahrgenommene Gefährdung. Vergegenwärtigt man

---

37 70 % der Internetnutzer finden es nicht in Ordnung, wenn Unternehmen in größerem Umfang Daten über ihre Kunden sammeln und auswerten. Um ihren Datenschutz im Internet besorgte Nutzer nehmen die Suchmaschine Google aber in nahezu gleichem Umfang in Anspruch wie solche Nutzer, die sich um die Sicherheit ihrer Daten keine Sorgen machen. Vgl. die Ergebnisse der empirischen Analyse bei *Köcher* (Fn. 36), S. 8.

38 Diese These unterschreiben bei empirischen Befragungen zwei Drittel der Internetnutzer *Köcher* (Fn. 36), S. 8.

39 Vgl. *Acquisti/John/Loewenstein*, Journal of Legal Studies 42 (2013), 249 ff.

40 Er beschreibt das Phänomen, dass Menschen für die Aufgabe eines Gutes, das sie bereits besitzen, einen höheren Preis verlangen, als sie für den Erwerb des Gutes zu zahlen bereit wären; *Thaler*, Journal of Economic Behavior and Organization 1 (1980), 39 (43 ff.).

sich die geringen Beträge, zu denen Kunden auch in realitas ihre Kunden-profile via Kundenkarten an Payback und andere Bonussystem-Anbieter zur kommerziellen Verwertung veräußern, überrascht dieses Ergebnis nicht.

Erstaunen löst vor dieser Folie allerdings der empirische Befund aus, dass weiterhin über zwei Drittel der Internetnutzer dem Datenschutz und der Datensicherheit bei Online-Diensten in Umfragen eine hohe Wichtig-keit zumessen.[41] Im Rahmen einer im Juni 2014 veröffentlichten Studie sprachen sich beispielsweise 92 % der Befragten dafür aus, den Kauf und Verkauf von Daten ohne explizite Zustimmung durch Gesetze zu verbieten; nur 12 % der befragten Deutschen gaben an, für Vorteile wie mehr Komfort bei Online-Diensten ihren Datenschutz einschränken zu wollen.[42]

Zwischen dem abstrakten Bewusstsein und der Wertschätzung der Nut-zer für einen besonderen Schutz der Persönlichkeit auf der einen Seite und seiner konkreten Wahrnehmung im Einzelfall auf der anderen Seite klafft eine bemerkenswerte Lücke. Insbesondere bei Nutzern sozialer Netzwerke, wie Facebook, lässt sich nur ein schwacher Zusammenhang zwischen den Einstellungen zu Privatsphäre und Datensicherheit und ihrem tatsächlichen Kommunikationsverhalten beobachten. Dieses Phänomen ist unter dem Be-griff »Privacy Paradox« bekannt geworden. Darin machen sich nicht nur eine kognitive Dissonanz und ein Kontrollverlust beim Umgang mit kom-plexen Interaktionszusammenhängen bemerkbar. Vielmehr schwingt darin auch ein gerüttelt Maß an Wahrnehmungsveränderung mit: Menschen mes-sen den neuen Kommunikationsräumen als Medium der Selbstinszenierung und -erprobung einen hohen Stellenwert bei. Die Monetarisierung des eige-nen Datenportfolios als Datenagent, der die unbekümmerte Seele eigener Privatheit gegen ökonomischen Wert eintauscht, ist für sie keine besorgnis-erregende Entwicklung, sondern Teil eines logischen Prozesses der Entpri-vatisierung.[43] Was dem einen als Linsengericht kurzfristiger Nützlichkeit erscheint, der den langfristig zu zahlenden Preis eines Verlustes der Privat-heit nicht rechtfertigt, ist für den anderen ein rationales Kalkül einer neuen Wahrnehmung von Privatheit entlang des Pfads individuell empfundener Präferenzen. Die Veränderungen legen auch Zeugnis dafür ab, dass sich seit der Geburtsstunde verfassungsrechtlicher Privatheitsverbürgungen die

---

41 *Initiative D21* (Hrsg.), eGovernment Monitor 2014, 2014, S. 18.
42 Damit sind Deutsche der Umfrage zufolge deutlich skeptischer als der weltweite Durchschnitt, vgl. den EMC-Datenschutzindex für Deutschland, online abrufbar unter http://germany.emc.com/campaign/privacy-index/germany.htm (28.4.2015).
43 *Heller*, Post Privacy, 2011.

Grenzlinie zwischen Privatheit und Öffentlichkeit deutlich verschoben hat; den Wert der Privatsphäre nehmen viele Menschen heute anders wahr als frühere Generationen: Während in den 80er Jahren lautstarke Proteste gegen die geplante Volkszählung ertönten und Bürger diese schließlich massenhaft boykottierten, erleben Digital Natives die ungleich detailschärferen Profilsammlungen von Facebook & Co. als elementaren Teil ihrer Identität und Persönlichkeitsentfaltung. Für sie negiert die Selbstdarstellung im Internet nicht die Freiheit, sie macht von ihr Gebrauch. Der gesellschaftliche Stellenwert von Privatheit erfährt so einen Kulturwandel. Entsprechend hält denn auch nur jeder fünfte deutsche Internetnutzer staatliche Eingriffe ins Internet für notwendig. 11 % halten die Regulierungsbemühungen bereits für zu weitgehend.[44]

Zugleich agiert lediglich die Hälfte der Bevölkerung nach eigenen Angaben in Sachen Datenschutz hinreichend informiert und souverän.[45] Nach wie vor sind sich viele Google-Nutzer des Umstands nicht bewusst, dass die Gegenleistung für die nur scheinbar kostenlosen Suchdienste, Usability-Tools und sozialen Medien des Web 2.0-Giganten ihre persönlichen Daten sind.[46] Womöglich ist das Privacy Paradox aber auch Ausdruck eines systematischen Wahrnehmungsfehlers bei der Risikobewertung, der auch aus anderen Zusammenhängen bekannt ist: Menschen schätzen einen individuellen, kurzfristig erzielbaren Nutzungsvorteil mitunter als deutlich höher ein als objektiv vorhandene, aber bloß kollektiv oder abstrakt beschreibbare Risiken. Darüber hinaus gewichten sie objektiv vorhandene Risiken für sich selbst mitunter deutlich geringer ein, als sie tatsächlich sind.

Womöglich ist die Wahrnehmungsveränderung aber auch Zeichen einer Prioritätenverschiebung, einer Verschiebung der Präferenzen bei der Anwendung komplexer Technologien von Eigenverantwortung, Beherrschbarkeit und Freiheit hin zu Komfort und Effizienz – entsprechend der Prophezeiung des Gedichts »Die Abnehmer« von *Erich Fried* aus dem Jahre 1964: »Einer nimmt uns das Denken ab (…), einer nimmt uns die großen Entscheidungen ab (…). Das ganze Leben nehmen sie uns dann ab.«. Die Segnungen des digitalen Zeitalters drohen uns dadurch zugleich zu voraufklärerischer Unmündigkeit zu treiben, die uns zu Mündeln einer Datenherrschaft macht. Die Warnung *Immanuel Kants* vor dem süßen Gift der Bequemlichkeit und der Naivität scheint heute aktueller denn je: »Faulheit und

---

44 *Köcher* (Fn. 36), S. 8.
45 Vgl. *DIVSI*, Milieu-Studie zu Vertrauen und Sicherheit im Internet, 2012, S. 15.
46 Vgl. *Köcher* (Fn. 36), S. 8.

Feigheit sind die Ursachen, warum ein so großer Teil der Menschen (...) gerne zeitlebens unmündig bleiben; und warum es anderen so leicht wird, sich zu deren Vormündern aufzuwerfen. Es ist zu bequem, unmündig zu sein.«[47] Wir nehmen die Segnungen von Facebook, Google & Co. mit der gleichen Begeisterung und geradezu götzenhaften Verehrung auf, mit die die Azteken ihre spanischen Eroberer begrüßten. Deren Freude hat bekanntlich nicht lange gehalten.[48] Komfort und Sicherheit verdrängen dadurch ein Stück weit auch Freiheit und Selbstbestimmung.

3. Sorge vor einem digitalen Kapitalismus und Totalitarismus

Die Dynamik des Wertewandels, Privatheit im Alltag wahrzunehmen, hat allerdings mit der Aufdeckung des NSA-Skandals an Fahrt verloren, vielleicht sogar einen Richtungswechsel erfahren. *Edward Snowdens* Enthüllungen haben erste Kratzer in die Karosserie des Grundvertrauens der modernen Informationsgesellschaft in das Netz als »Raum der Freiheit« geritzt. Kaum hat das Internet, z.B. während des »Arabischen Frühlings«, unter Beweis gestellt, die Geburtsstunde einer Emanzipation der Bürger in einer offenen Demokratie einläuten und die verfestigten Machtstrukturen totalitärer Regime durch digital organisierten Protest aufbrechen zu können, wird seine Kraft zur Subversion der Privatheit besonders sichtbar.

Die Einblicke in unser Leben, welche unsere digitalen Spuren großen Internetkonzernen gewähren, und die fortgeschrittenen Möglichkeiten, die ihnen zentralen Zugriff zur Auswertung digitaler Daten eröffnen, ohne dass dem Einzelnen eine vollständige Kontrolle über diese Vorgänge möglich ist, machen die Privatheit für Formen eines Missbrauchs angreifbar. Zahlreiche Internetnutzer stehen betroffen und stellen fest, dass viele Äpfel am Baum der digitalen Erkenntnis faule Stellen aufweisen oder ganz und gar zernagt sind. Die Sorge vor einem informationellen bzw. technologischen Totalitarismus[49], in dem sich die Grenzen zwischen staatlicher Überwa-

---

47 *Kant*, Berlinische Monatsschrift 1784, 481 (481 f.).
48 Kritisch gegenüber einer digitalen Fortschrittseuphorie angesichts anderer weltweiter Probleme, die es zu vorrangig zu lösen gelte, *Kreibich*, APuZ 2015, 20 (20 f.).
49 *Schulz*, Technologischer Totalitarismus - Warum wir jetzt kämpfen müssen?, FAZ vom 6.2.2014, S. 25; ähnlich *Welzer*, Vorsicht, Datensammler, FAZ vom 23.4.2014, S. 9.

chung und Wirtschaft, privater und staatlicher Verfügungsmacht, zusehends verflüchtigen, geht um – einem Totalitarismus, der (anders als bisherige totalitäre Herrschaftsformen) keine Uniformen benötigt, da die Uniformität bereits informationell unter Kontrolle ist.[50]

»Google weiß«, so hat es der Vorstandsvorsitzende der Axel Springer SE *Matthias Doepfner* ausgedrückt, »über jeden digital aktiven Bürger mehr, als sich *George Orwell* in seinen kühnsten Visionen in '1984' je vorzustellen wagte«.[51] Das Unternehmen sitze auf dem gesamten gegenwärtigen Datenschatz der Menschheit wie der in einen Drachen verwandelte Riese Fafner im »Ring des Nibelungen«.[52]

Unsere Gesellschaft droht so – wie der Staat im Verhältnis zu den Banken in der Finanzkrise 2008 – Petabyte für Petabyte zur Geisel in der Hand der Internetkonzerne zu werden. Die ehemalige EU-Kommissarin für die digitale Agenda *Neelie Kroes* hat die Enthüllungen von *Edward Snowden* deshalb als die Lehmann-Insolvenz des Internets bezeichnet.[53] In jeder Krise, die ein Offenbarungseid auslöst, steckt zugleich auch eine Chance: Sie öffnet die Augen für eine Bedrohungslage, die dem System immanent ist, sich seine Nutzer bislang aber nicht ausreichend vergegenwärtigt haben.

Der Cyberspace ist seit jeher ein Spannungsfeld zwischen Freiheit und Sicherheit. Als vernetzter öffentlicher Raum verdankt das Internet seine Kinderstube nicht zuletzt dem Kalten Krieg, es war Spielwiese militärischer Entwicklungsideen und staatlicher Überwachung. Es entwickelt sich zugleich immer stärker zu einer notwendigen Voraussetzung effektiver Teilhabe am sozialen Leben. So ist auch die Regulierung sozialer Kommunikation zu einer Schicksalsfrage einer freiheitlich-demokratischen Informationsgesellschaft geworden.[54] Im schlimmsten Fall kann ein um sich greifendes Misstrauen der Nutzer die Uhr des technologischen Fortschritts anhalten oder gar ein Stück weit zurückdrehen.

---

50 *Welzer* (Fn. 49), S. 9.
51 *Doepfner*, Offener Brief an Eric Schmidt: Warum wir Google fürchten, FAZ vom 16.4.2014, S. 9.
52 *Doepfner* (Fn. 51), S. 9.
53 *Kroes*, Ich bin nicht naiv, und Europa darf es auch nicht sein, FAZ vom 24.3.2014, S. 9.
54 *Schirrmacher*, Der verwettete Mensch, in: Geiselberger (Hrsg.), Big Data, 2013, S. 273(279); *Weichert*, Big Data – eine Herausforderung für den Datenschutz, in: Geiselberger (Hrsg.), Big Data, 2013, S. 131(138).

Viele sehen unter diesen Vorzeichen die sozialen Bedingungen für ein demokratisches Gemeinwesen, namentlich die individuelle Entfaltungsfreiheit und Selbstbestimmung, und damit die Souveränität des demokratischen Gesellschaftsvertrages infrage gestellt.[55] Längst gehe es »nicht mehr um die Sicherung von Verfügungsmacht über die eigene Person, sondern um deren Rückgewinnung – daher um den Entzug von Information«.[56] *Shoshana Zuboff* sieht sich an die Fabel von den Fröschen erinnert, die glücklich in ihrem Märchenteich planschen, während die Temperatur des Wassers langsam ansteigt, ohne dass die Frösche es bemerken. Als sie der Gefahr gewahr werden, ist es zu spät. Als Frösche in den digitalen Gewässern seien die Menschen heute einer absolutistischen Macht eines neuartigen Monopols ausgesetzt – dieses sei zwar in seiner Rhetorik dem Ethos des öffentlichen Webs verpflichtet, habe seiner Operationslogik aber längst den Rücken zugekehrt.[57]

In der Bevölkerung bildet sich unterdessen im Gefolge des NSA-Überwachungsskandals einerseits das Bewusstsein für die Erforderlichkeit einer Datenhygiene und einer besonderen Achtsamkeit im Umgang mit eigenen Daten heraus. Andererseits lässt sich auch zunehmend eine Akzeptanz der Bevölkerung für staatliche Überwachungsmaßnahmen beobachten. Welcher Aspekt sich stärker Bahn bricht, hängt vor allem davon ab, wie sehr das Sicherheitsbedürfnis der Menschen – insbesondere im Gefolge von terroristischen Anschlägen – in ihre obersten Bewusstseinsschichten vordringt. Zwischen Überwachungsängsten und Kriminalitätsfurcht besteht eine Korrelation.

4. Reaktionsmuster: zwischen digitaler Entschlackungskur und Schutzstrategien für die digitale Unversehrtheit

Als Teil einer Abstimmung mit den Füßen entwickelt sich vielerorts eine Ausstiegskultur, die dem »Totalitarismus in Kapuzenshirts«[58], wie der Google-Dataismus sinnbildlich umschrieben wird, abschwört. Sie rät zur digitalen Entschlackungskur, welche den mittel- und langfristigen Neben-

55 *Welzer* (Fn. 49), S. 9; *Zuboff*, Die Google-Gefahr: Schürfrechte am Leben, FAZ vom 30.4.2014, S. 9.
56 *Welzer* (Fn. 49), S. 9.
57 *Zuboff* (Fn. 55), S. 9.
58 *Welzer* (Fn. 49), S. 9.

wirkungen digitaler Omnipräsenz und der Echtzeitideologie sozialer Kommunikation durch Entsagung die Grundlage weiterer Wucherung entzieht. Soziale Medien identifiziert sie als Spielautomaten, die nach dem Vorbild einer Las-Vegas-Spielhölle darauf angelegt sind, unserem Hang zur Selbstinszenierung, der in sozialen Netzwerken bisweilen in digitalen Exhibitionismus abzugleiten droht, in einem digitalen Verkündigungsparadies Raum zu geben. Internetaussteigern bieten bereits entsprechende Apps, die zur digitalen Diät anhalten, ihre Diente an.[59] *Hans Magnus Enzensberger* ruft in der FAZ sogar dazu auf, das eigene Smartphone auf die Müllhalde technischer Innovationen zu verbannen. Zehn Gebote für den Widerstand gegen die »digitale Nachstellung« hat er formuliert: »Waren oder Dienstleistungen via Internet sollte man meiden.«[60] »Dem Aberwitz, alle denkbaren Gebrauchsgegenstände, von der Zahnbürste bis zum Fernseher, vom Auto bis zum Kühlschrank über das Internet zu vernetzen, ist nur mit einem totalen Boykott zu begegnen.«[61]

Ist der Entschluss, sich gegenüber dem Rest der Gesellschaft zu desynchronisieren,[62] aber die richtige Antwort auf die Herausforderungen ubiquitärer Digitalisierung? In einer digitalen Welt keine digitalen Fußspuren zu hinterlassen, ist eine anachronistisch anmutende Vorstellung. Sie verliert das gesamtgesellschaftliche Nutzen- und Innovationspotenzial des Internets aus dem Auge. Den Chancen der Technik gänzlich abzuschwören, erweist sich als genauso wenig sinnvoll, wie Geldautomaten zu meiden, weil dort leicht Übergriffe auf Kunden möglich sind, oder das Autofahren zu unterlassen, weil es zu Verkehrsunfällen kommen kann. Der Forderung nach einem Boykott der technischen Möglichkeiten im digitalen Universum fehlt der Weitblick für die Gestaltungsmöglichkeiten einer Zukunft, in der die Technologie sich den Interessen und Bedürfnissen der Menschen unterwirft. Eine dystopische Vision ist keine unaufhaltbare Gesetzmäßigkeit. Eine Kapitulation vor den Herausforderungen, die der digitale Lebenswan-

59 *Morozov*, Achtung, Achtsamkeit!, FAZ vom 17.2.2014, S. 35.
60 *Enzensberger*, Wehrt Euch!, FAZ vom 1.3.2014, S. 9, Regel 8.
61 *Enzensberger* (Fn. 60), Regel. 6.
62 In diesem Sinne *Enzensbergers* Forderungen stützend *Welzer* (Fn. 49), S. 9. Auch *Frank Schirrmacher* publizierte in den vergangenen Jahren Streitschriften gegen die grenzenlose Digitalisierung des gesellschaftlichen Lebens; er warnt darin vor einer Gesellschaft, in der die Menschen durch eine psychologische Steuerung ihrer Bedürfnisse nach den Erfordernissen des Marktes im Ergebnis einer kollektiven Regentschaft von Computern und Gleichungen unterworfen sind. Vgl. etwa *Schirrmacher*, Ego, 2013.

del mit sich bringt, wäre auch eine Kapitulation des Rechts und der Möglichkeiten demokratischer Kontrolle vor einer digitalen Autokratie. Nicht zuletzt wäre der öffentliche Raum des Internets als Ort der Kommunikation und des globalen Diskurses für eine neue Form lebendiger, deliberativer Demokratie weitgehend verloren. Ziel sollte vielmehr eine Erschließung des Reservoirs der Chancen und eine Domestizierung der Gefahren digitaler Technologien sein. Geboten ist eine Suche nach Schutzmechanismen, welche die digitale Unversehrtheit des Einzelnen, im Cyberspace hinreichend schützen. Anders als die körperliche Integrität des Art. 2 Abs. 2 S. 1 GG ist sie nicht jederzeit spürbar, aber nicht minder verwundbar. Sie ruft die Leitfrage auf den Plan: Wie kann der Einzelne in der digitalen Welt die Hoheit über seine Daten gegenüber übermächtig scheinenden Datenkollektoren sichern? Dazu gilt es, sich der rechtlichen Grundlagen zu vergewissern, auf denen unser Schutz der Privatheit im digitalen Zeitalter aufsetzt.

III. Der Status quo der Rechtsordnung und Entwicklungsoptionen de lege ferenda

1. Funktionswandel und Bew(ä/e)hrung der Grundrechte im digitalen Raum

Unserer Rechtsordnung attestieren manche bislang eine völlige »Schweigespirale«[63] gegenüber der digitalen Revolution. *Juli Zeh* etwa mahnt deshalb prononciert einen digitalen Code civil an: »Während andere unkörperliche Gegenstände wie Forderungen schon lange nach klaren Regeln am Geschäftsverkehr teilnehmen, gibt es im digitalen Bereich nicht einmal Begriffe, um die vielfältigen wirtschaftlichen und rechtlichen Beziehungen zu beschreiben.«[64] Sie fordert ein Grundrecht, das »personenbezogene Daten unter die alleinige Verfügungsgewalt des Einzelnen stellt«.[65]

Zentrale Wegmarken rechtlicher Begleitung des Persönlichkeitsschutzes geraten bei diesen prononcierten Thesen freilich aus dem Blickfeld: Bereits vor 30 Jahren hat das BVerfG im Volkszählungsurteil eben dieses Recht, das informationelle Selbstbestimmungsrecht, aus der Verfassung herausgelesen. Personenbezogene Daten stellt die Datenschutzrichtlinie 95/46/EG der Europäischen Union schon seit 1995 unter besonderen Schutz. Das

---

63 *Zeh*, Schützt den Datenkörper!, FAZ vom 11.2.2014, S. 34.
64 *Zeh* (Fn. 63), S. 34.
65 *Zeh* (Fn. 63), S. 34.

BDSG hat sich als die nationale Magna Charta der informationellen Selbstbestimmung im Grundsatz bewährt. Auch die Fortschreibung des verfassungsrechtlichen Schutzes des Homo digitalis im Lichte veränderter Interessen- und Gefährdungslagen ist nicht lediglich ein Zukunftsszenario. Einen ersten Takt hat das BVerfG im Jahr 2008 mit seiner Entscheidung zur Online-Durchsuchung angestimmt: Es hat das Grundrecht auf Gewährleistung der Vertraulichkeit und Integrität informationstechnischer Systeme aus den Einzelverbürgungen der Verfassung heraus komponiert.[66] Doch das war wohl erst die Ouvertüre. Die prinzipielle Entwicklungsoffenheit des allgemeinen Persönlichkeitsrechts[67] wird fraglos auch in Zukunft weitere taktgebende Impulse zur Konturierung des Persönlichkeitsschutzes in Zeiten der Digitalisierung und dynamische Anpassungen erforderlich machen, um den sich abzeichnenden Herausforderungen gerecht zu werden.

Richtig aber ist, dass das gegenwärtige Datenschutzrecht auf das digitale Zeitalter nicht gut vorbereitet ist. Es hält zwar ein systematisches und durchaus strenges Rüstzeug für den Umgang mit Privatheit vor. Das BDSG stammt jedoch eher aus der Zeit von Aktenordnern und Karteikarten als von Web 2.0 und Big Data. Dass die Bodenschätze der Moderne in den Datensätzen des Menschen verborgen liegen können und dass die Gesellschaft ihre Erkenntnisse aus kontinuierlich zirkulierenden Datenströmen schöpft, welche eine automatische Auswertung von Informationen aus unterschiedlichsten Lebensbereichen in Echtzeit möglich machen, lag außerhalb der Vorstellungswelt der Schöpfer des BDSG. Auf die Wandlungen, die der Umgang mit Informationen und Privatheit in der Internet-Ära erfahren hat, antwortet es nicht mit einem zeitgerechten, konsistenten Schutzkonzept, das die besonderen Gefährdungen der Privatheit einerseits und das wirtschaftliche Wertschöpfungspotenzial andererseits zu einem Ausgleich bringt.

Im digitalen Zeitalter ist der Datenschutz ebenso eine zentrale Infrastrukturressource selbstbestimmter Kommunikation, wie die Qualität der Datenverarbeitung sich immer sichtbarer zu einer wichtigen Quelle der Wertschöpfung entwickelt. Vordringliche politische Aufgabe ist es, dem digitalen Wandel einen Rahmen zu geben, der dem gesellschaftlichen Konsens über einen verantwortungsvollen Umgang mit persönlichen Daten entspricht.

---

66 BVerfGE 120, 274.
67 Dazu *Schliesky/Hoffmann/Luch et al.*, Schutzpflichten und Drittwirkung im Internet, 2014, S. 80 ff.; *Lang*, in: Epping/Hillgruber (Hrsg.), BeckOK GG, 24. Edition, 2015, Art. 2 GG, Rn. 34.

Inwieweit es dazu einer Erweiterung des Grundrechtskatalogs und – als Reaktion auf die Verlagerung von Grundrechtsgefährdungen in den privaten Sektor – einer kodifikatorischen Intensivierung der Gewährleistungs- und Drittwirkungsfunktion der Grundrechte bedarf, ist Gegenstand einer kontroversen politischen und rechtswissenschaftlichen Diskussion.[68] Angesichts der dem Grundgesetz bislang aufgrund seiner Stabilität und Flexibilität[69] attestierten Zukunftstauglichkeit und der Sensibilität verfassungsrechtlicher Ergänzungen[70], sollte allerdings vor einem Ruf nach einer digitalen Verjüngungskur der Verfassung zunächst das Entwicklungspotenzial der gegebenen Grundrechte und Grundrechtsfunktionen ausgelotet werden. Die hierfür relevanten Vermessungsareale sind einerseits die Entwicklungs- und Anwendungsspielräume des einfachgesetzlichen Rechts, andererseits die Aktivierungspotenziale der Emanzipation bzw. Stärkung der Verbraucher und des Wettbewerbs.

2. Regulierungsbemühungen der Europäischen Union und Hoffnungen auf ein Völkerrecht für die digitale Welt

Das World Wide Web kennt keine Demarkationslinien. Die Entgrenzung des Internets von Raum und Zeit stellt die Steuerungskraft der nationalen Rechtsordnung auf eine Bewährungsprobe. Mit seiner Flexibilität hält wirksame staatliche Vollzugskontrolle nur bedingt Schritt. Sein virtueller Raum erleichtert Ausweichmanöver, etwa durch die Verlagerung von Unternehmensniederlassungen ins Ausland.[71] Die damit einhergehende Erosion

---

68 Vgl. dazu bspw. *Schliesky/Hoffmann/Luch et al.* (Fn. 67), S. 98 ff.
69 *Oppermann*, JZ 2009, 481 (491).
70 Dazu mit bspw. *Greve*, Drittwirkung des grundrechtlichen Datenschutzes im digitalen Zeitalter, in: Franzius/Lejeune/Lewinski et al. (Hrsg.), Beharren, Bewegen: Festschrift für Michael Kloepfer zum 70. Geburtstag, 2013, S. 665 (666 ff.); *Schulz*, ZG 2010, 358 ff.
71 Die Unternehmensniederlassung ist u.a. zentraler geographischer Anknüpfungspunkt für die Anwendbarkeit des deutschen Datenschutzrechts. Nur, wenn die inländische Datenerhebung, Verarbeitung und Nutzung auch durch eine im Inland gelegene Niederlassung erfolgt, findet das BDSG Anwendung (§ 1 Abs. 5 S. 1 und 2 BDSG). Der so eröffneten Möglichkeit des Forumshoppings hat der EuGH allerdings jüngst deutlich die Schranken aufgezeigt. Seit der Google-Entscheidung (EuGH, Urt. v. 13.5.2014 – C-131/12 –, EuZW 2014, 541 (544, Rn. 46 ff.) weist er auch einer Niederlassung, die zwar selbst keine Daten erhebt und verarbeitet,

rechtlicher Regulierungsmacht nationalstaatlicher Akteure erfährt durch die parallele Machtkonzentration in der digitalen Wirtschaft und die überragende Marktstellung globaler Internetkonzerne des Silicon Valley[72] eine zusätzliche Brisanz.

a)   Die Datenschutz-Grundverordnung ante portas

Unter diesen strukturellen Rahmenbedingungen entspricht es mehr denn je einem sachgerechten Regelungsansatz, dem drohenden Wirkungsverlust rechtlicher Steuerungskraft – zumindest innerhalb der EU – durch eine harmonisierte und damit schlagkräftigere europäische Rechtsetzung entgegenzuwirken. Die geplante Datenschutz-Grundverordnung[73] stellt sich dieser Herausforderung.[74] Indem sie für die Anwendbarkeit europäischen Daten-

---

dafür aber untrennbar in die Geschäftstätigkeit des Gesamtunternehmens eingebunden ist, eine datenschutzrechtliche Mitverantwortlichkeit zu. Er stellt dafür – auch auf der Grundlage der alten Datenschutzrichtlinie 95/46/EG – nicht auf den Sitz der Niederlassung des Mutterunternehmens ab (im Falle von Google Inc. wäre dies Mountain View in Kalifornien, USA). Vielmehr lässt der EuGH es ausreichen, dass das Unternehmen in dem betreffenden Staat eine Niederlassung hat, »wenn diese die Aufgabe hat, in dem Mitgliedstaat für die Förderung des Verkaufs der angebotenen Werbeflächen der Suchmaschine, mit denen die Dienstleistung der Suchmaschine rentabel gemacht werden soll, und diesen Verkauf selbst zu sorgen.« EuGH, a. a. O., 544, Rn. 54.

72   Der Suchmaschinen-Marktanteil von Google in Deutschland lag nach Zahlen des Statistischen Bundesamtes vom März 2014 bei 91,2 %, vgl. http://de.statista.com/ statistik/daten/studie/222849/umfrage/marktanteile-der-suchmaschinen-weltweit/ (27.1.2015). Googles Betriebssystem »Android« für mobile Geräte erreicht in Deutschland Anfang 2015 eine Marktdurchdringung von 77 % (vgl. http:// www.giga.de/smartphones/iphone-6/news/kantar-ios-mit-steigendem-marktanteil -in-deutschland/ [27.1.2015]). Youtube – Googles Videoportal – ist nicht nur der mit Abstand beliebteste Social-Video-Dienst im Netz (vgl. http://de.statista. com/statistik/daten/studie/209190/umfrage/beliebteste-videoportale-in-deutschland/ [27.4.2015]), sondern birgt auch die weltweit größte Sammlung an Videomaterial. Nest Labs – eine der neuesten Errungenschaft der Google Einkäufer – attestieren Experten eine goldene Zukunft im Smart-Metering-Markt.

73   Verordnung des Europäischen Parlaments und des Rates zum Schutz natürlicher Personen bei der Verarbeitung personenbezogener Daten und zum freien Datenverkehr (Datenschutz-Grundverordnung) vom 25.1.2012, KOM(2012), 11 endg.; Legislative Entschließung des Europäischen Parlaments vom 12.3.2014 zu dem Vorschlag für eine Datenschutz-Grundverordnung.

74   Dazu etwa *Albrecht*, ZD 2013, 587 ff.; *Jaspers*, DuD 2012, 571 ff.; vgl. zum kompetenzrechtlichen Rahmen *Pötters*, RDV 2015, 10

schutzrechts nicht an den Ort anknüpft, an dem die Datenverarbeitung stattfindet, sondern an den Ort, an den sich die angebotene Leistung richtet (Marktortprinzip), schließt sie datenschutzrechtliche Fluchtwege, die digitalen Global Playern bislang eine Cream-Skimming-Strategie sowie ein unionales Datenschutz-Dumping ermöglichten.[75] Wenn ein Internetkonzern in einem Mitgliedstaat der EU seine Leistungen anbietet, dann muss es auch europäischen Datenschutzstandards genügen.

Die Datenschutz-Grundverordnung eröffnet damit die Chance, die aus dem analogen Zeitalter stammende Datenschutzregulierung an die Herausforderungen moderner Informationstechnologie anzupassen. Ihr Regelungsauftrag ist ein Drahtseilakt: Sie muss das Potenzial wirtschaftlicher Wertschöpfung gegen die Grundrechtserwartungen der Bürger ausbalancieren. Beide stehen in einem natürlichen Zielkonflikt. Die Grundverordnung kämpft mit einem Grundphänomen des Datenschutzes, das sich in der digitalen Welt noch stärker als in der analogen bemerkbar macht: Datenschutz ist mitunter Sand im Getriebe wirtschaftlicher Innovation. Entsprechend genießt Datenschutz in der Wirtschaft häufig umso höhere Wertschätzung, je abstrakter er bleibt.

Will das Datenschutzrecht den spezifischen Freiheitsbedrohungen digitaler Technologien zielgenau entgegenwirken, sollte es seinen Regulierungsfokus stärker als bisher vom personenbezogenen Einzeldatum wegbewegen und auf den strukturellen Gefährdungsgrad der Datenverarbeitungsprozesse, insbesondere mithilfe algorithmischer Auswertung von Datensätzen und Datenzusammenhängen, richten.[76] Das personenbezogene Datum erfüllt bislang eine wichtige Filterfunktion für das datenschutzrechtliche Kontrollregime: Sobald eine Person identifizierbar ist, greift das datenschutzrechtliche Verbotsprinzip (§ 4 Abs. 1 BDSG). Diese Dichotomie bläht das Datenschutzrecht als Kommunikationsregulierungsrecht freilich bisweilen über seinen Zielgehalt hinaus auf. Es bedarf einer risikobasierten Feinjustierung, die stärker als bisher Aspekte der Folgenabschätzung, insbesondere des Gefährdungsgrades für die Persönlichkeit im Einzelfall, in das datenschutzrechtliche Prüfungsregime integriert.[77]

---

75 Zu dem ersten Schritt, den hat der EuGH in seiner (dogmatisch durchaus gewagten) Google-Entscheidung in diese Richtung unternommen hat, siehe Fn. 71.

76 Vgl. dazu insbesondere *Schneider/Härting*, ZD 2011, 63 (64 f.); *Härting*, AnwBl 2012, 716 ff.; *Schneider/Härting*, CR 2014, 306 (308 f.).

77 In diese Richtung gehen Erwägungsgrund Nr. 66a, 70 S. 4 - Nr. 74a, Art. 33 Datenschutz-Grundverordnung.

Wichtigen normativen Flankenschutz kann dem Datenschutzrecht eine Harmonisierung mit dem Wettbewerbs- und Kartellrecht der Europäischen Union verleihen.[78] Als Schutzinstrument des europäischen Wirtschaftsordnungsrechts »mit Biss« hält es im Grundsatz ein wirksames Instrumentarium vor, um gegen ein wettbewerbsbeschränkendes Machtungleichgewicht vorzugehen.[79] Der immense Zeitaufwand kartellrechtlicher Prüfungen wirkt allerdings einer zeitnahen, der Dynamik des Digitalisierungs- und Onlinemarktes gerecht werdenden Sanktionierung von Wettbewerbsverstößen vielfach strukturell entgegen; das leistet damit einer Verfestigung der Monopolstrukturen tendenziell Vorschub.[80] Ein Regulierungsweg, der die Wachsamkeit und Beobachtungsgenauigkeit der direkten Wettbewerber sowie der Verbraucherschutzverbände für einen wirksamen Datenschutz bündelt und fruchtbar macht, ist deshalb um einiges erfolgsversprechender. Der Gesetzesentwurf der Bundesregierung für ein Gesetz zur Stärkung der Durchsetzungsmacht des Datenschutzrechts durch ein Verbandsklagerecht[81] unternimmt einen Schritt in diese Richtung.

Die Überlegung, die Internetnutzer an den milliardenschweren Gewinnen der Konzerne des digitalen Morgenlandes durch eine Verbürgung eines Dateneigentums und eines Vergütungsanspruchs zu beteiligen,[82] hat grundsätzlich Charme, sind die wertvollen Dienstleistungen, welche Diensteanbieter vermitteln, doch auch das Produkt des Datenstocks, den die Nutzer

---

78 Siehe dazu auch *Monopolkommission*, Hauptgutachten XX 2012/2013 – Kap. 1: Google, Facebook & Co. – eine Herausforderung für die Wettbewerbspolitik, 2014, S. 62 ff. (Rn. 20 ff.) u. S. 66 ff. (Rn. 39 ff.).

79 U.a. Abstellungsverfügungen, einstweilige Maßnahmen und Vorteilsabschöpfungen. Diese Reaktionsmöglichkeiten spiegeln sich aufgrund der Überprägung des nationalen Kartellrechts durch das Unionskartellrecht vollständig im GWB wider.

80 Beispiele dafür liefern die EU-Wettbewerbsverfahren gegen Microsoft Nr. 39530 (Microsoft – Tying) und Intel Nr. 37990 (Intel Corporation). Dazu *Schultz*, EU-Strafe für Microsoft: Machtlos gegen die Web-Giganten, Spiegel online vom 6.3.2013.

81 Entwurf eines Gesetzes zur Verbesserung der zivilrechtlichen Durchsetzung von verbraucherschützenden Vorschriften des Datenschutzrechts, BR-Drucks. 55/15; dazu etwa *Gola/Wronka*, RDV 2015, 3 (6 ff.); *Weidlich-Flattern*, ZRP 2014, 196 ff.; *Zinke*, Eine Erweiterung der Verbandsklagebefugnisse auf datenschutzrechtliche Verstöße stärkt den Datenschutz in Zeiten von Big Data, in: Taeger (Hrsg.), Big Data & Co, 2014, S. 161 ff.

82 Vgl. dazu etwa *Tene/Polonetsky*, Northwestern Journal of Technology and Intellectual Property 11 (2013), 239 ff.; *Dorner*, CR 2014, 617 (626); *Zech*, C&R 2015, 137 ff. jeweils m. w. N.

einbringen. Allerdings sind die Kollateralschäden eines solches Shareholder-value-Konzepts größer als sein Nutzen. Denn es setzt kontraproduktive Anreize, treibt damit im Ergebnis den Teufel mit dem Beelzebub aus. Die Kapitalisierung personenbezogener Daten bereitet nämlich einer Kommerzialisierung der Persönlichkeit den Boden, welche immaterielle Grundwerte der Gesellschaft einer Ökonomisierungslogik unterwirft. Sie lässt ökonomisches Kalkül in gesellschaftliche Handlungsräume eindringen, die sich einer Erfassung durch wirtschaftliche Metrik gerade entziehen sollen. Führt man sich vor Augen, für welche geringen ökonomischen Gegenwerte Menschen bereit sind, ihre Persönlichkeit ausleuchten zu lassen,[83] stellt eine wirtschaftliche Partizipation des Nutzers an den wirtschaftlichen Erträgen, die Massendatenauswertungen von Persönlichkeitspräferenzen ermöglichen, schnell einen Persilschein aus, den inkommensurablen Wert der Persönlichkeit mit den Füßen wirtschaftlicher Macht zu treten[84] – mit Folgen, die beispielhaft das Verhalten des reichen Römers *Lucius Veratius* macht, der sich – nach der Erzählung »Ohrfeigen gegen Barzahlung« von *Aulus Gellius* im 2. Jahrhundert n. Chr.[85] – gleichsam einen Sport daraus machte, seine Mitmenschen im Vorübergehen zu ohrfeigen, da die 25 Asse, die das römische Recht für derartige Erniedrigungen als wirtschaftliche Sanktion vorsah, für ihn als kühlen wirtschaftlichen Rechner eine Einladung zum Handeln war.

b)   Ein Internet-Völkerrecht zwischen Macht und Ohnmacht

Je weniger Internetdienstleistungen an nationalen Grenzen Halt machen und je stärker sich eine weltwirtschaftlich und menschenrechtlich sensible digitale Machtumverteilung auf Internetkonzerne abzeichnet, umso deutlicher tritt der Bedarf nach einer wirksamen weltumspannenden Regulierung

---

83   Dazu S. 30 mit Fn. 39.
84   Im Hinblick auf die Welt der industriellen Fertigung stellt sich die Sachlage anders dar und sind andere Wertungen angezeigt. Dort baut das Geschäftsmodell vieler Hersteller auf der exklusiven Auswertung über den gesamten Produktlebenszyklus der Anlage auf. Nicht der Verkauf der Anlage als solcher, sondern vor allem ihre Wartung bildet dort vielfach den Ankerpunkt des Gewinns. Entsprechend ist die Sicherung des ausschließlichen Verwertungsrechts an den Daten, welche die Anlage generiert, eine zentrale Geschäftsgrundlage des Unternehmens.
85   *Aulus Gellius*, Noctes Atticae 20, 1, 13.

zutage. Zwar steht die Weiterentwicklung des Völkerrechts hin zu einer Allgemeinen Erklärung digitaler Menschenrechte weit oben auf der Tagesordnung vieler freiheitlich-demokratischer Staaten[86], Staatenverbünde und NGOs. Strategiepapiere wie die »International Strategy for Cyberspace: Prosperity, Security and Openness in a Networked World« der USA[87], das »IBSA Joint Statement, Open Consultations on Enhanced Cooperation«[88] Indiens, Brasiliens und Südafrikas sowie die »Council of Europe Strategy 2012-2015 Internet Governance«[89] liefern erste Blaupausen für ein völkerrechtliches Internetregelwerk. Das regulatorische Augenmerk gilt dabei insbesondere der Internetwirtschaft, der Internetsicherheit und den Menschenrechtsgewährleistungen digitaler Technologienutzung, allen voran der Garantie des Privatsphärenschutzes. Verfahrensrechtlich sind sie eingebettet in den Grundsatz territorialer Gerichtsbarkeit, die Verpflichtung zu zwischenstaatlicher Kooperation und das Prinzip akteurs-übergreifender Kollaboration.[90]

Allerdings gibt die Erfahrung mit der Wirkmacht des Völkerrechts wenig Anlass zur Hoffnung auf eine gesteigerte Durchschlagskraft in der digitalen Welt. Der kleinste gemeinsame Nenner bestimmt typischerweise das Tempo, in dem die völkerrechtliche Regulierung voranschreitet. Mit dem dynamischen technologischen Wandel und seinen wachsenden Regelungsbedürfnissen hält das nicht hinreichend Schritt. Die Verständigung auf ein niedrigeres als das nationale Datenschutzniveau ist dann nicht selten der Preis der völkerrechtlichen Annäherung. Die Vorstellung, hohe deutsche und europäische Datenschutzstandards in Konkurrenz mit den US-amerikanischen Unternehmen Facebook, Google & Co. aus dem Silicon Valley etablieren zu können, entpuppt sich im Zweifel als regulatorischer Tagtraum.

---

86 Totalitäre Staaten begegnen der Kommunikationsmacht des Internets demgegenüber durch massive tatsächliche Eingriffe in die Netzfreiheit, insbesondere durch Internetzensur, Verbot unliebsamer Plattformen und Verlangsamung oder gar zeitweilige Abschaltung des Internets.

87 Online abrufbar unter www.whitehouse.gov/sites/default/files/rss_viewer/international_strategy_for_cyberspace.pdf (27.4.2015).

88 Online abrufbar unter http://unpan1.un.org/intradoc/groups/public/documents/un-dpadm/unpan043559.pdf (27.4.2015).

89 Internet Governance – Council of Europe Strategy 2012-2015, CM (2011)175 final.

90 Vgl. *Uerpmann-Wittzack*, German Law Journal 1 (2010), 1245 ff.

Dies ist auch der Ausgangspunkt eines Kulturkampfes um die Hegemonie von Privacy-Idealen und Grundvorstellungen. Er bricht sich paradigmatisch in den Protesten und öffentlichen Debatten Bahn, die am Rande der Verhandlungen um das Freihandelsabkommen der EU mit den USA (Transatlantic Trade and Investment Partnership [TTIP][91]) stattfinden. Die Auseinandersetzung um das »Chlorhühnchen« steht stellvertretend für die Strukturentscheidung, ob sich ein wirtschaftsliberales US-amerikanisches oder ein stärker Verbraucherschutzidealen verpflichtetes europäisches Grundverständnis durchsetzt.

Im Hintergrund stehen dabei auch unterschiedliche Leitvorstellungen zum Verhältnis von Privatheit und Öffentlichkeit, welche diesseits und jenseits des Atlantiks bislang den Umgang mit personenbezogenen Informationen prägen. Während diese in der analogen Welt noch friedlich koexistierten, prallen sie in der digitalen Welt als gesellschaftliche und ökonomische Gegenentwürfe und unterschiedliche Rechtstraditionen unmittelbar aufeinander.

Während nach deutschem Grundverständnis Privatheit die umfassende Kontrolle über persönliche Daten – sowohl gegenüber staatlichen als auch privaten Stellen – und die autonome Verfügungsbefugnis Teil der Persönlichkeitsentfaltung und des Selbstbestimmungsrechts als einer selbst definierten Abgrenzung zwischen öffentlichem Raum und privater Rückzugsbasis ist,[92] begibt sich nach US-amerikanischem Grundverständnis derjenige, der die Öffentlichkeit sucht, weitgehend seines Schutzes vor Auswertung und Nutzung seiner Daten. Entsprechend der sog. »Third-party doctrine«[93] verliert, wer einem Dritten freiwillig Informationen offenbart, das berechtigte Vertrauen in einen Schutz der Privatheit: »With third parties, like telephone companies, banks, or even other individuals, the government can acquire that information from the third-party absent a warrant without

---

91   Informationen dazu hält die Europäische Kommission unter http://ec.europa.
      eu/trade/policy/in-focus/ttip/index_de.htm (27.4.2015) bereit.
92   Entsprechend greift nach deutschem Verständnis nicht erst die Verwertung, sondern bereits die Speicherung von Daten, also die potenzielle Gefährdung von Privatheit, in das informationelle Selbstbestimmungsrecht ein. Vgl. BVerfGE 120, 378 (399 ff.).
93   Supreme Court – United States v. Miller, 425 U.S. 435 (1976); Supreme Court – Smith v. Maryland, 442 U.S. 735 (1979). Die Third-party doctrine steht jedoch angesichts ihrer wahrgenommenen Uferlosigkeit in der Kritik. Die obersten Gerichte einzelner Bundesstaaten übernehmen sie nicht; vgl. *Henderson*, Cath. U. L. Rev. 55 (2006), 373 (395).

violating the individual's Fourth Amendment rights.«[94] Der vierte Verfassungszusatz, welcher einen begrenzten verfassungsrechtlichen Schutz auf Privatsphäre gewährleistet[95], findet in diesen Fällen schon keine Anwendung.[96] Jedes Datum, das öffentlich zugänglich ist, darf jeder Private und jede Behörde beliebig sammeln, sei es der Blick in den öffentlich einsehbaren privaten Garten, sei es der Eintrag auf einer Homepage.[97] In allen anderen Fällen reicht der Schutz so weit, wie eine Person eine begründete Erwartung auf Privatheit hegen darf (»reasonable expectation of privacy«). Datenschutz ist in den USA insofern nicht durchgängiger, sondern punktueller Freiheitsschutz.[98] Privatheit ist dort primär der Schutz vor dem Einfluss staatlicher Stellen auf die individuelle Entfaltungsfreiheit – eben nicht der Schutz vor anderen Privaten, seien es auch Internet-Großkonzerne.

Allerdings wächst auch in den Vereinigten Staaten das Bewusstsein dafür, dass Bürger der Herauslösung von Daten aus dem jeweiligen Kontext und einem Missbrauch ihrer aus Massendatenbeständen auslesbaren personenbezogenen Informationen durch andere Private nicht schutzlos gegenüber stehen sollten. Die Möglichkeiten einer Personalisierung der Preisbildung sowie sämtlicher Online-Dienstleistungen und das damit einhergehende Diskriminierungspotenzial lösen einen Prozess des Nachdenkens

---

94 *Executive Office of the President*, Big Data: Seizing Opportunities, Preserving Values, 2014, S. 33.

95 Vgl. z.B. Supreme Court – Katz v. United States, 389 U.S. 347 (1967).

96 *Kerr,* The case for the third-party doctrine, 107 Mich. L. Rev. (2009) 561 (563).

97 Auch das deutsche Datenschutzrecht gesteht verantwortlichen Stellen für allgemein zugängliche Quellen ein Auswertungs- und Nutzungsprivileg zu. Für private Stellen ist die Privilegierung grundsätzlich vorbehaltlos – sowohl bei der Nutzung für eigene Geschäftszwecke (§ 28 Abs. 1 S. 1 Nr. 3 BDSG) als auch bei der geschäftsmäßigen Datenspeicherung zum Zwecke der Übermittlung (§ 29 Abs. 1 S. 1 Nr. 2 BDSG) sowie bei der geschäftsmäßigen Datenerhebung und -speicherung für Zwecke der Markt- oder Meinungsforschung (§ 30a Abs. 1 S. 1 Nr. 2 BDSG). Öffentliche Stellen bleiben insoweit jedoch immer an die Erforderlichkeit zur Wahrnehmung einer öffentlichen Aufgabe gebunden (vgl. für öffentliche Stellen des Bundes: § 13 Abs. 1 und § 14 Abs. 1 BDSG). Darüber hinaus beschränkt sich die Privilegierung ausschließlich auf allgemein zugängliche Quellen, erstreckt sich aber nicht generell auf bei Dritten verfügbare Daten. Insoweit greift grundsätzlich eine strikte Zweckbindung. Zum Grundrechtsschutz im Hinblick auf allgemein zugängliche Daten siehe insbesondere BVerfGE 120, 378 (399); BVerfG (1. Kammer des Ersten Senats), NVwZ 2007, 688 (690 f.);

98 *Masing*, RDV 2014, 3 (5); vgl. auch den Kurzüberblick über die US-amerikanischen Regelungen *Hense/Rengers*, Social CRM, in: Taeger (Hrsg.), Big Data & Co, 2014, S. 219 (224 ff.).

über das dem Datenschutz traditionell skeptisch gegenüberstehende amerikanische Grundmodell aus. Die Regierung von Präsident Obama hat dementsprechend im Jahr 2012 ein umfassendes Konzept für den Verbraucher-Privatsphärenschutz unter Digitalisierungsbedingungen vorgelegt.[99] Es formuliert u.a. eine »Consumer Privacy Bill of Rights«, die sieben Grundsätze des fairen Umgangs mit personenbezogenen Informationen umschließt: individuelle Kontrollrechte, Transparenz, Kontextbindung, Sicherheit, Genauigkeit und Begrenzung der Datenerhebung sowie -verarbeitung und Verantwortlichkeit der Unternehmen.[100] Die Umsetzung des Gesetzesvorschlags in dem von einer Republikaner-Mehrheit dominierten Kongress gilt jedoch als unwahrscheinlich.[101]

3. Multi-Stakeholder-Ansatz und Selbstregulierung im Digitalisierungskontext

Je unwegsamer, schwerfälliger und wirkungsärmer (völker-)rechtliche Durchsetzungsmechanismen sind, umso eher können private Akteure einen Weg ebnen, zeitgerecht auf Governance-Defizite des Internets zu reagieren. Ein prominentes Beispiel – mit Licht- wie Schattenseiten (insbesondere der Gefahr amerikanischer Fremddominanz und Unabhängigkeitsgefährdung)[102] – bildet die Vergabe von Namen und Adressen im Internet einschließlich der Koordination des Domain Name Systems (DNS) und der Zuteilung von IP-Adressen.[103] Für sie zeichnet die 1998 in Kalifornien als Non-Profit-Organisation gegründete Internet Corporation for Assigned Names and Numbers (ICANN) verantwortlich.[104] Ihre Willensbildung ist einem konsensorientierten Abstimmungsprozess mit der Gemeinschaft der

---

99   *The White House*, Consumer Data Privacy in a Networked World, 2012.
100 *The White House* (Fn. 99), S. 47 f.
101 *Singer*, White House Proposes Broad Consumer Data Privacy Bill, New York Times vom 27.2.2015, http://www.nytimes.com/2015/02/28/business/whitehouse-proposes-broad-consumer-data-privacy-bill.html?_r=0 (20.3.2015).
102 Vgl zu ihr etwa *Voegeli*, Die Regulierung des Domainnamensystems durch die Internet Corporation for Assigned Names and Numbers (ICANN), 2006, S. 59 ff. und 103 ff.
103 Vgl. die Standard-Registry-Vereinbarung der ICANN unter http://newgtlds. icann.org/en/applicants/agb/agreement-approved-09jan14-en.pdf (27.8.2014).
104 Als zivilrechtliche Organisation koordiniert sie ihre internationale Zusammenarbeit mit anderen Organisationen, insbesondere den regionalen Internet Registries, über zivilrechtliche Verträge, die auch die zur Finanzierung der ICANN von den

Internetnutzer und Stakeholder unterworfen; das Verfahren legt die Satzung der ICANN fest.

In ihrer Neigung zu privater Selbstregulierung[105] als Handlungsinstrument hat die Internet-Wirtschaft eine Vielzahl privater Regelwerke und Standards mit nachhaltiger praktischer Relevanz für den Digital Commerce hervorgebracht.[106] Sie avancieren – entsprechend dem Vorbild der »lex mercatoria« – als Gesamtkomplex zusehends zu einer »lex digitalis«. Die Einbindung privaten Sachverstands bürgt für Sachnähe und Flexibilität; mit ihr kann eine höhere Akzeptanz und Vollzugseffizienz korrespondieren.[107] Diesem Regelungsgedanken hat sich auch die Selbstverpflichtungsregelung des § 38a BDSG verschrieben. Nachhaltigen Niederschlag in der Rechtspraxis hat sie bislang jedoch nicht gefunden.[108] Bislang füllen alleine die Verhaltensregeln des Gesamtverbands der Deutschen Versicherungswirtschaft den Regelungsgedanken eines Codes of Conduct i. S. d. § 38a BDSG inhaltlich aus.[109]

Angesichts der infrastrukturellen, wirtschaftlichen und gesellschaftlichen Bedeutung des Internets als Interaktions-, Vertriebs-, Dienstleistungs-

---

Registries zu zahlenden Gebühren regeln. Vgl. die Statuten der ICANN online unter https://www.icann.org/resources/pages/bylaws-2012-02-25-de (20.12.2014).

105 Zum Konzept regulierter Selbstregulierung als Instrument des Wirtschaftsrechts siehe insbesondere jüngst *Weiß*, Der Staat 53 (2014), 555 (559 ff.) m. w. N. sowie grundlegend die Beiträge bei Berg (Hrsg.), Regulierte Selbstregulierung als Steuerungskonzept des Gewährleistungsstaates, 2001.

106 Vgl. zu Konzepten der nationalen Werbewirtschaft *Himmels*, Behavioural Targeting im Internet, 2013, S. 76 ff. mit Blick auf den Bundesverband Digitale Wirtschaft e. V., der ein nationales Konzept der Selbstregulierung entwickelt hat.

107 Ausführlich dazu *Himmels* (Fn. 106), S. 71 ff. Ihr weiteres Argument, dass dadurch grenzüberschreitende Abläufe nicht mehr an unterschiedlichen nationalen Regeln gemessen werden müssten, überzeugt freilich nicht. Zum einen hat auch grenzüberschreitende Selbstregulierung mit Effizienzverlusten zu kämpfen. Zum anderen bleibt das Bedürfnis nationaler normativer Mindeststandards unberührt. Für ihre Durchsetzung kann das Wettbewerbsrecht ein wirksames Instrument bilden.

108 Art. 38 der Datenschutz-Grundverordnung knüpfte daran an und schreibt den Regelungsgedanken des § 38a BDSG bzw. des Art. 27 Abs. 2 der Datenschutzrichtlinie 95/46/EG in ihrem Entwurf auf unionaler Ebene (in sehr ähnlicher Weise) fort. Vgl. zu § 38a BDSG bspw. *Kranig/Peintinger*, ZD 2014, 3 (4 ff.); *Vomhof*, PinG 2014, 209 (210 ff.).

109 Zu ihrem Inhalt: *Ritzer*, Verhaltensregeln (Code of Conduct) im Datenschutz – Gestaltungsmöglichkeiten für Unternehmen in Verbänden, in: Taeger (Hrsg.), Big Data & Co, 2014, S. 501 (504 ff.); *Petri*, in: Simitis (Hrsg.), BDSG, 7. Aufl., 2011, § 38a, Rn. 1 ff.

und Kulturplattform für das Gemeinwesen scheidet eine vollständige Überantwortung seiner globalen Regulierung an Private allerdings aus.[110] Die Implementierung hinreichender Datenschutzstandards in Zeiten von Big Data ist zu sensibel, um sie alleine in die Hände des freien Spiels der Marktkräfte zu legen. Die Instrumente können gesetzliche Vorgaben nur ergänzen, sie aber nicht ersetzen. Regulierte Selbstregulierung kann immerhin eine Facette eines Multi-Stakeholder-Ansatzes sein, der staatliche Akteure, Privatwirtschaft und Zivilgesellschaft in internationalen Gremien gemeinsam über regulatorische Maßnahmen entscheiden lässt und dadurch ihre jeweiligen Eigenrationalitäten für das gemeine Wohl zur Entfaltung bringt. Um diese Kräfte zu beflügeln, hat das Generalsekretariat der Vereinten Nationen im Jahre 2006 das Internet Governance Forum (IGF) eingerichtet. Es bringt Politiker, Regierungsbeamte, Internetaktivisten, Branchenvertreter, Wissenschaftler und Technologieexperten zusammen; ihm wird in Zukunft eine noch wichtigere Rolle zuwachsen.[111] Parallel zu dieser top-down initiierten Gremienarbeit lassen sich auch vielfältige zivilgesellschaftliche und bottom-up veranlasste Initiativen für die Entwicklung einer internationalen Internet Governance beobachten, wie beispielsweise die Idee eines Digitalen Kodex des Deutschen Instituts für Vertrauen und Sicherheit im Internet (DIVSI)[112]. Sie zielt darauf, mithilfe der disziplinierenden Kraft der Selbstregulierung dem unternehmerischen Handeln digitaler Unternehmen Handlungsleitplanken setzen. Das Zusammenspiel beider Initiativstränge – top-down und bottom-up – verspricht ein fruchtbares Ringen um die Etablierung international abgestimmter, gemeinwohlorientierter Spielregeln für die Codierung der digitalen Lebenswelt von morgen.

Eine zentrale Aufgabe des nationalen Rechts in diesem Regelungskonzert wird es sein, dem Selbstdatenschutz und der digitalen Souveränität der Bürger eine wahrnehmbare Stimme zu geben. Seine Mission ist es, entsprechend den Idealen der Aufklärung, die digitale Unversehrtheit des Einzelnen – als Pendant zum staatlichen Schutz der körperlichen Integrität – zu gewährleisten und die freiheitliche Rechtskultur unveräußerlicher und einklagbarer Bürgerrechte in die Rechtspraxis der digitalen Zukunft zu transformieren. Nur, wenn es gelingt, den Impetus des technisch Möglichen in

---

110 *Himmels* (Fn. 106), S. 95.

111 Die EU avisiert in ihrer Digitalen Agenda eine gezielte Förderung des IGF durch Schärfung seines Profils und Verteidigung des Multi-Stakeholder-Ansatzes, vgl. dazu https://ec.europa.eu/digital-agenda/en/international/action-98-support-internet-governance-forum (20.12.2014).

112 Vgl. https://www.divsi.de/projekte/digitaler-kodex/ (20.12.2014).

die Bahnen des gesellschaftlich Sinnvollen zu lenken, verbessern die Segnungen der digitalen Revolution im Ergebnis die Lebensqualität – und verhindern, dass das Leben in Smart Houses in Smart Cities einem digitalen Panoptikum im *Foucault'*schen Sinne gleicht. Anderenfalls entpuppen sich die technologischen Diener der Gegenwart womöglich als die Fußfesseln unserer Freiheit und Privatheit.

Literaturverzeichnis

Acquisti, Alessandro/John, Leslie/Loewenstein, George, What is privacy worth?, Journal of Legal Studies 42 (2013), S. 249–274.

Albrecht, Jan Philipp, Die EU-Datenschutzgrundverordnung rettet die informationelle Selbstbestimmung!, Ein Zwischenruf für einen einheitlichen Datenschutz durch die EU, ZD 2013, S. 587–591.

Ankenbrand, Hendrik, Eine Villa aus dem 3D-Drucker, FAZ vom 6.3.2015, S. 22.

Artikel-29-Datenschutzgruppe, Opinion 8/2014 on the Recent Developments on the Internet of Things, WP 223, Brüssel, 2014.

Bauer, Zorah Mari, Lernen gestern – heute – morgen, Der Paradigmenwechsel des Lernens, in: Ludwig, Luise/Narr, Kristin/Frank, Sabine u.a. (Hrsg.), Lernen in der digitalen Gesellschaft – offen, vernetzt, integrativ, Berlin, 2013, S. 128–133.

Berg, Winfried (Hrsg.), Regulierte Selbstregulierung als Steuerungskonzept des Gewährleistungsstaates, Ergebnisse des Symposiums aus Anlass des 60. Geburtstages von Wolfgang Hoffmann-Riem Bd. 4, Berlin, 2001.

Bräutigam, Peter/Klindt, Thomas, Industrie 4.0, das Internet der Dinge und das Recht, NJW 2015, S. 1137–1142.

Brynjolfsson, Erik/McAfee, Andrew, Race against the machine, How the digital revolution is accelerating innovation, driving productivity, and irreversibly transforming employment and the economy, Lexington, Mass., 2012.

Brynjolfsson, Erik/McAfee, Andrew, The second machine age, Work, progress, and prosperity in a time of brilliant technologies, 2014.

Buchner, Benedikt: Datenschutz im vernetzten Automobil, DuD 2015, S. 372–377.

Bull, Hans Peter, Persönlichkeitsschutz im Internet, Reformeifer mit neuen Ansätzen, NVwZ 2011, S. 257–263.

Cichy, Patrick, Das Verletzte Fahrzeug – eine Bedrohung für die Privatsphäre?, PinG 2 (2014), S. 200–202.

Coase, Ronald H., The Nature of the Firm, Economica 4 (1937), S. 386.

DIVSI, Milieu-Studie zu Vertrauen und Sicherheit im Internet, Hamburg, 2012.

Doepfner, Mathias, Offener Brief an Eric Schmidt: Warum wir Google fürchten, FAZ vom 16.4.2014, S. 9.

Dorner, Michael, Big Data und „Dateneigentum", Grundfragen des modernen Daten- und Informationshandelns, CR 2014, S. 617–628.

Enzensberger, Hans Magnus, Wehrt Euch!, FAZ vom 1.3.2014, S. 9, www.faz.net/aktuell/enzensbergers-regeln-fuer-die-digitale-welt-wehrt-euch-12826195.html6 (23.12.2014).

Epping, Volker/Hillgruber, Christian (Hrsg.), Beck'scher Online-Kommentar GG, 24. Edition, 2015.

Executive Office of the President, Big Data: Seizing Opportunities, Preserving Values, 2014.

Foucault, Michel, Überwachen und Strafen: die Geburt des Gefängnisses, 14. Aufl., 2013.

Franzius, Claudio/Lejeune, Stefanie/Lewinski, Kai von/Meßerschmidt, Klaus/Gerhrad, Michael, Rossi, Matthias/Schilling, Theodor/Wysk, Peter (Hrsg.), Beharren, Bewegen: Festschrift für Michael Kloepfer zum 70. Geburtstag, Berlin, 2013.

Frey, Carl Benedict/Osborne, Michael A., The Future of Employment, How susceptible are jobs to computerisation?, Oxford, 2013.

Geiselberger, Heinrich (Hrsg.), Big Data, Das neue Versprechen der Allwissenheit, Berlin, 2013.

Gola, Peter/Wronka, Georg, Datenschutzrecht im Fluss, RDV 2015, S. 3–10.

Greve, Holger, Drittwirkung des grundrechtlichen Datenschutzes im digitalen Zeitalter, in: Franzius, Claudio/Lejeune, Stefanie/Lewinski, Kai von u.a. (Hrsg.), Beharren, Bewegen: Festschrift für Michael Kloepfer zum 70. Geburtstag, Berlin, 2013, S. 665–677.

Härting, Niko, Datenschutzrecht: Verbotsprinzips und Einwilligungs Fetisch, Warum die alten Rezepte versagen. Plädoyer aus Sicht eines Anwalts, AnwBl 2012, S. 716–720.

Hansen, Marit: Das Netz im Auto & das Auto im Netz, Herausforderungen für eine datenschutzgerechte Gestaltung vernetzter Fahrzeuge, DuD 2015, S. 367–371.

Heller, Christian, Post Privacy, Prima leben ohne Privatsphäre, München, 2011.

Henderson, Learning from all fifty states, How to apply the fourth amendment and its state analogs to protect third party information from unreasonable search, Cath.U.L.Rev. 55 (2006,), S. 373.

Hense, Peter/Rengers, Katja, Social CRM, Regulatorische Rahmenbedingungen für innovative Big-Data-Anwendungen in den USA, Singapur und Australien, in: Taeger, Jürgen (Hrsg.), Big Data & Co, Neue Herausforderungen für das Informationsrecht, Edewecht, 2014, S. 219–236.

Himmels, Sabine, Behavioural Targeting im Internet, Datenschutz durch lauterkeitsrechtlich gestuetzte Selbstregulierung?, Frankfurt, 2013.

Hornung, Gerrit: Verfügungsrechte an fahrzeugbezogenen Daten, Das vernetzte Automobil zwischen innovativer Wertschöpfung und Persönlichkeitsschutz, DuD 2015, S. 359–366.

Hornung, Gerrit/Goeble, Thilo, „Data ownership" im vernetzten Automobil, Die rechtliche Analyse des wirtschaftlichen Werts von Automobildaten unter Beitrag zum besseren Verständnis der Informationsordnung, CR 2015, S. 265–273.

Initiative D21 (Hrsg.), eGovernment Monitor 2014, Berlin, 2014.

Jaspers, Andreas, Die EU-Datenschutz-Grundverordnung, DuD 2012, S. 571–575.

Kaku, Michio, Die Physik der Zukunft, Unser Leben in 100 Jahren, 6. Aufl, Reinbek bei Hamburg, 2013.

Kaku, Michio, Die Physik des Bewusstseins, Über die Zukunft des Geistes, Reinbek, 2014.

Kant, Immanuel, Beantwortung der Frage: Was ist Aufklärung?, Berlinische Monatsschrift 1784, S. 481 ff.

Kerr, Orin S., The case for the third-party doctrine, 107 Michigan Law Review (2009), p. 561–601.

Kinast, Karsten/Kühnl, Christina, Telematik und Bordelektronik – Erhebung und Nutzung von Daten zum Fahrverhalten, NJW 2014, S. 3057–3060.

Köcher, Folgenlose Ängste, FAZ vom 20.6.2014, S. 8.

Köhler, Thomas R./Wollschläger, Dirk, Die digitale Transformation des Automobils, 5 Mega-Trends verändern die Branche (Connected Car; das Internet der Dinge; Big Data und Analytics; Cloud Computing; das autonome Fahrzeug), Pattensen, 2014.

Kranig, Thomas/Peintinger, Stefan, Selbstregulierung im Datenschutzrecht, Rechtslage in Deutschland, Europa und den USA unter Berücksichtigung des Vorschlags zur DS-GVO, ZD 2014, S. 3–9.

Kraus, Michael, Telematik – wem gehören Fahrzeugdaten?, in: Taeger, Jürgen (Hrsg.), Big Data & Co, Neue Herausforderungen für das Informationsrecht, Edewecht, 2014, S. 377–390.

Kreibich, Rolf, Von Big zu Smart - zu Sustainable?, APuZ 2015, S. 20–26.

Kremer, Sascha, Connected Car - intelligente Kfz, intelligente Verkehrssysteme, intelligenter Datenschutz?, RDV 2014, S. 240–252.

Kroes, Neelie, Ich bin nicht naiv, und Europa darf es auch nicht sein, FAZ vom 24.3.2014, S. 9.

Kurz, Constanze/Rieger, Frank, Arbeitsfrei, Eine Entdeckungsreise zu den Maschinen, die uns ersetzen, München, 2015.

Ludwig, Luise/Narr, Kristin/Frank, Sabine/Staemmler, Daniel (Hrsg.), Lernen in der digitalen Gesellschaft – offen, vernetzt, integrativ, Berlin, 2013.

Lutz, Lennart, Autonome Fahrzeuge als rechtliche Herausforderung, NJW 2015, S. 119–124.

Manyika, James/Chui, Michael/Bughin, Jacques/Dobbs, Richard/Bisson, Peter/Marrs, Alex, Disruptive technologies: Advances that will transform life, business, and the global economy, San Francisco, 2013.

Masing, Johannes, Datenschutz - ein unterentwickeltes oder überzogenes Grundrecht?, RDV 2014, S. 3–9.

Monopolkommission, Hauptgutachten XX 2012/2013 – Kap. 1: Google, Facebook & Co. – eine Herausforderung für die Wettbewerbspolitik, 2014.

Morozov, Evgeny, Achtung, Achtsamkeit!, FAZ vom 17.2.2014, S. 35.

Nordemann, Bernd/Rüberg, Michael/Schaefer, Martin, 3D-Druck als Herausforderung für die Immaterialgüterrechte, NJW 2015, S. 1265–1271.

Oppermann, Thomas, Deutschland in guter Verfassung?, 60 Jahre Grundgesetz, JZ 2009, S. 481–491.

Pentland, Alex, Society's Nervous System: Building Effective Government, Energy, and Public Health Systems, 2010.

Piketty, Thomas, Le capital au XXIe siècle, Paris, 2013.

Pötters, Stephan, Primärrechtliche Vorgaben für eine Reform des Datenschutzrechts, RDV 2015, S. 10–16.

Raabe, Oliver/Weis, Eva, Datenschutz im »Smarthome«, RDV 2014, S. 231–240.

Rammo, Katrin/Holzgräfe, Datenschutz bei vernetzten Autos – elektronische Fahrtenbücher, in: Taeger, Jürgen (Hrsg.), Big Data & Co, Neue Herausforderungen für das Informationsrecht, Edewecht, 2014, S. 351–365.

Rieß, Joachim/Agard, Andreas, Der Schutz von Kundendaten im Kontext des vernetzten Fahrzeugs, PinG 2015, S. 98–103.

Rifkin, Jeremy, Die Null-Grenzkosten-Gesellschaft, Das Internet der Dinge, kollaboratives Gemeingut und der Rückzug des Kapitalismus, 2014.

Ritzer, Christoph, Verhaltensregeln (Code of Conduct) im Datenschutz – Gestaltungsmöglichkeiten für Unternehmen in Verbänden, in: Taeger, Jürgen (Hrsg.), Big Data & Co, Neue Herausforderungen für das Informationsrecht, Edewecht, 2014, S. 501–512.

Roßnagel, Alexander: Grundrechtsausgleich beim vernetzten Automobil, Herausforderungen, Leistungsfähigkeit und Gestaltungsbedarf des Rechts, DuD 2015, S. 353–358.

Rubinyi, Kati, The Car in 2035, Mobility planning for the near future, New York, 2014.

Rüdiger, Benjamin, Smart Home - intelligentes Wohnen ohne Privatsphäre, RDV 2014, S. 253–258.

Schirrmacher, Frank, Der verwettete Mensch, in: Geiselberger, Heinrich (Hrsg.), Big Data, Das neue Versprechen der Allwissenheit, Berlin, 2013, S. 273–280.

Schirrmacher, Frank, Ego, Das Spiel des Lebens, Frankfurt, M., Zürich, Wien, 2013.

Schliesky, Utz/Hoffmann, Christian/Luch, Anika D./Schulz, Sönke E./Borchers, Kim Corinna, Schutzpflichten und Drittwirkung im Internet, Das Grundgesetz im digitalen Zeitalter, Baden-Baden, 2014.

Schneider, Jochen/Härting, Niko, Warum wir ein neues BDSG brauchen, Kritischer Beitrag zum BDSG und zu dessen Defiziten, ZD 2011, S. 63–68.

Schneider, Jochen/Härting, Niko, Datenschutz in Europa – Plädoyer für einen Neubeginn, Zehn „Navigationsempfehlungen", damit das EU-Datenschutzrecht internettauglich und effektiv wird, CR 2014, S. 306–312.

Schultz, Stefan, EU-Strafe für Microsoft: Machtlos gegen die Web-Giganten, Spiegel online vom 6.3.2013, www.spiegel.de/forum/wirtschaft/eu-strafe-fuer-microsoft-machtlos-gegen-die-web-giganten-thread-84616-1.html.

Schulz, Martin, Technologischer Totalitarismus - Warum wir jetzt kämpfen müssen?, FAZ vom 6.2.2014, S. 25, http://www.faz.net/aktuell/feuilleton/debatten/die-digital-debatte/politik-in-der-digitalen-welt/technologischer-totalitarismus-warum-wir-jetzt-kaempfen-muessen-12786805.html (3.4.2015).

Schulz, Roland, Billige Witze, http://sz-magazin.sueddeutsche.de/texte/anzeigen/42640/Billige-Witze (3.4.2015).

Schulz, Sönke E., Wider die Aufnahme des Datenschutzes in das Grundgesetz, ZG 2010, S. 358 ff.

Simitis, Spiros (Hrsg.), Bundesdatenschutzgesetz, 7. Aufl., Baden-Baden, 2011.

Singer, Natasha, White House Proposes Broad Consumer Data Privacy Bill, New York Times vom 27.2.2015, http://www.nytimes.com/2015/02/28/business/white-house-proposes-broad-consumer-data-privacy-bill.html?_r=0 (20.3.2015).

Solmecke, Christian, Rechtliche Aspekte des 3D-Drucks, in: Taeger, Jürgen (Hrsg.), Big Data & Co, Neue Herausforderungen für das Informationsrecht, Edewecht, 2014, S. 283–295.

Stiglitz, Joseph E., Der Preis der Ungleichheit, Wie die Spaltung der Gesellschaft unsere Zukunft bedroht, München, 2012.

Taeger, Jürgen (Hrsg.), Big Data & Co, Neue Herausforderungen für das Informationsrecht, Edewecht, 2014.

Tene, Omer/Polonetsky, Jules, Big Data for All: Privacy and User Control in the Age of Analytics, Northwestern Journal of Technology and Intellectual Property 11 (2013), S. 239–273.

Thaler, Richard, Toward a Positive Theory of Consumer Choice, Journal of Economic Behavior and Organization 1 (1980), S. 39.

The White House, Consumer Data Privacy in a Networked World, A Framework for Protecting Privacy and Promoting Innovation in the Global Digital Economy, 2012.

Uerpmann-Wittzack, Robert, Principles of International Internet Law, German Law Journal 1 (2010), S. 1245–1263.

Ullrich, Hanns, Patente, Wettbewerb und technische Normen: Rechts- und ordnungspolitische Fragestellungen, GRUR 2007, S. 817–830.

VDE, VDE-Trendreport 2014 - Schwerpunkt: Smart Citys, Frankfurt am Main, 2014.

Voegeli, Julia, Die Regulierung des Domainnamensystems durch die Internet Corporation for Assigned Names and Numbers (ICANN), Köln, 2006.

Vomhof, Martina, Verhaltensregeln nach § 38a BDSG, Der Code of Conduct der Versicherungswirtschaft, PinG 2014, S. 209–219.

Weichert, Tilo, Big Data – eine Herausforderung für den Datenschutz, in: Geiselberger, Heinrich (Hrsg.), Big Data, Das neue Versprechen der Allwissenheit, Berlin, 2013, S. 131–148.

Weidlich-Flattern, Eva, Verbraucherschutzverbände als Heilsbringer für den Datenschutz?, ZRP 2014, S. 196–198.

Weiß, Wolfgang, Selbstregulierung der Wirtschaft – noch sinnvoll nach der Finanzkrise?, Der Staat 53 (2014), S. 555–575.

Weitzman, Martin L., The share economy, Conquering stagflation, Cambridge, Mass, 1984.

Welzer, Harald, Vorsicht, Datensammler, Wenn man etwas merkt, ist es zu spät, FAZ vom 23.4.2014, S. 9.

Zech, Herbert, Daten als Wirtschaftsgut – Überlegungen zu einem „Recht des Datenerzeugers", C&R 2015, S. 137–146.

Zeh, Juli, Schützt den Datenkörper!, FAZ vom 11.2.2014, S. 34.

Zinke, Michaela, Eine Erweiterung der Verbandsklagebefugnisse auf datenschutzrechtliche Verstöße stärkt den Datenschutz in Zeiten von Big Data, in: Taeger, Jürgen (Hrsg.), Big Data & Co, Neue Herausforderungen für das Informationsrecht, Edewecht, 2014, S. 161–170.

Zuboff, Shoshana, Die Google-Gefahr: Schürfrechte am Leben, FAZ vom 30.4.2014, S. 9.

Wandel der Kulturlandschaft durch Einsatz von IKT*

Nikolas Hill

Ist das Kunst? Oder kann das ins Web?

Ich möchte Ihnen einen kleinen Einblick in den Wandel der Kulturlandschaft durch den Einsatz von Informations- und Kommunikationstechnologie geben.

Während der Einfluss von den IKT in vielen Lebensbereichen deutlich sichtbar und damit längst Realität ist, wie z.B. im Handel mit eBusiness, im Verkehrsbereich mit eLogistik, im Verwaltungsbereich mit eGovernment und zunehmend im Gesundheitsbereich mit eHealth, ist der IKT-Einsatz im Kulturbereich unter der Bezeichnung eCulture längst nicht selbstverständlich. Ein Wandel der Kulturlandschaft durch IKT wird indes auf jeden Fall stattfinden, nur stellt sich die Frage, in welcher Geschwindigkeit, mit welcher inhaltlichen Ausrichtung und in welcher Struktur.

Das Internet und die Digitalisierung medialer Inhalte bieten dem kulturellen Sektor und seinen Einrichtungen zunächst einmal neue Möglichkeiten. Durch die neuen Kommunikations- und Rezeptionsgewohnheiten verändern sich notwendigerweise auch die Anforderungen an die Kultureinrichtungen.

Mit dem Einsatz von IT-Technik erschließen sich neue Formen insbesondere der kulturellen Bildung und Teilhabe, einem wesentlichen Teil des öffentlichen Auftrags kultureller Einrichtungen. Die Digitalisierung von Sammlungen und Beständen sowie die Online-Bereitstellung von kulturellen Inhalten bieten neue Möglichkeiten der Vermittlung, der wissenschaftlichen Nutzung und der Vermarktung. Die Funktion und Relevanz staatlich geförderter Kultureinrichtungen mit der tradierten Rollen- und Funktionsteilung von Besuchern und hauptamtlichen Fachleuten werden durch social media und digitale Beteiligungsmöglichkeiten verändert.

Viele Menschen werden künftig zu punktuellen Experten, während traditionelles »Bildungsbürgertum« verschwindet. Angesichts dieser Entwicklungen muss es eine zentrale Aufgabe der Kulturpolitik sein, die Qualitätsstandards des traditionellen Kulturbetriebs zu bewahren und gleichzeitig die

---

* Der Vortragsstil wurde weitgehend beibehalten.

neuen Möglichkeiten und Anforderungen der Netzöffentlichkeit aufzugreifen. Bislang war der Kulturvermittlung in den Institutionen hierarchisch organisiert und überwiegend auf passiven Konsum ausgerichtet. Diesen Vermittlungsformen stehen neue Partizipatioswünsche und -gewohnheiten gegenüber – »Eine mögliche kulturpolitische Konsequenz ist ein Perspektivwechsel: von der Angebots- hin zur Nachfrageorientierung, von der Push- zur Pull-Kultur.«[1]

Wie also wollen wir künftig Kultur anbieten? Welchen Einfluss haben neue Kommunikationswege und Rezeptionsgewohnheiten? Eröffnen Internet und die Digitalisierung medialer Inhalte der Kultur wirklich neue Perspektiven?

Klare Antwort: Ja, unbedingt!

Denn mit digitaler Technik lassen sich innovative Wege erschließen, um den gesellschaftlichen Auftrag von Kultureinrichtungen zu erfüllen und dabei relevant zu bleiben. Die Digitalisierung von Sammlungen und Beständen, das Online-Angebot von kulturellen Inhalten: Sie bieten neue Kanäle für die Vermittlung, Vermarktung und wissenschaftliche Nutzung von Kultur.

Damit ist festzuhalten: Kulturverwaltung muss digital handeln, um das analoge Kulturerlebnis zu bewahren. Eine Kulturverwaltung hat den Auftrag, das kulturelle Erbe zu schützen und lebendig zu erhalten. Der Einsatz von IKT kann dabei helfen, über neue Vermittlungswege Kulturgüter zeitgemäß erfahrbar zu machen, um ein breites Spektrum an potentiellen Kulturinteressierten anzusprechen.

Wie schon der dänische Physiker Niels Bohr (1885 – 1962) sagte: »Prognosen sind schwierig; insbesondere dann, wenn sie sich mit der Zukunft befassen«. Oder wie Paul Valery so treffend sagte: »The trouble is (…) that the future is not what it used to be«.

Der IT-Planungsrat von Bund und Ländern hat 2013 im Rahmen einer Umfrage unter IKT Experten zur Entwicklung von definierten Lebenswelten in einem digitalen Kontext das Thema Kultur betrachtet. Zur Zukunft der Kultur gilt hiernach einerseits die Annahme, dass sie sowohl real als auch virtuell erfahrbar sein wird. Im Fazit wird allerdings gleichfalls festgehalten, dass die Zukunft der Kulturvermittlung kaum absehbar erscheint. So wird ausgeführt: »Noch ist nicht ganz klar, in welchem Ausmaß die Digitalisierung unsere Wahrnehmung und unseren Umgang mit Kultur beeinflussen wird, doch lassen sich bereits in vielen Bereichen Umstellungen hin

---

1   Norbert Sievers, netz.macht.kultur, Kulturpolitik in der digitalen Gesellschaft – 6. Kulturpolitischer Bundeskongress 2011 in Berlin.

zu Onlineverfügbaren Inhalten erkennen« (Zitat: Zukunftspfade Digitales Deutschland 2020). Dennoch ist der Gestaltungsauftrag damit deutlich formuliert: Diesen Auftrag ernst zu nehmen, kann den Vorteil haben, nicht die gleichen Fehler zu machen, wie bei der Bewältigung eines Strukturwandels in anderen Bereichen, wie z.b. der Musikbranche oder dem Journalismus.

Diesen Strukturwandel in seiner vollen Bandbreite darzustellen, würde sicherlich den Rahmen der mir zur Verfügung stehenden Zeit sprengen. Ich will mich daher exemplarisch damit auseinandersetzen, wie Kulturvermittlung künftig aussehen könnte bzw. sollte.

Konsumgewohnheiten ändern sich

Meine Damen und Herren, Fakt ist, nicht nur die Sehgewohnheiten ändern sich. Es ändern sich insgesamt die Gewohnheiten, sich zu informieren. Das Fernsehen als lineares Medium steht hier nur als ein Beispiel.

Ein junger Mensch, der sich bislang auf ein Konzert oder einen Museumsbesuch vorbereitet hat, hat sich hierzu idealer Weise ein Buch gekauft oder in einer Bücherei ausgeliehen.

Junge Menschen informieren sich heute deutlich stärker über Onlinemedien. Nimmt man die Ergebnisse der ARD/ZDF-Medienforschung zur Wichtigkeit einzelner Inforationsmedien, so stellt man fest, dass PC/Laptop nach dem Fernseher auf Platz 2 und Smartphones auf Platz 3 stehen. Erst danach folgen das Radio und die Tageszeitungen.[2] Weiter ist festzustellen, dass auch hier ein Wandel von der stationären Internetnutzung hin zur mobilen stattfindet. Die Entwicklung des Phänomens »always on« war in den vergangenen Jahren äußerst dynamisch. Während 2010 13% der Bevölkerung das Internet mobil nutzen, waren es 2013 bereits 41%. In der Gruppe der 14- bis 19-jährigen hat sich die Marktdurchdringung sogar von 12% in 2009 auf 64% in 2013 erhöht.[3]

Dies zeigt, dass sich das Informationsverhalten der »Digital Natives« radikal verändert. Weg von längeren geplanten Recherchen in Büchern hin zur spontanen, schnellen, gezielten individuellen Suche im Internet.

Die Wahrnehmung kultureller Ereignisse verändert sich. Emotionen werden künftig weniger analog … und mehr digital transportiert.

Das Handy oder besser das Smartphone wird zum zentralen Kommunikations- und Informationsmedium der kommenden Generationen. Es ist längst nur noch am Rande ein Telefon.

---

2   Media Perspektiven 9/2013, Seite 413.
3   Media Perspektiven 7-8/2013, Seite 389

41% der 14- bis 29-jährigen setzten diese Geräte in 2013 für allgemeine Recherchen und Suchanfragen ein. Immerhin 20% nutzten sie als Navigatoren bzw. Routenplaner.

Und ganz wichtig: 90% der 14- bis 29-jährigen nutzen Smartphones für die allgemeine Kommunikation über Social Media. In dieser Altersgruppe waren in 2013 allein 56% bei WhatsApp und 62% bei Facebook online aktiv.[4]

Smartphones sind heute sehr viel mehr als Telefone. Sie sind Informations-, Recherche- und Kommunikationsmedium Nr. 1 geworden.

Die Omnipräsenz des mobilen Internets führt allerdings zu neuen Anforderungen an Kulturinformationen. Kulturinformationen müssen stets aktuell und schnell und vor allem niedrigschwellig verfügbar sein, um »Digital Natives« bei ihrem Informations- und Kommunikationsverhalten abzuholen.

Das Smartphone hat das Kommunikationsverhalten junger Menschen damit vollkommen verändert.

Kulturvermittlung wird künftig deshalb nicht mehr monodirektional funktionieren. Moderne Kommunikation sieht aktive Teilnahme und Dialog vor. Analoge Medien können dieses nicht liefern. Junge Menschen nutzen deshalb inzwischen regelhaft mehrere Medien parallel. Dieses Phänomen wird gemeinhin unter dem Begriff »Second Screen« zusammengefasst.

Auch hier wieder ein Vergleich zur Medienwelt: Ausweislich der aktuellen ARD/ZDF-Onlinestudie gaben 2013 bereits 51% der 14- bis 29-jährigen an, zumindest gelegentlich fernzusehen und das Internet mit Bezug zur Fernsehsendung parallel mit zu nutzen.[5]

Gesehenes wird dementsprechend aufgenommen, kritisch hinterfragt, vertieft und mit anderen geteilt.

Wie die Daten aus der Medienforschung zeigen, befinden wir uns mitten in einem tiefgreifenden Wandel der Kommunikations- und Informationsgewohnheiten junger Menschen.

Hier stellt sich nun die Frage: Was bedeutet diese Veränderung und die daraus resultierende Erwartungshaltung eines jungen Kulturinteressierten für die Kulturvermittlung?

The Future is now.

---

4   Media Perspektiven 7-8/2013, Seite 390.
5   Medien Perspektiven 7-8/2013, Seite 382.

Technologische Innovationen werden die digitale Kulturvermittlung weiter bereichern. Hierzu gehören Trends wie beispielweise der Einsatz von Hologrammen, also die Projektion dreidimensionaler Bilder in den Raum, die über die Möglichkeiten der klassischen Fotografie hinausgeht. In der Kunst ist diese faszinierende räumliche Darstellung bereits anzutreffen. Daneben werden »Augmented-Reality-Brillen« Bilder oder Videos mit computergenerierten Zusatzinformationen oder virtuellen Objekten mittels Einblendung oder Überlagerung ergänzen. Und sogenannte »Neuronale Interfaces« werden bei der Informationsaufbereitung Nervensignale verarbeiten. Dieses klingt zunächst wie eine phantastische Zukunftswelt. Doch haben diese Entwicklungen inzwischen Marktreife erlangt und werden daher auch für Kultureinrichtungen relevant. Kulturinstitutionen werden sich meiner Überzeugung nach zunehmend insgesamt mit technologischen Entwicklungen systematischer als vielleicht bislang in ihrer Vermittlungsarbeit auseinandersetzen müssen.

Zunächst die gute Nachricht: Die Anzahl der Museen in Deutschland ist seit 1998 um fast 1000 auf 6355 gestiegen.[6] Auch die Nutzerzahlen steigen kontinuierlich seit 1995 – zuletzt von 2012 auf 2013 um 2,9%.[7]

Alles in Ordnung also?

Zwei Fakten müssen allerdings aufhorchen lassen:

1. Der allgemeine Besucheranstieg ist v.a. auf den Besuch von Sonderausstellungen (und eben nicht der eigentlichen Sammlungen) zurückzuführen.[8]
2. In Europa ist die Nutzung von Kulturangeboten über alle Sparten bereits rückläufig. Deutschland wird kaum dauerhaft die Ausnahme bleiben.

Dieses soll aus Sicht eines jungen Besuchers einer Kultureinrichtung beleuchtet werden, der bereits mit digitalen Mediengewohnheiten aufgewachsen und von den neuen Kommunikations- und Rezeptionsgewohnheiten im Bereich Bildung und Wissenschaft geprägt ist.

Diese Perspektive ist deshalb von besonderer Relevanz, da die heute 10- bis 17-jährigen die erste Generation der sogenannten »Digital Natives« sind, die Informations- und Kommunikationsverhalten von Anfang an digital erlernt haben. Diese Menschen werden künftig die Anforderungen an die

---

6   Heft 67, Staatliche Museen zu Berlin – Stiftung Preußischer Kulturbesitz – 2013.
7   ebenda, Seite 13.
8   ebenda, Seite 13.

Präsentation kultureller Einrichtungen neu definieren. Bereits heute müssen dementsprechend die Weichen gestellt werden, dass diese Nutzer die traditionellen Institutionen auch in 10 Jahren noch als relevant für den Kultur- und Informationsbetrieb empfinden.

Auf die Jugend ist kein Verlass! Diese etwas provokante These zeigt nichts anderes, als dass es kein Allheilmittel für den Umgang mit dem digitalen Strukturwandel gibt. Natürlich ist es so, dass heutzutage äußerst viele junge Menschen Facebook stationär und mobil nutzen. Wenn man allerdings die Nutzerentwicklung betrachtet, stellt man fest: Facebook wird älter!

Während in Deutschland die Nutzerzahlen noch steigen, fallen sie in den USA bereits bei den jüngeren Bevölkerungsgruppen. Ist der Social Media Boom also schon vorbei?

Mitnichten! Social Media wird nur vielschichtiger. Der WhatsApp – Kauf spricht eine deutliche Sprache.

Vor diesem Hintergrund sind Kulturinstitutionen allerdings sicher nicht gut beraten, einzelnen Trends hinterherzulaufen. Kulturpolitik kann und darf sich nicht darauf beschränken, für jede Institution neue Websites, neue Apps, und neue Facebook-Auftritte (oder gar Social Media - Beauftragte) zu finanzieren. Es geht vielmehr darum, allgemein die veränderten Informations- und Kommunikationsgewohnheiten junger Menschen aufzugreifen. Dies bedeutet:

- eine schnellere Verfügbarkeit von Hintergrundinformationen mit höherer Aktualität bereitzustellen,
- individualisierte Informationen zu ermöglichen,
- Optimale Vor- und Nachbereitungen des Kulturbesuchs zu ermöglichen,
- einen nachhaltigen, dauerhaften Informations- und Gedankenaustausch mit Einrichtungen über soziale Medien zur Verfügung zu stellen.

Seit einigen Jahren erleben wir eine äußerst dynamische Entwicklung im Bereich des Internets. Sie sehen hier einen kurzen Überblick über dass, was – während ich diesen Satz vortrage – gerade zeitgleich im Internet passiert. Zum Beispiel:

- 41tausend posts auf facebook pro Sekunde
- 2 Mio. Suchanfragen auf google pro Minute
- 571 neue Websites pro Minute.

Die digitale Welt ist für die junge Generation keine Frage des Wollens mehr, sie ist schlichte Realität. Junge Menschen von heute sind nahezu zu 100% mit internetfähigen Geräten ausgestattet und vielmehr noch: Die jüngste ARD/ZDF-Onlinestudie 2013 stellt fest: »Die Nutzung des Internets durch Smartphones und Tablets ist bereits im Begriff, eine Selbstverständlichkeit zu werden. Damit einher geht die Erwartung der Nutzer, dass für sie jegliche Inhalte in absolut adäquater Form verfügbar sind – zu jeder Zeit und überall«.[9]

Die digitale Welt stellt die Kulturpolitik damit vor die Frage, ob sie auf diesen Tatbestand und diese Erwartungshaltung künftiger Nutzer aktiv aufnimmt und so aktiv an dem Gestaltungsprozess teilnimmt.

In der Nutzung von IKT liegen große Chancen für die Optimierung der kulturellen Teilhabe aller Bevölkerungsgruppen.

Digitale Projekte müssen dabei so konzipiert werden, dass die jeweiligen Zielgruppen ein hohes Identifikationspotenzial und den Bezug zu ihrer gesellschaftlichen Situation erleben. Dies kann durch Schwerpunktsetzung im Bereich der Kinder- und Jugendkultur, der Berücksichtigung einer alternden Gesellschaft oder der Integration kulturferner Schichten geschehen. Besonderes Augenmerk sollte hier auf Angebote für Menschen mit Migrationshintergrund und barrierefreie Angebote für Menschen mit Behinderungen gelegt werden.

Eine wesentliche Voraussetzung für attraktive Online-Angebote besteht darin, die staatlichen Institutionen, die Kulturgüter verwalten und künstlerische Prozesse initiieren, in die Lage zu versetzen, ihren Gegenstandsbereich digital zu erschließen und vorzuhalten.

Kulturinstitutionen, insbesondere Museen, öffentliche Büchereien und Stadtteilkulturzentren, können einen Ort der Zugänglichkeit auch für diejenigen bieten, denen aufgrund sozialer oder kultureller Voraussetzungen die private Nutzung des Internets erschwert ist.

Die Nutzung digitaler Medien, insbesondere auch mobiler Applikationen, fördert Kommunikation. Der kritische Austausch über kulturelle Ereignisse (Theater- und Musikaufführungen, Ausstellungen, Autorenlesungen u.a.) wird angeregt. Elektronische Angebote müssen deshalb die Möglichkeit bieten, Meinungen zu äußern und Fragen zu stellen, sowohl in Richtung derjenigen, die die Angebote erarbeiten als auch gegenüber anderen Nutzern.

---

9   Media Perspektiven 9/2013, Seite 421.

Die so entstehenden sozialen Netzwerke zwischen Bürgern und Verwaltung und Bürgern und Bürgern können das Bewusstsein einer Teilhabe am kulturellen Prozess fördern.

Digital ist besser – analog auch.

IKT beeinflusst den Umgang mit Kultur: Kernmarke bleibt allerdings das analoge, künstlerische Produkt; nämlich: Das Original!

Aber man muss sich daher auch mit den – vielerorts heiß diskutierten – Bedenken auseinandersetzen wie: das Digitale verhindere den Kunstgenuss vor dem Original, Museen oder Theater müssen Inseln der Ruhe bleiben angesichts der Hektik eines Alltags, der zunehmend von digitalen Reizen bestimmt wird. Das Original werde vom Surrogat verdrängt.

Allerdings: Das Liveerlebnis vor Ort ändert sich nicht. Das Original behält seine Aura, nur die Hinführung zu ihm ändert sich und damit einhergehend das Kulturerlebnis. Das analoge Kunstwerk wird im Zeitalter der digitalen Reproduzierbarkeit daher mitnichten verschwinden. Die allgemeine Verfügbarkeit digitaler Reproduktionen an jedem Ort verändert, aber sie behindert nicht das Erlebnis vor dem Original.

Gleichwohl wird gefragt: Bedeutet die zunehmende Präsenz kultureller Angebote im Netz eine zunehmende Irrelevanz analoger Einrichtungen? Oder um es noch provokanter zu formulieren: »Brauchen wir künftig überhaupt noch Originale in Museen?«

Auch hier hilft der Blick auf die Erkenntnisse der Medienwissenschaft: »Kein neues Medium verdrängt ein altes! Und keine Aufzeichnung verdrängt das Original!«

Lassen Sie mich ein Beispiel aus einer anderen Hochkultur bringen: Den Fußball. Leidenschaftlich wurde jahrelang debattiert, ob Spiele der Fußball-Bundesliga live im Fernsehen übertragen werden dürfen. Wer sollte da noch ins Stadion gehen?

Schließlich wurde es gewagt. Ergebnis: Die Fußballstadien werden besser besucht also je zuvor. Zum Vergleich:

- Durchschnittliche Zuschauer in der Saison 1986/87: 20.571
- Durchschnittliche Zuschauer in der Saison 2012/13: 42.622[10]

Diese Erkenntnis lässt sich auch auf weitere Bereiche ausdehnen: Fakt ist, dass das vermeintlich totgesagte Medium »Hardcover Buch« inzwischen

---

10 weltfussball.de

wieder auf dem Vormarsch ist und dies insbesondere in Märkten, wo das eBook besonders stark ist. Nach einer Studie der Wirtschaftsprüfungsgesellschaft PricewaterhouseCoopers (PwC) haben sich die Umsätze im belletristischen eBook-Segment in Deutschland in nur einem Jahr verdreifacht und konnten dabei die Verluste aus dem Printbereich vollständig kompensieren.

Fakt ist ebenfalls, dass noch nie so viele Filme gesehen worden sind, wie heute. Auch hier wirkt sich die Erkenntnis aus, dass das Fernsehen nicht das Kino, das Video und die DVD nicht das Fernsehen und das Internet beides nicht verdrängt haben.

Machen Digitalisate klassische Kulturorganisationen also überflüssig?

Auf keinen Fall!

Im Gegenteil: Je mehr mediale Aufbereitungen zur Verfügung stehen, desto größer werden Wunsch und Interesse, das Original zu erleben.

Wir stellen also fest, dass die IKT keine Bedrohung für klassische analoge Kulturerlebnisse darstellt. Es überwiegen eindeutig die Chancen:

- IKT sind ein wichtiges Medium zur Sicherung kultureller Güter
- IKT eröffnet einen zusätzlichen Marketing-Kanal für Kulturangebote.
- IKT bieten Kultureinrichtungen die Möglichkeit, Nutzer aktiv an sich zu binden und zu dauerhaften Mitwirkenden zu machen.

Wie nun sieht das Kulturerlebnis in der digitalen Welt aus?

An einer Abfolge von fünf Schritten soll die digitale Begleitung eines Kunstinteressierten aufgezeigt werden, der sich vorgenommen hat, ein Kulturangebot wahrzunehmen.

Am Anfang steht auch hier die Information, doch werden die Informationsmedien zunehmend individualisiert. Digitale Medien und Social Media werden traditionelle Informationssysteme ablösen.

Im Vorfeld des Theater- oder Ausstellungsbesuchs werden Fragen an digitale Freunde gestellt nach ihren Erfahrungen mit dem Kulturereignis. Tweets und Blogs treten an die Stelle gedruckter Rezensionen.

Vor Ort erwartet der Besucher eine digitale Begleitung, sei es das digitale Programmheft im Theater oder seien es digitale Informationsmedien innerhalb einer Ausstellung, wodurch die echten Erlebnisse mit digitalem Erleben aufgewertet werden. Aus dem reinen Betrachten wird Interagieren.

Wissenschaftler und Pädagogen setzen digitale Medien ein, um Lernziele zu erreichen.

Der Besucher verbindet mit dem Original ein Erlebnis. Das Erlebnis wird, wenn es nachhaltig war, im Betrachter den Wunsch hervorrufen, es anderen mitzuteilen. Auch hierfür werden digitale Medien eingesetzt.

Mit Hilfe von Social Media entstehen Verbindungen und werden Bewertungen abgegeben. Das am Ende eines Ausstellungsbesuchs ausliegende Besucherbuch wird verschwinden, stattdessen wird ein Smartphone oder ein Tablet benutzt und in Tweets und anderen sozialen Medien über das Erlebte geschrieben. So können aktive Netzwerke geschaffen werden.

Der Wandel didaktischer Konzepte durch digitale Medien wird sich auch nach einem Kulturerlebnis zeigen. Soll das Kulturerlebnis nachhaltig sein, müssen digitale Angebote geschaffen werden, um das Erlebte zu behalten.

Der Besucher erwirbt digitale Mitbringsel, seien es App's, die den Ausstellungsbesuch rekonstruierbar machen und zusätzliche Informationen bieten, seien es digitale Postkarten oder seien es hochwertige, selbst zusammengestellte Kataloge aus den gezeigten Objekten oder Mitschnitte der gehörten Musik, die literarische Vorlage eines Theaterstücks als eBook oder die Einladung zu einem Blog über das Thema und die Beteiligung innerhalb einer Community.

Eine Frage noch…

Das gegenwärtige Urheberrecht setzt derzeit noch enge Grenzen bei der digitalen Vermittlung von Kultur. Sämtliche Rechte gehören äußerst selten staatlichen Einrichtungen oder Kulturinstitutionen unmittelbar. Der Künstler hat mit der Überlassung seines Werkes an einen öffentlichen Treuhänder Interesse daran, dass dieses auch bekannt wird. Problematisch wird es, wenn Dritte mit der Überlassung Geschäfte machen. Daher gibt es einen stärkeren Bedarf nach gesetzlicher Regelung, die sich nicht an Verboten orientiert, sondern eine angemessene und faire Teilhabe des Künstlers an der Verwertung sicherstellt. Vor allem aber gibt es den Bedarf nach Rechtssicherheit.

Was künftig erforderlich sein wird, ist ein möglichst einheitlicher europäischer Rechtsrahmen für die Online-Präsentation kultureller Güter. Vieles, was im kulturellen Bereich heute möglich wäre, wird durch die komplizierten Rechtsfragen verhindert. Dies spielt den großen Online-Verwertern wie etwa Google in die Karten. Google sammelt im Google Art Project derzeit die Bestände einer Vielzahl von Museen ein. Dies bietet für die Einrichtungen zunächst Vorteile:

- Google übernimmt die Kosten für die Digitalisierung und
- die professionelle Präsentation.
- Schließlich stellt Google eine relevante Kommunikationsplattform zur Verfügung.

Dies schafft für die Einrichtungen das verlockende Angebot, ohne eigenes Geld in die Hand zu nehmen, in der künftigen Online-Welt relevant vorzukommen. Dieses Verhalten birgt allerdings auch erhebliche Risiken: Mit der Übergabe der Digitalisate an das Google Art Project geht eine Abgabe von Bild- und Textrechten einher.

Die Frage wird also künftig sein, wem gehört die digitale Kultur im Netz. Kann es im Interesse von Künstlern und von kulturvermittelnden Organisationen und von staatlichen Einrichtungen sein, diese Rechte dauerhaft aus der Hand zu geben? Meines Erachtens ist diese Frage auf keinen Fall zu bejahen. Nötig wird deshalb eine breite Diskussion über einen einheitlichen europäischen Rechtsrahmen.

Der IT-Einsatz in Museen und Archiven kann inzwischen auf mehrere Jahrzehnte zurückblicken. Nationale Portale, wie etwa die Deutsche Digitale Bibliothek oder internationale Portale wie die Europeana bieten digital eine Vielzahl von Kunstwerken an.

Beispielhaft seien auch die 17 Museen der Stiftung Preußischer Kulturbesitz genannt, die inzwischen auf der Basis einer gemeinsamen Datenbank ihre Bestände weitgehend im Internet präsentieren. Angesprochen werden durch solche Aktivitäten allerdings in der Regel Fachleute und Spezialisten – das breite Publikum nimmt diese Portale eher selten zur Kenntnis.

Neben diesen eher strukturellen Ansätzen gibt es darüber hinaus eine Reihe gelungener Beispiele einzelner Kultureinrichtungen für die Integration von digitalen Angeboten in die Vermittlungsarbeit.

Solche Best Practice-Beispiele lassen sich in nahezu allen Kulturbereichen finden. Fünf Erfolgsmodelle sollen kurz vorgestellt werden:

Neben dem Rijksmuseum in Amsterdam verfügt das British Museum in London über eine Vielzahl sehr innovativer digitaler Angebote. Darüber hinaus geht dieses Museum neue Wege in der Vermittlung, indem es im vergangenen Jahr eine große Ausstellung zu Pompeii live in ca. 280 Kinos, die über England verteilt waren, übertragen hat und damit über 30.000 Menschen gleichzeitig ansprach.

Kommentiert vom Direktor des British Museums Neil MacGregor, lieferte »Pompeji Live« mehr als Filmaufnahmen der Ausstellung. Renommierte Experten kamen zu Wort, begleitet von Musik und überlieferten Augenzeugenberichten des Untergangs, wurden die Zuschauer außerdem mit hinter die Kulissen der Ausstellung genommen und konnten so die Geschichte und den Untergang dieser legendären Städte erkunden. Die Senderechte für die Produktion, für die ein ehemaliger Redakteur der BBC verantwortlich zeichnete, wurde inzwischen in über 50 Länder verkauft. Die Vorstellung, live bei diesem Event dabei zu sein, machte die Attraktion aus.

Mit dem Projekt »Vikings live« setzt das British Museum die Form der Kulturvermittlung im kommenden April fort.

Das Erfolgsmodell der Live-Übertragungen von Opern und Konzerten in Kinosäle wird seit einigen Jahren von einer Reihe namhafter Häuser wie der Metropolitan Opera New York mit Erfolg praktiziert. Einen Schritt weiter geht die Digital Concert Hall der Berliner Philharmoniker. Sie ist der virtuelle Konzertsaal der Berliner Philharmoniker im Internet. Hier können jedes Jahr über 30 Produktionen live erlebt werden. Wenige Tage nach der Übertragung steht jedes Konzert als Mitschnitt im Konzertarchiv Abruf bereit. Auf diese Weise dokumentiert die Digital Concert Hall nahezu lückenlos die künstlerische Arbeit der Berliner Philharmoniker und ihrer musikalischen Partner - vom Chefdirigenten Sir Simon Rattle bis hin zum namhaften Dirigenten und Solisten. Die Übertragung erfolgt auf smart-TVs, PCs und Macs sowie auf Tablets und Smartphones. Darüber hinaus bietet die Digital Concert Hall einen gratis Education-Bereich an.

Auch das Ballett bedient sich inzwischen digitaler Vermittlungswege. So zeigt die Opera de Paris nicht nur ihre Produktionen im Netz, sondern bietet eine Vielzahl von Hintergrundinformationen, virtuelle Rundgänge, Social Media Präsenz, Vorstellung ihrer Künstler und auch sie unterhält einen eigenen Education-Bereich.

Digitale Präsenz bietet für das Ballett einen besonderen Reiz:

So können Bewegungsabläufe in Zeitlupen vom Betrachter beliebig oft angesehen werden, Nahaufnahmen ermöglichen das Studium einzelner Bewegungen, von Gesten und Mimik der Tänzer. Die Unmittelbarkeit des Kunsterlebnisses wird somit gesteigert.

Das Reden über Kunst erhöhe ihre Relevanz. Dieser Erkenntnis bedient sich auch die Frankfurter Buchmesse, indem sie insbesondere auf Blogs und Tweets setzt und damit das Reden über Literatur anregt.

Die letzte Buchmesse hat eine Bandbreite an digitalen Trends und technologischen Entwicklungen in der Publishing Branche präsentiert. In diesem Kontext wurde sogar von einer »neuen Gründerzeit im Publishing« gesprochen.

Ebenfalls in London angesiedelt ist ein interessantes Theaterprojekt. Unter dem Namen Digital Theatre haben sich verschiedene Theater und Bühnen Londons zusammengeschlossen und bieten ihre Aufführungen teils live teils zeitversetzt auf unterschiedlichen Plattformen an. So wird ein Livestream im Internet angeboten, ein Download für die Offline-Nutzung sowie in Kooperation mit einem Industriepartner, der Fa. Samsung, die Möglichkeit, auf speziellen Smart-TVs die Vorstellungen zu verfolgen.

... und was nun ?

Die Analyse hat gezeigt, dass die digitale Entwicklung im Alltag Realität geworden ist und damit zunehmend auch das Kulturleben erreicht. Kulturverantwortliche werden sich mit der Frage auseinandersetzen müssen, wie sie den gesteigerten Erwartungen der Besucher gerecht werden können bzw. müssen und wie ein digitales kulturelles Angebot einer Einrichtung aussehen wird. Über die fortschreitende Digitalisierung von Kulturgut sind zwar erste Erfahrungen mit der digitalen Welt gemacht worden – die Digitalisierung selbst ist inzwischen eine Art Pflicht- oder Regelaufgabe geworden.

Doch handelt es sich hierbei um eine erste eher technische Aufbereitung des kulturellen Erbes. Kulturinstitutionen stehen nun vor der Aufgabe oder besser der Kür, aus der Fülle des digital vorliegenden und wissenschaftlich aufbereiteten Materials Anwendungen zu erzeugen, mit denen sie ihre Zielgruppen direkt und unmittelbar ansprechen können – oder kurz gesagt: sie müssen digitalisierte Informationen zugänglich und verfügbar machen. Lösungen gibt es eher punktuell. Kulturinstitutionen und -verwaltungen stehen hierbei einer strategischen Herausforderung gegenüber.

Die Kulturbehörde der Freien und Hansestadt Hamburg hat sich vor ca. 2 Jahren unter dem Namen »eCulture Agenda 2020« eine IT-Strategie gegeben, die zum Ziel hat, Bürgerinnen und Bürgern einen digitalen Zugang zu kulturellen Angeboten zu ermöglichen. Diese Strategie ist spartenübergreifend angelegt und beinhaltet Maßnahmen für Museen, den Denkmalschutz, Musik und Theater, Staatsarchiv, Bibliotheken und den Kreativsektor. Im Rahmen dieser Strategie sollen Kultureinrichtungen stärker vernetzt werden, um Synergien zu bilden und den digitalen Angeboten eine größere Relevanz und Wirkung zu verschaffen. Lassen Sie mich 4 zentrale Handlungsfelder benennen:

1. Umsetzungsberatung
   Digitale Kulturvermittlung ist eine neue Pflichtaufgabe für Kultureinrichtungen geworden. Selbst wenn Institutionen zwar inzwischen zunehmend Vorstellungen von zu erreichenden Zielen formuliert haben

(z.B. Aufbau eines intelligenten Besucherführungssystem, Einrichtung eines digitalen Lernzentrums u.a.), fehlt ihnen allerdings oft für die Umsetzung von IT-Projekten in der Regel aufgrund eines unzureichenden Marktüberblicks zu Best-Practice-Beispielen das notwendige spezifische Know-how, so dass bei unzureichender fachlicher Projektbegleitung ein unzweckmäßiger Mitteleinsatz zu befürchten ist. Sie sind also meist bei der Umsetzung von digitalen Vermittlungskonzepten auf externen Sachverstand angewiesen. Die Aufarbeitung von Best-Practice bzw. Fehleranalysen an zentraler Stelle kann hier Abhilfe schaffen. Bei der Frage, inwieweit externer Sachverstand einbezogen werden kann, wird die Kulturbehörde deshalb auf eine Struktur zurückgreifen, die für die Begleitung der Kulturinstitutionen eine Kontinuität darstellt, sich im Umfeld öffentlicher Einrichtungen befindet und die sich bei der Umsetzung von öffentlichen Aufträgen bewährt hat. Mit der Hamburg Media School (HMS) bietet sich ein idealer Partner für eine Kooperation mit der Kulturbehörde und - über sie vermittelt - mit den Kulturinstitutionen an. Die 2002 gegründete HMS ist ein gelungenes Beispiel einer gemeinnützigen Public-Private-Partnership. Aufgrund ihrer Gesellschafterstruktur verfügt sie über intensive Kontakte zur Medienbranche und ist Teil eines großen überregionalen Medien-Netzwerks.

2. Vermittlungskonzepte

Die Kulturbehörde in Hamburg sieht ihre strategische Aufgabe darin, den Prozess der digitalen Vermittlungsarbeit von Kultureinrichtungen zu steuern und die Kultureinrichtungen bei der Entwicklung und Nutzung von digitalen Angeboten zu unterstützen. Die Vermittlung kultureller Angebote auf digitalem Weg ergänzen gesamtstädtische Konzepte zur Verbesserung von Integration und Bildung. Ein zentrales Anliegen hierbei ist insbesondere auch die Schaffung barrierefreier Angebote. Kultureinrichtungen werden dabei motiviert, vor diesem Hintergrund spezifische digitale Strategiepläne für die jeweilige Institution zu entwickeln.

3. Kooperationen

Die Kulturbehörde setzt bei der Umsetzung ihrer Strategie auf regionale und überregionale Kooperationen.

Auf regionaler Ebene wird über eine Vernetzung und ein Know-how-Transfer zwischen Kultureinrichtungen, Wissenschaft und digitaler Wirtschaft erreicht, dass innovative Vermittlungskonzepte und digitale

Lösungen für Kultureinrichtungen der verschiedenen Sparten entstehen. Die Kulturbehörde sorgt für einen systematischen Erfahrungsaustausch zwischen interessierten Kultureinrichtungen, stellt einen Kontakt zur Hamburger Medien- und IT-Branche her und greift auf das spezifische Know-how in wissenschaftlichen Hochschulen zurück.

Mit dem Blick nach draußen sucht Hamburg im Rahmen der eCulture Agenda 2020 den Kontakt zu anderen internationalen Kulturmetropolen und fördert den internationalen Erfahrungsaustausch. Auf diese Wiese gelingt es, Best Practice für regionale Kultureinrichtungen nutzbar zu machen und zielgerichtet erfolgreiche nutzerorientierte Lösungen schnell verfügbar zu machen. Kooperationen bestehen gegenwärtig insbesondere mit Florenz und London, die in Fragen der digitalen Vermittlung von Kulturgut bereits wegweisende Schritte unternommen haben und zu denen Hamburg systematische Beziehungen aufgebaut hat.

4. Förderung:
Die Umsetzung von digitalen Vermittlungsstrategien erfordert den Einsatz erheblicher finanzieller Ressourcen. Über die eCulture Agenda ist es der Kulturbehörde in Hamburg gelungen, aus zentralen Finanzfonds der Stadt Mittel für Kultureinrichtungen zu akquirieren. In einem jährlichen Antragsverfahren werden Einzelprojekte zusammengetragen und thematisch geclustert, was erhebliche Synergien bewirkt und dem einzelnen Vorhaben zu einer größeren Relevanz verholfen hat. Über Kooperationsvorhaben wird ergänzend der Versuch unternommen, auch nationale und europäische Mittel zu erschließen. Mittelfristig sehe ich die Aufgabe von Kultureinrichtungen darin, auch ihre Wirtschaftspläne auf diese neuen digitalen Anforderungen auszurichten und innovative Erlösmodelle zu entwickeln.

Die Betrachtung des laufenden Strukturwandels zeigt, dass länderspezifische Strategien nur einen ersten Schritt in der Bewältigung der beschriebenen Aufgabenstellung darstellen können. Der Bedarf einer abgestimmten Bund-Länder-Strategie wird im aktuellen Koalitionsvertrag der Bundesregierung angedeutet, den ich aus Ländersicht nur unterstreichen kann.

Aufgabe der Kulturpolitik wird es daher sein, Strukturen für eine innovative Kulturvermittlung auf digitalem Weg zu schaffen und Handelnde aus Kultur, Wissenschaft und Wirtschaft in einem digitalen Kulturcluster zusammenzuführen. Insgesamt stellt sich aus meiner Sicht aber auch die Frage, ob zur Begleitung der Bund-Länder-Strategie eine Gemeinschaftseinrichtung geschaffen werden sollte, um den Bildungsprozess für diese

Strategie zu moderieren. Denn klar ist, staatliche Einrichtungen dürfen die kulturellen Institutionen bei diesem Strukturwandel nicht allein lassen. Viele Fragen betreffen die Kultursparten einheitlich. Fehler darf man nicht beliebig wiederholen, wenn man nicht beliebig viel Geld hat. Vor diesem Hintergrund wird der Erfahrungs- und Know-how-Austausch immer wichtiger.

Nachrichtendienste als alltägliche Kontrolleure

Heinrich Amadeus Wolff

Übersicht

I. Das Thema

Der provokante Titel zielt auf die Bedeutung der Nachrichtendienste für unseren Alltag ab. Der Titel ist provokant, weil ihm das Fragezeichen am Ende fehlt. Er unterstellt, die Nachrichtendienste seien alltägliche Kontrolleure. Der Beitrag soll zeigen, ob dies zutrifft, vorangestellt jedoch einige begriffliche Klärungen. Der Begriff Nachrichtendienste meint die Behörden, die Informationsaufklärung im Vorfeld spezifischer Verdachtslagen vornehmen. Kontrolle ist die Prüfung der Übereinstimmung von etwas mit einem Maßstab. Bei den Nachrichtendiensten geht es um die Frage der Beeinträchtigung von vage gehaltenen Gemeinschaftsgütern durch menschliches Verhalten.

II. Die Nachrichtendienste als Teil der Deutschen Sicherheitsarchitektur

Die Nachrichtendienste bilden einen wichtigen Baustein in der Deutschen »Sicherheitsarchitektur«[1], die sich wiederum wie folgt darstellen lässt.[2]

---

1   S. z.B. *Gusy,* VerwArch 2010, 309 ff.
2   S. dazu *Bäcker/ Giesler/ Harms/ Hirsch/ Kaller/ Wolff,* Bericht der Regierungskommission zur Überprüfung der Sicherheitsgesetzgebung in Deutschland vom 28. August 2013, (abrufbar unter http://www.bmi.bund.de/SharedDocs/Downloads/DE/Broschueren/2013/regierungskommission-sicherheitsgesetzgebung.html?nn=3316782 - letzter Zugriff 12.04.2013- im Folgenden: Regierungskommission, Bericht), S. 57 ff.; *Bruch/ Jost/ Müller/ Vahldieck,* Abschlussbericht der Bund - Länder - Kommission Rechtsterrorismus vom 30. April 2013 (abrufbar unter http://www.bmi.bund.de/SharedDocs/Downloads/DE/Broschueren/2013/abschlussbericht-kommission-rechtsterrorismus-lang.pdf?__blob=publicationFile - letzter Zugriff 12.04.2013), S. 27 ff.; *Gusy,* Gutachten für den 2. Untersuchungsausschuss der 17. WP des Deutschen Bundestages zum Beweisbeschluss S 1 vom 20.03.2012, Materialien Deutscher Bundestag, 2. UA 17 WP, MAT A S-1 zu A-Drs. 38; *Wolff,* Schriftliche Stellungnahme aufgrund des Beweisbeschlusses S 1 des 2. Untersuchungsausschusses des Deutschen Bundestages der 17. Wahlperiode vom 24.03.2012, Materialien Deutscher Bundestag, 2. UA 17 WP, MAT A S-1/1 zu A-Drs. 38; *ders.,* „Deutschlands Sicherheitsarchitektur – Drei Entwicklungstendenzen", demnächst in einer Festschrift zu Ehren eines strafrechtlichen Kollegen.

1. Die Sicherheitsbereiche

Die Sicherheitsarchitektur in Deutschland lässt sich unterteilen in die äußere Sicherheit, d.h. der Abwehr eines militärischen Angriffs von außen, und der Sicherheitsgewährleistung im Inneren. Letztere ist dreigliedrig. Unterschieden wird zwischen repressiver Sicherheitsgewährleistung, d.h. dem Strafrecht, präventiv-polizeilichen Sicherheitsgewährleistung, d.h. dem klassischen Polizeirecht und der präventiv-nachrichtendienstlichen Sicherheitsgewährleistung.

2. Die präventiv-polizeiliche Sicherheitsgewährleistung

Die präventiv-polizeiliche Sicherheitsgewährleistung hat die Aufgaben, das Entstehen von Sachverhalte durch staatliches Einschreiten zu verhindern, d.h. Kausalverläufe zu verändern, um auf diese Weise den Eintritt eines nicht gewünschten Zustandes abzuwehren oder dessen gegenwärtiges Andauern zu beenden.[3] Anknüpfungspunkte für ein Einschreiten sind i.d.R. Gefahren für polizeiliche Schutzgüter. Eine Gefahr liegt vor, wenn bei ungehindertem, objektiv zu erwartendem Geschehensverlauf in absehbarer Zeit mit hinreichender Wahrscheinlichkeit ein Schaden eintreten wird.[4] Polizeiliche Rechtsgüter sind bekanntermaßen die öffentliche Sicherheit und Ordnung. Es ist von Verfassung wegen nicht untersagt, die Polizeibehörden im Einzelfall auch vorgelagert tätig werden zu lassen, so dass die Gefahrenabwehr eine phänomenologisch zutreffende, aber verfassungsrechtlich nicht zwingende Beschreibung der Polizeizuständigkeit bedeutet.[5]

3. Die nachrichtendienstliche Sicherheitsgewährleistung

Die präventive Sicherheitsgewährleistung durch die Polizeibehörden wird ergänzt um die nachrichtendienstliche Sicherheitsgewährleistung. Diese

---

3   *Möstl*, Die staatliche Garantie für die öffentliche Sicherheit und Ordnung, 2002, S. 181.
4   *Schenke*, Polizei- und Ordnungsrecht, 8. Aufl. 2013, Rn. 69.
5   *Wolff*, in: Gallwas/Wolff, Bayerisches Polizei und Sicherheitsrecht, 3. Aufl. 2004, Rn. 821; *Baldus*, Reform des Thüringer Verfassungsschutzes - Auflösung, Zusammenlegung, Eingliederung oder Reduktion?, ThürVBl 2013, 25, 28 f.

zielt nicht auf eine Veränderung von Kausalverläufen, sondern auf Aufklärung, d.h. Informationsgewinnung für einen ausgewählten Kreis von Sicherheitsfeldern.

Zu welchem Zweck diese Aufklärung dient, ist nicht ganz klar. Der klassische Zweck ist der der Information der Regierung. So spricht das BVerfG davon, die Nachrichtendienste dienten der politischen Information.[6] Dieser Aufgabenbereich ist deshalb bemerkenswert, weil es um Verhalten geht, das nicht rechtswidrig ist. Die staatliche Informationserhebung rechtfertigt sich aus der Besonderheit des Schutzes der freiheitlich-demokratischen Grundordnung. Das Grundgesetz setzt erkennbar voraus, dass es Nachrichtendienste mit diesem Aufgabenbereich gibt.[7] Die Aufgabe der politischen Information ist zwar nicht unumstößlich festgeschrieben, die Gründe für ihre Aufrechterhaltung dürften die Gesichtspunkte, die für die Aufhebung dieses Bereiches sprechen, aber überwiegen.

Der zweite und kritischere Aufgabenbereich ist der der Terrorabwehr.[8] Dieser Bereich unterscheidet sich deutlich von dem der politischen Information insofern, als es erstens nicht nur um Strukturen, sondern auch um Einzelbestrebungen geht und zweitens der Adressat der Information nicht die Regierung, sondern die anderen Sicherheitsbehörden sind. Hier besteht eine Konkurrenz zu den Polizeibehörden. Für den Gesetzgeber besteht keine Pflicht den Nachrichtendiensten die Terrorabwehr zu übertragen und es besteht auch kein Verbot.

Die Sicherheitsgewährleistung durch die Nachrichtendienste unterscheidet sich von der der Polizei durch drei Elemente.

Ihr Aufgabenbereich ist zu einem größeren Anteil im Vorfeld der polizeilichen Gefahr, d.h. im Bereich der Verdachtslagen, angesiedelt, als dies bei der Polizei der Fall ist. Die nachrichtendienstlichen Gesetze sprechen nicht von Gefahren sondern von Bestrebungen gegen weit gefasste kollektive Schutzgüter.[9]

---

6 BVerfG, Ut. v. 24.04.2013, 1 BvR 1215/07, juris Rn. 118 = NJW 2013, 1499.
7 Deutlich BVerfG, Ut. v. 17.09.2013, 2 BvR 2436/10 u.a., juris Rn. 113 ff. = NVwZ 2013, 1468 ff. mit Anmerkungen *Wolff*, JZ 2014, 93 ff.; *Warg*, NVwZ 2014, 36 ff.
8 S. dazu Regierungskommission, Bericht (Fn. 1) S. 126 ff.
9 § 3 BVerfSchG/ § 2 BNDG/ § 1 MADG.

Die zweite Besonderheit der Nachrichtendienste ist ihre Festlegung auf Informationssammlung. Sie sollen Strukturen, Zusammenhänge und Entwicklungspotentiale bestimmter Bestrebungen und Gruppen aufklären,[10] aber keine Zwangsmaßnahmen durchführen.[11]

Die Folge aus diesen beiden Veränderungen ist, dass der Verfassungsschutz zumindest auch bei rechtmäßigen Handlungen und deren Aufklärungen tätig werden darf. So ist etwa die Ermittlung der Tätigkeit nicht verbotener Parteien zulässiger Beobachtungsgegenstand der Verfassungsschutz-Behörden.

4. Der Sinn der Gliederung

Die Dreigliederung hat ihren guten Grund und zwar:

Durch die Aufteilung werden die Freiheitsrechte des Bürgers geschützt, nach dem Motto, die Behörde, die alles weiß (Nachrichtendienste), soll nicht alles dürfen und die Behörde, die alles darf (Polizei), soll nicht alles wissen;

Durch die Aufteilung wird die Gefahrenabwehr effektuiert, weil der Teil der Sicherheitsgewährleistung der Behörde zugeordnet wird, die dafür am besten geeignet ist.

5. Die föderale Aufteilung

Die Aufgaben der Sicherheitsgewährleistung werden in unterschiedlichem Maße auf Bund und Länder verteilt.[12]

Im Bereich der äußeren Sicherheit besteht der Sache nach ein weitgehendes Monopol des Bundes.[13]

Im Bereich des Polizeirechts besteht wiederum ein weitgehendes Monopol der Länder. Der Bund ist nur ausnahmsweise zuständig.[14]

---

10 S. dazu *Droste*, Handbuch des Verfassungsschutzrechts, 2007, S. 298 f.
11 § 8 Abs. 2, 3 BVerfSchG.
12 Regierungskommission, Bericht (Fn. 1) S. 149 f.; *Bergemann*, Nachrichtendienste und Polizei, in: Lisken/ Denninger, Handbuch des Polizeirecht, 5. Aufl. 2012, Kapitel H, Rn. 30 ff
13 Art. 74 Abs. 1 Nr. 1 GG
14 S. dazu *Rachor*, Organisation der Sicherheitsbehörden in Deutschland, in: Lisken/ Denninger, Handbuch des Polizeirecht, 5. Aufl. 2012, Kapitel C,. Rn. 65 ff.

In dem Bereich der Nachrichtendienste besitzen die Länder mit den Landesämtern für Verfassungsschutz eigene Zuständigkeiten. Der Sache nach besteht aber, sofern man auf die gesetzlichen Regelungen abstellt, ein deutliches Übergewicht der Kompetenzen des Bundes auf diesem Gebiet.[15]

III. Die Nachrichtendienste im Einzelnen

Die Nachrichtendienste des Bundes sind in § 1 des Gesetzes zum Parlamentarischen Kontrollgremium aufgeführt. Dort sind drei Behörden genannt.

1. Das Bundesamt für Verfassungsschutz

Das Bundesamt für Verfassungsschutz, kurz BfV, ist der Inland-Nachrichtendienst der Bundesrepublik Deutschland.

a)   Aufgaben

Seine Aufgaben sind in § 3 Bundesverfassungsschutzgesetz aufgeführt.[16] Zu den Aufgaben gehört v.a. die Aufklärung von Bestrebungen, die gegen die freiheitliche demokratische Grundordnung, den Bestand oder die Sicherheit des Bundes oder eines Landes gerichtet sind
• Spionage im Inland;
• gewaltbezogenem Terrorismus in Deutschland,
• Bestrebungen im Inland, die gegen den Gedanken der Völkerverständigung gerichtet sind.

b)   Befugnisse

Verarbeitet das BfV personenbezogene Daten von Bürgerinnen und Bürgern, liegt darin ein Grundrechtseingriff, zumindest in das Recht auf infor-

---

15   S. dazu *Gröpl*, Die Nachrichtendienste im Regelwerk der deutschen Sicherheitsverwaltung, 1993, 82 ff.
16   Ausführlich *Droste*, Handbuch des Verfassungsschutzrechts, 2007, S. 92 ff.

mationelle Selbstbestimmung. Je schwerer der Eingriff wiegt, umso genauer muss die rechtliche Grundlage sein. Man kann vier Stufen unterscheiden.[17]

Zunächst gibt es eine Rechtsgrundlage dafür, dass das BfV offen ermitteln darf und nach verfassungsfeindlichen Bestrebungen offen suchen kann. Die Verfassungsämter beobachten daher offene Internetforen und einschlägige Pressepublikationen mit linksextremen oder rechtsextremen Tendenzen.[18]

Die nächste Stufe ist die verdeckte und gezielte Übermittlung. Diese ist in § 8 Abs. 2 Bundesverfassungsschutzgesetz geregelt. Man spricht von dem Einsatz nachrichtendienstlicher Mittel. Diese sind zulässig, wenn die offene Ermittlung nicht weiterhilft.[19]

Die dritte Stufe sind die besonderen Auskunftsrechte gemäß § 8a Bundesverfassungsschutzgesetz. Bei erheblich gesteigerten Verdachtslagen darf das BfV erfragen[20]:

erstens bei Luftfahrtunternehmen Auskünfte über Namen und Anschriften der Kunden und über Flugdaten,

zweitens bei Kreditinstituten Auskünfte über Geldbewegungen und Geldanlagen, insbesondere über Kontostand und Zahlungsein- und -ausgänge,

drittens bei Telekommunikationsdienstleistern Verkehrsdaten und

viertens bei Teledienstleistern Nutzer- und Nutzungsdaten.

Selbstständig geregelt und ebenfalls zur Erstellung von Bewegungsbildern geeignet ist die Anbringung eines sogenannten GPS-Systems. Ein GPS ermöglicht die Bewegungen eines PKWs nachzuvollziehen.[21] Unter vergleichbaren Bedingungen dürfen auch zur Feststellung des Aufenthalts die Standorte von gesprächsbereiten Handys ermittelt werden.[22] Diese Befugnisse sollen die Möglichkeit geben, Reise- und Finanzbewegungen von relevanten Gruppen nachzuvollziehen.

Die vierte Stufe bilden die Eingriffe in den engeren Kreis der Privatsphäre, das heißt, vor allem in die Telekommunikation. Individualver-

---

17 S. dazu auch *Droste*, Handbuch des Verfassungsschutzrechts, 2007, S. 222 ff. *Bergemann* (Fn. 11), Rn. 61 ff.
18 *Bergemann* (Fn. 11), Rn. 62.
19 *Bergemann* (Fn. 11), Rn. 77 ff.
20 *Bergemann* (Fn. 11), Rn. 72.
21 S. dazu BVerfGE 112, 304 ff;
22 S. dazu BVerfG (Kammer), 22.08.2006, 2 BvR 1345/03, NJW 2007, 351 f.

kehre können unter erschwerten Bedingungen abgehört werden. Diese Befugnisse sind im sogenannten Gesetz zum Artikel 10, dem G 10 geregelt.[23] Dort heißt es, dass Telekommunikationsbeschränkungen zulässig sind, wenn tatsächliche Anhaltspunkte für den Verdacht bestehen, dass jemand eine näher bezeichnete schwerere Straftat mit Bezug zu einem nachrichtendienstlichen Aufgabenfeld plant, begeht oder begangen hat. Die Genehmigung dieser Telefon- und E-Mailüberwachung ist unter hohe Verfahrenshürden gestellt.[24]

2. Der MAD

Der kleinste Nachrichtendienst ist der MAD, er entspricht strukturell dem BfV, beschränkt sich aber auf das Gebiet der Streitkräfte.[25]

3. Der BND

a) Aufgabe

Der Bundesnachrichtendienst ist der deutsche Auslandsnachrichtendienst und der Größte der Drei. Er wird vor allem im Ausland tätig und besitzt ein sehr weites Aufgabenfeld. Gemäß § 1 Abs. 2 BND-Gesetz sammelt er die erforderlichen Informationen zur Gewinnung von Erkenntnissen über das Ausland, die von außen- und sicherheitspolitischer Bedeutung für die Bundesrepublik Deutschland sind, und wertet sie aus.

b) Befugnisse

aa) Verweis auf das BVerfSchG

Sofern er in Deutschland tätig wird, besitzt er die gleichen Befugnisse wie das Bundesamt für Verfassungsschutz (§§ 2a, 3 BNDG).

---

23 *Bergemann* (Fn. 11), Rn. 67 ff.
24 Vgl. *Roggan*, in: Bundesrecht, § 3 G 10 (Stand 2012, Rn. 4 ff.
25 S. dazu Regierungskommission, Bericht (Fn. 1) S. 115 ff.; *Droste*, Handbuch des Verfassungsschutzrechts, 2007, S. 647 ff.

bb) Strategische Kontrolle

Im Rahmen der Telekommunikationsbeschränkung besitzt der BND eine zusätzliche besondere Befugnis, die sogenannte strategische Fernmeldekontrolle (§ 5 G 10).[26] Bei dieser dürfen kleine Ausschnitte des Telefon- und Mailverkehrs, die in einer vorher festgelegten, außenpolitisch und verteidigungspolitisch relevanten Region auf einer vorher festgelegten Telekommunikationsroute verlaufen, ohne weitere zusätzliche Voraussetzungen automatisch mittels vorher festgelegten Suchwörtern durchleuchtet werden. Wird die Übereinstimmung des Verkehrs mit einem Suchbegriff automatisch festgestellt, wird dieser Verkehr herausgesondert. Es handelt sich um einen sogenannten Treffer. Die Treffer werden für kurze Zeit gespeichert. Ein kleiner Ausschnitt dieser gespeicherten Treffer wird von Mitarbeitern des BND innerhalb der kurzen Speicherungsfrist kontrolliert. Wird eine Relevanz für nachrichtendienstliche Ermittlungen festgestellt, wird die Nachricht gespeichert, ansonsten vernichtet. Diese strategische Fernmeldeaufklärung ist zulässig zum Zwecke der Sammlung von Informationen über folgende Sachverhaltsbereiche:

1. militärische Angriffe
2. internationale terroristische Anschläge
3. internationale Verbreitung von Kriegswaffen
4. organisierte Rauschgiftkriminalität
5. Geldfälschung,
6. internationale Geldwäsche in Fällen von erheblicher Bedeutung oder
7. Einschleusen von ausländischen Personen

Diese strategische Fernmeldekontrolle bildet in der Tat so etwas wie eine Alltagskontrolle, da auch die Fernmeldeverkehre von Personen, bei denen kein engerer Bezug zu einem nachrichtendienstlich relevanten Sachverhalt besteht, erfasst werden können. Von Mitarbeitern der Nachrichtendienste werden aber die Verkehre nur dann erfasst, wenn dort Suchbegriffe vorkommen und zudem die Relevanz dieser Suchbegriffe so intensiv ist, dass

---

26 S. dazu BVerfG, Ut. v. 14.07.1999, 1 BvR 2226/94, 2420/95 u.a., BVerfGE 100, 313 ff. *afBergemann* (Fn. 11), Rn. 70 ff.; *Roggan*, in: Bundesrecht, § 3 G 10 (Stand 2012, Rn. 4 ff.; *Roggan,* in:Roggan/Kutscha (Hg.), Handbuch zum Recht der inneren Sicherheit, 2. Aufl 2006, S. 427 ff.

sie als ein besonders relevanter Treffer gelten. Die Anzahl der von Mitarbeiter herausgesuchten und als relevant betrachteten Verkehre sind in den Berichten des Parlamentarischen Kontrollgremiums veröffentlicht.[27]

c) Exterritoriales Handeln

Für das Tätigwerden im Ausland enthält das BND-Gesetz keine ausdrücklichen Normen.[28] Welche rechtlichen Maßstäbe für das exterritoriale Handeln greifen, ist nicht endgültig geklärt.[29] Zutreffender, aber umstrittener Ansicht nach, unterliegt das Handeln des BND im Ausland gegenüber Ausländern Grundrechtsschranken, wobei deren Vorgaben aber der Besonderheit des exterritorialen Handelns angepasst werden muss. So ist es nicht sinnvoll, eine gesetzliche Grundlage zu fordern, da diese die Integrität des anderen Staates erheblich stärker beeinträchtigen würden als ein Handeln ohne gesetzliche Grundlage. Zutreffender Ansicht nach gilt aber der Grundsatz der Verhältnismäßigkeit mit einer maßvollen Strenge.

Die Mitarbeiter des Bundesnachrichtendienstes werden im Ausland tätig, und zwar auch, wenn der fremde Staat es nicht möchte.[30] Es ist daher wichtig, dass die Tätigkeiten im Ausland nicht entdeckt werden. Innerhalb des Bundesnachrichtendienstes gilt daher, auch im Vergleich zu den anderen Nachrichtendiensten, das höchste Maß an Vertraulichkeit.

4. Das BKA

Seit dem 1.1.2009 ist auch das Bundeskriminalamt (BKA) mit der Wahrnehmung materiell zumindest auch nachrichtendienstlicher Aufgaben betraut worden. § 4a Abs. 1 BKAG weist dem BKA subsidiär die Aufgabe der

---

27 Bericht des Parlamentarischen Kontrollgremiums v. 10.02.2012, BT-Drs. 17/8639, S. 6 f. (29 + 180 + 4 Verkehre mit nachrichtendienstlicher Relevanz).
28 S. dazu *Bergemann* (Fn. 11), Rn. 77.
29 S. dazu *Bergemann* (Fn. 11), Rn. 77.
30 S. Hansjörg Geiger, Informationsbedürfnisse und Geheimhaltungserfordernisse, in: Marion Albers/Ruth Weinzierl (Hg), Menschenrechtliche Standards in der Sicherheitspolitik, 2010, 87, 91 f. ; *Brenner*, Bundesnachrichtendienst im Rechtsstaat, 1990, S. 102 f.; Schimpff, Die rechtliche Stellung der Nachrichtendienste, Diss. Fankfurt a.M. 1990, S. 86 f.

länderübergreifenden Abwehr von Gefahren des internationalen Terrorismus zu.[31] Auch wenn das BKA materiell eine Polizeibehörde bleibt, wird dennoch zu Recht über einen Einbezug dieser Tätigkeit zumindest in verminderter Form in die Besonderheiten der parlamentarischen Kontrolle nachgedacht.

5. Die Landesverfassungsschutzämter

Jedes Land besitzt ein eigenes Amt für Verfassungsschutz, das sachlich dem des BfV entspricht, aber auf die Landesebene beschränkt ist.

6. Die Grenzen der Befugnisse

Durch den Blick auf die Befugnisse wird nicht sehr deutlich, was die Nachrichtendienste nicht dürfen.

Die Nachrichtendienste dürfen außer Informationseingriffen keine Grundrechtseingriffe vornehmen, das heißt, sie dürfen insbesondere nicht schießen, schlagen, verhaften, unmittelbaren Zwang ausüben oder Ersatzvornahmen vornehmen.

Sie dürfen in Wohnungen faktisch nicht hineinhören oder hineingehen. Sie haben auf Bundesebene keine Befugnisse zur Online-Durchsuchung von Computern. Wie weit ihre Befugnisse hinsichtlich des Eindringens in geschützte Internet-Foren reichen, ist gerichtlich noch nicht geklärt.

7. Die Rechtfertigung der Vertraulichkeit

Die Nachrichtendienste besitzen im weiteren Umfang verdeckte Eingriffsbefugnisse als die Polizei.[32] Die Polizei darf beispielsweise Personen observieren, sofern hinreichend sichere Anhaltspunkte für die beabsichtigte Begehung von Straftaten von besonderer Bedeutung sprechen (§ 32 Abs. 1 Nr. 2 BbgPolG), das Bundesamt für Verfassungsschutz darf dagegen eine

---

31 S. dazu nur *Wolff*. Die Grenzverschiebung von polizeilicher und nachrichtendienstlicher Sicherheitsgewährleistung – Das Gesetz zur Abwehr von Gefahren des internationalen Terrorismus durch das Bundeskriminalamt, DÖV 2009, 597 ff.; Regierungskommission, Bericht (Fn. 1) S. 57 ff.

32 S. zur Vertraulichkeit der Nachrichtendienste *Wolff*, Der nachrichtendienstliche Geheimnisschutz und die parlamentarische Kontrolle, JZ 2010, 173 ff.

Person observieren, wenn Tatsachen die Ansicht rechtfertigen, dass auf diese Weise Erkenntnisse über Bestrebungen, die gegen die freiheitlich-demokratische Grundordnung gerichtet sind, gewonnen werden können (§§ 8 Abs. 2, 9 Abs. 1 BVerfSchG).

Warum sind böse Taten im Bereich der Nachrichtendienste schlimmer als außerhalb dieses Bereiches oder anders ausgedrückt, warum dürfen drohende Entführungen von Kindern von Großindustriellen nur mit Mitteln des Polizeirechts bekämpft werden, und drohende Entführungen von Kindern von Politikern dagegen auch ergänzend mit nachrichtendienstlichen?

Die Antwort wird lauten müssen: weil Bestrebungen auf dem Gebiet der nachrichtendienstlichen Aufgabenbereiche sich typischerweise von solchen der bürgerlichen Kriminalität unterscheiden und daher auch hinsichtlich der drohenden Schäden Unterschiede bestehen. Bei aller Vereinfachung lässt sich Folgendes sagen:

Bestrebungen auf dem Gebiet der Nachrichtendienste sind nicht auf einen bestimmten Einzelvorteil des Täters ausgerichtet, sondern richten sich gegen die Rechtsordnung bzw. den Staat als Ganzes. Daher ist der drohende Schaden für die Allgemeinheit typischerweise größer;

wegen der anderen Zielrichtung kann die staatliche Gemeinschaft durch Bestrebungen auf dem Gebiet des nachrichtendienstlichen Bereiches stärker erschüttert werden als durch Schadenseintritte in dem Bereich der normalen Kriminalität;

in den nachrichtendienstlich relevanten Bereichen geht es oftmals um Staaten, größere Organisationen oder Personenmehrheiten, was wiederum einen größeren Schadenseintritt befürchten lässt;

Bestrebungen auf nachrichtendienstlichem Gebiet sind oft längerfristig angelegt und fressen sich wie ein Geschwür fort, da sie auf einer Idee und nicht auf persönlicher Begünstigung beruhen;

Bestrebungen auf nachrichtendienstlichem Gebiet sehen den Rechtsbruch nicht als Mittel zum Zweck, sondern als Ziel an;

Die Unterschiede im Bereich der Informationserhebung und der Informationsoffenlegung können daher eine Privilegierung der Nachrichtendienste hinsichtlich der Geheimhaltung durchaus rechtfertigen, aber nur in Grenzen.

IV. Schutzlücken für den Bürger

Wie der Überblick über die Befugnisse zeigt, sind die Eingriffe der Nachrichtendienste abgestuft und setzen immer einen Anlass voraus. Je intensiver der Eingriff ist, umso höher muss die Anlassschwelle gelagert sein. Die Nachrichtendienste kontrollieren daher nicht den Alltag der Bürger. Hinter den Titel hätte richtigerweise ein Fragezeichen gesetzt werden müssen.

Das in sich abgestufte und austarierte System der Eingriffbefugnisse erleidet aber drei wesentliche Einbrüche.

Die erste Einbruchstelle ist der Umstand, dass das deutsche Recht nicht das gegebenenfalls rechtswidrige Handeln fremder Nachrichtendienste auf deutschem Boden faktisch schützen kann.

Die zweite Einbruchstelle ist, dass die deutschen Gesetze nur auf deutschem Boden die Bürger schützen können. Der Telekommunikationsverkehr in Zeiten des Internets und des E-Mail-Verkehrs verlässt technisch aber schnell den deutschen Boden und kann dann von anderen Staaten und deren Nachrichtendienste als aus ihrer Sicht extraterritorial unter erleichterten Bedingungen kontrolliert werden.

Die dritte Einbruchstelle bildet die Information der deutschen Nachrichtendienste durch sogenannte befreundete Nachrichtendienste. Der Informationsaustausch unter den Nachrichtendiensten ist gesetzlich faktisch ungeregelt und von außen schwer durchschaubar. Erfassen beispielsweise US-amerikanische Nachrichtendienste eine Mail eines Deutschen an einen Polen und wird diese Mail über einen Verkehrsknotenpunkt in die USA geleitet und greifen dort die US-Behörden auf diese Mail zu, ist aus ihrer Sicht ein extraterritorialer Sachverhalt gegeben, der unter geringerem Grundrechtsschutz steht. Leiten nun die US-amerikanischen Behörden diese Mail an die deutschen Nachrichtendienste weiter, kann es in Deutschland zu einer Verwertung personenbezogener Daten kommen, die so von den deutschen Nachrichtendiensten ohne die Mitwirkung der ausländischen Nachrichtendienste nicht hätte vorgenommen werden können. Der Bund besitzt daher ein großes Interesse, diesen internationalen Mail-Verkehr ungeregelt zu lassen.

Zur Lösung dieser Probleme bieten sich drei Möglichkeiten an:
Erstens der Abschluss völkerrechtlicher Vereinbarungen.
Zweitens die Technische Eingrenzung des Datenflussverkehrs auf deutschem Boden.
Drittens die Reduktion der Kommunikation mit internationalen Übertragungswegen.

Völker-, unions- und verfassungsrechtliche Fragestellungen im Zusammenhang mit den NSA-Überwachungsmaßnahmen

Wolfgang Ewer[*]

Übersicht:

---

[*] Dieser Beitrag beruht auf einem Aufsatz in der NJW 2014, 30ff.

I. Einleitung

In jüngerer Vergangenheit haben zahlreiche Presseorgane berichtet, dass die USA, vor allem mittels ihrer National Security Agency (NSA), in sehr großem Umfang Internetverkehre ausgewertet, fremde Regierungen und die EU abgehört und Personen im In- und Ausland ganz klassisch observiert haben. Britische Dienste sollen, zumindest was die Überwachung des Internets angeht, ganz ähnlich gehandelt haben.

Der Sachverhalt dürfte nur in seinen groben Zügen geklärt sein. Das überrascht nicht, wenn man zum einen bedenkt, dass sich die Quellenlage im Wesentlichen aus Presseberichten und Angaben aus politischen Kreisen zusammensetzt. Zum anderen ergeben sich die diversen Unsicherheiten und Vorbehalte im Hinblick auf den Sachverhalt schlichtweg auch aus den Eigentümlichkeiten, die das Milieu der Geheimdienste prägen.

Auf der bisher verfügbaren Grundlage wird im Folgenden zuerst der Frage nachgegangen, ob die USA und Großbritannien mit ihren Aktionen Völkerrecht verletzt haben.

Die rechtspolitische Diskussion hat aber auch noch einen anderen Aspekt aufgebracht: Da vielfach Daten aus Deutschland abgeschöpft wurden, stellt sich die Frage, ob etwa die Bundesregierung Schutzpflichten zugunsten der deutschen Grundrechtsträger, nach dem Grundgesetz, unterliegt.

Außerdem ist verschiedentlich berichtet worden, dass deutsche Geheimdienste – vor allem der BND – eng mit der amerikanischen NSA zusammenarbeiten, und dies auch im Zusammenhang mit den problematischen Datenerhebungen getan haben. Daher ist fraglich, inwieweit das Grundgesetz einer solchen Zusammenarbeit Grenzen setzt.

II. Allgemeines Völkerrecht

Zunächst sei auf das allgemeine Völkerrecht einzugehen. Hier ergibt sich das Problem, dass letztlich alle Staaten Spionage betreiben. Ein allgemeines Verbot der Spionage – beispielsweise kraft Völkergewohnheitsrechts – gibt es daher nicht.

Allerdings betreiben die Staaten Spionage nicht in der Überzeugung, das tun zu dürfen. Jeder Staat behält sich vielmehr vor, ertappte Spione zu bestrafen. Für eine positive Erlaubnisnorm des Völkergewohnheitsrechts fehlt es daher an der erforderlichen gemeinsamen Rechtsüberzeugung der Staatengemeinschaft.

Die Staatengemeinschaft hat daher weder ein allgemeines Verbot noch eine positive Erlaubnis der Spionage geschaffen. Daraus folgt, dass einzelne Handlungsformen der Spionage gegen allgemeine völkerrechtliche Normen verstoßen können.hier kommt in erster Linie ein Verstoß gegen ein grundlegendes Prinzip des Völkerrechts in Betracht: Die Hoheitsgewalt jedes souveränen Staates ist auf seinem Staatsgebiet ausschließlich. Das ist letztlich das zwischenstaatliche Gegenstück zum inneren Gewaltmonopol des Staates gegenüber seinen Bürgern: Wenn nur der Staat Hoheitsgewalt ausüben darf, dann darf es in jedem Gebiet auch nur *ein* Staat. Kein Staat darf also Hoheitsakte außerhalb seines eigenen Staatsgebiets setzen – es sei denn, er ist dazu besonders ermächtigt.[1]

Was ein Hoheitsakt ist, ist nicht ganz einfach zu definieren. Es darf aber angenommen werden, dass Handlungen amerikanischer Agenten auf fremdem Gebiet, mit denen diese offizielle Aufträge ausführen, Hoheitsakte darstellen. Zumindest gilt das, wenn die Agenten dazu etwas tun, was in dem fraglichen Staat nicht ohnehin jeder tun darf, denn dann nehmen die Agenten letztlich besondere hoheitliche Befugnisse für sich in Anspruch, die der Zustimmung des Territorialstaates bedürfen Das ist der Fall, wenn die Agenten sich heimlich aus nicht öffentlich zugänglichen Quellen informieren.[2]

Kurz gesagt: Zeitung lesen dürfen die Agenten natürlich, aber wenn sie »Wanzen« installieren oder sonst Dinge tun, die nicht jedermann ohne Hoheitsrechte tun darf, überschreitet ihr Herkunftsstaat damit seine Befugnisse.

Nun wird den USA und Großbritannien in letzter Zeit vor allem vorgeworfen, dass sie einen Großteil des Internetverkehrs an Knotenpunkten in ihrem jeweils eigenen Gebiet überwachen. Obwohl das natürlich auch Daten aus anderen Staaten betrifft, handeln die USA und die Briten damit nicht im Ausland. Insoweit verletzen sie also nicht die Souveränität anderer Staaten.[3]

---

1 *Ständiger Internationaler Gerichtshof*, Case of the S.S. Lotus (Frankreich/Türkei), PCIJ Series A No. 10 (1927), S. 18.
2 *Delupis*, American Journal of International Law 1984, 53 (67 Fußn. 98); *Fleck*, Michigan Journal of International Law 28 (2007-2008), 687 (692 f.); *Kish*, International Law and Espionage, 1995, S. 88; *Simma/Volk*, NJW 1991, 871 f.; a.A. *Gehrlein*, Die Strafbarkeit der Ost-Spione auf dem Prüfstand des Verfassungs- und Völkerrechts, 1996, S. 101; *Sule*, Spionage, 2006, S. 84 f., 88 f.
3 Vgl. *EGMR*, NJW 2007, 1433 (1435); *Karg*, Jura 2003, 129 (132); *Sule* (o. Fußn. 2), S. 85.

Soweit den USA allerdings auch vorgeworfen wurde, Herrn Julian Assange von der Plattform Wikileaks in Berlin observiert und Einrichtungen der EU in Brüssel vor Ort abgehört zu haben, ist die deutsche bzw. die belgische Souveränität betroffen.

Das allgemeine Völkerrecht erlaubt diese extraterritorialen Hoheitsakte nicht. Fraglich ist deshalb, ob die betroffenen Staaten die USA dazu ermächtigt haben. Das ist bei Belgien eher unwahrscheinlich. Im Fall von Deutschland führt diese Frage auf die Geschichte der alliierten Vorrechte auf deutschem Boden zurück.

III. Zustimmung der Bundesrepublik

Verhältnismäßig einfach war die Rechtslage unmittelbar nach dem Krieg und bis zur Aufhebung des Besatzungsstatuts zum 5. Mai 1955. Unter dem Besatzungsstatut durften die Alliierten in sehr weitem Umfang Telekommunikationsüberwachung in Deutschland durchführen. Nun könnte man meinen, dass die technischen Möglichkeiten damals sehr eingeschränkt waren. Richtig daran ist, dass das Internet bis 1955 nicht überwacht wurde. Eine neue historische Untersuchung[4] hat aber gezeigt, dass die Westalliierten durchaus in sehr erheblichem Umfang Telefone abgehört haben.

Zum 5. Mai 1955 wurde dann das umfassende Besatzungsstatut aufgehoben und die deutsche Souveränität weitgehend wiederhergestellt.[5] Die Westalliierten haben sich aber in geheimen Zusatzabkommen zu den Verträgen, mit denen der rechtliche Status der NATO-Truppen auf deutschem Gebiet festgelegt wurde,[6] Rechte zur Telekommunikationsüberwachung vorbehalten.

Diese Rechte sollten erlöschen, wenn deutsche Dienststellen gesetzlich ermächtigt sein würden, selbst solche Maßnahmen durchzuführen. Diese Ermächtigung wurde dann mit dem Gesetz zur Beschränkung des Brief-, Post- und Fernmeldegeheimnisses von 1968, dem sogenannten G 10, geschaffen. Die Vorbehaltsrechte der Westalliierten erloschen demnach im Jahr 1968.

---

4   *Josef Foschepoth*, Überwachtes Deutschland: Post- und Telefonüberwachung in der alten Bundesrepublik, 2012.

5   Vertrag über die Beziehungen zwischen der BR Deutschland und den Drei Mächten vom 26.05.1952/23.10.1954, BGBl. 1955 II 301, 305.

6   V.a. zum Zusatzabkommen zum NATO-Truppenstatut vom 03.08.1959, BGBl. 1961 II 1183, 1218.

Seither hatten die Westalliierten noch gewisse Ansprüche auf Rohdaten aus der Telefonüberwachung, die die deutschen Geheimdienste erhoben hatten.[7] Dabei ging es aber natürlich nicht mehr um eigene Überwachungsrechte der Alliierten. Ansonsten bestehen bis heute gewisse Rechte zum Eigenschutz der in Deutschland stationierten NATO-Truppen.[8] Um einen Eigenschutz der NATO-Truppen dürfte es aber bei den aktuell diskutierten Überwachungen nicht gehen.

Demnach spricht sehr viel dafür, dass mögliche Überwachungsaktionen auf deutschem Boden die Souveränität der Bundesrepublik verletzt haben.

IV. »Handygate« – Verstoß gegen das Interventionsverbot

Eine weitere Souveränitätsverletzung, die größere Wellen geschlagen hat, könnte auch in dem Abhören des Handys der Bundeskanzlerin liegen. Außer der Bundeskanzlerin sollen in ähnlicher Weise auch die brasilianische und die mexikanische Regierung betroffen sein.

Hier liegt der Gedanke an ein weiteres Grundprinzip des allgemeinen Völkerrechts, das Interventionsverbot, nahe. Dieses Grundprinzip verbietet es jedem Staat, in die inneren Angelegenheiten eines anderen Staates gleichsam »hineinzuregieren«, also mit einem gewissen Zwang auf sie einzuwirken.[9] Dass es bei der Kommunikation der Bundeskanzlerin um innere Angelegenheiten der Bundesrepublik geht, kann nicht zweifelhaft sein. Nicht-innere Angelegenheiten der Bundesrepublik sind nur solche, hinsichtlich derer die Bundesrepublik völkerrechtlich gebunden ist. Es gibt aber eindeutig keine völkerrechtliche Verpflichtung in dem Sinne, dass Regierungschefs nur öffentlich kommunizieren dürften.

Als problematischer wird teilweise das Merkmal der Zwangswirkung angesehen. Natürlich soll die Bundeskanzlerin zu nichts gezwungen werden, indem man ihr Handy abhört. Sie sollte das ja gar nicht erfahren. Man kann aber wohl sagen, dass sich die USA mit dem Abhören sozusagen durch »unmittelbaren Zwang« oder »vis absoluta« Zugang zu Geheimnissen der Bundesrepublik verschafft haben. Das dürfte als Zwangswirkung genügen.

---

7 *Foschepoth* (o. Fußn. 4), S. 186 ff.
8 Dazu eingehend und krit. *Deiseroth*, ZRP 2013, 194 f.
9 *Internationaler Gerichtshof*, Military and Paramilitary Activities in and against Nicaragua (Nicaragua/USA), ICJ Reports 1986, S. 14, 106, 108.

Außerdem muss man aus hiesiger Sicht berücksichtigen, dass das Interventionsverbot die souveräne Freiheit eines Staates schützt. Ein Eingriff in die engste Geheimnissphäre eines Staates berührt sicherlich seine souveräne Freiheit. Daher dürfte ein solcher Vorgang auch das Interventionsverbot verletzen.[10]

V. Verstoß gegen den Internationalen Pakt über bürgerliche und politische Rechte und gegen Menschenrechte (betr. vor allem USA)

Folglich stellt sich Frage, ob die jüngsten Spionageaktionen nicht nur die Rechte von Staaten, sondern auch völkerrechtliche Menschenrechte verletzt haben. Die Frage beantwortet sich für die USA vor allem nach dem Internationalen Pakt über bürgerliche und politische Rechte vom 16.12.1966.[11]

Der Pakt garantiert unter anderem den Schutz der Privatsphäre und der Korrespondenz. Beides, insbesondere die Korrespondenz, wird berührt, wenn Online-Daten ausgespäht werden.

Die Schrankenklauseln des Paktes verlangen, dass eine hinreichend bestimmte Rechtsgrundlage für die Überwachung vorliegt und dass die Verhältnismäßigkeit gewahrt bleibt.[12]

Die Verhältnismäßigkeit ist nicht so leicht zu beurteilen, wie man meinen könnte. Natürlich ist es so, dass der Umfang der Überwachung vor allem im Internet ganz enorm ist. Das erhöht auch das Gewicht des Eingriffs in den Schutz der Privatsphäre und der Korrespondenz.

Es ist offensichtlich, dass eine Überwachung des Internets, für die man nicht bei konkret verdächtigen Personen ansetzen kann, gar nicht möglich ist, ohne dass große Datenmengen auf bestimmte Schlüsselwörter hin durchsucht werden. Dass das Internet überhaupt überwacht werden sollte, ist aus dem Grund nachvollziehbar, dass es vielfach für terroristische und andere kriminelle Zwecke genutzt wird. Außerdem bedeutet der Umstand, dass die großen Datenmengen nicht individuell ausgewertet, sondern vor

---

10 So im Ergebnis auch *Fleck*, Michigan Journal of International Law 28 (2007-2008), 687 (692); *Wright*, in: *Stanger*, Espionage and International Law, 1962, S. 3, 13.

11 BGBl. 1973 II 1533.

12 Vgl. *UN-Menschenrechtsausschuss*, Allgemeine Anmerkung Nr. 16, verfügbar unter http://www1.umn.edu/humanrts/gencomm/hrcom16.htm, Rdnrn. 4, 8; *Nowak*, U.N. Covenant on Civil and Political Rights, CCPR Commentary, 2. Aufl. 2005, Art. 17 Rdnrn. 11 f., 47 f.

allem nach Schlüsselwörtern gefiltert werden, dass die Grundrechtseingriffe zwar sehr breit gestreut und damit fast wahllos sind, dass sie aber zugleich nicht sehr tiefgreifend sind.

Führt man sich vor Augen, dass die Maßgaben des global konzipierten Internationalen Paktes nicht annähernd so streng sein werden wie die des Grundgesetzes, ist eine Unverhältnismäßigkeit zumindest nicht mit Sicherheit festzustellen.

Deutlicher ist die menschenrechtliche Problematik bei dem Gebot der hinreichenden Bestimmtheit der Rechtsgrundlage. Das erfordert nämlich auch, dass die erlaubte Überwachung klare rechtliche Grenzen hat. Danach ist das geltende amerikanische Bundesrecht äußerst problematisch. Das amerikanische Gesetz – der *Foreign Intelligence Surveillance Act*[13] – kennt zwar die datenschutzrechtlichen Schranken, die es in ähnlicher Weise auch im deutschen und europäischen Datenschutzrecht gibt. Diese gelten aber – und das ist so bemerkenswert wie problematisch – immer nur zum Schutz amerikanischer Inländer. Die NSA muss darauf achten, grundsätzlich keine Daten von Amerikanern zu erheben, und gegebenenfalls muss sie einmal erhobene Daten von Amerikanern wieder löschen. Für Ausländer gelten aber fast keine Datenschutzvorschriften. Insoweit gibt es nur die formellen Bestimmungen, dass ein Minister die gesamten Überwachungsaktionen für je ein Jahr genehmigen muss und dass der US-Kongress halbjährliche Prüfungen durchführt. Das dürfte den Anforderungen an eine hinreichende gesetzliche Eingrenzung nicht genügen.

Ein erhebliches Problem sei aber noch erwähnt: Der amerikanische Gesetzgeber ist mit diesen Regelungen davon ausgegangen, dass nur Personen in den USA relevante Grundrechte nach der amerikanischen Verfassung haben. Das mag so sein oder auch nicht. Ein ähnliches Problem gibt es aber auch unter dem Pakt: Es stellt sich die Frage nach seiner territorialen Anwendbarkeit.

Zwar ist gesichert, dass der Pakt nicht nur im Staatsgebiet einer Partei gilt, sondern dass er auch extraterritorial anwendbar sein kann. Das ist aber nur der Fall, wenn eine Partei »effektive Kontrolle« über ein Gebiet oder eine Person ausübt.[14] Wenn das eine *umfassende* Kontrolle voraussetzt,

---

13   50 U.S.C. [United States Code] §§ 1802, 1801(g), (h), 1808, verfügbar unter http://www.law.cornell.edu/uscode/text/50/chapter-36/subchapter-I.

14   *UN-Menschenrechtsausschuss*, Allgemeine Anmerkung Nr. 31, verfügbar unter http://www1.umn.edu/ humanrts/gencomm/hrcom31.html, Rdnr. 10.

fehlt es daran natürlich, wenn die USA nur die Daten von Ausländern einsehen, aber sonst keine Kontrolle ausüben. Eine andere Sichtweise ist aber vorstellbar. Vor allem gibt es in letzter Zeit Anklänge in der Rechtsprechung, nach denen ein gradueller Ansatz verfolgt wird:[15] Die Menschenrechte gelten, soweit sie von dem jeweils bestehenden Grad an effektiver Kontrolle berührt werden. Danach könnte eine Kontrolle *nur* über die Kommunikation ausreichen, um jedenfalls den Schutz der Korrespondenz nach dem Pakt auszulösen.

An dieser Stelle kann dazu nur festgestellt, dass sich die internationale Rechtsprechung zu dieser Frage gerade im Fluss befindet. Eine mögliche Verletzung des Pakts hängt von dieser Frage ab.

VI.   Verstöße gegen die EMRK und gegen Menschenrechte (betr. vor allem UK)

Unter der Europäischen Menschenrechtskonvention, die hier natürlich nur für die britischen Aktionen gelten könnte, ist diese Frage leider genauso offen. Interessant ist aber, dass sich der Europäische Gerichtshof für Menschenrechte zur Frage der hinreichenden Bestimmtheit der britischen Gesetzeslage zur aktuellen Internetüberwachung schon geäußert hat. Im Fall Liberty u.a./Vereinigtes Königreich[16] von 2008 hat der Gerichtshof entschieden, dass die gesetzliche Grundlage für die Überwachung von Datenströmen mit Auslandsberührung nicht hinreichend eingegrenzt war. Bemerkenswert ist, dass der Gerichtshof dabei ausdrücklich die britische Rechtslage mit dem deutschen G 10 verglichen hat. Der EGMR hat dabei im britischen Recht unter anderem eine Vorabkontrolle der einzusetzenden Suchwörter durch eine unabhängige Instanz wie die deutsche G 10-Kommission vermisst. Dergleichen gibt es im britischen Gesetz bis heute nicht. Die Rechtsprechung stützt also den Befund, dass die britische Internetüberwachung auf ihrer derzeitigen Grundlage die EMRK verletzt – wenn die Konvention denn territorial anwendbar ist.

---

15   *EGMR*, Urt. v. 7. 7. 2011, 55721/07, Al-Skeini u.a. :/. Vereinigtes Königreich, Rdnr. 137; Urt. v. 23. 2. 2012, 27765/09, Hirsi Jamaa u.a. ./. Italien, NVwZ 2012, 809 (810): Im Fall der effektiven Kontrolle sind diejenigen Menschenrechte anwendbar, die „are relevant to the situation of that individual. In this sense, therefore, the Convention rights can be ,divided and tailored'". Die Rechtsprechung des EGMR wird bisweilen auch für die Auslegung des Paktes herangezogen.
16   EGMR, Urt. v. 1. 7. 2008, 58243/00, Liberty u.a./Vereinigtes Königreich.

VII. Unionsrecht

Das europäische Unionsrecht scheint dagegen letztlich nichts gegen die britischen Aktionen beizutragen. Dazu sei in gebotener Kürze folgendes festzuhalten:

Einen ersten Gedanke in diesem Zusammenhang könnte Art. 4 Abs. 2 Satz 2 EUV liefern. Dort ist niedergelegt, dass die Europäische Union die grundlegenden Funktionen des Staates achtet, einschließlich des Schutzes der nationalen Sicherheit. Die nationale Sicherheit wird in Satz 3 sogar noch besonders hervorgehoben; sie fällt »weiterhin in die alleinige Verantwortung der einzelnen Mitgliedstaaten.«

Das bedeutet aber richtigerweise nicht, dass Angelegenheiten der nationalen Sicherheit pauschal vom Unionsrecht ausgenommen und befreit wären. Es geht hier vielmehr um eine Pflicht der Union, die Funktionen der Mitgliedstaaten im Bereich der nationalen Sicherheit zu berücksichtigen und in eine Abwägung einzustellen.[17] Die nationale Sicherheit ist demnach nur eine »weiche Grenze« der EU-Kompetenzen. Allein wegen Art. 4 Abs. 2 Satz 2 und 3 EUV fallen die britischen Überwachungsaktionen daher nicht aus dem Anwendungsbereich des Unionsrechts heraus.

Die Datenschutzrichtlinien sind aus sich heraus von vornherein nicht anwendbar, weil sie den Schutz der nationalen Sicherheit pauschal von ihrem Anwendungsbereich ausnehmen. Damit setzen sie den Gedanken des Art. 4 Abs. 2 EUV mit dem konkreten Ergebnis einer totalen Bereichsausnahme um. Bei den hier fraglichen Überwachungsaktionen dürfte es nun vor allem um den Schutz der nationalen Sicherheit gehen. Angemerkt sei aber, dass für etwaige Industriespionage etwas ganz anderes gälte. Dass so etwas stattfindet, wird aber natürlich bestritten.

Auch die Unionsgrundrechte einschließlich der EU-Grundrechtecharta scheiden nach hiesiger Beurteilung als Prüfungsmaßstab aus. Diese sind nämlich nur im Bereich der Anwendung des Unionsrechts anwendbar. Im Hinblick auf die Datenschutzrichtlinien sind die hier fraglichen Aktionen – wohl vollständig – von deren Anwendungsbereich ausgenommen.

Ansonsten gelten die Unionsgrundrechte nach der zuletzt bekräftigten Rechtsprechung des EuGH auch dann, wenn die Grundfreiheiten nach dem

---

17 Erklärung Nr. 20 der Konferenz von Lissabon zu Art. 16 AEUV, ABlEU Nr. C 115 v. 9. 5. 2008, S. 345: Der Schutz der nationalen Sicherheit ist im Bereich des europäischen Datenschutzrechts „gebührend zu berücksichtigen."

AEUV eingeschränkt werden.[18] Dies ist bei den gegenständlichen Vorgängen jedoch nicht ersichtlich. Die Abhöraktionen hindern insbesondere niemanden daran, Dienstleistungen anzubieten oder zu empfangen. Sie begleiten nur den Dienstleistungsverkehr im Internet. Da die Grundfreiheiten im Wesentlichen auf die Marktöffnung abzielen und diese hier nicht cingeschränkt wird, sind folglich die Grundfreiheiten nicht berührt und die Unionsgrundrechte auch unter diesem Gesichtspunkt nicht anwendbar.

Im Folgenden sei noch auf Fragen eingehen, die sich für die deutsche Staatsgewalt aus dem Grundgesetz ergeben.

VIII. Verfassungsrechtliche Pflichten deutscher Stellen

Die erste Frage, die auch im politischen Raum teilweise diskutiert worden ist, geht dahin, ob etwa die Bundesregierung ihre Bürger vor der Ausspähung durch die amerikanischen und britischen Dienste schützen muss. Damit ist nach den grundrechtlichen Schutzpflichten gefragt.

Das betroffene Grundrecht ist hier das Fernmeldegeheimnis nach Art. 10 Abs. 1 des Grundgesetzes. Dieses umfasst jede Form der Telekommunikation, heute also zum Beispiel auch E-Mails.[19]

Aus diesem Grundrecht können sich nach der Rechtsprechung des Bundesverfassungsgerichts und der herrschenden Meinung in der Literatur auch Schutzpflichten ergeben.[20] Nach der Rechtsprechung zur Struktur der Schutzpflichten – wenn auch bei anderen Grundrechten – kann außerdem auch Schutz vor Einwirkungen durch ausländische Staaten geboten sein.[21] Das ist nur logisch, denn bei den Schutzpflichten kommt es nur auf die Existenz einer Bedrohung an, nicht darauf, von wem die Bedrohung ausgeht.[22]

---

18 *EuGH*, Urt. v. 26. 2. 2013, C-617/10, Åkerberg Fransson, Rdnrn. 17 ff.; Urt. v. 13. 6. 2013, C-45/12, Hadj Ahmed, Rdnr. 56.

19 *BVerfGE* 120, 274 (307).

20 *BVerfGE* 106, 28 (37); *Hermes*, in: *Dreier*, GG, Bd. I, 3. Aufl. (2013), Art. 10 Rdnr. 92; a.A. *Pagenkopf*, in: *Sachs*, GG, 6. Aufl. (2011), Art. 10 Rdnr. 21 f.

21 S. v.a. *BVerfGK* 14, 192 (199 f.).

22 *Dietlein*, Die Lehre von den grundrechtlichen Schutzpflichten, 2. Aufl. (2005), S. 103.

Letztlich folgt aus einer solchen Schutzpflicht aber nicht viel: Schon ganz allgemein besteht bei den Schutzpflichten ein »weiter Einschätzungs-, Wertungs- und Gestaltungsspielraum.«[23] Das gilt umso mehr, wenn es um Schutz im außenpolitischen Bereich geht. Hier hat das Bundesverfassungsgericht etwa im Fall Rudolf Hess hingenommen, dass die Bundesregierung keine rechtlichen Schritte gegen die Alliierten eingeleitet hatte.[24] Es ist daher nicht ersichtlich, wozu die Bundesregierung im Fall des »NSA-Skandals« verpflichtet sein sollte – außer vielleicht zur Erhebung diplomatischer Proteste, die sie ja aber schon erhoben hat.

IX. Mitwirkungsverbote

Abschließend bleibt noch die Frage, inwieweit deutsche Geheimdienste verfassungsrechtlich gehindert sind, mit der NSA im Hinblick auf die problematischen Datenerhebungen zusammenzuarbeiten.

Ausgangspunkt der Überlegungen ist hierbei, dass ein deutscher Geheimdienst nicht nur dann in das Fernmeldegeheimnis eingreift, wenn er selbst die Kommunikation überwacht und Daten erhebt, sondern auch dann, wenn er einmal erhobene Daten bei einer anderen Stelle abruft.[25] Das gilt sicherlich auch dann, wenn die Daten bei einer ausländischen Stelle abgerufen werden.

Die territoriale Anwendbarkeit der deutschen Grundrechte ist insofern einfach, wenn die Daten aus Deutschland stammen, denn die Inhaber der Daten in Deutschland sind selbstverständlich Grundrechtsträger. Aber auch sonst gilt Art. 10 des Grundgesetzes für den jeweiligen deutschen Geheimdienst, denn das Bundesverfassungsgericht hat es hierfür als ausreichend angesehen, dass die Daten in Deutschland verarbeitet – hier also von Deutschland aus abgerufen – werden.[26]

Wenn demnach ein deutscher Geheimdienst beim Abruf von Daten an das Grundgesetz gebunden ist, darf er – ebenfalls nach der Rechtsprechung des Bundesverfassungsgerichts – die Grenzen seiner eigenen Befugnisse zur Überwachung der Telekommunikation nicht überschreiten. Er darf also

---

23   *BVerfGE* 125, 39 (78).
24   *BVerfGE* 55, 349 (366 ff.).
25   Vgl. *BVerfGE* 130, 151 (184 f.).
26   *BVerfGE* 100, 313 (363 f.).

die rechtlichen Grenzen seiner eigenen Datenerhebung nicht umgehen, indem er sich Daten anderswo verschafft.[27]

Für die deutschen Geheimdienste bedeutet das vor allem, dass sie Daten, die sie von der NSA erhalten, im Grundsatz nur strategisch auswerten dürfen, also zur Unterrichtung der Bundesregierung über allgemeine Gefahrenlagen. An Staatsanwaltschaften und Verwaltungsbehörden dürfen sie ihre Erkenntnisse nur nach sorgfältiger Prüfung im Einzelfall weitergeben.[28]

X. Schlussbemerkung

Diese rechtlichen Probleme sind in letzter Zeit etwas aus der Aufmerksamkeit der Öffentlichkeit gerückt. Das ist nur verständlich, wenn man bedenkt, was sich in der politischen Welt andernorts abspielt, genannt sei beispielsweise die Krise zwischen Russland und der Ukraine. Der »NSA-Skandal« wird der Allgemeinheit aber sicher auch im politischen Raum noch wieder begegnen, sei es in Form weitergehender Aufarbeitung und Aufklärung der Aktionen oder eines eventuellen »non-spy-Abkommens« zur Klarstellung der Thematik[29].

---

27 Vgl. *BVerfG*, NJW 2013, 1499 (1503).
28 Vgl. *BVerfGE* 100, 313 (389 f.).
29 Vgl. Deiseroth, ZRP 2013, 194 (197).

Big Data als Herausforderung für das Datenschutzrecht und den Persönlichkeitsschutz[1]

Mario Martini

Übersicht

---

[1] Eine gekürzte Fassung des Beitrages ist abgedruckt unter DVBl 2014, S. 1481 ff.

I. Big Data: von der Science-Fiction zur Alltagsrealität

Mit ihren spekulativen Extrapolationen technischer Veränderungen und deren Ausstrahlungen auf die Gesellschaft kommen Science-Fiction-Filme oftmals der Gegenwartsrealität zuvor – häufig auch zwiespältigen ethischen Entwicklungen. Was heute als Science-Fiction erdacht wird, muss man – wie *Norman Mailer* treffend formulierte – »morgen vielleicht als Reportage zu Ende schreiben«. Der US-amerikanische Thriller »Minority Report« aus dem Jahr 2002 ist dafür ein gutes Beispiel.[2] *Tom Cruise* spielt darin *John Anderton*, den engagierten Mitarbeiter einer außergewöhnlichen Washingtoner Polizeieinheit: der Abteilung Precrime. Deren Aufgabe besteht darin, auf der Grundlage von Wahrscheinlichkeitsprognosen spezieller Auguren, sog. Precogs, Verdächtige zu ermitteln und dadurch schwere Straftaten zu verhindern. In Washington hat es deshalb, so die filmische Utopie, sechs Jahre lang keinen Mord mehr gegeben. Doch das System frisst seine eigenen Kinder: *John Anderton* gerät als Mitarbeiter der Abteilung bei einem Precrime-Screening selbst in den Verdacht, bald einen Mord zu begehen. Er besucht die Wohnung der (ihm bis dahin unbekannten) Person, die er laut Vorhersage ermorden soll. Kurze Zeit später wird diese tatsächlich tot aufgefunden – und *Anderton* verhaftet. Nur durch glückliche Fügungen gelingt es ihm, sich von dem Mordverdacht zu entlasten: Das vermeintliche Opfer hatte sich selbst umgebracht.

Was als filmische Projektion auf das Jahr 2054 konzipiert war, ist heute der Realität verblüffend nahe. *Predictive Policing* ist in den USA ein immer wichtiger werdender Bestandteil der Polizeiarbeit. Das *Real Time Crime Center* in New York führt ermittlungsrelevante Datensätze zusammen und entsendet auf deren Grundlage Einsatzkräfte an Gefahrenherde, die erhöhte Wahrscheinlichkeiten für Straftaten aufweisen.[3] Die Computeranalyse[4] per-

---

2   Der Film geht auf die gleichnamige Kurzgeschichte des amerikanischen Autors *Philipp K. Dick* aus dem Jahre 1956 zurück.

3   Zu weiteren Beispielen des Einsatzes, insbesondere in Los Angeles und Memphis, sowie im Rahmen der Entlassung von Straftätern auf Bewährung, vgl. *Brücher*, Rethink Big Data, 2013, S. 75 ff.; *Mayer-Schönberger/Cukier*, Big Data, 2013, S. 199 ff.; *Meinecke*, Big Data und Data Mining: Automatisierte Strafverfolgung als neue Wunderwaffe der Verbrechensbekämpfung?, in: Taeger (Hrsg.), Big Data & Co, 2014, S. 183 (184 f.).

4   Die Möglichkeit effektiver und effizienter Überwachung bildete im Rahmen der militärischen Forschung, welcher die Computerentwicklung einen guten Teil ihrer

fektioniert mithilfe feinmaschiger Raster die Intuition sowie die kriminalistische Erfahrung des Polizisten vor Ort, indem sie ihm einen digitalen Assistenten zur Seite stellt.[5] Ähnlich pilotieren US-amerikanische Sicherheitsbehörden Roboter, die mit Hilfe von Gesichtserkennungs- und Kennzeichenerfassungstechnologien ihre Umgebung durchscannen und die gesammelten Erkenntnisse mit polizeilichen Datenbanken abgleichen, um Gefahren frühzeitig zu erkennen und abzuwehren.

Auch in Deutschland bedienen sich die Sicherheitsbehörden zusehends der Funktionalitäten, die *Predictive Policing* ermöglicht. Das Land Bayern testet in den Pilotstädten München und Nürnberg die Software »Precobs« zur Steuerung seiner Polizeistreifen. Deren sprachliche Anleihe an den Film »Minority Report« ist kein Zufall (und zugleich nicht unbedingt ein gutes Omen[6]): Auftrag der Software ist es, die Polizeikräfte an Orte erhöhter Wohnungseinbruchsgefahr zu entsenden.[7] Sie macht sich dabei die Erkenntnis zunutze, dass Serientaten typischen Routinen folgen.

Die Sicherheitsbehörden in den USA wie in Deutschland springen damit auf einen allgemeinen Trend auf, der unsere Lebenswirklichkeit unaufhaltsam durchdringt: Big Data.[8] Der Trendbegriff[9] steht für eine technologische

---

Fortschritte verdankt, stets eine wichtige Triebfeder. Der Computereinsatz war gerade in Zeiten des Kalten Krieges sowohl in Ost als auch West von der Motivation beseelt, feindliche Aggressionen zu erkennen, bevor sie begangen werden, jedenfalls bevor sie sich auswirken konnten.

5   Vgl. dazu auch die Antwort der Bundesregierung auf die Kleine Anfrage der Fraktion DIE LINKE, BT-Drucks. 17/11582. Vorgaben für die automatisierte Datenverarbeitung des Informationsverwaltungssystems von Europol enthalten die Art. 14 ff. des Beschlusses 2009/371/JI des Rates vom 6.4.2009 zur Errichtung des Europäischen Polizeiamts, ABl. EG Nr. L 121/37 vom 15.5.2009.

6   Siehe dazu insbesondere II., S. 120 ff.

7   *Anonymous*, »Big Data gegen böse Buben«, FAZ vom 1.12.2014, S. 26.

8   Statt von »Big Data« spricht die Informatik vorzugsweise von »Cognitive Computing« (dazu z.B. *Haun*, Handbuch Robotik, 2. Aufl., 2013, S. 476) bzw. »lernenden Systemen«. Die Begriffe sind dabei nicht ganz deckungsgleich. Während »Big Data« stärker die Datenmenge fokussiert, stellt »Cognitive Computing« eher die Analysemethoden künstlicher Intelligenz und maschinellen Lernens in den Vordergrund, die Big-Data-Anwendungen möglich machen, insbesondere das manuelle Programmieren von Algorithmen durch lernende Systeme (Lernalgorithmen) ersetzen.

9   Er knüpft an die in der Vergangenheit die Diskussion beherrschenden, mit ähnlicher Zielrichtung und Konnotation verwendeten Begriffe »Data Mining« und »Business Intelligence« an. »Data Mining« bezeichnet Instrumente datenbasierter Mustererkennung und betont dabei das Ziel der Erkenntnisgewinnung. Der Begriff ist gleichwohl ein Stück weit irreführend, da der Prozess vorrangig nicht auf die

Entwicklung, die immer größere Datenmengen immer schneller und immer tiefgliedriger auswertbar macht (unten 1.), und dadurch einen Paradigmenwechsel in der Datenverarbeitung einläutet (unten 2.).

1. Wesensmerkmale

Schätzungen zufolge verwertet die Menschheit bisher lediglich ca. 12 % der vorhandenen Datenmenge.[10] Big Data wird diese Ausbeutungsquote substanziell erhöhen. Bislang scheinbar wertlosen, unstrukturierten Daten[11] haucht die Analyse durch intelligente Verknüpfung und das Aufspüren bislang unerkannter Muster neues Leben ein: Das digitale Goldschürfen durchsiebt bereits vorhandene Datenbestände algorithmisch nach Korrelationen, strukturiert die Datenmassen um und versucht, die in ihnen schlummernden Schätze mit dem Ziel der Generierung neuen Wissens zu heben. Möglich wird das durch vier Faktoren, die schlaglichtartig das Phänomen »Big Data« beschreiben: *volume* [a)], *velocity* [also erhöhte Verarbeitungsgeschwindigkeit, b)], *variety* [sc. die technische Möglichkeit, Daten aus unterschiedlichen Kontexten zusammenzuführen, c)] sowie verfeinerte Analysemethoden [*analysis*, d)].[12]

Gewinnung von Daten, sondern von Informationen ausgerichtet ist. Die Wendung »Business Intelligence« hat sich in den neunziger Jahren in der privaten Wirtschaft als Beschreibung für die Optimierung von Entscheidungsvorgängen auf der Grundlage von Daten etabliert. Dazu etwa *Bachmann/Kemper/Gerzer*, Big Data – Fluch oder Segen?, 2014, S. 117 f., 165 ff.; *Hill*, DÖV 2010, 789 (789 f.) m. w. N.

10   *Bornemann*, RDV 2013, 232 (233).

11   Gerade das (etwa in sozialen Netzwerken) schnell anwachsende Datenvolumen des Internets produziert eine Vielzahl amorpher Daten, die mit den herkömmlichen Methoden der Datenauswertung keiner sachgerechten Analyse zuzuführen waren. Schätzungen zufolge sind heute nur 15 % der Daten (z.B. als Kundenstammdaten) strukturiert und 85 % der Daten unstrukturiert, *TNS Infratest*, Quo vadis Big Data, 2012, S. 5.

12   Vgl. zu diesen typischen Merkmalen von Big Data auch etwa *Ulmer*, RDV 2013, 227 (227 f.). Als viertes Merkmal werden statt »analysis« häufig »value«, teilweise auch »veracity« (Glaubwürdigkeit, Wahrhaftigkeit) genannt; vgl. z.B. *Bachmann/Kemper/Gerzer* (Fn. 9), S. 28 ff. »Value« bzw. »veracity« bilden freilich lediglich typische Zweckbeschreibungen des Einsatzes, nicht jedoch konstitutive Wesensmerkmale des Phänomens: Big-Data-Anwendungen sind zwar nur so gut wie die Daten, die in den Analysekreislauf eingespeist werden. Eine Anwendung bleibt aber auch dann eine Big-Data-Analyse, wenn sie im Einzelfall keinen Mehrwert generiert oder die Zuverlässigkeit der Daten nicht gewährleistet ist. Die *BITKOM* versteht unter dem Begriff »Big Data« die »Analyse großer Datenmengen

a) Volume

Je mehr sich der Cyberspace zum universellen Umschlagplatz sozialer Interaktion entwickelt, umso tiefere und präzisere Einblicke in alltägliche Kommunikations- und Präferenzmuster sowie das Seelenleben der Bevölkerung gewährt er. Noch nie zuvor in der Geschichte der Menschheit ließ sich das ganze private und kollektive Denken und Handeln so umfassend nachzeichnen.

Allein von 2000 bis 2002 hat die Menschheit mehr Daten gesammelt als in den 40.000 Jahren zuvor.[13] Heute fassen die Daten des Internets rund 1,9 Zettabyte (ZB).[14] Und das war erst der Anfang: Jede Minute kommen auf YouTube 72 Stunden neues Videomaterial hinzu. Pro Stunde laden die Nutzer auf Facebook mehr als 10 Millionen neue Bilder hoch. Das gesamte verfügbare Datenvolumen wächst jährlich um 50 %.[15] Insbesondere der rasante Anstieg des weltweiten mobilen Datenverkehrs verleiht dieser Entwicklung besondere Dynamik. Er stieg im Jahre 2013 gegenüber dem Vorjahr um 81 %. Das zwischenzeitlich erreichte mobile Datenvolumen übertrifft den gesamten Internetdatenverkehr des Jahres 2000 bereits um das 18-fache.[16]

Triebfedern dieses Prozesses sind drastisch reduzierte Speicherkosten und die stete Verbindung des Einzelnen zum digitalen Datenstrom: Rund die Hälfte der Deutschen besitzt ein Smartphone; 4,5 Milliarden Menschen

---

aus vielfältigen Quellen in hoher Geschwindigkeit mit dem Ziel, wirtschaftlichen Nutzen zu erzeugen«, *BITKOM*, Big Data im Praxiseinsatz, 2012, S. 7. Die Eingrenzung auf die Erzeugung wirtschaftlichen Nutzens ist zu eng. *Bornemann* (Fn. 10), 234 versteht unter dem Begriff »besonders große Datenmengen, die bisher noch nicht mithilfe von Standarddatenbanken und Datenmanagement-Tools verarbeitet werden können«. Vgl. auch die Begriffsbeschreibung bei *Härting*, CR 2014, 528 (528 f.); *Mayer-Schönberger/Cukier* (Fn. 3), S. 13; *Offenhuber/Ratti*, Drei Mythen über Smart Citys und Big Data, in: Geiselberger (Hrsg.), Big Data, 2013, S. 149 (153); *Weichert*, Big Data – eine Herausforderung für den Datenschutz, in: Geiselberger (Hrsg.), Big Data, 2013, S. 131 (133).

13 *BITKOM* (Fn. 12), S. 12. Noch drastischer die Schätzungen bei *Heuer*, Kleine Daten, große Wirkung, 2013, S. 6.

14 Vgl. etwa *Fessler*, datareport 1/2013, 11 (11); *Weichert*, ZD 2013, 251 (252). Bisher hat die Menschheit Schätzungen zufolge digitale Daten im Umfang von 2,8 Zettabyte produziert, vgl. etwa http://www.spiegel.de/netzwelt/web/das-internet-der-dinge-erzeugt-2-8-zettabyte-daten-a-872280.html (27.3.2015).

15 *Fraunhofer-IAIS*, Big Data – Vorsprung durch Wissen, 2012, S. 6.

16 www.heise.de/netze/meldung/Weltweiter-mobiler-Datenverkehr-wuchs-2013-um-80-Prozent-2106758.html?wt_mc=nl.heise-netze (9.2.2015).

sind weltweit in sozialen Netzwerken miteinander verbunden. Nahezu jeder Transaktionsvorgang und immer mehr alltägliche Handlungen, die sich bislang ausschließlich »im realen Leben« vollzogen haben, hinterlassen digitale Spuren – vom Einkauf in Onlineshops über Bankgeschäfte, den Fahrkartenkauf bis hin zum Hotel-Check-In.[17] Mit dem Siegeszug des E-Payments wird die Anonymität des Bargeschäfts des täglichen Lebens womöglich schon bald der Vergangenheit angehören. Der Trend verstärkt sich durch die flächendeckende Integration digital vernetzter Mess-, Steuer- und Regelsysteme in Alltagsgegenstände. Schon im Jahr 2020 sind Schätzungen zufolge womöglich 50 Milliarden Geräte miteinander vernetzt.[18] Die Geräte tauschen dann eigenständig Informationen aus und steuern sich wechselseitig. Die Möglichkeit zur Auslagerung von Daten in die virtuelle *cloud* trägt zusätzlich zur Vergrößerung des bislang auf lokale Daten begrenzten »Data Warehouse« bei. So gewinnen Daten, neben den klassischen Produktionsfaktoren Kapital, Arbeit und Rohstoffe, im 21. Jahrhundert immer mehr an Bedeutung.[19] Den ungeschliffenen Rohdiamanten, den die gewachsene Datenmenge bildet, veredeln Big-Data-Analysten zu einem wertvollen Substrat.

b) Velocity

Schon in der Vergangenheit horteten staatliche Einrichtungen und Unternehmen häufig riesige Mengen an Informationen und Entscheidungsparametern, waren aber außerstande, diese zu ordnen und zeitgerecht bzw. in den Grenzen eines adäquaten Kosten-Nutzen-Verhältnisses auszuwerten. Neue Rechnergeschwindigkeiten machen die verfügbaren Daten nunmehr binnen eines Wimpernschlags und damit in Echtzeit analysierbar. Speicher-

---

17 Auch dafür sind Smartphones wichtige Taktgeber, etwa durch die Einbindung von biometrischen Erkennungstechnologien, wie z.B. Fingerabdrucksystemen, Höhenmessern oder Bewegungssensoren. Sie schaffen neue Möglichkeiten der Informationsgewinnung, Authentifizierung und Auswertung, die das Lebensumfeld der Menschen in bisher unbekanntem Ausmaß vermessbar machen.
18 *Evans*, Das Internet der Dinge, 2011, S. 3.
19 *BITKOM* (Fn. 12), S. 7 und 34; *Bornemann* (Fn. 10), 233.

größe und Verarbeitungsgeschwindigkeit verdoppeln sich gegenwärtig entsprechend der Faustregel des *Moore'*schen Gesetzes spätestens alle zwei Jahre.[20]

Dieser Trend prädestiniert die technischen Möglichkeiten des Phänomens »Big Data« als Assistenzinstrument für Entscheidungsprozesse. Denn nur, wenn die Verarbeitungsgeschwindigkeit mit dem Datenwachstum Schritt hält, können digitale Technologien zeitgerecht auf Lebenssachverhalte einwirken.

c) Variety

Neue Auswertungstechnologien gestatten es, heterogene Daten aus völlig disparaten operativen Quellen und Kontexten – von Textbeiträgen in sozialen Netzwerken über YouTube-Videos bis hin zu Standortdaten eines Smartphones – zu neuen Informationsgehalten und kontextübergreifenden Mustern zusammenzusetzen.[21] Die medienübergreifende Analyse unstrukturierter Daten stößt die Türen zu neuen Dimensionen der Datennutzung auf.

---

20 *BITKOM* (Fn. 12), S. 22. Deutlich wird die Veränderung auch am Beispiel der Genomentschlüsselung: Während die Entschlüsselung der ersten menschlichen Genome noch mehrere Jahre brauchte, benötigt ein Genomsequenzierungsautomat der neuesten Generation dafür heute zwei Tage.

21 Die Umwandlung der unterschiedlichen Datenformate in einheitliche, maschinenlesbare Arbeitswerkzeuge, die den Verwendungskontext von Informationen (etwa im Falle von Homonymen, wie bspw.»Schimmel« als Bezeichnung für ein weißes Pferd versus ein Lebensmittel, das von einem Pilz befallen ist), im Idealfall auch mitschwingende Stimmungen, zu lesen vermögen, ist die Herausforderung und Kunst von Big-Data-Analysen. Sie müssen bei ihren Verarbeitungsvorgängen nicht nur datenschutzrechtliche Erfordernisse beachten, sondern auch urheberrechtliche Schranken sondieren sowie Sprachhürden überwinden. Vgl. *Dapp*, Big Data – die ungezähmte Macht, 2014, S. 8.

d) Analysis

Immer feinere Analysemethoden ermöglichen die Erkennung von Mustern in ungeordneten Datenmengen. Sensorik, biometrische Erkennungsverfahren, Sentimentanalyse und Technologien der Linguistik sowie Semantik[22] sind wichtige Katalysatoren dieser Entwicklung.[23] Sie lassen Maschinen das Verhalten ihrer Umgebung erlernen, Sprache verstehen, Gesichter erkennen und Sinneseindrücke nachempfinden. Computer- und Neurowissenschaften simulieren in einem Prozess des »Deep Learning« die Neuronenverbindungen des menschlichen Gehirns und stellen digitale Assistenten zur Verfügung, die durch das Lernen aus und Denken in Zusammenhängen komplexe Fragen beantworten können. Einen Vorgeschmack auf diese neue Physik eines digitalen Bewusstseins[24] liefert der Kinofilm »*Her*«. Er erzählt die Geschichte eines Mannes, der sich in ein intelligentes Computerbetriebssystem namens »Samantha« verliebt. Im Gespräch mit ihr verarbeitet der Protagonist seine (kurz bevorstehende) Scheidung. Die beiden kommen sich dabei geistig immer näher. Die fehlende körperliche Nähe sowie die »Zweitbeziehung« von »Samantha« zu einem hyperintelligenten, dem Philosophen *Allan Watts* nachgebildeten Betriebssystem entwickeln sich jedoch zu einem unüberbrückbaren Problem.

So weit wie in dem Film »*Her*« ist die technische Entwicklung zwar (glücklicherweise) noch nicht fortgeschritten. Immerhin ist der künstlichen Intelligenz aber ein entscheidender Durchbruch gelungen:[25] Das erste Computersystem hat den sogenannten Turing-Test bestanden. Dessen Herausforderung besteht darin, einen Menschen Glauben zu machen, er habe es statt mit einem Computer mit einem anderen Menschen zu tun: Die Testperson unterhält sich in einem Text-Chat mit zwei Gesprächspartnern, die er weder sehen noch hören kann. Einer davon ist ein Mensch, der andere

---

22 Diese beiden Instrumente strukturieren Freitexte in einer Weise, die quantitative Auswertungen ermöglicht. Sie greifen dazu insbesondere auf die Auswertung von Schlüsselworten zurück. Vgl. dazu etwa *Brücher* (Fn. 3), S. 83 ff.
23 Vgl. *BITKOM* (Fn. 12), S. 27; *Ulmer* (Fn. 12), 227 mit Fn. 3.
24 Dazu *Kaku*, Die Physik des Bewusstseins, 2014.
25 Auf spielerischer Ebene fließen menschliche und maschinelle Kommunikation schon länger einander: Das NintendoDS-Spiel »Love Plus«, das sich v. a. im asiatischen Raum immer größerer Beliebtheit erfreut, simuliert bereits heute eine Beziehung mit den fiktiven Charakteren *Rinko*, *Nene* oder *Karaka*, vgl. http://www.huffingtonpost.com/2014/01/21/loveplus-video-game_n_4588612.html (26.2.2015).

ein Computer. Gelingt es dem Computer, die Testperson davon zu überzeugen, dass er von den beiden Gesprächspartnern derjenige mit menschlichen Eigenschaften ist, gilt das Experiment als bestanden. Die Software »*Eugene Goostmann*« machte 10 der insgesamt 30 Testpersonen glauben, dass es sich bei ihr um eine reale Person handele.[26] Viele sehen eine nunmehr neue Ära der Maschinenintelligenz angebrochen, in der Computer früher oder später die kognitiven Fähigkeiten des Menschen übertreffen.

2. Folgen für die Datenverarbeitung

In dem Wettlauf um die besten Startplätze bei der Verteilung der digitalen Dividende bringen sich die großen Softwareanbieter IBM, Microsoft, Oracle, SAP und Salesforce.com mit immer ausgefeilteren Analyseprodukten in Stellung, die menschlicher Intelligenz nahekommen – IBM etwa mit »Watson«, SAP mit »Hana«.[27] Sie durchleuchten das »digitale Panoptikum« immer tiefgliedriger und schneller – und eröffnen ihren Herstellern glänzende Geschäftsperspektiven. Big-Data-Anbietern steht ein goldenes Zeitalter bevor. Schon im Jahr 2012 lag der globale Umsatz für Big-Data-Anwendungen bei 4,6 Milliarden EUR.[28] Der Umsatz mit Hard- und Software rund um die Erfassung, Speicherung und Auswertung sehr großer digitaler Datenmengen wird Schätzungen zufolge[29] bereits in diesem Jahr auf rund 73,5 Milliarden EUR steigen. Das sind 66 % mehr als im Vorjahr. Im Jahr 2016 sollen es bereits 160 Milliarden EUR sein. Damit ist Big Data das wachstumsstärkste Segment des ohnehin dynamisch expandierenden IT-Marktes und eine Schlüsseltechnologie, die Garant für die Zukunftsfähigkeit eines Wirtschaftsstandorts sein kann.[30]

---

26 Siehe *Kremp*, Durchbruch bei künstlicher Intelligenz: Der unheimlich menschliche Eugene Goostmann, Spiegel online vom 9.6.2014. Zu den Ergebnissen der Software »Cleverbot«, die 59,3 % der Versuchsteilnehmer für einen Menschen hielten, vgl.   www.newscientist.com/article/dn20865-software-tricks-people-into-thinking-it-is-human.html#.VWAiJUZkRyt (26.2.2015).

27 Hana ist in der Lage, große und hochgradig verteilte Datenbestände binnen kürzester Zeit zu verarbeiten. Die Datenmengen werden dabei auf viele verschiedene Rechner aufgeteilt und dezentral bearbeitet. Großer Beliebtheit erfreut sich auch das Open-Source-Produkt »Hadoop«.

28 *BITKOM* (Fn. 12), S. 47.

29 *BITKOM*, Weltmarkt für Big Data wächst rasant, 2014.

30 *BITKOM* (Fn. 12), S. 48.

Auf Deutschland entfällt gegenwärtig nur ein Fünftel der europäischen Big-Data-Umsätze.[31] Viele seiner (vor allem kleinen und mittleren) Unternehmen beobachten die Umwälzungen noch ebenso aufmerksam wie zurückhaltend vom Spielfeldrand aus; rund ein Viertel der mittelständischen Unternehmen sieht ihr Geschäftsmodell vielmehr von der digitalen Entwicklung, die insbesondere Jahrzehnte alte Branchengrenzen zwischen Mechanik, Elektrotechnik und Software einreißt, bedroht.[32] Zahlreiche Internetpioniere dringen mit innovativen personalisierten Angeboten in das Feld klassischer deutscher Industriebastionen vor. Deutschlands Industrie droht diejenige technologische Souveränität einzubüßen, die es in der industriellen Produktion unangreifbar zu machen schien; ihr droht die Reduzierung auf die Rolle eines bloßen Zulieferers der digitalen Ökonomie. In deren Königsklasse spielen bislang nur wenige deutsche Unternehmen. Doch Deutschland will sich für das Spiel der digitalen Zukunft warm laufen und den inzwischen eingetretenen Rückstand aufholen. Seine Unternehmen haben fraglos das Potenzial, an die Rolle als den Globus umspannende Industriewerkbank und Weltmarktführer in der Automatisierung der Fertigung anzuknüpfen – und auch in diesem neuen digitalen Wettstreit die Rolle eines Spielmachers zu übernehmen.[33] Das setzt allerdings das Anbrechen einer digitalen Gründerzeit voraus.

a) Datengestützte Handlungsempfehlungen als Zielsetzung: Big Data als digitales Orakel von Delphi

Bislang konzentrierte sich Datenverarbeitung sowohl in der allgemeinen Auswertungspraxis als auch in der Wissenschaft auf hochwertige Daten, gleichsam die Rosinen im Datenkuchen. Die Verarbeitungskapazitäten reichten nicht aus, um Vollerhebungen durchzuführen, also ohne Stichproben auszukommen. In Zeiten schier unbegrenzter Speicher- und Verarbeitungskapazität braucht es jedoch keine Vorauswahl repräsentativer Daten mehr. Eine Vollauswertung wird möglich.[34]

---

31 *BITKOM* (Fn. 12), S. 50. Zu Förderbemühungen der Bundesregierung vgl. z.B. *Stöcker*, APuZ 2015, 8 (9 f.).
32 *Commerzbank*, Management im Wandel, 2015, S. 23
33 *BITKOM* (Fn. 12), S. 47.
34 Zu den darin schlummernden Gemeinwohlpotenzialen siehe im Einzelnen S. 119.

Den Anspruch auf Exaktheit lässt die Big-Data-Analyse dabei zugunsten einer umfassenden Sammlung von Daten ein Stück weit hinter sich; sie nimmt auch eine geringere Validität der Daten in Kauf.[35] Zwar sind auch Big-Data-Analysen nur so gut wie die Qualität der Daten, die in ihren Datenkreislauf einfließen. Je mehr Daten zur Verfügung stehen und je intelligenter sie zu neuen Informationsgehalten verknüpft werden, umso eher lassen sich entsprechend dem Gesetz der großen Zahl jedoch Unschärfen in der Datenerhebung akzeptieren.[36] Mehr Masse führt hier auch zu mehr Klasse.[37] Dafür ist das Verarbeitungsparadigma von Big Data in der Lage, Zusammenhänge zu erkennen, die der herkömmlichen Datenlese verborgen bleiben – wie ein intelligenter Zuhörer, der zwischen den Zeilen lesen und Nuancen erkennen kann – ohne überdies etwas zu vergessen. Big-Data-Rechner, wie Watson, verarbeiten nicht nur große Datenmengen und sind nicht nur statisch programmiert. Sie lernen auf der Grundlage von Interaktion und der Analyse eigener Rechercheergebnisse stets hinzu. Mit jedem Klick verbessern sie ihre Leistung und passen ihre Modellparameter veränderten Bedingungen an.[38]

Ziel der digitalen Sieb- und Rastertechnik sind evidenzbasierte Grundlagen für bessere Entscheidungen und Verhaltensprognosen. Big-Data-Technologien ergänzen den Augenschein um Algorithmen, das Gedächtnis um Datenbanken und das Bauchgefühl um Statistik. Ihre Daten-Alchemie läutet einen Paradigmenwechsel in der Auswertung von Daten zur Unterstüt-

---

35 Vgl. *Bachmann/Kemper/Gerzer* (Fn. 9), S. 183 f.; *Mayer-Schönberger/Cukier* (Fn. 3), S. 179; das übersieht *Leopold*, vorgänge 2012, 74 (77).

36 *BITKOM* (Fn. 12), S. 27; *Mayer-Schönberger/Cukier* (Fn. 3), S. 21. Kritisch dazu *Boyd/Crawford*, Big Data als kulturelles, technologisches und wissenschaftliches Phänomen – Sechs Provokationen, in: Geiselberger (Hrsg.), Big Data, 2013, S. 187 (197).

37 Umgekehrt können sich aber auch Unschärfen in ihrer verzerrenden Wirkung potenzieren und die Richtigkeit von Ergebnissen suggerieren, die sich von der Realität signifikant entfernen. Deutlich macht dies das Phänomen des sogenannten »Schmetterlingseffekts«, den als erster *Konrad Lorenz* beschrieb. *Lorenz* versuchte, auf der Grundlage von Computermodellen Wetterprognosen zu erstellen. Bei dem Versuch, unter nahezu gleichen Ausgangsbedingungen die Prognose zu replizieren, stellten sich jeweils unterschiedliche Ergebnisse ein. Geringe Modifikationen der eingegebenen Parameter veränderten die Ergebnisse erheblich. Darin offenbarte sich die Erkenntnis: Komplexe, nichtlineare dynamische Systeme reagieren empfindlich auf kleine Abweichungen der Ausgangsbedingungen.

38 Daher auch die Bezeichnung »lernende Systeme«, siehe dazu oben Fn. 8; vgl. auch *Türpe*, DuD 38 (2014), 31 (32 f.).

zung menschlicher Entscheidungen ein: In einer Big-Data-Welt durchforsten Designmuster für Algorithmen das virtuelle Chaos nach Korrelationen und spüren dort bislang unerkannte Muster auf, aus denen sie Handlungsempfehlungen und Schlussfolgerungen ableiten. Die Analyse identifiziert Potenziale und beantwortet Fragestellungen, die bislang in der Fülle von Daten verborgen geblieben sind. Die Ergebnisse erlauben entscheidungsrelevante Rückschlüsse und generieren Herrschaftswissen, das sich Big-Data-Generatoren nutzbar machen können. Der im Orakel von Delphi aufscheinende, alte Menschheitstraum, die Zukunft präziser vorherzusehen, scheint sich zu verwirklichen. Eine neue Ära der Entscheidungsunterstützung bricht an.

Gegenwärtig lässt sich nur erahnen, welche Wissensschätze sich noch aus den Bergen von Daten gewinnen lassen. Doch bereits heute greift eine Goldgräberstimmung um sich. Sie ist der Leitidee verschrieben: Wer die Zukunft kennt, dem gehört sie.[39] Das Feuer der Begeisterung, welches das Phänomen »Big Data« in der digitalen Wirtschaft entfacht, erinnert an die Planungseuphorie der 60er und 70er Jahre, als man davon überzeugt war, durch gute Planung dem Gemeinwohl zu dienen und die Gesellschaft mithilfe kybernetischer Modelle zu durchschauen. In dieser Welt wird der Statistiker zum Helden des Informationszeitalters und die Big-Data-Analyse zur Basis für Prozess- und Entscheidungsoptimierungen.

b)   Referenzfelder mit Wertschöpfungs- und Gemeinwohlpotenzial

Big Data ist keine Zukunftsvision des Silicon Valley. Die Technologie ist längst Teil unserer Alltagsrealität. Viele ihrer Prototypen möchten wir nicht mehr missen, etwa die Routenplanung. Sie arbeitet nach den Funktionsprinzipien von Big-Data: Navigationsgeräte aggregieren unzählige Ortsdaten, die wir uns früher mühsam mit Karten Schritt für Schritt erschlossen haben, und fügen diese mittels einer komplexen Berechnung individueller Präferenzen und aktueller Verkehrsinformationen zu einer Route zusammen.

Die ersten Ursprünge von Big-Data-Anwendungen liegen viel länger zurück. Es war die Schutzgemeinschaft für Absatzfinanzierung, welche im Jahr 1927 als erste ihre Entscheidungen auf ein »System zur Beurteilung des Zahlungsverhalten« stützte. Daraus ist im Jahre 1952 die Bundes-SCHUFA hervorgegangen; sie mündete im Jahr 2000 bzw. 2002 in die

---

39 *Klausnitzer*, Das Ende des Zufalls, 2013, S. 31.

SCHUFA Holding AG. Wo konventionelle Methoden der Datenverarbeitung, die auf strukturierten Daten aufbauen, etwa die Kreditbewertung, ihre Grenzen erreichen, fängt Big Data an.[40] Es handelt sich um eine logische Fortentwicklung bestehender Technologien, die einen Quantensprung der Datenauswertung ermöglichen, um belastbare Aussagen zur Bewertung sowie Vorhersage von Ereignissen zu treffen.

Amazon, Facebook und Google führen uns das Prinzip in perfektionierter Reinform vor Augen. *Amazon* sammelt Myriaden von Daten über seine Kunden, durchsucht sie nach Mustern und destilliert daraus Empfehlungen, die das Kaufverhaltensgenom entschlüsseln. *Facebook* ist als Marktplatz menschlicher Eitelkeiten der größte Maskenball unserer Zeit. Er vereinnahmt die Nutzer in informationellen Kokons einer Aufmerksamkeitsmaschinerie, aus denen auszubrechen vielen schwerfällt. Als kollektive Autobiografie und personalisierte Zeitung wertet Facebook seine globale, von Milliarden von Menschen gefütterte Datenbank mit Hilfe von »Facebook Insights« & Co. aus, dechiffriert den Social-Graph und schlägt uns auf dieser Grundlage neue Freunde sowie Produkte und Dienstleistungen vor, die unseren Präferenzen entsprechen könnten. Je mehr Inhalte die Internetnutzer in das Netz einspeisen, desto genauer lassen sich deren Konsumverhalten und persönliche Neigungen dokumentieren und gewinnbringend verwerten. »Facebook sagt mir, wer ich bin. Amazon sagt mir, was ich will. Google sagt mir, was ich denke«,[41] hat *George Dyson* die komplementären Geschäftsmodelle der prominentesten Big-Data-Kollektoren auf den Punkt gebracht. In ihrer radikalen Effizienzorientierung und technologischen Überlegenheit überrollen die großen Internetkonzerne die Strukturen der überkommenen analogen Ökonomie wie eine Feuerwalze. Insbesondere *Google* hat sich wie kein zweites Unternehmen als Brandbeschleuniger dieser Entwicklung sowie als Informationsgoldmine des 21. Jahrhunderts in Stellung gebracht.[42] In den USA verdient der Internetkonzern inzwischen mehr mit Werbung als sämtliche gedruckten Zeitungen und Zeitschriften zusammen. Das Backup des globalen Gedächtnisses, das Google erstellt hat und den Menschen als Schaufenster in das digitale Fantasieland öffnet, die

---

40   *BITKOM* (Fn. 12), S. 8 und 11.
41   *Dyson*, Turing's cathedral, 2012, S. 308.
42   *Glaser*, Erinnerung der Zukunft, in: Geiselberger (Hrsg.), Big Data, 2013, S. 281 (283). Warnend *Hofstetter*, APuZ 2015, 33 (34): »Die Macht verschiebt sich weg vom demokratisch legitimierten Staat, dessen Repräsentanten durch den Souverän wählbar und kontrollierbar sind, hin zu Wirtschaftsbetrieben, die über unsere Daten verfügen […].«

Perfektionierung der Internetrecherche mit Hilfe seiner Autocomplete-Funktion,[43] die geodatenbasierte Erfassung der Welt via Google Street View, Google Maps und Google Earth sowie seine Big-Data-Übersetzungssoftware (die zwar sprachliches Feingespür und Intuition – noch – vermissen lässt, aber erstaunliche mechanisierte Übersetzungsleistungen erbringt) setzen Maßstäbe in der Welt der Datenauswertung. Bereits im Jahr 2009 sagte Google Flu – auf der Grundlage einer Analyse der Suchanfragen seiner Nutzer – die weitere Ausbreitung der Schweinegrippe vergleichsweise zuverlässig voraus.[44] So erstaunlich treffsicher die Suchergebnisse sind, so sehr dokumentieren sie die ausgereifte Magie der ihnen zugrunde liegenden Algorithmen. Mithilfe der neuen Möglichkeiten experimentieren Amazon & Co. bereits mit Geschäftsmodellen, die den Kunden bedarfsgerecht Waren zusenden, bevor sie diese bestellt haben (*anticipatory shopping*).[45]

Genauso vielfältig wie die analysierten Datenmengen selbst sind auch ihre Einsatzzwecke: Marktforschung, individualisierte Werbung (das sogenannte »Targeted Advertising«), Kreditvergabe, Qualitätsforschung oder Personalplanung gehören ebenso zu dem Leistungsportfolio moderner Big-

---

43 Aus der Zusammenführung massenhaft gesammelter Nutzerdaten ergibt sich womöglich auch eine marktbeherrschende Stellung der Unternehmen. Während ihre technischen Features sich vergleichsweise leicht imitieren lassen, können Konkurrenten das Datenpotenzial, das den Humus für die Funktionalität der Dienste bildet, nur schwer abbilden. Das verschafft den Platzhirschen einen nahezu nicht einholbaren Wachstumsvorsprung und begründet für Newcomer eine Marktzutrittshürde im Wettbewerb der Suchmaschinen- bzw. Sozialen Netzwerke-Dienste. Die Europäische Kommission hat deshalb gegen Google ein Kartellverfahren eingeleitet, welches die Bevorzugung seiner eigenen Angebote gegenüber konkurrierenden Angeboten im Rahmen des Werbesystems Google AdWords bzw. Google Shopping zum Gegenstand hat. Vgl. Pressemitteilung der Kommission »Kommission leitet Untersuchung gegen Google wegen unfairen Wettbewerb ein« vom 15.4.2015, abrufbar unter ec.europa.eu/deutschland/press/pr_releases/13234_de.htm (17.4.2015); siehe auch *Körber*, NZKart 2014, 293 (293); *Paal*, GRUR-Beilage 2014, 69 (71 f.); *ders.*, ZRP 2015, 34 ff.

44 Vgl. https://www.google.org/flutrends/intl/de/de/#DE (15.3.2015); *Mayer-Schönberger/Cukier* (Fn. 3), S. 7 ff.; *Dugas/Hsieh/Levin et al.*, CID 2015, 463 (465 ff.); vgl. auch *Dapp* (Fn. 21), S. 26 f. Zur Fehleranfälligkeit von Google Flu bei der Vorhersage der Wintergrippe 2012 in den USA *Mayer-Schönberger*, APuZ 2015, 14 (17).

45 Der aggregierte Datenpool kann dabei nicht nur für die Unternehmen selbst, sondern auch für eine Vielzahl von Geschäftspartnern, etwa Banken, Versicherungen und Gesundheitsunternehmen, hochgradig interessant sein. Das macht die Auswertungsmöglichkeiten der Datensammlung sensibel. Dazu im Einzelnen unten II., S. 120 ff.

Data-Anwendungen wie die Optimierung von Verkehrsleitsystemen, die Bedarfsplanung für öffentliche Infrastrukturvorhaben oder die Auswertung von Internetdaten zur Bekämpfung der Kriminalität oder missbräuchlicher Inanspruchnahme sozialer Leistungen.[46]

aa) Mobile Government

Gerade mobile Anwendungen eröffnen bislang ungeahnte Möglichkeiten gemeinwohlorientierter Datenauswertung.[47] Auf der Grundlage von Positions- und Bewegungsdaten der Verkehrsteilnehmer lassen sich Schwerpunkte der Verkehrsauslastung ermitteln, Verkehrsströme lenken und Staus vermeiden, typische Unfallherde erfassen und vorhersagen sowie die Transportpotenziale von Buslinien und Bahnen optimieren. Intelligente Mobilitätssysteme vernetzen den öffentlichen und privaten Verkehr nahtlos zu einem übergreifenden Verkehrsökosystem.

Die Städte Dublin und Stockholm etwa, aber auch New York, machen es vor. Dublin hat im Jahr 2013 mithilfe der Software »Infosphere Streams« ein Projekt lanciert, das die Verkaufszahlen der Fahrkartenautomaten, Abgaswerte, Aufzeichnungen von Straßensensoren und Videokameras sowie die GPS-Daten der in Dublin eingesetzten Busse analysiert, um den Verkehrsfluss zu optimieren. Auf ähnliche Weise wertet Stockholm die Daten von 250.000 GPS-Geräten sowie Sensor- und Videoinformationen über Wetter-, Unfall- und Staumeldungen aus, um die Verkehrsteilnehmer auf dem besten Weg zu ihrem Ziel zu leiten. Die Fahrzeiten im öffentlichen Personen- und Nahverkehr ließen sich dadurch deutlich reduzieren. Die Stadt New York nutzt den elektronischen Mautpass (EZ-Pass) auch dazu, den Verkehrsfluss in Echtzeit zu erfassen und zu optimieren, insbesondere Störungen rechtzeitig entgegenzuwirken.[48] Die Zahl der Städte, die diesem Beispiel folgen, nimmt auch in Deutschland rasant zu. Das Nürnberger Verkehrsunternehmen VAG wertet die Bewegungsprofile seiner Nutzer auf der

---

46   *Zieger/Smirra*, MMR 2013, 418 (418); *Kreibich*, APuZ 2015, 20 (23 f.); *Fraunhofer-IAIS* (Fn. 15), S. 8.

47   Dazu auch *Buschauer*, (Very) nervous systems. Big Mobile data, in: Reichert (Hrsg.), Big Data, 2014, S. 405 ff.

48   Vgl. dazu *Spies*, ZD-Aktuell 2013, 03734.

Grundlage angekaufter Daten von Kunden der Deutschen Telekom zur Verbesserung seiner Services aus.[49]

Nicht nur im Bereich der Optimierung der Verkehrsinfrastruktur, sondern auch für die sachgerechte Analyse von Investitionsentscheidungen insgesamt, etwa für die Ermittlung der optimalen Position einer Windenergieanlage, für die Versorgungsplanung und den Bereich des Energiesparens, liefern mobile (im Verbund mit stationären) Daten als Bausteine wertvolle Grundlagen. Die öffentliche Bedarfs- und Energieversorgungsplanung lässt sich so auf eine neue Effizienzstufe heben;[50] ein digitales Optimierungsmanagement der gesamten Verkehrs- und Versorgungsinfrastruktur wird möglich. Die Telekommunikationsunternehmen, deren Gewinnmargen im harten Wettkampf um Marktanteile darben, sehen mit der Analyse anonymisierter und aggregierter Kundendaten für sich bereits neue Geschäftsfelder aufblühen.[51]

bb) Neue Wertschöpfungsressourcen der Wirtschaft

Der Wirtschaft eröffnen sich durch Big Data neue Wertschöpfungsketten effizienten Ressourceneinsatzes.[52] Unternehmen wüssten für ihre Dispositionen nur zu gerne, welche Menge welchen Artikels in Zukunft gebraucht wird, wie die Schadensprognose für ihre Versicherungsnehmer aussieht und wie es um die Wechselbereitschaft eines Telekommunikationskunden zu

---

49 *Blaß*, Bewegungsstatistik: Verkehrsbetrieb wertet Mobilfunkdaten aus, www.spiegel.de/netzwelt/netzpolitik/datenschutz-vag-in-nuernberg-greift-telekom-daten-ab-a-1024001.html.; *Anonymous*, 17 Telekommitarbeiter und ihr Blick in die Zukunft, FAZ vom 21.3.2015, S. 26.

50 Vgl. dazu etwa auch *Bachmann/Kemper/Gerzer* (Fn. 9), S. 203 ff.; *Ulmer* (Fn. 12), 228.

51 Vgl. etwa am Beispiel der Deutschen Telekom: www.optout-service.telekom-dienste.de/public/index.jsp (18.12.2014).

52 Vgl. zu Beispielen möglicher Innovationen bspw. *BITKOM*, Big Data und Geschäftsmodell-Innovationen in der Praxis: 40+ Beispiele, 2015. Nach einer Online-Umfrage des Instituts Fraunhofer-IAIS sehen die befragten Unternehmen das größte Potenzial von Big Data im Aufbau strategischer Wettbewerbsvorteile (69 %), gefolgt von der Umsatzsteigerung (61 %) und der Kosteneinsparung (55 %), *Fraunhofer-IAIS* (Fn. 15), S. 8. Im Bereich des Handels liegt der Anwendungsschwerpunkt in der Absatzprognose, der umsichtigen Steuerung sowie dem Marktmonitoring. Den Banken und Versicherungen ist es vor allen Dingen um Betrugserkennung sowie die Risikoabschätzung bestellt, *Fraunhofer-IAIS* (Fn. 15), S. 23 f.

einem Wettbewerber bestellt ist. Big-Data-Analysen verheißen, den Zugang zu diesem Wissensreservoir zu erschließen. Dazu gehören maßgeschneiderte Marketing- und Vertriebsstrukturen mit minimalen Streuverlusten ebenso wie zeitsensitiv in ständiger Rückkopplung mit dem Kunden eingesetzte Impulse, insbesondere Location-based-Marketing (z.B. »Google Places«)[53] und In-Store-Verhaltensanalysen mit ausgetüftelten, individuell zugeschnittenen Kundenangeboten[54] – nach dem überkommenen Vorbild von Tante Emma als analoger Datenbank, die immer genau wusste, zu wem welches Produkt passt.[55] Big-Data-Technologien optimieren die Markt- und Wettbewerbsbeobachtung, die Betriebsabläufe und Fertigungsprozesse. Sie ermöglichen Produktgestaltungen und -weiterentwicklungen, welche das Nutzungsverhalten sowie die Präferenzen der Kunden zielgenauer befriedigen, und helfen bei der Ermittlung des Lieferbedarfs.[56]

In der Logistik lassen sich durch die Erfassung von Verbrauchs- und Positionsdaten sowie des Zustands von Verschleißteilen Wartungs- und

---

53 Zu den rechtlichen Herausforderungen von Location-based-Services *Brandenburg/Leuthner*, Location based Services und Local Commerce, in: Taeger (Hrsg.), Big Data & Co, 2014, S. 651 (656 ff.).

54 Die amerikanische Supermarktkette Walmart hat auf der Grundlage einer Analyse seiner Kundendaten etwa festgestellt, dass in den Abendstunden Bier und Windeln auffällig oft gemeinsam den Weg in den gleichen Einkaufskorb finden. Entsprechend hat das Unternehmen seine Regaloptimierung an dieses Einkaufsverhalten junger Väter ausgerichtet, vgl. *Dapp* (Fn. 21), S. 28 f. Besondere Aufmerksamkeit rief ein Fall im Bundesstaat Minnesota hervor: Die Kaufhauskette »Target« hatte aufgrund einer Analyse des Einkaufsverhaltens seiner Kunden u.a. erkannt, dass Schwangere ab dem dritten Schwangerschaftsmonat verstärkt parfümfreie Lotionen kaufen. Entsprechend hatte das Unternehmen einer Kundin im Highschool-Alter Werbung für Babyprodukte zukommen lassen. Ein Vater brachte diese Werbung auf die Zinnen: Er warf dem Unternehmen vor, seine Tochter durch Werbung zur Schwangerschaft anzustiften. Das Unternehmen wusste zu diesem Zeitpunkt freilich bereits mehr als er: Die Tochter war schon schwanger. Vgl. *Dapp* (Fn. 21), S. 27. Zu den Rechtsfragen verhaltensbezogener Online-Werbung siehe *Arning/Moos*, ZD 2014, 242 ff.; *Zeidler/Brüggemann*, CR 2014, 248 ff.

55 Das Fenster zum Kunden des »unbekannten Verbrauchers« öffnen insbesondere soziale Netzwerke oder Micro-Blogging-Dienste, wie der Kurznachrichtendienst »Twitter«, in zunehmendem Umfang aber auch mobile Bezahldienste. Datenanalysen durchleuchten sie auf Präferenzen der Kunden. Zu den technischen Möglichkeiten von *Beacons* als Instrument von Location-based-Services siehe *Schürmann/von der Heide*, (i)Beacons- technische Hintergrund und Datenschutz – rechtliche Anforderungen, in: Taeger (Hrsg.), Big Data & Co, 2014, S. 637 ff.

56 *BITKOM* (Fn. 12), S. 35 und 37; *Ulmer* (Fn. 12), 228.

Stillstandskosten minimieren und Transporte einfacher disponieren, insbesondere Leerfahrten verringern und Beiladungen steuern.[57] Produktsensoren entlang der gesamten Produktions- und Lieferkette machen das möglich. Sie beziehen Maschinen und Geräte durch IP-Vernetzung in den Datenkreislauf ein.

In Zukunft werden Haushaltsgeräte,[58] Fahrzeuge und andere Maschinen, vom Kühlschrank bis zur Waschmaschine, von der Ampel bis zum Heizkörper, im Datenkreislauf via eigener IP-Adressen in Interaktion treten. Jeder Gegenstand ist in dem steuernden *Cyber-Physical System* über seinen gesamten Lebenszyklus identifizier- und lokalisierbar – sowohl sub specie seiner Herkunft, seines Funktionsstatus als auch seiner Aufgabe in der Systemkette. Von der Bestellung der Fertigungsbestandteile über den Konstruktionsplan sowie den Produktionsprozess bis hin zur Auslieferung und zum anschließenden Kundenservice – alles ist über einen RFID-Chip, also einen mit Funkwellen ansteuerbaren Transponder, vernetzt. Virtuelle und physische Welt greifen nahtlos ineinander; kollaborative Produktionsstrukturen lösen überkommene Befehlsketten und Silostrukturen ab. In dieser Integration internetfähiger Chips in Alltagsgegenstände liegt der genetische Code eines neu entstehenden Kommunikationsnetzes: des Internets der Dinge.[59] Es lässt die Maschinen miteinander reden. In sein Ökosystem ist die gesamte dezentrale Produktionstechnik eingebunden. Die Glieder der Lieferkette vernetzen sich branchen- und technologieübergreifend. Das ebnet einer selbstadaptiven Logistik des Alltags ebenso den Weg wie einem Echtzeitmanagement in der industriellen Produktion, das Just-in-time-Konzepte optimiert und Warenströme über Fabriktore hinweg effizienter zusammenführt (sog. *Lean Logistics*).

Arbeitsabläufe und Fertigungsstrukturen werden effizienter, schneller und flexibler. An die Stelle großer Fertigungseinheiten tritt die individuelle Fertigung, die passgenaue Einzelartikel zum Preis von Massenprodukten herstellt.[60] Print-on-Demand-Konzepte des Buchhandels führen das Prinzip bereits heute vor Augen. Eine neue Ära der Automatisierung, Überwachung und Steuerung von industriellen Prozessen bricht an. Sie ermöglicht eine

---

57 *BITKOM* (Fn. 12), S. 10 und 34.
58 Vgl. *Wagner*, Datenschutz in Connected Homes, in: Peters/Kersten/Wolfenstetter (Hrsg.), Innovativer Datenschutz, 2012, S. 205 ff.
59 Dazu etwa *Andelfinger/Hänisch*, Internet der Dinge, 2015, S. 9 ff.; *Bräutigam/Klindt*, NJW 2015, 1137 ff.; *Evans* (Fn. 18), S. 1 ff.
60 Seit *Henry Ford* gilt das Paradigma: Eine Fabrik ist umso wirtschaftlicher, je mehr einheitliche Produkte sie fertigt. Dieses Paradigma löst sich in der Welt der Industrie 4.0 ein Stück weit auf.

punktgenaue und bedarfsgerechte Steuerung von Produktionsabläufen auf der Grundlage einer vollständigen Integration aller Herstellungsschritte – ausgehend vom Kunden bis zum Netzwerk der Lieferanten – und verheißt dadurch einen Quantensprung der Vielfalt und Schnelligkeit industrieller Produktion. Der Kunde mit seinen individuellen Wünschen und Anforderungen tritt in den Mittelpunkt des Produktionsprozesses. Indem die Prozesse sich den immer schneller und flexibler wandelnden Kundenanforderungen anpassen, setzen sie die Effizienzbemühungen der Automatisierungsindustrie in einer vierten industriellen Revolution[61] logisch fort: Während die vorherigen industriellen Revolutionen die physische Arbeit von Menschen und Tieren durch Maschinen ersetzten und Produktionsabläufe verbesserten, ergänzt das Internet der Dinge die menschliche Prozesssteuerung durch maschinelle Kommunikation und eine Optimierung des Informationsstroms.

cc) Social-Media-Analyse und -Monitoring

Via Big Data lassen sich Präferenzartikulationen der Bevölkerung erfassen und typische Verhaltensmuster erkennen, um daraus Potenziale für die Gemeinwohlentwicklung ebenso wie die Produktoptimierung zu erschließen.[62] Strömungen in der Bevölkerung lassen sich identifizieren und begleiten, bevor sich Fronten verhärten oder Fehlplanungen in die Verschwendung von Ressourcen münden. Technologien der Sentimentanalyse und der Auswertung digitaler Stimmungsbilder sozialer Interaktion in Netzwerken sind bereits weit entwickelt und vielfach im praktischen Einsatz. Sie machen sich das Kommunikationsbedürfnis, aber auch den Narzissmus und den Hang zur Selbstdarstellung des Homo digitalis zunutze. Unternehmen können auf der Grundlage der Signale, die er in den Cyberspace aussendet, ihre Werbestrategien und ihre Produktpolitik auf seine Bedürfnisse ausrichten. Mehr noch: Im Zeitalter sozialer Netzwerke sind die Kunden nicht nur

---

61   Dazu bspw. *Bauernhansl*, Industrie 4.0 in Produktion, Automatisierung und Logistik, 2014, S. 5 ff.; *Hirsch-Kreinsen*, Digitalisierung industrieller Arbeit, 2015; *Pinnow/Schäfer*, Industrie 4.0 (R)Evolution für Wirtschaft, Politik und Gesellschaft, 2015, S. 1 ff.

62   Dazu auch *President's Council of Advisors on Science and Technologie*, Report to the President: Big Data and Privacy: A technological Perspective, 2014, S. 28 f.; *Pentland*, Social physics, 2014.

das Produkt, sondern selbst die beste Werbung, ja die authentischsten Multiplikatoren für erfolgreiche Marken. Das Spektrum der Anwendungssphären reicht von der Unterstützung des Issue-, Reputations- und Krisenmanagements über die Erfolgsmessung der eigenen Öffentlichkeitsarbeit, die Optimierung des Kundenservice, Meinungsführeridentifikation und Markt- sowie Wettbewerbsbeobachtungen bis hin zum Benchmarking und zur Event-Detection.[63]

Öffentliche Stellen folgen diesem Trend mit Verzögerung, aber immer nachhaltiger. Sie nutzen entsprechende Echtzeit-Analyseformate zur Trend- und Meinungsforschung, zur politischen Strategieoptimierung und als Stethoskop politischer Krisenintervention, bildet sich doch die gesamte Bandbreite gesellschaftspolitischer Dialoge und Meinungen mittlerweile auch im Netz ab. Social-Media-Monitoring kommt als Baustein der Gefahrenprävention bei Großveranstaltungen, als Sensorium zur Aufdeckung allgemeiner Gefahren für die öffentliche Sicherheit und Ordnung sowie als Überwachungsinstrument der Geheimdienste ebenso zum Einsatz wie bei der Evaluation behördeneigener Social-Media-Präsenzen. Zu den Schattenseiten des Monitorings gehört aber auch das Risiko einer digitalen Blockwart-Mentalität, die demokratische Selbstentfaltung und Entwicklung der Gesellschaft durch vollständige Erfassung zu ersticken droht.

dd) Gesundheit und Lifestyle

In der Auswertungswelt der Big-Data-Analyse bilden Gesundheitsdaten die Kronjuwelen. Medizinisches Monitoring[64] und digitale Assistenzsysteme gehören bei der Pflege älterer Menschen ebenso zum Alltag der Zukunft wie bei der Lifestyle-Optimierung des modernen Managers. Die Datenspur, die der Einzelne hinterlässt, wird immer länger. Fitness-Tracking-Bänder, wie »Fitbit« oder das »Nike Fuelband«, welche die gesunde Lebensweise, insbesondere die Bewegungsintensität, »auf Schritt und Tritt« überwachen, machen den Anfang. Das Smartphone entwickelt sich im Big-Data-Zeitalter

---

63 Vgl. *Hofmann*, Methoden des Social-Media-Monitoring, in: König/Stahl/Wiegand (Hrsg.), Soziale Medien, 2014, S. 161 ff.
64 So können Implantate den Herzzustand von Patienten überwachen und das Herz im Falle eines Herzversagens durch elektrisches Schocksignal wieder zum Schlagen bringen, *Stöcker* (Fn. 31), 8. Zu den Anwendungsmöglichkeiten von Big Data in der Medizin siehe bspw. *Langkafel*, APuZ 2015, 27 ff.

zur Gesundheitszentrale der Selbstoptimierung; Gesundheitsschutz wird zum digitalen Informationsmanagement des Körpers.

Dass der im Wege des Fitness-Trackings ermittelte Health-Score auch Einfluss auf den Krankenversicherungstarif haben könnte, ist längst keine Utopie mehr,[65] vermutlich eher die nächste Stufe einer Entwicklung. Die AOK Nordost und andere Krankenversicherer experimentieren bereits mit solchen Modellen.[66] Sie planen, den Health-Score in bestehende Bonusprogramme zu integrieren.[67] Ausländische Anbieter tun dies bereits, so etwa der italienische Marktführer Generali[68] und die amerikanische Versicherungsgesellschaft United Health. Die bietet ihren Versicherten einen Tarif an, der diese verpflichtet, mithilfe eines Messgeräts festzuhalten, wie viele Schritte sie am Tag gehen.

Die Kontrolle des Gesundheitsverhaltens schützt die Versicherer ein Stück weit vor einer versicherungstypischen strukturellen Vertragsasymmetrie: Kunden können ihr Risikoverhalten im Anschluss an den Vertragsschluss selbst steuern und verändern, ohne dass der Versicherer darauf Einfluss hat. Das künftige Verhalten, insbesondere bewusst in Kauf genommene Selbstschädigungen, kann der Versicherer bei seiner Versicherungsprämienanpassung fortan berücksichtigen und damit für eine verursachergerechte Zurechnung von Schadensfolgen sorgen.

Im Extremfall könnten »Wearables« jedoch einer neuen Gesundheitsökonomie den Boden bereiten, die via »Fitcoin« eine datenbasierte Metrik für die solidarische Finanzierung von Gesundheitsleistungen entwickelt und eine Kommerzialisierung sensibler Daten einläutet, welche die Logik des Marktes in die letzten Nischen unserer Persönlichkeitsentfaltung

---

65 Vgl. zu entsprechenden Pay-as-you-drive-Modellen für KfZ-Versicherungen *Armbrüster*, NJW 2015, Editorial Heft 6; *LDI NRW*, 22. Datenschutzbericht, 2015, S. 37 ff.; *Lüdemann/Sengstacken/Vogelpohl*, RDV 2014, 302 ff.; *Schwichtenberg*, DuD 2015, 378 ff.

66 Siehe das entsprechende App-Angebot unter www.aok.de/portale/nordost/mobilvital/ (25.2.2015).

67 *Heller*, Zeigt mir, wie fit du bist, FAS vom 6.4.2014, S. 55. Ob eine solche Durchleuchtung persönlicher Lebensweisen in diesem Umfang datenschutzrechtlich unter dem Gesichtspunkt der Erforderlichkeit (§ 284 Abs. 1 SGB V) gerechtfertigt ist, ist zu bezweifeln.

68 Er lässt seinen Kunden im Gegenzug zur Übermittlung mobiler Gesundheitsdaten Gutscheine zukommen. Vgl. »Versicherer Generali will Fitnessdaten von Kunden sammeln«, http://www.sueddeutsche.de/news/wirtschaft/versicherungen-versicherer-generali-will-fitnessdaten-von-kunden-sammeln-dpa.urn-newsml-dpacom-20090101-141121-99-02990 (4.3.2015).

vordringen lässt. Für die Gewährung wirtschaftlicher Vorteile sind viele Menschen bereit, gesundheitsbezogene Daten mit ihrem Krankenversicherer zu teilen. Die – unter Rückgriff auf den Anreizmechanismus des Preisvorteils wirkende – »Karotte vor der Nase« gestattet nicht nur eine gezielte Ansprache von insbesondere jungen Kunden,[69] sondern als Kehrseite auch eine vollständig Erfassung und Überwachung der privaten Lebenswelt, insbesondere des Gesundheitsverhaltens. Sie stellt zugleich den Solidargedanken des Prinzips der gesetzlichen Krankenversicherung auf die Probe. Schließlich beruht dieses seinem Wesen nach auf dem Gedanken eines solidarischen Ausgleichs von Risiken. Sind diese auf der Grundlage einer Preisgabe sensibler Gesundheitsdaten individuell messbar, kommt es zu einer Risikoselektion.

Das gleiche ambivalente Potenzial wohnt der Nutzung von Big-Data-Analysen als Instrument der medizinischen Therapie inne. So erleichtern die Massendatenanalyse und Echtzeitauswertung komplexer Daten Durchbrüche in der medizinischen Forschung, etwa bei der Analyse der Nebenwirkungen medizinischer Therapien oder der Korrelationen zwischen Krankheitsbildern und genetischen sowie sozioökonomischen Einflussfaktoren.[70] Big-Data-Analysen versprechen dort grundlegende Erkenntnisse für die Entwicklung moderner Krebsbehandlungen und Therapien personalisierter Medizin.[71] Sie erhöhen zugleich aber den Bestand diskriminierungsgeneigten Wissens um individuelle genetische oder sonstige physiologische Dispositionen.

ee) Erkenntnispotenziale der Wissenschaft

Big-Data-Analysen erweitern den Horizont unserer Erkenntnisse über die Rekonstruktion der Wirklichkeit. Insbesondere die Einbeziehung des Bürgers in den Prozess der Datengenerierung (sog. »Citizen Science«) eröffnet der Forschung ganz neue Datengrundlagen und Auswertungsmöglichkeiten. Ungeahnt große statistische Grundgesamtheiten ersetzen die konventionelle Stichprobenanalyse, vereinfachen und perfektionieren Prognosen sowie Simulationen. Die Hypothesenaufstellung kann auf Korrelationsmuster

---

69 *BITKOM* (Fn. 12), S. 36.
70 *BITKOM* (Fn. 12), S. 37 und 40.
71 Dazu *Dehmer/Holzinger/Emmert-Streib*, Personalized medicine by means of complex networks: a Big Data challenge, in: Weber/Thouvenin (Hrsg.), Big Data und Datenschu0tz - Gegenseitige Herausforderungen, 2014, S. 37 ff.

zurückgreifen, welche die wissenschaftliche Wahrheitssuche auf die relevanten Fragen ausrichtet. Prognosen über den Verlauf von Epidemien, Konjunkturentwicklungen, Klimaveränderungen und demografische Verschiebungen erzielen eine bislang unerreichte Treffsicherheit. Auch der experimentellen Psychologie, Soziologie und Ökonomik erwächst eine neue Spielwiese, auf deren Nährboden eine Probandenanalyse im Verhaltenslabor »Wirklichkeit« stattfinden kann, um Hypothesen algorithmisch überprüfen zu lassen.[72]

Mit dieser Verbreiterung der Datengrundlage verändert sich auch die herkömmliche Form wissenschaftlichen Arbeitens. Statt der Verifizierung einer Hypothese auf der Grundlage der Frage nach dem »Warum?«, welche die wissenschaftliche Theorienbildung umtreibt, stellen Big-Data-Interferenzmodelle die induktive Frage nach dem »Was?« in den Vordergrund.[73] Der Journalist *Chris Andersen* glaubt gar, dass sich das überkommene Wissenschaftsmodell der Hypothesenaufstellung, Modellerstellung und des Modelltests vollständig überlebt hat und durch eine Analyse von Korrelationen als neues Forschungsparadigma abgelöst werden wird.[74]

II. Missbrauchspotenzial

Bis zum Jahr 2013 stand der Trendbegriff »Big Data« aus dem Silicon Valley noch primär für die ökonomischen Ideen verschriebene Aggregierung und Analyse großer unstrukturierter Datenmengen mithilfe von Algorithmen – also eine Evolution der privaten Welt. Seit den Enthüllungen von *Edward Snowden* steht der Begriff aber auch für eine systematische staatliche Überwachung privater Lebensführung unbekannten Ausmaßes und eine neue Form des digitalen Imperialismus, welche die Privatheit mithilfe digitaler Massenausforschungswaffen zu kolonisieren droht.[75] Staatliche Überwachungsprogramme wie PRISM haben der Welt deutlich gemacht: So

---

72 Dazu auch allgemein *Mayer-Schönberger*, FuL 2014, 706 (706); *Rudder*, Dataclysm, 2014.

73 Zu dieser Logik siehe auch unten S. 131 ff.

74 *Anderson*, The End of Theory: The Data Deluge Makes the Scientific Method Obsolete, Wired Magazine vom 23.6.2008; in diese Richtung bereits ähnlich *Wolfram*, A new kind of science, 2002, der eine Welt voraussah, in der Computerexperimente, welche Klassifikationen und Korrelationen ermitteln, die Stelle mathematischer Beweise und Theorien einnehmen.

75 In diesem Sinne *Zuboff*, Die neuen Massenausforschungswaffen, FAZ vom 13.2.2014, S. 33; *Schirrmacher*, Der verwettete Mensch, in: Geiselberger (Hrsg.), Big Data, 2013, S. 273 (273).

groß die Chancen sind, so groß ist auch das Missbrauchspotenzial neuer technologischer Auswertungsinstrumente. Die algorithmische Einhegung von Entscheidungsabläufen eröffnet tiefe Einblicke in unser digitales Alter Ego, perfektioniert die Berechenbarkeit menschlichen Verhaltens und damit die Möglichkeit, die engere persönliche Lebenssphäre des Einzelnen auszuforschen. Wie ein »Fahrtenschreiber« registriert und verarbeitet sie Informationen über das Verhalten der Menschen und offenbart damit die dunkle Seite einer Technologie, die aus Beobachtungsdaten auf zugrunde liegende Gesetzmäßigkeiten schließt. In einer Welt der Algorithmen können personenbezogene Daten den Menschen im Wege technologischer Vermessung lesbar machen und sein Innerstes wie eine codierte Betriebsanleitung entziffern.[76]

Dass Big-Data-Anwendungen einer neuen Überwachungslogik sowie Techniken der Verhaltenskontrolle, des Abgreifens von Daten in Echtzeit und ihrer Umwandlung in Kontroll- und Planungssysteme den Boden bereiten können, fordert unsere Datenschutzverfassung heraus; sie lässt das Bedürfnis nach zeitgemäßen Antworten der Rechtsordnung offen zutage treten.

1. Verarbeitung von Sachdaten

Nicht alle Big-Data-Analysen zielen allerdings auf persönlichkeitssensitive Auswertungen. Manche verarbeiten allein Sachdaten, etwa die Werkleistungen einer Maschine mittels RFID-Chip. Diese Auswertungsprozesse unterfallen dann nicht dem Regime des Datenschutzrechts – jedenfalls solange sie nicht (sei es unmittelbar, sei es mittelbar) im Wege der Identifizierung von Lebensmustern und -gewohnheiten, Rückschlüsse auf Personen zulassen. Betroffen ist der Schutzgedanke des Datenschutzrechts nämlich nicht generell, sondern nur, soweit personenbezogene Daten erhoben, verarbeitet oder genutzt werden (§ 1 Abs. 1 und 2 BDSG).

2. Persönlichkeitssensitive Auswertungen

Die meisten Big-Data-Anwendungen sind freilich wesensmäßig darauf gerichtet, das Verhalten einer Person oder Personengruppe zu analysieren

---

76 *Mühl*, Korrekturen ausgeschlossen, FAZ vom 14.2.2014, S. 35.

und/oder zu antizipieren, sei es als Berechnung von Wahrscheinlichkeitswerten für künftiges vertragliches Verhalten (*Scoring*), als Akkumulierung inkonnexer Daten zu einem detailgetreuen digitalen Persönlichkeitsprofil (*Profiling*),[77] sei es als Beantwortung einer Fragestellung in Bezug auf eine bestimmte Person, z.B. der Wahrscheinlichkeit krankheitsbedingter Arbeitsausfälle, (*Personalizing*) oder als Rückverfolgung auf der Grundlage einer Spurenbildung (*Tracking*).[78]

Die Deutschen stehen einer derartigen Durchleuchtung ihrer engeren persönlichen Lebenssphäre durch eine digitale Wertschöpfungsmatrix, welche Wissen über Verhaltensmuster monetarisiert bzw. einer staatliche Überwachungsmaschinerie zuführt, besonders sensibel gegenüber. Das dokumentieren nicht alleine die helle Entrüstung über die NSA-Überwachung sowie die hierzulande besonders hohe Aufmerksamkeit für den dystopischen Roman »The Circle« des US-Amerikaners *Dave Eggers* über das Innenleben eines Internetgiganten, der mit Parolen wie »Alles Private ist Diebstahl« die volle soziale Kontrolle anstrebt. In Deutschland regt sich auch Protest gegen Vorhaben internationaler Unternehmen, die in anderen Ländern ohne größere Anteilnahme der Öffentlichkeit gestartet sind.[79] Als bspw. das Telekommunikationsunternehmen O2 ankündigte, - ähnlich wie bereits in Großbritannien - die Standortdaten seiner deutschen Mobilfunkkunden anonymisiert für Marketingzwecke gegen Entgelt an Dritte weiterzugeben, entfachte das einen Sturm der Entrüstung. Das Unternehmen nahm seine Pläne

---

77 Das Europäische Parlament schlägt in seiner legislativen Entschließung vom 12.3.2014 zu dem Vorschlag für eine Verordnung des Europäischen Parlaments und des Rates zum Schutz natürlicher Personen bei der Verarbeitung personenbezogener Daten und zum freien Datenverkehr COM(2012)0011 folgende Legaldefinition des Profilings vor: »jede Form automatisierter Verarbeitung personenbezogener Daten, die zu dem Zweck vorgenommen wird, bestimmte personenbezogene Aspekte, die einen Bezug zu einer natürlichen Person haben, zu bewerten oder insbesondere die Leistungen der betreffenden Person bei der Arbeit, ihre wirtschaftliche Situation, ihren Aufenthaltsort, ihre Gesundheit, ihre persönlichen Vorlieben, ihre Zuverlässigkeit oder ihr Verhalten zu analysieren oder vorauszusagen.« (Art. 4 Abs. 3a des Verordnungsentwurfs).

78 *Weichert* (Fn. 14), 255.

79 Vgl. aber auch die Erfahrungen, welche der Karten- und Navigationssystemanbieter TomTom in den Niederlanden sammelte: Als bekannt wurde, dass das Unternehmen anonymisierte Verkehrsbewegungsdaten an die niederländische Polizei verkaufte, damit diese ihre Verkehrskontrollen optimieren kann, straften viele Kunden das Unternehmen mit Verachtung und Boykott. Vgl. http://www.spiegel.de/netzwelt/gadgets/standortsuche-fuer-radarfallen-tomtom-entschuldigt-sich-fuer-deal-mit-der-polizei-a-759464.html (9.2.2015).

umgehend zurück.[80] Groß war auch die Empörung, als die SCHUFA an-kündigte, das Potenzial sozialer Netzwerke für die Bonitätsprüfung auszu-loten.[81] Nach überschäumender Kritik hat die SCHUFA diesen Plan aufge-geben. Ein anderes deutsches Unternehmen setzt ihn demgegenüber derweil bereits um: Nach eigenen Angaben nutzt das Hamburger Unternehmen Kre-ditech Lokalisationsdaten, Verweildauern auf Webseiten und Profilangaben in sozialen Netzwerken als Kern seines Geschäftsmodells, um im Wege ei-nes Big-Data-Scoring Entscheidungen über die Vergabe von Krediten zu treffen.[82]

Die Sensibilität der Bevölkerung gegenüber einem Zugriff auf ihr digita-les Kommunikationsverhalten hat einen guten Grund: Die Verfügungsge-walt über Daten ist ein zentraler Machtfaktor der digitalen Welt. Die syste-matische Datenauswertung erzeugt eine Informationsasymmetrie, aus der ein Gefühl des Überwachtwerdens und eine Schieflage der Chancen zur Verwirklichung von Lebensplänen erwachsen können. Die historischen Er-fahrungen der NS-Zeit und der Bespitzelung durch die Stasi wirken inso-weit in den Köpfen der Deutschen in besonders intensiver Weise nach.

Das Verfassungsrecht hegt diesen besonderen Respekt vor der Individu-alität des Einzelnen normativ ein: Der Schutz der Privatheit ist das unver-zichtbare Fundament für die selbstbestimmte Entfaltung der Persönlichkeit – und damit einer demokratischen Gesellschaft.[83] Sie überlässt dem Einzel-nen die Ausfüllung seiner gesellschaftlichen Rolle, seines Selbstverständ-nisses und seiner Identität ohne vorgeformte Muster. Widersprüchliches, paradoxes und emotionsgeleitetes Verhalten gehört dazu ebenso wie Per-sönlichkeitsverschiebungen und die Sprunghaftigkeit menschlichen Ver-haltens. Big-Data-Technologien vermögen dieses Wechselspiel menschli-chen Seins ihrer Natur nach nur unzureichend zu erfassen. Sie legen viel-mehr technische Schablonen über ihre Erfassungsobjekte. Menschen sind hinsichtlich ihres Nutzungs- und Kommunikationsverhaltens in vielen Le-benssituationen zugleich aber auch leicht berechen- und vorhersehbar.[84]

---

80 Vgl. zur Chronik *Brücher* (Fn. 3), S. 117 f.; zur rechtlichen Zulässigkeit *Mantz*, K&R 2013, 7 ff. Ähnliches gilt auch für das Pilotprojekt der VAG Nürnberg zur Verbesserung der Verkehrsplanung auf der Grundlage anonymisierter Telekom-munikationsdaten; siehe dazu *Anonymous* (Fn. 49), S. 26 und Fn. 49.

81 Vgl. http://www.spiegel.de/netzwelt/web/schufa-will-kreditdaten-bei-facebook-sammeln-a-837454.html (16.3.2014).

82 Vgl. http://www.kreditech.com/what-we-do/ (25.2.2015).

83 Vgl. BVerfGE 65, 1 (40); *Bornemann* (Fn. 10), 233.

84 Vgl. dazu auch *Weichert* (Fn. 14), 255.

Aus den Verbindungsdaten allein zweier Wochen lassen sich aussagekräftige Vorhersagen für den künftigen Aufenthaltsort einer Person zu einem bestimmten Zeitpunkt ableiten.[85] Wenn Menschen wissen oder vermuten, dass sie beobachtet werden, verhalten sie sich nicht unbefangen. Sie neigen dann – bewusst oder unbewusst – dazu, den (unterstellten) Erwartungen des Beobachters zu entsprechen.[86] Schon der Verdacht, dass das Gegenüber über Zusatzwissen verfügt oder Informationen (offen oder verdeckt) aufzeichnet, verändert eine Kommunikationsbeziehung. Wer unter ständiger Beobachtung steht, begibt sich so der Chance, sich frei zu entfalten. Kreativität, Freiheit und Innovationskraft fallen dem zum Opfer, gründen sie doch auf Abweichungen von tradierten Verhaltensmustern.

Das Allgemeine Persönlichkeitsrecht sichert die Freiheit individueller Lebensgestaltung daher gegen eine umfassende Beobachtung und eine davon ausgehende Beeinträchtigung individueller Freiheitsentfaltung umfänglich ab; als Vorfeld-Grundrecht verleiht es insbesondere der Verwirklichung anderer Freiheitsrechte, die auf der Freiheit individueller, unbefangener Entfaltung des Einzelnen aufbauen (wie z.B. die Vereinigungsfreiheit oder die Versammlungsfreiheit), normativen Flankenschutz.[87]

In diese Unbefangenheit der Kommunikationsbeziehungen dringen Big-Data-Technologien ein. Sie lösen in einer auf freiheitlichen Werten beruhenden Gesellschaft die Furcht vor einer Verdinglichung des in ein Internet der Dinge inkorporierten Menschen aus. Die Vorstellung, dass der digitale Zwilling als Schatten des Individuums (etwa im Wege eines Pre-Employment-Screenings) komplexe Persönlichkeitsstrukturen ähnlich einer Rasterfahndung[88] durchsichtig macht, erinnert an mahnende Schreckensbilder der

---

85 *Martini*, Vom heimischen Sofa in die digitale Agora: E-Partizipation als Instrument einer lebendigen Demokratie?, in: Hill/Schliesky (Hrsg.), Neubestimmung der Privatheit, 2014, S. 193 (213); *Ulmer* (Fn. 12), 230 m. w. N.

86 Vgl. auch BVerfGE 65, 1 (43); 100, 313 (358 f.); 109, 279 (354 f.); 120, 378 (405 f.); 122, 342 (369); 125, 260 (320); vgl. auch zur Theorie der objektiven Selbst-Aufmerksamkeit in der Psychologie *Wiekens/Stapel*, Social Psychology 41 (2010), 10 ff.

87 Vgl. auch BVerfGE 120, 378 (397).

88 Die Rasterfahndung darf als Urtyp einer Big-Data-Analyse gelten. Zu ihren gesetzlichen Regelungen siehe insbesondere § 5 G 10. Von einer Rasterfahndung unterscheidet sich die Big-Data-Analyse dadurch, dass der Nutzer bei der Rasterfahndung wissen muss, was er sucht. Die Big-Data-Analyse stellt demgegenüber Zusammenhänge her und identifiziert Suchfaktoren. Die Förderung der Rasterfahndung verdankt ihren Ursprung nicht zuletzt dem besonderen Einsatz des BKA-

Science-Fiction-Welt. Big-Data-Technologien lassen diese aber Realität werden. Deutlich macht das etwa der Plan der amerikanischen Investmentbank JP Morgan Chase & Co, ihre Mitarbeiter mithilfe von Algorithmen und eines dadurch gewonnenen Mitarbeiterprofils auf der Grundlage einer Auswertung ihrer E-Mails und des sonstigen digitalen Kommunikationsverkehrs automatisiert auf verdächtige Verhaltensmuster zu überprüfen, um Verstöße gegen Risikostandards und Verhaltensrichtlinien aufzudecken.[89]

Angriffe gegen den digitalen Zwilling richten sich gegen den Menschen und seine Freiheit selbst. Treffen lernende Algorithmen Entscheidungen, ohne dass diese – aufgrund der Komplexität der Korrelationen und der Echtzeitverwertung im Einzelfall – noch vom Menschen nachvollziehbar und damit kontrollierbar ist, beschwört das überdies die Furcht vor einer autonomen Steuerung herauf, deren Zauberlehrling die Geister, die er rief, nicht wieder los wird.

III. Konfliktlinien mit datenschutzrechtlichen Prinzipien

Indem Big-Data-Analysen auf eine breite Datengrundlage angewiesen sind, um ihren Mehrwert generieren zu können, treten sie in einen Zielkonflikt mit zentralen Grundgedanken des Datenschutzrechts, insbesondere den Prinzipien der Datensparsamkeit sowie Erforderlichkeit (unten 1.), der Zweckbindung (unten 2.) und der Transparenz (unten 3.).[90]

1. Prinzip der Erforderlichkeit, Datenvermeidung und Datensparsamkeit

Datenschutz verlangt Datenaskese. Die Datenverarbeitung ist – in ihrem Inhalt, Umfang und in ihrer zeitlichen Erstreckung – auf das für den zulässigen Zweck Erforderliche zu begrenzen (vgl. etwa § 6b Abs. 1 S. 1, § 13 Abs. 1, § 14 Abs. 1 S. 1, § 28 Abs. 1 S. 1 Nr. 1 BDSG [»erforderlich ist«]). Das Prinzip der Datensparsamkeit und Datenvermeidung gründet auf eine einfache Erkenntnis: Das Risiko für die informationelle Selbstbestimmung wächst proportional zur Menge der gespeicherten und verarbeiteten Daten.

Chefs *Horst Herold*, der Ende der sechziger Jahre als Nürnberger Polizeipräsident mit den Möglichkeiten der modernen Computertechnik experimentierte.

89 www.bloomberg.com/news/articles/2015-04-08/jpmorgan-algorithm-knows-youre-a-rogue-employee-before-you-do (6.5.2015).

90 Vgl. auch die Bündelung der Datenschutzprinzipien in Art. 5 des Entwurfs zur EU-Datenschutz-Grundverordnung.

Entsprechend sind als Ausfluss des Verhältnismäßigkeitsprinzips technische Systeme so zu gestalten, dass sie ihre Funktion mit möglichst wenigen personenbezogenen Daten erfüllen können (§ 3a S. 1 BDSG); Verarbeitung und Vorhaltung sind nur so lange zulässig, wie sie erforderlich sind, um den konkreten Zweck zu erreichen. Vorrangig sind anonymisierte oder pseudonymisierte Daten zu verwenden. Sobald Daten nicht mehr benötigt werden, sind sie zu löschen (§ 35 Abs. 2 S. 2 Nrn. 3 und 4 BDSG; Art. 23 Abs. 2 S. 1 u. 2 Datenschutz-Grundverordnung-E).

Die darin liegende Funktion des sozialen Vergessens läuft bei Big Data tendenziell leer.[91] In seiner Welt gibt es nämlich kein irrelevantes oder unnützes Datum mehr, legt doch gerade ein neuer Datensatz womöglich die entscheidende Spur zu einer neuen Korrelation frei, die wertvolle Erkenntnisse hervorbringt.

Das setzt einen Anreiz, auch ältere Daten in möglichst großer Zahl und für möglichst lange Zeit vorzuhalten, um auf dieser breiten Datengrundlage neue Informationen zu generieren. Informationen, die einmal den Weg in die Komplexität des Verarbeitungsvorgangs von Big-Data-Prozessen gefunden haben, finden den Weg dann kaum wieder heraus. Während in der realen Welt Geschehnisse den Gesetzen der Flüchtigkeit und der »Gnade des Vergessens«, die Erinnerungen verblassen lässt, unterworfen sind, ist die digitale Welt in der Lage, längst vergessene Momentaufnahmen wieder wachzurufen, zu neuen Mustern zusammenzusetzen und aus den zugrunde liegenden Mosaiksteinen neue Profile zu kreieren. Dies aber kann Persönlichkeitsbilder, die sich in der realen Welt bereits weiterentwickelt haben, digital mumifizieren. Das Internet wirkt dann wie ein Sarkophag für Daten. Erst, wenn Datenbestände auch im Regime von Big Data wie makulierte Bücher aussortiert werden, liefern Analysen realitätsgerechte Persönlichkeitsprofile. Überholte Daten tragen nicht der Dynamik von Persönlichkeitsentwicklungen Rechnung – und dem Respekt, den sie verdienen; sie sind auch keine hilfreiche Grundlage für Zukunftsprognosen, welche massenhafte Datenauswertung ihrem Wesen nach hervorbringen soll.[92] Gerade in einer Big-Data-Welt ist daher entscheidend, wer in welcher Weise Kontrolle über den Datenbestand ausübt, unter welchen Voraussetzungen Daten in die Analysemaschinerie eingespeist werden können und wie lange sie dort verbleiben sowie in welchen Rhythmen und nach welcher Logik überholte, unnütze von aktuellen, relevanten Daten geschieden werden.

---

91 *Roßnagel*, ZD 2013, 562 (564).
92 *Glaser* (Fn. 42), 294.

Die Persönlichkeit des Menschen braucht zu ihrer freien Entfaltung die Möglichkeit zum Neustart. So wie Resozialisierung ohne Vergessen und ohne Versöhnung nicht möglich ist, ist auch Persönlichkeitsschutz ohne ein Recht auf Vergessenwerden unter den Bedingungen von Big Data freiheitssichernd kaum realisierbar.

Das Datenschutzrecht formt diesen Leitgedanken bereits in Ansätzen aus: Es verlangt eine Löschung, wenn sich der ursprüngliche Erhebungszweck erledigt hat (§ 35 Abs. 2 S. 1 Nr. 3 BDSG; dazu auch im Einzelnen unten IV. 2. b cc (1) (β), S. 143). Ob noch weitere neue Zwecke einer Big-Data-Verwendung hinzutreten, ist für die Löschungspflicht unerheblich.

2. Grundsatz der Zweckbindung

Daten dürfen nicht für jeden beliebigen, sondern nur für den Zweck genutzt werden, für den sie erhoben worden sind; der Erhebungszweck begrenzt die Verarbeitungsbefugnis (vgl. insbesondere § 88 Abs. 3 S. 2 TKG, § 12 Abs. 2 i. V. m. § 14 Abs. 1 und § 15 Abs. 1 TMG, § 28 Abs. 1 S. 2, Abs. 2 und Abs. 5, §§ 31 und 39 BDSG, § 78 Abs. 1 S. 1 SGB X; Art. 5 Nr. 1 lit. b, 23 Abs. 2 Datenschutz-Grundverordnung-E).[93] Nur so ist es dem Betroffenen möglich, die Preisgabe von Daten entsprechend seiner sozialen Rolle und seinem Selbstverständnis selbst zu steuern.

Big-Data-Technologien bevorraten Daten zu ergebnisoffenen, also unbestimmten Zwecken, um sie zur Gewinnung neuer Erkenntnisse zu verschneiden und auf neue Korrelationen zwischen scheinbar zusammenhangslosen Informationsbausteinen zu screenen. Erst am Ende der Auswertung lässt sich dann sagen, welche genaue Zielsetzung der Prozess hatte. Die Analyse liefert Antworten auf Fragen, die bisher gar nicht gestellt wurden. Enge Zweckbegrenzungen laufen dieser Mission zuwider.[94]

---

93 Weniger streng demgegenüber Art. 6 Abs. 1 lit. b der Richtlinie 95/46/EG (Datenschutzrichtlinie). Sie beschränkt sich auf das Verbot, Daten in einer mit den Zweckbestimmungen nicht zu vereinbarenden Weise zu verarbeiten. Zwar zielt die Richtlinie grundsätzlich auf eine Vollharmonisierung (EuGH, Urt. v. 24.11.2011 – C-468/10 –, ECLI:EU:C:2011:777, Rn. 26 ff.). Im Hinblick auf die Grundsätze des Art. 6 gesteht sie den Mitgliedstaaten jedoch einen Gestaltungsspielraum zu (vgl. auch Art. 5 der Richtlinie 95/46/EG). Eine solche Konkretisierung nimmt der deutsche Zweckbindungsgrundsatz in unionskonformer Weise vor.

94 *BITKOM* (Fn. 12), S. 26; *Roßnagel* (Fn. 91), 564.

Um ihre Ziele zu erreichen, ist die Vorhaltung und Verarbeitung von Massendaten zwar erforderlich. Das Phänomen »Big Data« setzt die Daten allerdings nicht zu dem Zweck ein, zu dem sie ursprünglich erhoben worden sind. Die Analyse löst sie aus dem Erforderlichkeitszusammenhang des Erhebungszwecks heraus. Die zu einem spezifischen Zweck gespeicherten Daten mit vielen anderen Daten zusammenzuführen, verletzt die datenschutzrechtlich vorgegebene, auf das Erforderliche beschränkte Zweckbindung; der wertschöpfungsorientierte Grundgedanke von Big Data verläuft quer zur persönlichkeitsrechtlichen Philosophie der Zweckbindung.[95]

3. Transparenz

Sowohl das deutsche Datenschutzrecht als auch der Entwurf für eine Datenschutz-Grundverordnung[96] sind von dem Gedanken der Transparenz beseelt. Diesem Zweck sind insbesondere die Informationspflicht bei Datenerhebung sowie neuer Speicherung und Zweckänderung (§ 33 BDSG), Auskunftsrechte (§ 34 BDSG)[97] und Löschungsrechte (§ 35 BDSG) verschrieben. Für die Bürgerinnen und Bürger muss nachvollziehbar sein, ob und ggf. welche Stellen welche Daten zu welchem Zweck und in welchem Umfang sammeln und auswerten.[98] Sie sollen wissen, ob, von wem und zu welchem Zweck Daten erfasst werden.[99] Nur so bleibt die digitale Souveränität des Einzelnen über die Verwendung seiner Daten gewahrt. Bleibt dem Bürger verborgen, »wer was wann und bei welcher Gelegenheit über ihn weiß«,

---

95 *Roßnagel* (Fn. 91), 565; *Schaar*, RDV 2013, 223 (225); vgl. auch aus der Perspektive des Schweizer Rechts *Thouvenin*, Erkennbarkeit und Zweckbindung, in: Weber/Thouvenin (Hrsg.), Big Data und Datenschutz - Gegenseitige Herausforderungen, 2014, S. 61 ff.

96 Insbesondere Erwägungsgrund Nr. 46 und Art. 11 ff. Datenschutz-Grundverordnung-E.

97 Dazu auch Art. 15 sowie insbesondere Erwägungsgrund Nr. 51 S. 2 Datenschutz-Grundverordnung-E: »Jede betroffene Person sollte einen Anspruch darauf haben zu wissen und zu erfahren, zu welchen Zwecken die Daten verarbeitet werden, wie lange sie voraussichtlich gespeichert werden, wer die Empfänger der Daten sind, nach welcher allgemeinen Logik die Daten verarbeitet werden und welche Folgen eine solche Verarbeitung haben kann.« (Entwurfsfassung des Europäischen Parlaments vom 12. März 2014). Zu möglichem Reformbedarf des Auskunftsanspruchs unter den Bedingungen von Big Data *Liedke*, K&R 2014, 709 ff.

98 Vgl. *Weichert* (Fn. 12), 141.

99 Erwägungsgrund Nr. 46 S. 2 Datenschutz-Grundverordnung-E.

kann ihn das »in seiner Freiheit wesentlich hemmen, aus eigener Selbstbestimmung zu planen oder zu entscheiden«.[100] Individuelle Entfaltung kann
nur dann gelingen, wenn der Einzelne die Folgen einer Preisgabe von Daten
überblicken und über deren Verwendung autonom entscheiden kann.[101]

In der Welt des Cyberspace fühlt sich der Einzelne noch mehr als in der
analogen Welt abhängig und überwacht von Technologien, deren Wirkungsweise er immer weniger zu durchschauen vermag. Er sieht sich dem
dunklen Gefühl einer steten Überwachung ausgesetzt.[102] Das kann die
Grundlagen freier, ungestörter Kommunikation untergraben: Diese ist nicht
nur die Basis für die Entfaltung anderer grundrechtlicher Freiheiten, sondern auch »eine elementare Funktionsbedingung eines auf Handlungs- und
Mitwirkungsfähigkeit seiner Bürger begründeten freiheitlichen demokratischen Gemeinwesens«.[103]

Big-Data-Analysen verwehren dem Einzelnen die Möglichkeit, zu antizipieren, welche Schlüsse aus welchen Daten in bestimmten Kontexten gezogen werden. Die Betroffenen können nicht mehr nachvollziehen, wie die
Ergebnisse zustande kommen.[104] Ihnen bleibt regelmäßig nicht nur unklar,
welche Daten, sondern auch *welche Analysemethoden* in den Prozess eingehen. Die Unternehmen betrachten Letztere insbesondere regelmäßig als
Betriebs- und Geschäftsgeheimnis.[105] Dies macht Big-Data-Analysen zu einer Black Box. Das läuft dem Bedürfnis nach Datentransparenz zuwider.
Insbesondere ist die Nachvollziehbarkeit der Verfahren wichtige Voraussetzung für das Vertrauen in die Willkürfreiheit einer Entscheidung. Big-
Data-Analysen müssen deshalb transparent machen, wie sie zu den Ergebnissen kommen.[106]

4. Zwischenfazit

Die Prinzipien des Datenschutzrechts erscheinen in einer Big-Data-Welt
geradezu anachronistisch – wie ein Relikt aus Zeiten von Lochkarten und

---

100 Jeweils BVerfGE 65, 1 (43).
101 *Roßnagel* (Fn. 91), 563.
102 Vgl. dazu auch oben S. 120 ff.
103 BVerfGE 65, 1 (43); vgl. auch BVerfGE 120, 378 (430); 122, 342 (369).
104 Vgl. auch *Koch*, ITRB 2015, 13 (18); *Mayer-Schönberger/Cukier* (Fn. 3), S. 225;
     Weichert (Fn. 14), 257.
105 *Weichert* (Fn. 14), 257; dazu auch im Einzelnen S. 135.
106 So auch schon *Mayer-Schönberger/Cukier* (Fn. 3), S. 225.

Formularbögen. Ihr Schutzinstrumentarium zur Sicherung einer freien Entfaltung der Persönlichkeit steht der vollen Entfaltung der Möglichkeiten von Big-Data-Technologien im Wege. Dies ändert freilich nichts daran, dass diese Datenschutzprinzipien zum Schutz der Persönlichkeit heute im Grundsatz aktueller und erforderlicher denn je sind. Denn erst im digitalen Zeitalter werden mit den fortschreitenden technischen Möglichkeiten die Bedrohungen der Persönlichkeit real, zu deren Abwehr die Datenschutzprinzipien konzipiert sind. Das schließt deren Anpassung an die Herausforderungen des digitalen Zeitalters jedoch nicht aus. Denn die Datenschutzprinzipien sind kein Selbstzweck, welche die Datenauswertung zu einem technischen Museum erheben sollen, sondern Teil einer Gesamtordnung mit konkurrierenden Bedürfnissen, die es zu befriedigen gilt. Die Zielsetzung sachgerechten Persönlichkeitsschutzes und die Möglichkeit, das Wertschöpfungspotenzial zu erschließen, das moderne Technologien in sich bergen, gilt es, zu einem schonenden Ausgleich zu bringen.

IV. Rechtliche Zulässigkeit von Big-Data-Analysen

1. Big-Data-spezifische Regelungstatbestände

Das Datenschutzrecht steht den Herausforderungen algorithmengestützter Massendatenauswertung (auch jenseits seiner abstrakten Grundprinzipien) nicht vollends sprachlos gegenüber. Für einzelne, mit besonderem persönlichkeitsbezogenem Gefährdungspotenzial verknüpfte Anwendungsformen hält es bereits konkrete Teilregelungen vor. Das gilt insbesondere für das Profiling (a) und das Scoring (b).

a) Profiling

Profiling besteht darin, die Mosaikbausteine der Eigenschaften einer Person zu einem Persönlichkeitsbild zusammenzuführen. Interessant sind solche Puzzles bspw. als allgemeine Kundenprofile für Unternehmen, aber auch als Internet-Meinungsführer-Analysen, die Informationen über sog. *Influencer* offenlegen, welche eine zentrale Funktion für die gesellschaftliche Wahrnehmung eines Unternehmens ausüben.[107]

---

107 Zur grundrechtlichen Sensibilität des Profilings siehe bspw. *Roßnagel* (Fn. 91), 565; *Weichert* (Fn. 14), 255.

aa) Antworten der Rechtsordnung

Die gesamte Persönlichkeit eines Menschen (zwangsweise) zu registrieren und zu katalogisieren, hat das BVerfG früh (im sogenannten Mikrozensus-Urteil) für unzulässig erklärt.[108] Für die Auswertung personenbezogener Daten zur Bewertung einzelner Persönlichkeitsmerkmale trifft das BDSG vor diesem Hintergrund in § 6a eine Regelung. Noch deutlicher und prominenter zieht aber die geplante Datenschutz-Grundverordnung in ihrem Art. 20 dem Profiling Grenzen[109]. Beide Regelungen verbieten Profiling nicht – sehr wohl aber automatisierte, d. h. ohne jede persönliche Prüfung erfolgende Profiling-Maßnahmen, die für Betroffene eine rechtliche Folge nach sich ziehen oder sie erheblich beeinträchtigen.[110]

Der Entwurf der Datenschutz-Grundverordnung räumt dem Betroffenen darüber hinaus grundsätzlich ein Widerspruchsrecht gegen Profiling ein (Art. 20 Abs. 1 i. V. m. Art. 19 Abs. 1). Bei Maßnahmen, die dem Betroffenen gegenüber rechtliche Wirkungen entfalten oder seine rechtlichen Interessen oder Freiheiten in ähnlicher Weise berühren, stellt er Profiling zudem unter den Vorbehalt der Erforderlichkeit für einen Vertragsschluss, einer Einwilligung oder einer sonstigen ausdrücklichen Erlaubnis (Art. 20 Abs. 2).[111]

bb) Algorithmen als Teil einer *Hume*'schen Metaphysik zwischen »*cum hoc ergo propter hoc*«-Fehlschlüssen und Apophänie

Dass sowohl das gegenwärtige als auch das künftige Datenschutzregime eine menschliche Prüfung und eine Erklärung des Ergebnisses von Profiling-Maßnahmen normativ verankern, zollt ethischen Grundwertungen unserer Rechtsordnung in inhaltlich gebotener Weise Tribut: Sachgerechter Persönlichkeitsschutz bewahrt den Einzelnen vor einem Bewertungsautomatismus. Denn Computeralgorithmen können die Komplexität menschlichen Verhaltens (jedenfalls bislang) nicht hinreichend zuverlässig abbilden.

---

108 BVerfGE 27, 1 (6).
109 Vgl. auch Erwägungsgründe Nr. 58 und 58a des Entwurfs der Datenschutz-Grundverordnung. Siehe dazu auch mit rechtspolitischen Vorschlägen *Härting* (Fn. 12), 532 ff.
110 § 6a Abs. 1 S. 1 BDSG; Art. 20 Abs. 5 S. 1 Datenschutz-Grundverordnung-E.
111 Der Entwurf lässt allerdings qualitative Vorgaben für die Profilerstellung schmerzlich vermissen.

Sie bewegen sich in einer *Hume*'schen Metaphysik,[112] die Kausalitäten nicht durch logische Schlüsse, sondern durch statistische Zusammenhänge, also regelmäßig auftretende Kovariationen von Ereignissen, ermittelt (sog. Regularitätstheorie der Kausalität). Korrelationen deuten eine Wahrscheinlichkeit, die Berechtigung einer Richtigkeitsvermutung, dafür an, dass zwei Variablen kausal miteinander verknüpft sind. Sie weisen diesen Zusammenhang jedoch nicht objektiv nach. Auch Big-Data-Technologien fördern stochastische Korrelationen zutage, ergründen aber keine Kausalitäten.[113]

Ohne das Verständnis der Zusammenhänge bleibt die Korrelation regelmäßig wertlos. Denn nur mit deren Hilfe lassen sich die hinter der Korrelation liegenden Gesetzmäßigkeiten verstehen. Genau dies zeichnet Regeln und Gesetze nämlich aus: Sie sind geronnene Datenkompressionen von beobachteten Ursache- und normativ erwünschten Wirkungsbeziehungen, die ein erkanntes Anleitungsmuster zum Ausdruck bringen. Die Vermutungen, die algorithmische Zusammenhänge auslösen, und die Intuition, die sie implizieren, sind als solche freilich kein uneingeschränkt tauglicher Ratgeber. Die Ergebnisse algorithmischer Korrelationssuche sind interpretationsbedürftig und fehleranfällig. Es braucht immer eine Verbindung des Datenstroms mit Reflexion und damit eine Ergänzung durch die Kunst menschlicher Analyse.[114] Denn Korrelationen verleiten auf der Grundlage trügerischer Sicherheit schnell zu »*cum hoc ergo propter hoc*«-Fehlschlüssen: So lässt sich zwar auf der Grundlage einer Analyse von Feuerwehrdatensätzen ein stochastisch valider Zusammenhang zwischen der Höhe der Brandschäden und der Zahl der im Einsatz herbeigerufenen Feuerwehrleute ausmachen:[115] Je mehr Feuerwehrleute am Brandeinsatz mitwirken, desto größer der Schaden. Deshalb die Zahl der Feuerwehrleute zu reduzieren, wäre jedoch eine (einem Computeralgorithmus intuitiv naheliegende) fatale Verwechslung von Ursache und Wirkung. Denn je größer der Brand, umso

---

112 »Wenn aber viele gleichförmige Beispiele auftreten und demselben Gegenstand immer dasselbe Ereignis folgt, dann beginnen wir den Begriff von Ursache und Verknüpfung zu bilden. Wir empfinden nun ein neues Gefühl [...]; und dieses Gefühl ist das Urbild jener Vorstellung [von notwendiger Verknüpfung], das wir suchen« (*Hume*, Eine Untersuchung über den menschlichen Verstand, 12. Aufl., 1993, S. 95).

113 Vgl. insbesondere *Mayer-Schönberger/Cukier* (Fn. 3), S. 248.

114 Vgl. auch *Bachmann/Kemper/Gerzer* (Fn. 9), S. 340 ff.; *Hill*, DÖV 2014, 213 (216 f.) m. w. N.

115 Ähnlich korreliert auch die Verweildauer von Patienten im Krankenhaus mit einem schlechteren Gesundheitszustand nach dem Krankenhausaufenthalt. Auch hier fehlt jedoch ein Kausalzusammenhang.

mehr Feuerwehrleute kommen zum Einsatz – nicht umgekehrt.[116] Ein Big-Data-Algorithmus würde womöglich auch vorschlagen, die Ansiedlung von Störchen in Niedersachsen zu fördern, um die Geburtenrate zu erhöhen. Immerhin korrelierte dort zwischen 1972 und 1985 die Storchenpopulation mit der Geburtenrate. Auch dieser Vorschlag würde aber Ursache und Wirkung verwechseln: Denn die Geburtenrate steigt nicht wegen der Präsenz von Störchen, sondern weil dort, wo mehr Störche leben – auf dem Land – die Geburtenrate aufgrund bestimmter soziodemografischer Faktoren tendenziell höher ist als in der Stadt. Der Ursachenzusammenhang besteht also in der Urbanisierung, nicht in der Storchendichte.

Big-Data-Analysen fördern mitunter auch Zufallskorrelationen zutage, wie etwa den – unter Börsianern bekannten – Zusammenhang zwischen dem Anstieg von Börsenkursen und dem Ausgang des Super-Bowl-Endspiels.[117] Ebenso lässt sich eine statistisch valide Korrelation zwischen der Anfälligkeit für Angina Pectoris und der Trägerschaft des Sternzeichens »Wassermann« ausmachen.[118] Daraus einen Ursachenzusammenhang abzuleiten, wäre ein analytischer Fehlschluss. Über lange Zeitreihen bleibt der Ursachenzusammenhang nicht stabil. Algorithmen haben natürliche Erkenntnisgrenzen und ihre Ergebnisse Fehlerquoten. Mitunter erkennen sie Muster, die gar nicht existieren (sog. Apophänie).[119] Sie identifizieren zwar mit unbestechlicher Genauigkeit Wahrscheinlichkeiten. Intuition und eine Methodik der Selbstkorrektur sowie die Erfassung individueller Besonderheiten sind ihnen (jedenfalls auf absehbare Zeit) nicht eigen. Unsicherheiten aufgrund fehlender Berechenbarkeit mancher Ereignisse (sog. schwarze Schwäne)[120] können sie nicht eliminieren.

Auch der komplexeste Algorithmus ist nicht in der Lage, den Menschen in seiner vielfältigen Struktur und Eigenwilligkeit autonomer Steuerung vollständig zu erfassen und ein detailgetreues Abbild der Realität und ihrer Ursachenzusammenhänge zu zeichnen. Menschliches Verhalten ist nicht nur vernunft-, sondern eben auch intuitions- und emotionsgeleitet – und damit im eigentlichen Wortsinne »unberechenbar«. Wären perfekte Vorhersagen menschlichen Verhaltens möglich, hätten wir unsere Fähigkeit verloren, unser Leben autonom in Freiheit und Verantwortung zu gestalten.

---

116 Vgl. *Bachmann/Kemper/Gerzer* (Fn. 9), S. 272 f. mit weiteren Beispielen.
117 Vgl. *Kester*, The Journal of Investing 19 (2010), 82 ff.
118 *Austin/Mamdani/Juurlink et al.*, Journal of Clinical Epidemiology 59 (2006), 964 ff.
119 *Boyd/Crawford* (Fn. 36), 198; *Hill* (Fn. 114), 221.
120 Vgl. dazu *Taleb*, Der schwarze Schwan, 2012.

Die menschliche Hoheit über den Datenverarbeitungsprozess und die Nachvollziehbarkeit seiner Ergebnisse muss entsprechend zu jeder Zeit gewährleistet sein; der Mensch muss »die letzte Instanz« der Entscheidungskette bleiben. Die Unschärfen und Fehlerquellen sowie die immer bedeutsamer werdende Rolle von Algorithmen machen verfahrensrechtliche Schutzmechanismen erforderlich: Im Falle besonderer Risiken für die Rechte und Freiheiten der Betroffenen ist eine Möglichkeit der Vorabkontrolle[121] von Algorithmen geboten. Handgreiflich wird das etwa am Beispiel des Steuerungsalgorithmus eines autonomen Fahrzeugs, der darüber entscheidet, ob das Fahrzeug das auf die Straße laufende Kind oder eine große Menschengruppe gefährdet. Algorithmen als Regieanweisungen der digitalen Welt dürfen – ähnlich wie die Verarbeitung besonderer Arten personenbezogener Daten und Personenbewertungen nach § 4d Abs. 5 BDSG – einer staatlichen Kontrolle nicht vollständig entzogen sein. Das gilt insbesondere im Hinblick auf das von ihnen ausgehende Diskriminierungspotenzial. Begrüßenswert ist insoweit auch der regulatorische Schulterschluss des Art. 20 Abs. 3 Datenschutzgrund-Verordnung-E mit ausgewählten besonderen Diskriminierungsverboten aus Art. 21 Abs. 1 GrCh (bzw. Art. 3 Abs. 3 GG). Der Entwurf der Vorschrift untersagt Profiling-Maßnahmen, die nach Rasse, ethnischer Herkunft, politischer Überzeugung, Religion oder Weltanschauung, Mitgliedschaft in einer Gewerkschaft, sexueller Orientierung oder Geschlechtsidentität diskriminieren. Die sich insoweit abzeichnende Schnittmenge zwischen freiheitsrechtlicher und gleichheitsrechtlicher Schutzdimension geht über das seit jeher im Datenschutz verortete Verbot der Verarbeitung besonderer Kategorien von personenbezogenen Daten in sachlich gebotener Weise hinaus. Sie vollzieht eine funktionelle Weiterentwicklung der informationellen Selbstbestimmung vom Daten- zum Profilschutz, der stärker als bisher auf die Abwehr datenbasierter Diskriminierungen abzielt.

b)   Scoring

Zu einem sensiblen Paradigma der Zusammenführung großer Datenmengen für die Wahrscheinlichkeitsanalyse ist das Scoring avanciert. Es verdichtet einzelne Merkmalsvektoren auf der Grundlage von Zurechnungsfaktoren zu statistisch begründeten Prognosen, etwa der Ausfallwahrscheinlichkeit

---

121   Vgl. zum bestehenden Rechtsrahmen von Vorabkontrollen im Rahmen des BDSG *Hallermann*, RDV 2015, 23 ff.

eines Kredits. Das Verfahren baut auf der Prämisse auf, dass es einen Zusammenhang zwischen bestimmten Merkmalswerten und einer bewerteten Eigenschaft bzw. einem Verhalten gibt: Es schließt vom Gruppenverhalten auf das Verhalten einzelner Merkmalsträger. Welche Verhaltensfaktoren das jeweils sind, bleibt für die Betroffenen häufig unklar.

Deshalb setzt § 28b BDSG[122] der Analysemethode ausdrückliche Schranken: Das Gesetz verlangt zur Herstellung von Transparenz ein wissenschaftlich anerkanntes mathematisch-statistisches Verfahren, das für die Berechnung der Wahrscheinlichkeit eines bestimmten Verhaltens nachweisbar erheblich ist (§ 28b Nr. 1 BDSG).[123]

Viele Menschen treibt das Bedürfnis um, überprüfen zu können, ob der Erteilung kreditrelevanter Auskünfte eine rechtmäßige Analysemethode zugrunde liegt. So sieht sich die SCHUFA immer häufiger der Forderung ausgesetzt, den Algorithmus offenzulegen, der den Scoring-Wert ermittelt. Nach dem Willen des Gesetzgebers unterliegt dieser aber dem Geheimnisschutz als vorrangigem Schutzgut.[124] Der Betroffene kann seine Offenlegung nicht verlangen. Er ist lediglich über das Zustandekommen und die Bedeutung der Wahrscheinlichkeitswerte einzelfallbezogen und nachvollziehbar in allgemein verständlicher Form zu unterrichten (§ 34 Abs. 2 S. 1 Nr. 3 i. V. m. Abs. 8 S. 1 und 2 BDSG). Dem Betroffenen will der Gesetzgeber die Möglichkeit eröffnen, Fehler in der Berechnungsgrundlage aufzudecken, nicht aber den Berechnungsschlüssel zu enträtseln. So hat es der BGH auch im Jahr 2014 entschieden.[125]

Angesichts der unbändigen Macht, die Algorithmen über wichtige wirtschaftliche und private Entfaltungschancen der Bürger in einer digitalen Welt ausüben können, bleibt das hinter dem rechtspolitisch Wünschenswer-

---

122 Für den Bereich des Kreditwesens, namentlich den Umgang mit personenbezogenen Daten im Zusammenhang mit Risikobemessungsverfahren, ist § 10 Abs. 2 KWG lex specialis. Vgl. dazu auch BT-Drucks. 16/1335, S. 48.

123 Vgl. zur Auslegung der Tatbestandsmerkmale und zur Evaluation des Gesetzes im Einzelnen bspw. *ULD Schleswig-Holstein*, Scoring nach der Datenschutz-Novelle 2009 und neue Entwicklungen, 2014, 31 ff.; zur Kohärenz der Methodik OLG München, ZD 2014, 570 (572); vgl. auch OLG Frankfurt a. M., Urt. v. 7.4.2015 – 24 U 82/14 –, BeckRS 2015, 06846, Rn. 46.

124 BT-Drucks. 16/10529, S. 17: »[…] die Score-Formel, an deren Geheimhaltung die Unternehmen ein überwiegendes schutzwürdiges Interesse haben«.

125 BGHZ 200, 38 ff. zu dem Urt. vgl. bspw. *Moos*, Update Datenschutz, in: Taeger (Hrsg.), Big Data & Co, 2014, S. 525 (533 ff.).

ten zurück. Zwar braucht und verdient die in Algorithmen steckende geistige Leistung einen Investitionsschutz.[126] Eine Pflicht zur Offenlegung schürt die Gefahr, die technologische Innovationsfreude nachhaltig zu dämpfen. Sachgerechter Persönlichkeitsschutz setzt – ähnlich wie nach § 4d Abs. 5 BDSG – aber eine Möglichkeit der Kontrolle solcher Algorithmen, jedenfalls aber der in die Bewertung eingeflossenen Datengrundlage (nicht nur der zur Berechnung der Wahrscheinlichkeitswerte genutzten Datenarten – § 34 Abs. 2 S. 1 Nr. 2 BDSG) auf ihre Validität voraus. Denn informationelle Selbstbestimmung bedingt ihrem Wesen nach die Möglichkeit der Kontrolle über das, was Dritte über die eigene Person wissen.[127] Eine wirksame Überprüfung der Prognosekraft eingesetzter Verfahren ist aber nur möglich, wenn diese selbst einer wirksamen Kontrolle unterliegen.

Algorithmen avancieren zum zentralen Steuerungsmechanismus unseres digitalen Ökosystems.[128] Sie entscheiden, welche Angebote wir erhalten, was wir lesen, mit wem wir in Kontakt treten. Das eröffnet ein nicht unerhebliches Diskriminierungs- und Steuerungspotenzial, das Überprüfungsbedarf auslöst. Deshalb ist nicht nur Betroffenen ein Einblick in die grundsätzliche Gewichtung der in das Scoring einfließenden Faktoren zu gewähren. Es ist auch eine behördliche Algorithmenkontrolle jedenfalls in den Fällen geboten, die sensible Auswirkungen in persönlichkeitssensitiven Bereichen zeitigen. Ebenso wie ein blindes Vertrauen fehl am Platze ist, Google schaffe bei seinen Suchalgorithmen Chancengleichheit seiner eigenen und fremder Angebote oder Facebook richte seine Nachrichtenalgorithmen alleine am Sachgehalt der Nachrichten aus (und nicht an seinem Interesse, die Nutzer auf seiner Plattform zu halten sowie Werbeeinnahmen zu generieren), ist nicht per se sichergestellt, dass die Kriterien der SCHUFA entscheidungsrelevant sind und nicht – direkt oder indirekt – unzulässig diskriminieren.

Dass diese Sorge nicht allein bunter Fantasie entspringt, macht beispielhaft ein Patent deutlich, das sich Google im Jahr 2011 sicherte. Es ermöglicht *Dynamic Pricing* (bzw. *Cookie-Pricing*) im Onlinehandel, also die personenspezifische Preisdifferenzierung, die unter Verzicht auf allgemeine

---

126 BT-Drucks. 16/10529, S. 17; urheberrechtlichen Schutz genießen Algorithmen als solche jedoch grundsätzlich ebenso wenig (§ 69 Abs. 2 S. 2 UrhG) wie die Daten, die die Grundlage der Analyse bilden (§ 4 Abs. 1 Hs. 2 i.V.m. § 2 Abs. 2 UrhG); dazu auch *Dorner*, CR 2014, 617 (620 f.).
127 BVerfGE 65, 1 (43).
128 Vgl. dazu auch unten V. 1., S. 151 ff.

Preise[129] Zahlungsfähigkeits- und Profilaspekte in die individuelle Preisbildung einfließen lässt, etwa finanzkräftigen und zahlungsbereiten Apple-Kunden für das gleiche Produkt höhere Preise als anderen Kunden abringt.

Dass in einer auf der Analyse großer Datenmengen aufbauenden digitalen Welt viele weitere algorithmisch gesteuerte Differenzierungsmodelle umsetzbar werden, macht deutlich: Es braucht eine Neutralitäts- und eine Persönlichkeitskompatibilitätskontrolle von Algorithmen. Die bestehenden datenschutzrechtlichen Vorschriften bedürfen daher einer Konkretisierung und Ausdifferenzierung, die den Herausforderungen algorithmischer Steuerungsmacht eine rechtliche Kontrollmacht entgegensetzt. Um den gleichzeitig erforderlichen Schutz von Geschäftsgeheimnissen sicherzustellen, ist eine Ausgestaltung der Algorithmenkontrolle als In-camera-Verfahren denkbar und geboten. (Entsprechend technisch und personell zu rüstende) Datenschutzbeauftragte bzw. andere geeignete Kontrollinstanzen erlangen dann exklusiven Einblick in die Algorithmenstruktur. Sie können diese dadurch auf ihre Vereinbarkeit mit den Grundrechten und dem geltenden Datenschutzrecht überprüfen. Grundsätzlich ist insoweit eine Befugnis zur Ex-post-Kontrolle ausreichend. Nur in sensitiven Bereichen, etwa Analysen, die religiöse Überzeugungen, Gesundheitsdaten oder sonstige besondere Arten personenbezogener Daten betreffen (§ 3 Abs. 9 BDSG), ist eine Ex-ante-Kontrolle angezeigt. Dass ein solches Überwachungsregime nicht leicht realisierbar ist, entbindet den Staat nicht von seiner Verantwortung, wirksamen Persönlichkeitsschutz zu verbürgen.

2. Allgemeine Zulässigkeitstatbestände

Jenseits Big-Data-spezifischer Tatbestände, insbesondere der §§ 6a und 28b BDSG, richtet sich die Zulässigkeit von Big-Data-Analysen nach den allgemeinen Regeln: Es gilt das Verbotsprinzip des Datenschutzrechts. Eine Verarbeitung personenbezogener Daten bedarf daher entweder einer informierten Einwilligung (a) oder einer gesetzlichen Verarbeitungserlaubnis (b) – § 12 Abs. 1 TMG, § 4 Abs. 1 BDSG.

---

129 Der allgemeine Preis ist im historischen Vergleich allerdings (auch in Deutschland) eine eher junge Erscheinung. Erst mit dem Aufstieg von Kaufhäusern zum Ende des neunzehnten Jahrhunderts haben sich einheitliche, klar ausgewiesene Preise allenthalben durchgesetzt. Bis dahin waren unterschiedliche Preise für unterschiedliche Gesellschaftsschichten Teil des Einkaufsalltags.

a) Einwilligung

Eine informierte Einwilligung muss (sowohl nach dem bestehenden BDSG als auch nach der geplanten Datenschutz-Grundverordnung[130]) für den konkreten Fall und in Kenntnis der Sachlage »für einen oder mehrere genau festgelegte Zwecke« erteilt werden (Art. 6 Abs. 1 lit. a Datenschutz-Grundverordnung-E; ähnlich § 4a Abs. 1 S. 2 BDSG). Denn erst dann kann der Betroffene das Risiko einschätzen, wie sich eine spätere Verarbeitung der Daten auf seine Persönlichkeit auswirkt und ob die Vorteile die Nachteile überwiegen.

Zu dem Zeitpunkt, zu dem eine Einwilligung in die Verarbeitung von Massendaten durch Big-Data-Algorithmen erfolgt, sind die Folgen in der Regel jedoch nicht absehbar und die Erhebungszwecke nicht ohne Weiteres bestimmt.[131] Schließlich zeichnen sich Big-Data-Analysen ihrem Wesen nach gerade dadurch aus, Daten für vorher nicht ausdrücklich bestimmte Zwecke zu verwenden.

Zwar setzt eine wirksame Einwilligung nicht voraus, dass das Ergebnis der *Auswertung* bereits vor der Erlaubniserteilung feststeht. Denn zur Auswertung sollen die Daten ja verarbeitet werden.[132] Feststehen muss aber der Zweck der *Erhebung* (§ 4a Abs. 1 S. 1 BDSG). Eine Einwilligung in Big-Data-Analysen muss daher den Analysezweck hinreichend klar benennen.[133] Allgemeine Zweckangaben, wie z.B. »zum Zwecke der Werbung«, sind zu unbestimmt.[134] Eine Einwilligung in die Zusammenführung unterschiedlicher Datenbestände zur Generierung eines Profilbildes ist – als Teil allgemeiner Nutzungs- oder Datenschutzbestimmungen – regelmäßig eine unzulässige überraschende Klausel im Sinne des § 305c Abs. 1 BGB.[135]

Um die Einwilligung zu erlangen, darf der Anbieter auch keinen unangemessenen Druck ausüben. Er darf sein Leistungsangebot insbesondere nicht ohne Weiteres von der Zustimmung des Nutzers zur weiteren Daten-

---

130 Erwägungsgrund Nr. 25, Art. 7 Abs. 1 Datenschutz-Grundverordnung-E.
131 *Roßnagel* (Fn. 91), 564; ähnlich auch *Baeriswyl*, digma 2013, 14 (16); *Weichert* (Fn. 14), 256.
132 In diesem Sinne zu Recht *Ulmer* (Fn. 12), 229.
133 Vgl. dazu auch oben III. 2., S. 127.
134 *Roßnagel* (Fn. 91), 564.
135 Zur Unwirksamkeit von Datenschutzerklärungen wegen unangemessener Benachteiligung des Kunden nach § 307 Abs. 1 i. V. m. Abs. 2 Nr. 1 BGB, §§ 4, 4a BDSG, § 12 f. TMG; LG Berlin, NJW 2013, 2605; MMR 2014, 563 ff.

analyse abhängig machen. Das gilt jedenfalls für Anbieter nicht substituierbarer Dienste, insbesondere der Daseinsvorsorge, z.B. der Energieversorgung oder der Telekommunikation. Sie sind einem Koppelungsverbot unterworfen, das Anbietern den Missbrauch ihrer Macht versagen soll. § 95 Abs. 5 TKG und § 28 Abs. 3b BDSG verankern das ausdrücklich[136] (vgl. auch Art. 7 Abs. 4 S. 2 Datenschutz-Grundverordnung-E). Die Vorschriften sind zwar normativ als Ausnahmetatbestand konzipiert, drücken aber einen allgemeinen, analogiefähigen Rechtsgedanken des Datenschutzrechts aus: Notwendige Voraussetzung der Einwilligung sind Entscheidungsfreiheit und Freiwilligkeit, die nicht unter dem Damoklesschwert einer »coactus volui«-Situation stehen dürfen.[137]

De lege ferenda sollte sich die Einwilligung explizit auch auf die Zusammenführung unterschiedlicher Daten aus verschiedenen Quellen und ihre Auswertung *mithilfe von Algorithmen* beziehen. So lassen sich den Nutzern der erhöhte Gefährdungsgrad und das Ausmaß der Einwilligung bewusst machen. Einwilligungen sollten (jedenfalls) für Big-Data-Analysen auch grundsätzlich zeitlich befristet sein, um dem Risiko der Entkopplung von aktuellen Persönlichkeitspräferenzen zu begegnen.

b)   Gesetzliche Verarbeitungsbefugnis

Soweit eine Big-Data-Analyse nicht von der Einwilligung des Betroffenen getragen ist, ist sie auf eine gesetzliche Verarbeitungserlaubnis als Rechtfertigungsgrundlage angewiesen. Die Rechtsordnung steckt der Erhebung, Verarbeitung und Nutzung personenbezogener Daten insoweit einen engen Rahmen. Dessen Spannbreite hängt von der Art der Daten ab, die in die Analyse einfließen sollen. Zu unterscheiden ist zwischen Daten, die zur

---

136 *Martini* (Fn. 85), 232 f.; *Weichert* (Fn. 12), 139.
137 A. A. *Ohrtmann/Schwiering*, NJW 2014, 2984 (2988) m. w. N.; *Rogosch*, Die Einwilligung im Datenschutzrecht, 2013, S. 186. *Rogosch* weist zu Recht darauf hin, dass der systematisch passende Ort für ein allgemeines Koppelungsverbot die Vorschrift des § 4a BDSG gewesen wäre. Daraus ergibt sich aber noch nicht zwingend das Fehlen einer Regelungslücke. Vielmehr hat der Gesetzgeber in Fällen der Datenerhebung und -speicherung für eigene Zwecke die größte Missbrauchstypik unzulässiger Kopplung in der Praxis vermutet und daher andere Sachbereiche nicht ausdrücklich einer Regelung zugeführt. Nichts spricht dafür, dass der Gesetzgeber öffentliche Stellen von einem solchen Koppelungsverbot bewusst freistellen wollte. Die besseren Gründe streiten insoweit für eine planwidrige, im Wege eines Analogieschlusses schließungsbedürftige Regelungslücke.

technischen Übertragung von Telekommunikationsinhalten generiert werden, insbesondere *Standortdaten* (§ 3 Nr. 19 TKG, aa), telemedienrechtlichen *Bestands- und Nutzungsdaten*, welche die Inanspruchnahme von Telemedien im Verhältnis zwischen Diensteanbieter und Nutzer ermöglichen oder abrechnen sollen (bb) sowie *Inhaltsdaten* eines Kommunikationsprozesses, etwa eines E-Mail-Austausches, eines Chats oder eines Postings (cc). Den Zugriff auf Standortdaten regelt das TKG, denjenigen auf Bestands- und Nutzungsdaten das TMG und auf Inhaltsdaten das BDSG.[138]

aa) Standortdaten

Für Standortdaten, etwa von Smartphones, limitieren die §§ 96 und 98 TKG die Verarbeitungszwecke. Sie machen das Datengold digitaler Mobilität nur zum Zwecke der Nachrichtenübermittlung, deren Abrechnung und zur Erbringung eines angeforderten Dienstes mit Zusatznutzen, etwa eines Lokalisationsdienstes, zugänglich – und dies auch nur so lange, wie es zeitlich erforderlich ist (§ 96 Abs. 1 S. 2 und Abs. 3; § 98 Abs. 1 S. 1 und Abs. 4 TKG[139]). Im Anschluss sind die Daten zu löschen (§ 96 Abs. 1 S. 3 TKG). Eine allgemeine und breite personenbezogene Datenauswertung, etwa für Zwecke der Werbung oder des Direktmarketings, das eine umgreifende Auswertung mit dem Ziel der Konturierung eines Personenprofils vornimmt, ist unzulässig.[140]

bb) Telemedienrechtliche Bestands- und Nutzungsdaten

Vordergründig größeren Auswertungs- und Verarbeitungsspielraum gesteht das TMG den Anbietern von Telemediendiensten, etwa Facebook,

---

138 Vgl. zur Abgrenzung zwischen diesen Regelungsmaterien auf der Grundlage des Schichtenmodells etwa *Martini*, Datenschutz und Sicherheit bei der elektronischen Rechnung, in: Rogall-Grothe (Hrsg.), Leitfaden Elektronische Rechnung in der öffentlichen Verwaltung, 2014, S. 51 (72 f.); *Spindler/Nink*, in: Spindler/Schuster (Hrsg.), Recht der elektronischen Medien, 3. Aufl., 2015, § 15 TMG, Rn. 3.

139 Zur Abgrenzung zwischen den drei Normen *Martini/Weiß/Ziekow*, Rechtliche Zulässigkeit flächendeckender Alarmierungen der Bevölkerung in Katastrophenfällen per SMS (KatWarn), 2013, S. 96 ff.

140 *Ulmer* (Fn. 12), 229.

Google oder XING, zu. Sie dürfen für Zwecke der Werbung und der bedarfsgerechten Gestaltung der Telemedien pseudonymisierte Nutzungsprofile erstellen (§ 15 Abs. 3 S. 1 TMG). Davon machen die Diensteanbieter umfänglich Gebrauch. Zulässig sind aber nur *Nutzungs*profile,[141] keine übergreifenden *Persönlichkeits*profile.[142] In die Nutzungsprofile dürfen auch nur die Daten einfließen, welche für die Inanspruchnahme des Telemediums oder der Abrechnung seiner Leistungen erforderlich sind (vgl. § 15 Abs. 1 S. 1, Abs. 4 S. 1 TMG).

Personenbezogene Daten sind nach Ablauf des Zugriffs zu löschen (§ 13 Abs. 4 S. 1 Nr. 2 TMG). Eine Zusammenführung mit anderen Daten über den Nutzer – wie sie Big Data konzeptionell immanent ist – ist ausdrücklich ausgeschlossen (§ 15 Abs. 3 S. 3, § 13 Abs. 4 S. 1 Nr. 6 TMG).

Die Erhebung und Verwendung von *Bestandsdaten*, etwa Name, Anschrift, E-Mail, Zahlungsdaten und Geburtsdatum, sind nur so weit zulässig, wie sie für die Begründung, inhaltliche Ausgestaltung oder Änderung des Vertragsverhältnisses (§ 14 Abs. 1 TMG) erforderlich sind oder eine staatliche Stelle auf der Grundlage des § 14 Abs. 2 TMG an den Telemedienanbieter aus Gründen der Gefahrenabwehr, etwa zur Unterbindung von Anschlägen oder der Strafverfolgung, ein Auskunftsverlangen richtet.[143]

cc) Inhaltsdaten

Für Inhaltsdaten, also den Inhalt der Kommunikation (z.B. den Text einer E-mail oder einer Facebook-Nachricht), bestimmt sich die Zulässigkeit der Verarbeitung grundsätzlich nach §§ 28 ff. BDSG, für öffentliche Stellen nach den §§ 13 ff. BDSG bzw. dem jeweiligen LDSG.

---

141 Nutzungsprofile beschränken sich auf die Auswertung von Nutzungsdaten i. S. d. § 15 Abs. 1 S. 2 TMG. Sie ermitteln insbesondere typische Nutzungszeiten und Verweildauern, sind aber nicht darauf gerichtet (und nicht in der Lage), die Persönlichkeit des Nutzers umfassend zu kategorisieren.

142 *Dix/Schaar*, in: Roßnagel (Hrsg.), Recht der Telemediendienste, 2013, § 15 TMG, Rn. 62. A. A. wohl *Ohrtmann/Schwiering* (Fn. 137), 2986 f. Zur Speicherung dynamischer IP-Adressen und ihrer Vereinbarkeit mit dem unionalen Datenschutzrecht siehe den Vorlagebeschluss des BGH, GRUR 2015, 192 ff.

143 Zu verfassungsrechtlichen Bedenken an der Vorschrift *Dix*, in: Roßnagel (Hrsg.), Recht der Telemediendienste, 2013, § 14 TMG, Rn. 47 ff.

(1) Verarbeitung für eigene Geschäftszwecke – § 28 BDSG

Sowohl das deutsche (§ 28 Abs. 1 Nr. 2 BDSG) als auch das unionale Recht (Art. 6 Abs. 1 lit. f der Datenschutz-Grundverordnung-E) machen die Zulässigkeit der Verarbeitung im Wesentlichen davon abhängig, ob das Auswertungsinteresse gegenüber dem schutzwürdigen Interesse des Betroffenen überwiegt.[144]

(α) Abwägung zwischen Auswertungsinteresse und Persönlichkeitsinteresse

Die Interessen des Betroffenen überwiegen umso eher, je heterogener die verarbeiteten Daten, je systematischer und je umfänglicher die Auswertung ist.[145] Das Interesse an einer Auswertung über verschiedene, den ursprünglichen Kontext verlassende Datentypen hinweg hat grundsätzlich hinter dem Persönlichkeitsrecht zurückzustehen. Das gilt insbesondere bei Auswertungen, die auf eine Entscheidung mit erheblichen rechtlichen Folgen oder erheblichem Beeinträchtigungspotenzial, z.B. ein Persönlichkeitsprofil, (§ 6a BDSG) sowie auf besondere Arten personenbezogener Daten, wie ethnische Herkunft oder politische Meinung (§ 3 Abs. 9 BDSG i. V. m. § 4d Abs. 5 S. 2 Nr. 1 BDSG), gerichtet sind.[146] Verantwortlichen Stellen ist es daher untersagt, Angaben für nicht näher definierte spätere Nutzungsmöglichkeiten in eine beliebig verwendbare Datensammlung einzubringen. Kundenprofile dürfen sie nur mit Einwilligung des Betroffenen erstellen.[147]

Ein überwiegendes Auswertungsinteresse vermutet das Gesetz demgegenüber grundsätzlich bei allgemein zugänglichen Daten (§ 28 Abs. 1 S. 1 Nr. 3 BDSG, § 29 Abs. 1 S. 1 Nr. 2 BDSG, § 30a Abs. 1 S. 1 Nr. 2 BDSG). Darunter fallen zwar keine Facebook-Nachrichten an Freunde, sehr wohl aber viele klassische Big-Data-Internetquellen, etwa Tweets, in öffentlichen Internetforen verfügbare Daten und allgemein zugängliche Pinnwandeinträge bei Facebook sowie öffentliche Daten der Facebook-Profile,[148] wenn die Privatsphäreneinstellungen den Leserkreis solcher Informationen und Mitteilungen also nicht einschränken.

---

144 Vgl. *Weichert* (Fn. 12), 139.
145 Ebenso etwa *Venzke-Caprese*, DuD 2013, 775 (779); *Koch* (Fn. 104), 16.
146 *Weichert*, in: Däubler/Weichert/Wedde (Hrsg.), BDSG, 4. Aufl., 2014, Einl., Rn. 45 f.
147 *BITKOM* (Fn. 12), S. 44; *Roßnagel* (Fn. 91), 565.
148 *Venzke-Caprese* (Fn. 145), 776.

(β) Schutz des Vergessenwerdens

Sobald die Kenntnis personenbezogener Daten für den Zweck, zu dem sie gespeichert wurden, nicht mehr erforderlich ist, sind die Daten zu löschen (§ 35 Abs. 2 Nr. 3 BDSG). Für die Verarbeitung zum Zwecke der Übermittlung, etwa zum Abruf durch Dritte, trifft den Verantwortlichen eine periodische Prüfungspflicht nach drei bzw. vier Jahren (§ 35 Abs. 2 S. 2 Nr. 4 BDSG).

Der automatisierten Verarbeitung im Wege von Big-Data-Analysen kann der Betroffene nach § 35 Abs. 5 BDSG auch widersprechen. Zwei Hürden gilt es dafür allerdings zu überwinden: Der Betroffene muss von der Verarbeitung erfahren und sein schutzwürdiges Löschungsinteresse muss gerade wegen seiner *besonderen persönlichen Situation* (nicht nur wegen eines Allgemeininteresses an der Geheimhaltung von Daten) überwiegen (§ 35 Abs. 5 S. 1 BDSG). An beidem wird es häufig mangeln. § 35 Abs. 5 BDSG ist insoweit für den Schutz gegen Big-Data-Analysen ein relativ stumpfes Schwert.

Auch für Daten, die *bei Dritten* gespeichert sind, helfen dem Betroffenen weder § 35 Abs. 2 noch Abs. 5 BDSG. Insoweit hat der Gesetzgeber zwar § 35 Abs. 7 BDSG als Schutzinstrument angelegt: Er begründet (in den Grenzen der Verhältnismäßigkeit und der Schutzwürdigkeit der Betroffeneninteressen) eine Unterrichtungspflicht der datenverarbeitenden verantwortlichen Stelle gegenüber den Dritten. Sein Schutz erschöpft sich aber in deren Unterrichtung über eine *erfolgte eigene* Berichtigung, Sperrung sowie Löschung oder Sperrung wegen Unzulässigkeit der Speicherung. Eine Pflicht zur Einwirkung auf Dritte (damit diese insbesondere eine Löschung von Daten vornehmen) löst sie aber ebenso wenig aus wie Handlungspflichten Dritter.

Weiter geht demgegenüber insoweit Art. 17 der geplanten Datenschutz-Grundverordnung. Auf seiner Grundlage sollen Betroffene die Löschung personenbezogener Daten sowie diesbezüglicher Querverweise und die Unterlassung der weiteren Verbreitung nicht nur von dem für die Verarbeitung Verantwortlichen, sondern auch von Dritten u.a. dann verlangen können, wenn die Daten für die ursprünglichen Erhebungs- und Verarbeitungszwecke nicht mehr notwendig sind.[149]

---

149 Art. 17 Abs. 1 lit. a Datenschutz-Grundverordnung-E. Etwas anderes gilt aber dann, wenn die Speicherung zur Ausübung des Rechts auf freie Meinungsäuße-

In gleichsam vorauseilendem Gehorsam zum Entwurf der Datenschutz-Grundverordnung hat der EuGH bereits aus der bestehenden Gesetzeslage (in dogmatisch kühner Weise) ein Recht auf Vergessenwerden herausgelesen.[150] Er verlangt von Suchmaschinenbetreibern als Big-Data-Generatoren auf Antrag die Entfernung solcher – ursprünglich rechtmäßiger – Einträge, deren Verarbeitung Inhalte (insbesondere in Anbetracht der inzwischen verstrichenen Zeit) nach Abwägung aller betroffenen Interessen das Recht auf Achtung des Privatlebens (Art. 7 GrCh) oder das Recht auf Schutz personenbezogener Daten (Art. 8 GrCh) verletzen.[151] Der EuGH reagiert damit auf den Befund, dass Suchmaschinenbetreiber die Informationsströme im Netz immer stärker kanalisieren; sie nehmen eine Rolle als Gatekeeper des Informationszugangs wahr. Dass das Gericht die Entscheidung über die Kollision zwischen dem Informationsinteresse der Allgemeinheit und dem Persönlichkeitsschutz des Einzelnen primär in die Obhut eines privaten Anbieters – hier der Google Inc. – legt, ist jedenfalls rechtspolitisch unbefriedigend. Zwar ist eine solche Abwägungsentscheidung zwischen Persönlichkeitsinteresse und Informationsinteresse der Öffentlichkeit im Äußerungsrecht, etwa bei der Veröffentlichung von Presseartikeln, nichts Ungewöhnliches. Die Konfliktentscheidung ist bei dem Suchmaschinenbetreiber allerdings nicht in den richtigen Händen. Entsprechend dem Gebot effizienter Konfliktbewältigung sollte die Austragung der Auseinandersetzung vielmehr primär in die Händen derjenigen gelegt (und bei ihnen konzentriert) werden, welche der Konflikt unmittelbar berührt und die über die insoweit maßgeblichen Informationen verfügen: des Äußernden und des Betroffenen. So hat die Rechtsordnung die grundrechtliche Kollisionslage auch in der Vergangenheit bewältigt. Im Internet tritt zwar mit den Suchmaschinenbetreibern als Informationsintermediären zu den bereits bestehenden Kom-

rung, aus Gründen des öffentlichen Interesses im Bereich der öffentlichen Gesundheit, für historische und statistische Zwecke oder zum Zwecke der wissenschaftlichen Forschung oder zur Erfüllung einer legitimen gesetzlichen Pflicht zur Vorhaltung der personenbezogenen Daten erforderlich ist, Art. 17 Abs. 3 Datenschutz-Grundverordnung-E.

150 EuGH, NVwZ 2014, 857 ff. Dazu insbesondere *Boehme-Neßler*, NVwZ 2014, 825 ff.; *Nolte*, NJW 2014, 2238 ff.; *Piltz*, PinG 2 (2014), 180 ff. sowie bereits *Ambrose*, Stanford Technology Law Review 16 (2013), 369 ff.; *Hornung/Hofmann*, JZ 2013, 163 ff.; *Kodde*, ZD 2013, 115 ff.; *Mayer-Schönberger*, Delete, 2. Aufl., 2011; *Walker*, Hastings Law Journal 64 (2012), 257 (269 ff.). Aus der nationalen Rechtsprechung: LG Hamburg, NJW 2015, 796 ff.; LG Heidelberg, MMR 2015, 348 ff.; LG Berlin, ZUM-RD 2015, 276 f.

151 EuGH, NVwZ 2014, 857 (864, Rn. 92 f.).

munikationsebenen eine neue hinzu. Vorrangig sollte aber der Inhaltsanbieter (mit entsprechenden Einwirkungspflichten) dafür Sorge tragen müssen, dass persönlichkeitsverletzende Informationen (z.B. mit Hilfe des Ausschlussprotokolls „robot.txt") über Suchmaschinen nicht auffindbar sind. Den Suchmaschinenbetreiber trifft dann nur eine subsidiäre Verantwortung, soweit ein Vorgehen gegen den Inhalteanbieter leerläuft, der Betroffene also sonst vollständig schutzlos gestellt wäre.

Der Suchmaschinenbetreiber ist als Informationsintermediär weder dazu bestimmt noch dazu legitimiert, komplexe, für die demokratischen Grundlagen einer Gesellschaft wesentliche Abwägungsentscheidungen zwischen Informationsinteresse der Allgemeinheit und Persönlichkeitsinteresse des Einzelnen als Clearingstelle der digitalen Identität unbefangen und sachgerecht zu treffen. Als wirtschaftliches Unternehmen, das durch die Löschung auch in seinem (durch Art. 16 GrCh grundrechtlich geschützten) wirtschaftlichen Interesse betroffen ist und insoweit immer auch in eigener Sache entscheidet, ist es geneigt, die Interessen der Allgemeinheit am Informationszugang und derer, deren Inhalte aufgrund einer Löschung unter einer bestimmten Begriffssuche nicht mehr automatisch verlinkt werden, systematisch unterzugewichten. Die Idee einer plural zusammengesetzten, gerichtsähnlichen Schlichtungsstelle, welche das komplexe Geflecht der konfligierenden Interessen unparteiisch abbildet – und damit auch die Richtigkeit der zu treffenden Abwägungsentscheidung eher Gewähr bietet, hat deshalb Charme. Solche Mittlungsinstanzen haben sich in anderen Rechtsbereichen, etwa im Presse- und Verbraucherschutzrecht, bewährt.

Zum Schutz des Einzelnen davor, an überholten Persönlichkeitsmustern festgehalten zu werden, sollte der Gesetzgeber darüber hinaus einer Auswertung offener, allgemein zugänglicher Daten zu Big-Data-Zwecken entweder eine zeitliche Verwertungsschranke ziehen (Verfallsdatum)[152] oder der Verarbeitung älterer Daten einen abdiskontierten Gewichtungsfaktor auferlegen. Jedenfalls sensible personenbezogene Daten, deren Generierung so lange zurückliegt, dass ihre Aussagekraft eingeschränkt ist – denken lässt sich (in Analogie zu § 12 Abs. 3 BVerfSchG oder § 35 Abs. 2 S. 1 Nr. 4 BDSG) an eine Zeitraum von z.B. drei bis fünf Jahren –, sollten grundsätzlich keine oder nur noch schwächer gewichtete Verwendung für Big-Data-Anwendungen finden dürfen. Absichern lässt sich das durch entsprechende Schlüssel als Metadaten, welche den Daten als zweckbestimmende »tags« mit auf den Weg gegeben werden. Das stellt eine Abnabelung des

---

152 Dazu *Mayer-Schönberger* (Fn. 150), S. 201 ff. sowie in der bestehenden Rechtsordnung bspw. § 882e Abs. 1 ZPO, § 3 InsoBekV und § 46 BZRG.

digitalen Alter Egos von der realen Person – insbesondere unabhängig von der individuellen Kenntnis oder Ausübung von Antragsrechten – am ehesten sicher.

(2) Datenverarbeitung öffentlicher Stellen

Noch größeren Einschränkungen der Verarbeitungsbefugnis als Private sind öffentliche Stellen unterworfen.[153] Zwar kann die Auswertung von Massendatensätzen substanziellen Gemeinwohlertrag spenden. Das gilt für die öffentliche Infrastrukturplanung, etwa von Bildungseinrichtungen, Nahverkehrsleistungen oder Energieversorgungsprojekten, ebenso wie für die Wirtschaftsförderung, die Bekämpfung des Missbrauchs von Sozialleistungen oder die Korruptionsbekämpfung.[154]

Staatlichen Stellen setzen jedoch nicht nur die Integrität und Vertraulichkeit informationstechnischer Systeme besondere verfassungsrechtliche Handlungsgrenzen,[155] sondern auch die Bindung an die Wahrnehmung eigener Aufgaben und der Grundsatz der Zweckbindung (vgl. auch einfachgesetzlich § 13 Abs. 1 und § 14 Abs. 1 BDSG sowie die entsprechenden Landesdatenschutzgesetze): Sie koppeln die Datenspeicherung, -veränderung und -nutzung an den jeweils eigenen gesetzlichen Aufgabenbereich und den ursprünglichen Erhebungszweck. Das limitiert die Instrumentalisierung von Daten für Big-Data-Zwecke nachhaltig. So wäre es zwar verlockend, Straßenmaut-Daten auch für die Verbrechensaufklärung einzusetzen. Zu diesem Zweck wurden die Daten aber nicht erhoben, sondern ausschließlich für die Mautabwicklung und -kontrolle (§ 7 Abs. 2 S. 2 Bundesfernstraßenmautgesetz). Nur wenn der Gesetzgeber ihre Verwertung für andere Zwecke ausdrücklich und hinreichend klar zulässt, ist der Weg für entsprechende Nutzungen frei. Wenn der Staat Informationen, die er zur Verfügung hat, nicht nutzt, sondern ggf. noch einmal erheben muss, wirkt das prima facie zwar geradezu anachronistisch. So zeichnete beispielsweise die fehlende Koordination der Verfassungsschutzbehörden dafür mitverantwortlich, der NSU-Gruppe unbehelligtes Wirken zu ermöglichen. Einem

---

153 Die geplante Datenschutz-Grundverordnung differenziert in ihrem bisherigen Entwurf demgegenüber in der Strenge der Datenverarbeitungsbefugnis nicht zwischen öffentlichen und privaten Stellen. Das wird den unterschiedlichen Bindungen nicht gerecht.
154 Vgl. dazu im Einzelnen bereits oben S. 112 ff.
155 BVerfGE 120, 274 ff.

allgemeinen, zuständigkeitsüberschreitenden Informationsaustausch, der jegliche Informationsgrenzen abbaut, will die Trennung und Begrenzung von Zuständigkeiten aber gerade einen Riegel vorschieben. Die föderale und fachliche Aufgliederung von Behörden entfaltet insoweit eine grundrechtliche Nebenwirkung.[156] Daraus erwächst ein informationelles Trennungsprinzip, etwa für den Austausch zwischen offen arbeitenden Polizeibehörden und verdeckt arbeitenden Nachrichtendiensten. Der Verfassungsschutz darf sich gewünschte Informationen nicht über den Umweg der Polizei beschaffen. So hat es das BVerfG in seiner Entscheidung zur Antiterrordatei ausdrücklich verfügt.[157] In der Literatur ist der Topos einer »informationellen Gewaltenteilung« schon lange bekannt.[158] Auch die Landesdatenschutzgesetze sehen ausdrücklich eine getrennte Verarbeitung zu unterschiedlichen Zwecken erhobener Daten vor (vgl. etwa § 9 Abs. 2 S. 2 Nr. 8 RhPfLDSG).

3. Anonymisierung als Königsweg

In vielen Fällen bietet das Datenschutzrecht für Big-Data-Anwendungen gegenwärtig keine gesetzliche Verarbeitungsgrundlage. Es eröffnet ihren Einsatz dann nur in zwei Gestaltungsformen: Auf der Grundlage einer Einwilligung[159] oder durch Auflösung des Personenbezugs im Wege der Anonymisierung. Diese ist datenschutzrechtlich der Königsweg des Einsatzes von Big-Data-Techniken.[160] Sie verschließt dem BDSG den normativen Geltungsanspruch (§ 1 Abs. 1 und 2 BDSG). Eine Pseudonymisierung (§ 3

---

156 BVerfGE 133, 277 (323, Rn. 113) – Antiterrordatei.
157 BVerfGE 133, 277 (329, Rn. 123) – Antiterrordatei; dazu *Fremuth*, AöR 139 (2014), 32 (34 ff.). Zum Trennungsgebot zwischen Polizei und Geheimdiensten bereits *Bull*, PinG 1 (2013), 6 f.; *Gusy*, Die Verwaltung 24 (1991), 467 ff.
158 Dazu etwa *Forgó/Krügel/Rapp*, Zwecksetzung und informationelle Gewaltenteilung, 2006.
159 Dazu oben S. 138.
160 In diesem Sinne auch ausdrücklich *Ulmer* (Fn. 12), 229. Die anonymisierte Verwendung bereits erhobener Daten ist auch kein neuer Verwendungszweck im Sinne des BDSG, der einer eigenen Verarbeitungsgrundlage bedürfte. Das entspricht auch Schutzrationalität des Datenschutzrechts, Beeinträchtigungen des Persönlichkeitsrechts durch den Umgang mit personenbezogenen Daten nach Möglichkeit zu vermeiden (§ 1 Abs. 1 BDSG). Vgl. auch *Dorner* (Fn. 126), 628 m. w. N. Allerdings herrscht auch unter Fachleuten keine Einigkeit, ab wann ein Datum anonym oder pseudonym ist, vgl. *Stöcker* (Fn. 31), 9.

Abs. 6a BDSG) genügt insoweit nicht. Denn sie lässt die Möglichkeit der Zuordnung zu einer Person unangetastet, ermöglicht namentlich eine Rekonstruktion des Personenzusammenhangs.

Anonymisierungsmethoden müssen allerdings zuverlässig sicherstellen, dass eine Zuordnung zu einer Person mit nach menschlichem Ermessen hinreichender Wahrscheinlichkeit (wenn auch nicht notwendig absoluter Sicherheit)[161] ausgeschlossen ist. Der Datensatz darf also eine inhaltliche Aussage über eine bestimmte natürliche Person entweder gar nicht zulassen (absolute Anonymisierung) oder nur mit unverhältnismäßigem Aufwand an Zeitkosten und Arbeitskraft (faktische Anonymisierung) – § 3 Abs. 6 BDSG. Entscheidend sind insoweit das Wissen und die Möglichkeiten der verantwortlichen Stelle. Die rein hypothetische Möglichkeit, die Person identifizieren zu können, reicht für die Anwendbarkeit des BDSG zwar noch nicht; sehr wohl ist aber Zusatzwissen zu berücksichtigen, über das die verantwortliche Stelle – ggf. unter Rückgriff auf Dritte – mit »vernünftigerweise« eingesetzten Mitteln verfügen kann (vgl. Erwägungsgrund Nr. 26 S. 2 der EG-Datenschutz-RL 95/46/EG).

a) Anonymisierung unter Big-Data-Bedingungen

Anonymisierte Daten können unter Umständen durch ihre massenhafte Verknüpfung und Filterung mit Hilfe von Big-Data-Technologien Rückschlüsse auf konkrete Personen zulassen, individuelle Lebensgewohnheiten offen legen und Lebensentwürfe vermessbar machen. Je größer die Gruppen, umso geringer grundsätzlich zwar das Risiko einer Reidentifizierung. Je umfangreicher und detaillierter die Merkmalsdaten sind und je länger Bewegungsmuster gespeichert werden, umso stärker steigt die Wahrscheinlichkeit, dass ein Abgleich der Merkmalsdaten eine Reidentifizierung ermöglicht.[162]

---

161 Das Gesetz akzeptiert insoweit ein Restrisiko. Es stellt eine Verhältnismäßigkeitsprüfung zwischen dem Risiko der Personenzuordnung und dem damit verbundenen Aufwand als Teil einer Risikoanalyse an, vgl. *Wójtowicz*, PinG 1 (2013), 65 (68).

162 *Bitter/Buchmüller/Uecker*, Datenschutzrecht, in: Hoeren (Hrsg.), Big Data und Recht, 2014, S. 58 (79 f.); *Katko/Babaei-Beigi*, MMR 2014, 360 (361 f.); *Weichert* (Fn. 14), 258; *Wójtowicz* (Fn. 161), 67.

Es genügen häufig wenige Merkmale, um eine Person zu reidentifizieren,[163] wenn sie »Ausdruck ihrer physischen, physiologischen, psychischen, wirtschaftlichen, kulturellen oder sozialen Identität sind«.[164] Dies gilt insbesondere, wenn die Aggregierung auf der Zugehörigkeit zu identitätsstiftenden Gruppen, etwa politischer, religiöser, sozialer oder ethnischer Art, aufsetzt.[165] Schon die Zusammenführung von vier Datenpunkten in einem Konvolut von Kreditkartendaten kann genügen, um eine Person eindeutig bestimmbar zu machen.[166] Ein sicherer Weg der Anonymisierung ist unter Big-Data-Bedingungen insofern immer schwerer auffindbar.

b) Lösungswege

Die Kunst, eine sachgerechte Antwort auf diese Herausforderungen von Big-Data-Technologien zu finden, liegt daher darin, geeignete Anonymisierungsstrategien zu entwickeln, welche einerseits die Analysezwecke nicht torpedieren, andererseits aber den Personenbezug sicher auflösen. Zielführend kann es sein, Datensätze in einer Weise zu zerlegen und zu verwürfeln, dass sie für statistische Zwecke ausgewertet, aber nicht einer bestimmten Person zugeordnet werden können. Der Anonymisierungsschlüssel bedarf eines Austauschs nach kurzen Zeitabständen.[167] Big Data impliziert insofern besondere Anforderungen an ein »Vergessenwerden«. Denkbar sind auch Methoden der Randomisierung, insbesondere der *differential privacy*, bei der Datenbankabfragen und -antworten einen Filter passieren, der Unschärfen hinzufügt und Daten auf statistische Kenngrößen herunterbricht, um einen Rückschluss auf bestimmte Personen auszuschließen.[168]

---

163 Vgl. etwa *Bornemann* (Fn. 10), 233; *Koch* (Fn. 104), 18.
164 Art. 2 lit. a Richtlinie 95/46/EG (Datenschutz-Richtlinie).
165 Bedenklich ist daher aus deutscher Perspektive der Plan Großbritanniens, eine Online-Datenbank aufzubauen, welche Informationen zu den Krankheiten der Briten in pseudonymisierter Form vorhält und diese Versicherungs- sowie Pharmaunternehmen zum Ankauf zur Verfügung stellt. Vgl. *Anonymous*, »Patientendaten aller Briten werden verkauft«, FAZ vom 21.1.2014, S. 9.
166 Siehe dazu *Montjoye/Laura Radaelli/Singh et al.*, science 347 (2015), 536 ff.
167 *Ulmer* (Fn. 12), 330.
168 Diese Methoden gelten als Goldstandard der Privacy-Sicherung; *Artikel-29-Datenschutzgruppe*, Stellungnahme 5/2014 zu Anonymisierungstechniken, WP 216, 2014, S. 14 ff.; *Müller-Quade*, Kursbuch 177: Privat 2.0 2014, 130 (143 f.); *Wei-*

V. Regulierungsstrategien und Fazit

Der Modebegriff »Big Data« steht für nachhaltige Umwälzungen unserer herkömmlichen Formen der Informationsanalyse.[169] Längst hat die algorithmengestützte Massendatenauswertung sich zu einem Megatrend gemausert. Big Data verspricht, bisher brachliegende Weinberge voller fruchtbarer Datenrebstöcke abzuernten, um daraus ein wertvolles Cuvée zu komponieren. Die Analyse liefert die Erntemaschine, welche die mühselige und kostspielige Handarbeit durch intelligente Algorithmen ersetzt.[170] Sie macht die »Datenlese« immer leichter und ertragreicher.

Vollständig neu sind ihre Möglichkeiten nicht. Bei genauerem Hinsehen ist Big Data weniger eine radikale Innovation als eine technische Transformation, weniger eine Revolution als eine Evolution, die eine neue Stufe erklimmt.[171] Bei seinen technischen Möglichkeiten handelt es sich zugleich nicht lediglich um alten Wein in neuen Schläuchen. Seine DNA trägt enormes Wertschöpfungs- und gesellschaftliches Problemlösungspotenzial in sich – von der Medizin über den Umweltschutz bis hin zur Infrastruktursteuerung. Durch eine umfassende Exploration des Rohstoffs »Daten« generieren Big-Data-Analysen entscheidungsrelevantes Wissen. Sie ergänzen die menschliche Rationalität und überwinden hergebrachte Grenzen menschlicher Problemverarbeitungskapazität. In einer datengetränkten Welt wird die Qualität der Datenverarbeitung insbesondere zu einem zentralen Produktionsfaktor der digitalen Infrastruktur: Der Wert von Daten hängt immer mehr von der Schnelligkeit und Qualität ihrer Verarbeitung ab. Diejenigen Akteure, denen es gelingt, relevante von irrelevanten Daten in Echtzeit zu unterscheiden, können auf entscheidende Vorteile im politischen, gesellschaftlichen und wirtschaftlichen Wettbewerb hoffen.[172]

---

chert (Fn. 14), 258; aus technischer Sicht siehe auch *Dwork*, Differential Privacy: A Cryptographic Approach to Private Data Analysis, in: Lane/Stodden/Bender et al. (Hrsg.), Privacy, Big Data, and the Public Good, 2014, S. 296 ff.

169 Das gilt vor allem dann, wenn aus »Big Data« »Smart Data« wird, *Kreibich* (Fn. 46), 22.

170 Vgl. auch *Weichert* (Fn. 12), 132.

171 Was im Zeitalter der Aktenbände ein findiger Ermittler noch in langwieriger Kleinstarbeit aus vielen Quellen zusammenführen musste, lässt sich nun in Millisekunden per Mausklick ergründen.

172 Vgl. auch *Bachmann/Kemper/Gerzer* (Fn. 9), 49 ff.

Big Data ist aber nicht nur Big Business. Es kann auch einer neuen Überwachungsarchitektur den Weg ebnen. Big Data ist insoweit Fluch und Segen zugleich.[173] Denn noch nie zuvor war es so leicht und unbemerkt möglich, letzte Hüllen auf dem Weg zum intimen Innersten der Persönlichkeit unversehens abzustreifen. Big Data und Big Brother gehen schnell eine gefährliche Liaison ein. Der Informationsvorsprung, den die Auswertungsmöglichkeiten von Big-Data-Technologien verschaffen, paart sich mit einer Informations- und Steuerungsmacht, die auf der undurchsichtigen Eigenrationalität von Algorithmen aufbaut. Strukturelle Asymmetrien von Interessendurchsetzungschancen mit korrespondierenden Gefährdungen des informationellen Selbstbestimmungsrechts sind deren Frucht. Facebook & Co steuern durch ihre Algorithmen nicht alleine, welche Informationen der im Datensilo seines sozialen Netzwerks sitzende Nutzer zu Gesicht bekommt (und welche nicht). Vielmehr treffen die algorithmischen Logiken marktmächtiger Big-Data-Kollektoren Entscheidungen mit erheblicher Tragweite für die öffentliche Wahrnehmung und steuern in bisher unbekanntem Umfang den Zugang zu Märkten und Teilhabechancen in einer digitalen Welt.

1. Kollektivierung des Risikos für die informationelle Selbstbestimmung durch Big-Data-Algorithmen

Der Zauber der Algorithmen, den Big-Data-Technologien versprühen, verleitet zu einem unreflektierten, gar blinden Glauben in die Richtigkeit ihrer Resultate.[174] Algorithmen als Handlungsanweisungen zur Aufgabenbewältigung nach einem vordefinierten Schema sprechen unser Grundvertrauen in die Objektivität von Zahlen an. Sie suggerieren eine Unfehlbarkeit der Analyse, die unter den Bedingungen großer Datengrundgesamtheiten den Beweis des ersten Anscheins für sich in Anspruch nimmt. Maschinell berechnete Wahrscheinlichkeiten maskieren sich als Wahrheiten (bzw. werden als solche wahrgenommen), ohne solche sein zu können.

---

173 Damit kann sich auch ein Scheideweg »zwischen Sicherheit und Vorhersehbarkeit einerseits und Freiheit und Risiko anderseits« verbinden, *Mayer-Schönberger* (Fn. 44), 19.
174 *Mayer-Schönberger/Cukier* (Fn. 3), S. 209.

Sie behandeln das individuelle Verhalten vorrangig als Ausdruck kollektiver Handlungsmuster. Aus der Zuordnung zu einer mit besonderen Risikofaktoren behafteten Gruppe erwächst dann schnell ein Pauschalverdacht. Die Analyseinstrumente verwenden die Ergebnisse einer Auswertung nämlich auch für solche Personen, deren persönliche Daten nicht zur Verfügung stehen, die Gruppenmerkmale aber erfüllen.[175] Sie lösen die Suche nach Ursachen für bestimmte Verhaltensweisen durch die Suche nach Korrelationen ab. Die Korrelationsanalyse lässt eine überwiegende Wahrscheinlichkeit ausreichen, um eine Handlungsanleitung zu geben. Dadurch können Big-Data-Analysen die persönliche Freiheit bedrohen. Wer in die Verarbeitung seiner Daten ausdrücklich einwilligt, zeitigt damit auch externe Effekte für andere, die sich in einer vergleichbaren Situation befinden. Der faktischen Datenvorhaltung wächst so eine normative Kraft für unbeteiligte Dritte zu. Big Data kollektiviert insofern das Risiko für die informationelle Selbstbestimmung.[176] Es macht dann das Individuum zum Gefangenen von Wahrscheinlichkeiten, die spekulative Rückschlüsse vom Gruppenverhalten auf den Einzelnen ziehen, auf diesen aber nicht zutreffen müssen.[177] Die Zuordnung zu statistisch ermittelten Gruppen mündet schnell in eine individuell unzutreffende Bewertung auf der Grundlage verzerrter Persönlichkeitsbilder sowie in eine Selektivität der Realitätserfassung, die zu stereotypisierenden Vorverurteilungen einlädt.[178] Mit den Analysetools verbindet sich insoweit das besondere Risiko einer Gruppendiskriminierung.[179]

Wer in einem Gebiet wohnt, das für eine schlechte Zahlungsmoral bekannt ist, muss damit rechnen, von manch einem Anbieter nicht oder nur gegen Vorkasse beliefert zu werden. Gruppen, die aufgrund ihrer Kaufhistorie demgegenüber für besondere Zahlungskraft bekannt sind, erhalten bei Einkäufen im Internet womöglich unversehens ein höheres Preisangebot als der Durchschnittskunde und sehen sich damit einer Preisdiskriminierung

---

175 *Roßnagel* (Fn. 91), 566.
176 *Roßnagel* (Fn. 91), 566; *Weichert* (Fn. 14), 254.
177 *Mayer-Schönberger/Cukier* (Fn. 3), S. 206.
178 *Roßnagel* (Fn. 91), 566; vgl. dazu auch *Leopold* (Fn. 35), 80; zu eng aber seine Schlussfolgerung, dass Anonymisierungsverfahren der geeignete Hebel zur Problembehebung sind. Denn die Problematik beruht gerade darauf, dass die Zuordnung einer Person zu einer Gruppe Diskriminierungspotenzial in sich trägt.
179 Optimistischer insoweit *Mayer-Schönberger/Cukier* (Fn. 3), S. 203, welche die Chance sehen, der Zwangsjacke von Gruppenidentitäten im Gefolge von Big Data zu entkommen, da Big Data ein besseres, weniger diskriminierendes und stärker individualisierendes Profiling verspreche.

ausgesetzt. Wer zum Shoppen nach New York möchte, muss in einer Big-Data-Welt gewärtigen, dass er diesen Plan durch Eingabe von Verdacht erregenden Suchbegriffen im Internet, wie z.B. »Al Qaida«, gefährden kann.

Bei allen Risiken, die Big-Data-Technologien in sich bergen: Die Forderung, personenbezogene Daten deshalb generell dem Regime von Big Data zu entziehen,[180] schösse freilich über das Ziel hinaus. Auf statistische Größen rekurrierende, automatische Entscheidungen sollte die Rechtsordnung jedoch zum einen einer speziellen Risikokontrolle unterwerfen – jedenfalls dann, wenn eine Auswertung in eine Zuordnung zu einer Risikogruppe mündet, die eine Diskriminierung in einem sensiblen Merkmal nach sich ziehen kann.

Big-Data-Technologie weist in mancher Hinsicht strukturelle Ähnlichkeit mit risikotechnologischen Innovationen, wie etwa der Atomkraft, auf: Ihr Gemeinwohlpotenzial ist enorm, solange sie unter Kontrolle sind. Geraten sie in die falschen Hände oder werden sie falsch eingesetzt, richten sie allerdings kaum beherrschbaren Schaden an. Die Delegation immer weiterreichender Entscheidungen an immer komplexer konfigurierte, intransparente und autonom agierende Systeme birgt bei unzureichender Risikovorsorge die Gefahr eines folgenschweren Kontrollverlustes. Algorithmen sind gleichsam die »Atomkraft des 21. Jahrhunderts«. Als Schaltstellen in der digitalen Infrastruktur der Zukunft ist die regulatorische Umhegung ihres Einsatzes in besonders kritischen, weil diskriminierungsanfälligen oder persönlichkeitsrechtlich sensiblen Entscheidungszusammenhängen geboten. Algorithmen als neuer Machtfaktor der digitalen Welt sind insbesondere nicht frei von Wertungen; sie spiegeln die Wertmuster derer wider, die sie programmieren, und bedürfen daher einer Kontrolle. Sachgerechte Big-Data-Regulierung ist insofern Algorithmenkontrolle.[181] Es braucht ein Algorithmen-Risikotechnologierecht. Seine Aufgabe ist es, eine ausgewogene Balance zwischen dem notwendigen Schutz personenbezogener Daten und dem Interesse der Gesellschaft an innovativen Nutzungsformen herzustellen. Hierbei darf nicht die Technik das Recht, sondern muss das Recht die Technik bestimmen: In der digitalen neuen Welt darf nicht alles, was technisch möglich ist, auch rechtlich zulässig sein. Technikentwicklung und Recht sollten stattdessen (z.B. im Rahmen von Standardsetzungsprozessen) in einen fruchtbaren Dialog treten.

Das Datenschutzrecht setzt Big-Data-Analysen bereits heute Grenzen. Diese sind allerdings noch nicht hinreichend auf das digitale Zeitalter und

---

180 So aber *Ohm*, UCLA Law Review 57 (2010), 1701 (1742 f.).
181 Vgl. dazu auch oben S. 137.

die Chancen sowie Herausforderungen abgestimmt, die von Big-Data-Analysen und ihren Algorithmen ausgehen. Big Data braucht insofern keine Neuerfindung des Datenschutzrechts – wohl aber eine zeitgerechte Anpassung.

2. Transparenzsichernde Handlungsinstrumente

Der Staat ist aufgerufen, sichere Rahmenbedingungen für den Umgang mit den technologischen Möglichkeiten algorithmengesteuerter Massendatenauswertung zu entwickeln – Rahmenbedingungen, die Vertrauen in ihren Nutzen sowie ihre Verantwortbarkeit begründen und die individuellen sowie kollektiven Risiken umfassender Persönlichkeitsausforschung und einer Gruppendiskriminierung durch vorsorgenden Datenschutz verringern. Flankierende Sicherungsinstrumente bilden insoweit insbesondere Ansprüche Betroffener auf Zugang zu über sie gespeicherte Informationen, feste Löschungsfristen, die Daten im Zeitlauf verwischen wie Fußspuren am Sandstrand, Big-Data-adäquate Anonymisierungstechniken und staatliche Kontrolle bei potenziell diskriminierenden algorithmischen Steuerungen.[182]

Ein zentraler Schlüssel zum verantwortungsvollen Umgang mit Big Data ist die Herstellung von Transparenz in der Analysepraxis. Big-Data-Verfahren müssen offenlegen, welche Daten erhoben und verwertet, wie sie verschmolzen und wie ihre Resultate verwendet werden. Die Zertifizierung und Auditierung entsprechender Analyseinstrumente, insbesondere durch die staatlichen Datenschutzbeauftragten, sowie Datenschutz-Folgeabschätzungen für besonders persönlichkeitssensitive Verarbeitungsvorgänge[183] können insoweit ein wirksames präventives Kontrollinstrument sein.[184]

Datenschutzregulierung darf kein *race to the bottom* auslösen, in dem niedrige Datenschutzstandards einen Wettbewerbsvorteil versprechen. Sie sollte vielmehr einen Wettbewerb um Techniken entfachen, welche die digitale Unversehrtheit des Einzelnen im Internet sichern. Diese sollten die Menschen in die Lage versetzen, aufgeklärt darüber zu entscheiden, was mit ihren Daten geschieht. Die Bürger erhalten dann im Idealfall, etwa durch standardisierte Schnittstellen zu ihren Online-Nutzungsdaten bei Big-

---

182 *Roßnagel* (Fn. 91), 566.
183 In diese Richtung denkt auch Art. 33 Datenschutz-Grundverordnung-E.
184 *Roßnagel* (Fn. 91), 566.

Data-Kollektoren, durch »Online-Kontoauszüge« einen Einblick in ihr Daten-Konto (und Portabilitätsrechte). Das eröffnet ihnen einen einfachen Weg, zu kontrollieren und zu erfahren, welche Daten verantwortliche Stellen über sie vorhalten, in welchem Kontext ihre Daten eingesetzt werden und welche Daten gelöscht oder mit einem Verfallsdatum versehen werden sollen, um ihre digitale Souveränität und Autonomie wahren zu können.[185] *Privacy by design* ist ein wichtiges Hilfsmittel zur Sicherung der informationellen Selbstbestimmung gegenüber Big-Data-Anwendungen. Es stellt sicher, dass technologische Herausforderungen für das Selbstbestimmungsrecht bereits bei der Konzeption neuer Technologien Berücksichtigung finden. Viel spricht für eine Vorverlagerung des Schutzes in die Technikebene.[186]

Ob es gelingt, die Nutzungschancen der Big-Data-Technologie unter Zuhilfenahme solcher Techniken mit dem Persönlichkeitsschutz Betroffener zu versöhnen, stellt die Weichen für ihr gesellschaftliches und ökonomisches Entfaltungspotenzial. Ohne das Vertrauen der Datenspender in die missbrauchsfreie, gesellschaftlich akzeptierte Nutzung[187] gibt es nicht zuletzt kein Big Data. Sein Wesen besteht im Idealfall nicht nur darin, Daten zu sammeln, sondern diese auch vertrauenswürdig zu beherrschen und einzusetzen. Eine ausgewogene Balance zwischen wirtschaftlicher Wertschöpfung und Persönlichkeitsschutz herzustellen, darin liegt auch die zentrale Herausforderung der Datenschutzverfassung einer freiheitlichen Gesellschaft. Geboten ist eine Diskussion um den verantwortungsvollen und gesellschaftlich akzeptierten Rahmen der neuen Möglichkeiten.[188] Nur dann schöpft der Bürger Vertrauen, durch Big-Data-Analyse nicht lediglich zum Objekt eines informatorischen Panoptikums zu werden. Anderenfalls wird

---

185 *Greenwood/Stopczynski/Sweatt et al.*, The New Deal on Data: A Framework for Institutional Controls, in: Lane/Stodden/Bender et al. (Hrsg.), Privacy, Big Data, and the Public Good, 2014, S. 192 (195 ff.) sprechen einem »New Deal« zum Schutz der Souveränität über Daten.
186 *Leopold* (Fn. 35), 80.
187 Sie wird unter dem Stichwort »datability« – einem der Leitbegriffe der CeBIT 2014 – diskutiert. Das Kunstwort kombiniert Big Data mit den englischen Begriffen für Nachhaltigkeit (sustainability) und Verantwortung (responsibility). Er steht für die Herausforderung, große Datenmengen nachhaltig und verantwortungsvoll zu verarbeiten.
188 Vgl. auch *Morozov*, APuZ 2015, 3 (7): »Letztendlich können wir nur dann eine alternative Vision für die Nutzung von Kommunikationstechnologien artikulieren, wenn wir hinterfragen, ob es angemessen ist, dass es die großen Unternehmen wie Google und Facebook sind, die letztgültig vermitteln, wie wir leben, heilen, studieren oder reisen.«

er aufseufzen wie einer der *Precogs* in Film Minority Report: »Ich brauche Ruhe, ich brauche Ruhe vor der Zukunft.«

Literaturverzeichnis

Ambrose, Meg Meta, It´s about time: Pivacy, Information, Life Cycles, and the Rgight to be forgotten, Stanford Technology Law Review 16 (2013), S. 369–421.

Andelfinger, Volker P./Hänisch, Till, Internet der Dinge, Technik, Trends und Geschäftsmodelle, Wiesbaden, 2015.

Andersen, Chris, The Long Tail, http://archive.wired.com/wired/archive/12.10/tail.html?pg=1&topic=tail&topic_set (25.2.2015).

Anderson, Chris, The End of Theory: The Data Deluge Makes the Scientific Method Obsolete, Wired Magazine vom 23.6.2008, archive.wired.com/science/discoveries/magazine/16-07/pb_theory (10.1.2015).

Anonymous, »Patientendaten aller Briten werden verkauft«, Staatliche Gesundheitsbehörde NHS baut im Internet eine neue Datenbank auf, FAZ vom 21.1.2014, S. 9.

Anonymous, »Big Data gegen böse Buben«, FAZ vom 1.12.2014, S. 26.

Anonymous, 17 Telekommitarbeiter und ihr Blick in die Zukunft, FAZ vom 21.3.2015, S. 26.

Armbrüster, Christian, Auf dem Weg zum gläsernen Versicherten?, NJW 2015, Editorial Heft 6.

Arning, Marian/Moos, Fleming, Big Data bei verhaltensbezogener Online-Werbung, Programmatic Buying und Real Time Advertising, ZD 2014, S. 242–248.

Artikel-29-Datenschutzgruppe, Stellungnahme 5/2014 zu Anonymisierungstechniken, WP 216, Brüssel, 2014.

Austin, Peter C./Mamdani, Muhammad M./Juurlink, David N./Hux, Janet E., Testing multiple statistical hypotheses resulted in spurious associations: a study of astrological signs and health, Journal of Clinical Epidemiology 59 (2006), S. 964–969.

Bachmann, Ronald/Kemper, Guido/Gerzer, Thomas, Big Data – Fluch oder Segen?, Unternehmen im Spiegel gesellschaftlichen Wandels, Heidelberg, Neckar, 2014.

Baeriswyl, Bruno, «Big Data» ohne Datenschutz-Leitplanken, Die Herausforderungen für den Datenschutz bei «Big Data» sind enorm – eine Lösung ist (noch) nicht absehbar, digma 2013, S. 14–17.

Bauernhansl, Thomas, Industrie 4.0 in Produktion, Automatisierung und Logistik, Anwendung, Technologien und Migration, Wiesbaden, 2014.

BITKOM, Big Data im Praxiseinsatz, Szenarien, Beispiele, Effekte, Berlin, 2012.

BITKOM, Weltmarkt für Big Data wächst rasant, 2014.

BITKOM, Big Data und Geschäftsmodell-Innovationen in der Praxis: 40+ Beispiele, Berlin, 2015.

Bitter, Till/Buchmüller, Christoph/Uecker, Philip, Datenschutzrecht, in: Hoeren, Thomas (Hrsg.), Big Data und Recht, Bd. 83, München, 2014, S. 58–93.

Blaß, Katharina, Bewegungsstatistik: Verkehrsbetrieb wertet Mobilfunkdaten aus, www.spiegel.de/netzwelt/netzpolitik/datenschutz-vag-in-nuernberg-greift-telekom-daten-ab-a-1024001.html.

Boehme-Neßler, Volker, Das Recht auf Vergessenwerden: Ein neues Internet-Grundrecht im Europäischen Recht, NVwZ 2014, S. 825–830.

Bornemann, Dirk, Big Data - Chancen und rechtliche Hürden, RDV 2013, S. 232–235.

Boyd, Danah/Crawford, Kate, Big Data als kulturelles, technologisches und wissenschaftliches Phänomen – Sechs Provokationen, in: Geiselberger, Heinrich (Hrsg.), Big Data, Das neue Versprechen der Allwissenheit, Berlin, 2013, S. 187–218.

Brandenburg, Arne/Leuthner, Christian, Location based Services und Local Commerce, Rechtliche Betrachtung des Einsatzes aktueller Technologien, in: Taeger, Jürgen (Hrsg.), Big Data & Co, Neue Herausforderungen für das Informationsrecht, Edewecht, 2014, S. 651–665.

Bräutigam, Peter/Klindt, Thomas, Industrie 4.0, das Internet der Dinge und das Recht, NJW 2015, S. 1137–1142.

Brücher, Cornel, Rethink Big Data, Heidelberg et al., 2013.

Bull, Hans Peter, Die Verfassung stützen – aber richtig, Aufgaben und Befugnisse der Sicherheitsbehörden müssen neu verteilt werden, PinG 1 (2013).

Buschauer, Regine, (Very) nervous systems. Big Mobile data, in: Reichert, Ramón (Hrsg.), Big Data, Die Gesellschaft als digitale Maschine, Bielefeld, 2014, S. 405–436.

Commerzbank, Management im Wandel, Digitaler, effizienter, flexibler!, Frankfurt a. M., 2015.

Dapp, Thomas F., Big Data – die ungezähmte Macht, Frankfurt, 2014.

Däubler, Wolfgang/Weichert, Thilo/Wedde, Peter (Hrsg.), BDSG, 4. Aufl., Frankfurt a. M., 2014.

Dehmer, Matthias/Holzinger, Andreas/Emmert-Streib, Frank, Personalized medicine by means of complex networks: a Big Data challenge, in: Weber, Rolf H./Thouvenin, Florent (Hrsg.), Big Data und Datenschutz - Gegenseitige Herausforderungen, Bd. 59, Zürich, 2014, S. 37–44.

Dorner, Michael, Big Data und „Dateneigentum", Grundfragen des modernen Daten- und Informationshandelns, CR 2014, S. 617–628.

Dugas, Andrea Freyer/Hsieh, Yu-Hsinag/Levin, Scott R./Pinesm Jesse M/Mareiniss/Mohareb/Gaydos, Charlotte A./Perl, Trish M, Rothman, Richard E., Google Flu Trends: Correlation with Emergencyeý Department Influenza Rates and Crowding Metrics, CID 2015, S. 463–469.

Dwork, Cynthia, Differential Privacy: A Cryptographic Approach to Private Data Analysis, in: Lane, Julia/Stodden, Victoria/Bender, Stefan u.a. (Hrsg.), Privacy, Big Data, and the Public Good, Frameworks for Engagement, New York, NY, 2014, S. 296–322.

Dyson, George, Turing's cathedral, The origins of the digital universe, New York, 2012.

Evans, Dave, Das Internet der Dinge, So verändert sich die nächste Dimension des Internet die Welt, Jan Jose, 2011.

Fessler, Sven, Die Datenflut steigt - wie können wir sie nutzen?, datareport 1/2013, S. 11–14.

Forgó, Nikolaus/Krügel, Tina/Rapp, Stefan, Zwecksetzung und informationelle Gewaltenteilung, Baden-Baden, 2006.

Fraunhofer-IAIS, Big Data - Vorsprung durch Wissen, Innovationspotenzialanalyse, 2012.

Fremuth, Michael Lysander, Wächst zusammen, was zusammengehört?, Das Trennungsgebot zwischen Polizeibehörden und Nachrichtendiensten im Lichte der Reform der deutschen Sicherheitsarchitektur, AöR 139 (2014), S. 32–79.

Geiselberger, Heinrich (Hrsg.), Big Data, Das neue Versprechen der Allwissenheit, Berlin, 2013.

Glaser, Peter, Erinnerung der Zukunft, in: Geiselberger, Heinrich (Hrsg.), Big Data, Das neue Versprechen der Allwissenheit, Berlin, 2013, S. 281–294.

Greenwood, Daniel/Stopczynski/Sweatt/Hardjono, Thomas/Pentland, Alex, The New Deal on Data: A Framework for Institutional Controls, in: Lane, Julia/Stodden, Victoria/Bender, Stefan u.a. (Hrsg.), Privacy, Big Data, and the Public Good, Frameworks for Engagement, New York, NY, 2014, S. 192–210.

Gusy, Christoph, Das gesetzliche Trennungsgebot zwischen Polizei und Verfassungsschutz, Die Verwaltung 24 (1991), S. 467.

Hallermann, Ulrich, Vorabkontrollen nach dem BDSG, Handlungsempfehlungen für die praktische Umsetzung, RDV 2015, S. 23–26.

Härting, Niko, Profiling: Vorschläge für eine intelligente Regulierung, Was aus der Zweistufigkeit des Profiling für die Regelung des Nicht-öffentlichen Datenschutzbereichs folgt, CR 2014, S. 528–536.

Haun, Matthias, Handbuch Robotik, Programmieren und Einsatz intelligenter Roboter, 2. Aufl., Berlin, Heidelberg, 2013.

Heller, Piotr, Zeigt mir, wie fit du bist, FAS vom 6.4.2014, S. 55.

Heuer, Steffan, Kleine Daten, große Wirkung, Düsseldorf, 2013.

Hill, Hermann, Business Intelligence/Business Analytics im öffentlichen Sektor, DÖV 2010, S. 789–797.

Hill, Hermann, Aus Daten Sinn machen: Analyse- und Deutungskompetenzen in der Datenflut, DÖV 2014, S. 213–222.

Hill, Hermann/Schliesky, Utz (Hrsg.), Neubestimmung der Privatheit, Baden-Baden, 2014.

Hirsch-Kreinsen, Hartmut, Digitalisierung industrieller Arbeit, Die Vision Industrie 4.0 und ihre sozialen Herausforderungen, Baden-Baden, 2015.

Hoeren, Thomas (Hrsg.), Big Data und Recht Bd. 83, München, 2014.

Hofmann, Olaf, Methoden des Social-Media-Monitoring, in: König, Christian/Stahl, Matthias/Wiegand, Erich (Hrsg.), Soziale Medien, Gegenstand und Instrument der Forschung, Wiesbaden, 2014, S. 161–170.

Hofstetter, Yvonne, Verkannte Revolution: Big Data und die Macht des Marktes, APuZ 2015, S. 33–38.

Hornung, Gerrit/Hofmann, Kai, Ein „Recht auf Vergessenwerden"?: Anspruch und Wirklichkeit eines neuen Datenschutzrechts, JZ 2013, S. 163–170.

Hume, David, Eine Untersuchung über den menschlichen Verstand, Übersetzt von Raoul Richter, 12. Aufl., Hamburg, 1993.

Kaku, Michio, Die Physik des Bewusstseins, Über die Zukunft des Geistes, Reinbek, 2014.

Katko, Peter/Babaei-Beigi, Ayda, Accountability statt Einwilligung? : Führt Big Data zum Paradigmenwechsel im Datenschutz?, MMR 2014, S. 360–364.

Kester, George W., What Happened to the Super Bowl Stock Market Predictor?, The Journal of Investing 19 (2010), S. 82–87.

Klausnitzer, Rudi, Das Ende des Zufalls, Salzburg, 2013.

Koch, Frank A., Über die Unvereinbarkeit des deutschen und europäischen Datenschutzrechts mit Big Data, ITRB 2015, S. 13–20.

Kodde, Claudia, Die „Pflicht zu Vergessen", ZD 2013, S. 115–118.

König, Christian/Stahl, Matthias/Wiegand, Erich (Hrsg.), Soziale Medien, Gegenstand und Instrument der Forschung, Wiesbaden, 2014.

Körber, Torsten, Google im Fadenkreuz der Kartellbehörden, NZKart 2014, S. 293–294.

Kreibich, Rolf, Von Big zu Smart - zu Sustainable?, APuZ 2015, S. 20–26.

Kremp, Matthias, Durchbruch bei künstlicher Intelligenz: Der unheimlich menschliche Eugene Goostmann, Spiegel online vom 9.6.2014, www.spiegel.de/netzwelt/ gadgets/eugene-goostman-computer-besteht-erstmals-turing-test-a-974131.html (20.10.2014).

Lane, Julia/Stodden, Victoria/Bender, Stefan/Nissenbaum, Helen (Hrsg.), Privacy, Big Data, and the Public Good, Frameworks for Engagement, New York, NY, 2014.

Langkafel, Peter, Auf dem Weg zum Dr. Algorithmus? Potentiale von Big Data in der Medizin, APuZ 2015, S. 27–32.

LDI NRW, 22. Datenschutzbericht, Für die Zeit vom 1.1.2013 bis zum 31.12.2014, Düsseldorf, 2015.

Leopold, Nils, Big Data – eine neue Herausforderung für den Datenschutz, vorgänge 2012, S. 74–82.

Liedke, Bernd, BIG DATA - small information : muss der datenschutzrechtliche Auskunftsanspruch reformiert werden?, K&R 2014, S. 709–714.

Lüdemann, Volker/Sengstacken, Christin/Vogelpohl, Kerstin, Pay as you drive: Datenschutz in der Telematikversicherung, RDV 2014, S. 302–306.

Mantz, Reto, Verwertung von Standortdaten und Bewegungsprofilen durch Telekommunikationsdiensteanbieter, K&R 2013, S. 7–11.

Martini, Mario, Datenschutz und Sicherheit bei der elektronischen Rechnung, in: Rogall-Grothe, Cornelia (Hrsg.), Leitfaden Elektronische Rechnung in der öffentlichen Verwaltung, Grundlagen, Umsetzungsempfehlungen, Best practices, Frankfurt am Main, 2014, S. 51–83.

Martini, Mario, Vom heimischen Sofa in die digitale Agora: E-Partizipation als Instrument einer lebendigen Demokratie?, in: Hill, Hermann/Schliesky, Utz (Hrsg.), Neubestimmung der Privatheit, Baden-Baden, 2014, S. 193–247.

Martini, Mario/Weiß, Wolfgang/Ziekow, Jan, Rechtliche Zulässigkeit flächendeckender Alarmierungen der Bevölkerung in Katastrophenfällen per SMS (KatWarn), Baden-Baden, 2013.

Mayer-Schönberger, Victor, Delete, Die Tugend des Vergessens in digitalen Zeiten, 2. Aufl., Berlin, 2011.

Mayer-Schönberger, Victor, Neue Erkenntnisse über die Wirklichkeit, FuL 2014, S. 706–707.

Mayer-Schönberger, Victor, Was ist Big Data? Zur Beschleunigung des menschlichen Erkenntnisprozesses, APuZ 2015, S. 14–19.

Mayer-Schönberger, Viktor/Cukier, Kenneth, Big Data, Die Revolution, die unser Leben verändern wird, München, 2013.

Meinecke, Dirk, Big Data und Data Mining: Automatisierte Strafverfolgung als neue Wunderwaffe der Verbrechensbekämpfung?, in: Taeger, Jürgen (Hrsg.), Big Data & Co, Neue Herausforderungen für das Informationsrecht, Edewecht, 2014, S. 183–202.

Montjoye, Yves-Alexandre de/Laura Radaelli/Singh, Vivek Kumar/Pentland, Alex "Sandy", Unique in the shopping mall: On the reidentifiability of credit card metadata, science 347 (2015), S. 536–539.

Moos, Flemming, Update Datenschutz, in: Taeger, Jürgen (Hrsg.), Big Data & Co, Neue Herausforderungen für das Informationsrecht, Edewecht, 2014, S. 525–538.

Morozov, Evgeny, „Ich habe doch nichts zu verbergen", APuZ 2015, S. 3–7.

Mühl, Melanie, Korrekturen ausgeschlossen, FAZ vom 14.2.2014, S. 35.

Müller-Quade, Jörn, Privatsphäre gesucht!, Neue Big-Data-Techniken auf dem Vormarsch, Kursbuch 177: Privat 2.0 2014, S. 130–144.

Nolte, Norbert, Das Recht auf Vergessenwerden – mehr als nur ein Hype?, NJW 2014, S. 2238–2242.

Offenhuber, Dietmar/Ratti, Carlo, Drei Mythen über Smart Citys und Big Data, in: Geiselberger, Heinrich (Hrsg.), Big Data, Das neue Versprechen der Allwissenheit, Berlin, 2013, S. 149–155.

Ohm, Paul, Broken Promise of Privacy: responding to the Surprinsing Failure of Anonymization, UCLA Law Review 57 (2010), S. 1701–1777.

Ohrtmann, Jan-Peter/Schwiering, Sebastian, Big Data und Datenschutz – Rechtliche Herausforderungen und Lösungsansätze, NJW 2014, S. 2984–2990.

Paal, Boris, Vielfaltssicherung im Suchmaschinensektor, ZRP 2015, S. 34–38.

Paal, Boris P., Immaterialgüter, Internetmonopole und Kartellrecht, GRUR-Beilage 2014, S. 69–77.

Pentland, Alex, Social physics, How good ideas spread - the lessons from a new science, 2014.

Peters, Falk/Kersten, Heinrich/Wolfenstetter, Klaus-Dieter (Hrsg.), Innovativer Datenschutz, Berlin, 2012.

Piltz, Carlo, Recht auf Vergessenwerden: das Google-Urteil in der Praxis, PinG 2 (2014), S. 180–182.

Pinnow, Carsten/Schäfer, Stephan, Industrie 4.0 (R)Evolution für Wirtschaft, Politik und Gesellschaft, Berlin, 2015.

President's Council of Advisors on Science and Technologie, Report to the President: Big Data and Privacy: A technological Perspective, 2014.

Reichert, Ramón (Hrsg.), Big Data, Die Gesellschaft als digitale Maschine, Bielefeld, 2014.

Rogall-Grothe, Cornelia (Hrsg.), Leitfaden Elektronische Rechnung in der öffentlichen Verwaltung, Grundlagen, Umsetzungsempfehlungen, Best practices, Frankfurt am Main, 2014.

Rogosch, Patricia, Die Einwilligung im Datenschutzrecht, Baden-Baden, 2013.

Roßnagel, Alexander (Hrsg.), Beck'scher Kommentar zum Recht der Telemediendienste, Telemediengesetz, Jugendmedienschutz-Staatsvertrag (Auszug), Signaturgesetz, Signaturverordnung, Vorschriften zum elektronischen Rechts- und Geschäftsverkehr, München, 2013.

Roßnagel, Alexander, Big Data – Small Privacy?, ZD 2013, S. 562–567.

Rudder, Christian, Dataclysm, Who we are(Wenn We Think No One's Looking, 2014.

Schaar, Peter, Zwischen Big Data und Big Brother: zehn Jahre als Bundesbeauftragter für den Datenschutz und die Informationsfreiheit, RDV 2013, S. 223–227.

Schirrmacher, Frank, Der verwettete Mensch, in: Geiselberger, Heinrich (Hrsg.), Big Data, Das neue Versprechen der Allwissenheit, Berlin, 2013, S. 273–280.

Schürmann, Kathrin/von der Heide, (i)Beacons- technische Hintergrund und Datenschutz – rechtliche Anforderungen, in: Taeger, Jürgen (Hrsg.), Big Data & Co, Neue Herausforderungen für das Informationsrecht, Edewecht, 2014, S. 637–649.

Schwichtenberg, Simon, „Pay as you drive" - neue und altbekannte Probleme, DuD 2015, S. 378–382.

Spies, Axel, USA: Verkehrsüberwachung in New York (Midtown in Motion) und Big Data, ZD-Aktuell 2013, S. 03734.

Spindler, Gerald/Schuster, Fabian (Hrsg.), Recht der elektronischen Medien, Kommentar, 3. Aufl., München, 2015.

Stöcker, Christian, Politikfeld Big Data: Hoffnungen, Vorhaben und viele offene Fragen, APuZ 2015, S. 8–13.

Taeger, Jürgen (Hrsg.), Big Data & Co, Neue Herausforderungen für das Informationsrecht, Edewecht, 2014.

Taleb, Nassim Nicholas, Der schwarze Schwan, Konsequenzen aus der Krise, München, 2012.

Thouvenin, Florent, Erkennbarkeit und Zweckbindung, Grundprinzipien des Daten-schutzrechts auf dem Prüfstand von Big Data, in: Weber, Rolf H./Thouvenin, Florent (Hrsg.), Big Data und Datenschutz - Gegenseitige Herausforderungen, Bd. 59, Zü-rich, 2014, S. 61–83.

TNS Infratest, Quo vadis Big Data, Herausforderungen – Erfahrungen – Lösungsan-sätze, 2012.

Türpe, Sven, Denkverbote für Star-Trek-Computer?: Big Data, statistische Modelle und lernende Maschinen, DuD 38 (2014), S. 31–35.

ULD Schleswig-Holstein, Scoring nach der Datenschutz-Novelle 2009 und neue Ent-wicklungen, Kiel, 2014.

Ulmer, Claus-Dieter, BIG DATA - neue Geschäftsmodelle, neue Verantwortlichkeiten?, RDV 2013, S. 227–232.

Venzke-Caprese, Sven, Social Media Monitoring, Analyse und Profiling ohne klare Grenzen?, DuD 2013, S. 775–779.

Wagner, Frank, Datenschutz in Connected Homes, in: Peters, Falk/Kersten, Hein-rich/Wolfenstetter, Klaus-Dieter (Hrsg.), Innovativer Datenschutz, Berlin, 2012, S. 205.

Walker, Robert Kirk, The Right to be forgotten, Hastings Law Journal 64 (2012), S. 257–286.

Weber, Rolf H./Thouvenin, Florent (Hrsg.), Big Data und Datenschutz - Gegenseitige Herausforderungen Bd. 59, Zürich, 2014.

Weichert, Thilo, Big Data und Datenschutz, ZD 2013, S. 251–259.

Weichert, Tilo, Big Data – eine Herausforderung für den Datenschutz, in: Geiselberger, Heinrich (Hrsg.), Big Data, Das neue Versprechen der Allwissenheit, Berlin, 2013, S. 131–148.

Wiekens, Carina J./Stapel, Diederik A., Self-Awareness and Saliency of Social Versus Individualistic Behavioral Standars, Social Psychology 41 (2010), S. 10–19.

Wójtowicz, Monika, Wirksame Anonymisierung im Kontext von Big Data, PinG 1 (2013), S. 65–69.

Wolfram, Stephen, A new kind of science, Champaign, IL, 2002.

Zeidler, Simon Alexander/Brüggemann, Sebastian, Die Zukunft personalisierter Wer-bung im Internet, CR 2014, S. 248–257.

Zieger, Christoph/Smirra, Nikolas, Fallstricke bei Big Data-Anwendungen, Rechtliche Gesichtspunkte bei der Analyse fremder Datenbestände, MMR 2013, S. 418–421.

Zuboff, Shoshana, Die neuen Massenausforschungswaffen, FAZ vom 13.2.2014, S. 33.

Evaluation von GovData

Ellen Abel

Am 19. Februar 2013 wurde die Public-Beta-Version von GovData unter der Adresse www.govdata.de vom Bundesministerium des Innern (BMI) frei geschaltet. Als Datenportal für Deutschland bietet es einen einheitlichen, zentralen Zugang zu offenen Verwaltungsdaten aus Bund, Ländern und Kommunen. Ziel des Portals ist es, diese Daten an einer Stelle auffindbar und nutzbar zu machen, sowie die Verwendung offener Lizenzen zu fördern. Die Umsetzung des Portals und sein Ausbau wird durch das Steuerungsprojekt des IT-Planungsrats »Förderung des Open Government" begleitet. Federführer dieses Projekts ist neben dem BMI das Land Baden-Württemberg.

Nach einem Jahr Betrieb der Beta-Version stellt GovData mehr als 6.700 Datensätze bereit. Etwa 205.000 Besuche konnten auf dem Portal gemessen werden, davon ca. 54.000 in den zwei Wochen nach dem Launch.

GovData soll nun schrittweise ausgebaut, optimiert und bis 2015 in einen Regelbetrieb überführt werden. Bei der Weiterentwicklung werden die Anforderungen aller Beteiligten genauso wie konkrete Anregungen der Nutzerinnen und Nutzer einbezogen. Diese sind dauerhaft aufgefordert, über die Kontaktseite von GovData Anregungen zu übermitteln. Zudem werden Vorschläge zur Erweiterung des Portals und mögliche Fehler bei GitHub (https://github.com/fraunhoferfokus/GovData) gesammelt, einer Plattform zur kollaborativen Verwaltung von entwicklungsbezogenen Aufgaben für Projekte.

Die Evaluation durch ein Expertenteam stellte einen zusätzlichen Bestandteil der Vorbereitung auf den Übergang zum Regelbetrieb von GovData dar. Zielsetzung für die Evaluation war die Feststellung der Leistungsfähigkeit des Prototypen, die Aufdeckung von Verbesserungspotenzialen und die Entwicklung von konkreten Handlungsempfehlungen für den Übergang in den Regelbetrieb. Diese Evaluation hat Capgemini von Mitte September bis Mitte Dezember 2013 durchgeführt. Bestandteile der Evaluation waren eine fachliche Analyse, die Analyse der Benutzerfreundlichkeit und Gebrauchstauglichkeit (Usability) sowie eine technische Analyse. Dabei haben BMI und Capgemini das bereits in der Realisierungsphase des

Prototypen eingeführte, kollaborative Vorgehen fortgesetzt und Fachexperten in die Evaluation eingebunden: Capgemini hat zwei offene Workshops, neun Experteninterviews, eine Online-Befragung und eine Marktrecherche durchgeführt, um die Basis für die Bewertung der Leistungsfähigkeit des Prototypen und für die Aufdeckung der Verbesserungspotenziale zu schaffen.

In einem ersten Schritt hat Capgemini zudem die Zugriffsstatistik ausgewertet. Die Ergebnisse zeigen, dass im Zeitraum zwischen dem Online-Gang und Oktober 2013 knapp 85% der Zugriffe durch direkte Eingabe der URL www.govdata.de in den Browser erfolgten und weitere knapp 4,5% über die Suche nach GovData bzw. dem Open Data Portal Deutschland in einer Suchmaschine. Nur etwas mehr als 11% gelangten über eine Verlinkung von einer anderen Website auf GovData. Diese Verteilung zeigt, dass zum Zeitpunkt der Analyse die Userstruktur vornehmlich aus Nutzerinnen und Nutzern bestand, die bereits von der Existenz des Portals wussten.

Eine Vielzahl, d. h. ca. 80% der auf GovData gelangten Nutzerinnen und Nutzer, verließen das Portal allerdings innerhalb von fünf Minuten wieder. Für die Nutzung eines Datenportals kann das als eine kurze Zeit gewertet werden, da davon auszugehen ist, dass die Hauptnutzungsszenarien von GovData – die Recherche nach einem gewünschten Datensatz und dessen Selektion, der Download zur Weiterverwendung bzw. die Informationsentnahme sowie das Stellen von Rückfragen zum Datensatz und das Verlinken einer auf Basis von offenen Daten programmierten App – in der Regel länger als fünf Minuten dauern würden.

Anhand der separaten Betrachtung der Zugriffe im September 2013, also dem Monat, in dem neben der Bundestagswahl auch die Landtagswahlen in Bayern und Hessen stattfanden, ist ein anlassbezogenes Nutzungsverhalten abzulesen: In den Tagen vor und nach der Bundestagswahl waren nicht nur die Zugriffe insgesamt höher als an anderen Tagen, es ist zudem auch erkennbar, dass das Portal über andere Begriffe, wie beispielsweise »Wahlberechtigte Bayern« oder »Regierungsbezirke Deutschland« gefunden wird.

Im Rahmen der Workshops und der Experteninterviews zeigte sich eine sehr hohe Mitwirkungsbereitschaft der Fachexperten an der Unterstützung der Portalweiterentwicklung und des -betriebs, die unter anderem aus der »Open Data Community« stammen. Die Experten wollen sich im Rahmen von Qualitätssicherungsprozessen beteiligen, Datenoffenlegung anregen und als Multiplikatoren fungieren. Zudem arbeiteten sie aktiv im Rahmen der Evaluierung mit, um Verbesserungspotenziale zu ermitteln und Vorschläge zur Umsetzung zu machen. Neben verschiedenen Optimierungspotenzialen in der Qualität der Metadaten und der Usability des Portals nannten sie dem Evaluationsteam vor allem einen Bedarf an zusätzlichen Funktionalitäten für GovData, allen voran eine Möglichkeit, Suchergebnisse räumlich zuzuordnen und über diese Zuordnung auch auffindbar zu machen. Zusätzlich äußerten die Expertinnen und Experten den Wunsch, die Dialogmöglichkeiten auf dem Portal geändert und vermehrt anzubieten, so dass Anliegen platziert und Rückfragen gestellt werden können. Insgesamt bekam vor allem das kollaborative Vorgehen bei der Entwicklung des Prototypen und in der Evaluation ein gutes Feedback der Fachexperten. Weiteres Ausbaupotenzial sahen sie zudem vor allem in der stärkeren Förderung der App-Entwicklung, beispielsweise durch Entwicklertage.

Der Fokus der Online-Befragung, an der sich 68 Nutzerinnen und Nutzer anonym beteiligten und die in vier Hauptfragen unterteilt war, lag auf der Feststellung der Zufriedenheit der User mit dem Portal und seiner Usability. Eine Frage erhob zusätzliches statistisches Material zur Feststellung der fachlichen Herkunft der Nutzerinnen und Nutzer, eine weitere ermittelte den aktuellen Nutzungsanlass und die dritte befasste sich mit zukünftigen Nutzungswünschen. Bei der Beantwortung der vierten Frage konnten die Befragten dann anhand von verschiedenen Aussagen das Portal bewerten. Das Ergebnis zeigt, dass die Befragten mit dem Portal eher nicht zufrieden sind. Hohe Zustimmung erfuhren jedoch die Aktualität der Daten und das Format der Datensätze.

Zugleich konnten die Befragten an allen Stellen der Online-Umfrage zusätzliche Kommentare und Anregungen hinterlassen. Das größte, in der Onlineumfrage festgestellte Optimierungspotenzial liegt in der Bereitstellung von mehr Daten in zugleich höherer Qualität und in einer Verbesserung der Such- und Filterfunktion. Zudem sollten die Beschreibungen der Daten optimiert und die Struktur des Portals weiter verbessert werden.

Neben dem Bedarf an Rohdaten zur Weiterverarbeitung in eigenen Programmen wurde der Wunsch nach der Bereitstellung von Datenvisualisierungswerkzeugen geäußert. Vorgefertigte Visualisierungen wurden dagegen nur vereinzelt gewünscht.

Die Betrachtung von 26 Open-Data-Portalen aus der ganzen Welt diente weniger einem Vergleich und einem Ranking als vielmehr dem Aufspüren von auf GovData übertragbaren guten Beispielen. Insbesondere die Portale data.gov.uk aus Großbritannien, das Open Data Portal der Stadt New York (nycopendata.socrata.com), das österreichische Datenportal data.gv.at und data.gc.ca aus Kanada lieferten vielfältige und spannende Aspekte für die Weiterentwicklung von GovData. Aber auch einige der deutschen Open

Data Portale von anderen föderalen Ebenen – z.B. das vom Land Bremen und das der Stadt Rostock – bieten gute Beispiele für die Umsetzung.

Das Beispiel von nycopendata.socrata.com ist vor allem interessant für die Ansprache der Entwicklercommunity. In Kooperation mit Socrata, einer Firma, die sich der Öffnung von staatlichen Daten verschrieben hat, bietet das Portal den Entwicklern einen eigenen Bereich an, in dem diese sich austauschen können und Tipps rund um die App-Entwicklung erhalten. Zudem stellt das Open-Data-Portal der Stadt New York eine Vielzahl von Visualisierungsmöglichkeiten bereit – sei es für den gesamten Datenbestand als auch für einzelne Datensätze mit und ohne Raumbezug. Auch das britische Portal data.gov.uk und das kanadische Portal data.gc.ca bieten ihren Nutzerinnen und Nutzer Werkzeuge zur Erstellung von Visualisierungen einzelner oder mehrerer Datensätze. Alle drei erproben neue Features als Beta-Module im Regelbetrieb.

Nach Abschluss der Datenerhebungsphase, zu der neben den vorgenannten Maßnahmen auch ein Expertenreview zur Untersuchung der Usability, ein Barrierefreiheitstest unter Verwendung des BIK-Selbsttests und ein technisches Review auf Basis von Dokumentenanalyse gehörte, wurden die Analyseergebnisse ausgewertet und zu 21 Ergebnisclustern konsolidiert. In 19 der 21 identifizierten Ergebniscluster konnte Capgemini Handlungsbedarf feststellen.

Die Handlungsbedarfe wurden von Capgemini mit Lösungsoptionen versehen, die den Betreibern von GovData Möglichkeiten aufzeigen und konkrete Ansatzpunkte für die Verbesserung bieten sollen. An den Stellen, wo es möglich war, wurden die im Zuge der Marktanalyse identifizierten guten Beispiele in die Lösungsoptionen einbezogen. In organisatorischen Ergebnisclustern, wie beispielsweise Betriebsorganisation und Redaktionsaufgaben, wurden zudem Erfahrungen aus anderen föderalen Projekten, wie der einheitlichen Behördennummer 115 oder der GDI-DE, der Koordinierungsstelle für die Geodateninfrastruktur, herangezogen, die teilweise ähnliche Herausforderungen im Regelbetrieb zu bewältigen haben.

Im Ergebnis der Evaluation konnten zehn konkrete Handlungsempfehlungen für den Übergang in den Regelbetrieb und für die kontinuierliche Optimierung in den ersten Jahren des Regelbetriebs abgeleitet werden. Die kurzfristigen Handlungsempfehlungen sollten im Vorfeld des Übergangs in den Regelbetrieb bis 2015 umgesetzt werden. Mit der Durchführung der mittel- und langfristigen Handlungsempfehlungen wird die intensive Nutzung des Portals befördert. So werden die Voraussetzungen für die Zukunftsfähigkeit des deutschen Open Data Portal im internationalen Vergleich geschaffen.

Insgesamt bestätigt das Ergebnis der Evaluation, dass GovData zu einem Open-Data-Portal für Deutschland weiterentwickelt werden kann, das zukünftig sein wirtschaftliches Potenzial besser erschließt und seinen Wert als Grundlage für Transparenz, Bürgerbeteiligung und Kollaboration entfaltet. Im Zuge der mittel- und langfristigen Weiterentwicklung und Optimierung des Portals sollte es für kommende Themen – wie beispielsweise Kollaboration, Big Data oder der Öffnung von Forschungs- und Wirtschaftsdaten – ausgebaut werden.

Im Hinblick auf die Ausgestaltung der Plattform im Internet besteht noch Handlungsbedarf. Die Ansprache der Zielgruppen des Portals und die Vermittlung von Vision und Zielsetzung sollte geschärft und nachjustiert werden, damit eine stärkere Nutzerbindung erreicht wird. Eine Portalstrategie zur Umsetzung der Anforderungen an die Zielgruppenansprache und Nutzerzentrierung für den Regelbetrieb sollte erarbeitet werden.

Zudem sollte klarer dargestellt werden, wer welche Daten bereitstellt und wer diese wie nachnutzt. Dafür kann eine Geo-basierte Suche im Portal ergänzt und Visualisierungswerkzeuge angeboten werden. Visualisierungswerkzeuge bieten sich an, um es Nachnutzern auch aus der Verwaltung zu ermöglichen, auf Informations- und Beteiligungsportalen Wissen auf Basis offener Verwaltungsdaten zu schaffen und Informationen zum Bürger zu transportieren.

Die Bekanntheit des Portals sollte nicht nur durch ein verstärktes Marketing verbessert werden. Auch die Integration von Social-Media-Werkzeugen auf dem Portal und die Optimierung der Auffindbarkeit des Portals in Suchmaschinen können mit wenig Aufwand umgesetzt werden. Zur Stärkung der Nachnutzung der bereitgestellten Daten sollten regelmäßig Entwicklertage durchgeführt werden.

Die Analyse der Benutzerfreundlichkeit und die Bewertung der Barrierefreiheit hat eine ganze Reihe von Maßnahmen ergeben, die kurzfristig umgesetzt werden können. Beispiele aus diesem Maßnahmenkatalog sind die Überarbeitung der Suchdialoge, die Beseitigung von Beeinträchtigungen in der Aufgabenorientierung wie der Bereinigung von Systemmeldungen von technischen Inhalten, oder die Vereinheitlichung und Verbesserung der Formulartemplates und der Dateneingabe. Mittel- und langfristig ist die Entwicklung einer stärker nutzerzentrierten Konzeption, in der Anwenderanforderungen erhoben, analysiert und abgebildet werden, erforderlich, um die Gebrauchstauglichkeit des Portals optimal sicher zu stellen.

Technologisch gibt es im Portal nur wenige Verbesserungspotenziale. Die Metadatenstruktur und die Importmöglichkeiten verweisen lediglich auf einige organisatorische Handlungsbedarfe. In Bezug auf die Architektur des Portals sollte eine Architekturmodularisierung mittelfristig umgesetzt werden, um die bestehende Lösung in ein modulares Baukastensystem zu überführen.

Im Kern konnte die Evaluierung aufzeigen, dass die wichtigsten Grundlagen für ein nutzerorientiertes deutsches Open-Data-Portal bereits geschaffen wurden und insbesondere das partnerschaftliche und transparente Vorgehen die Fachgemeinde überzeugt. Ein hochrangiges politisches Commitment ist jedoch unabdingbar für den Erfolg von GovData.

Kleine, aber wirkungsvolle Verbesserungen können kurzfristig umgesetzt werden, um die Bekanntheit des Portals zu steigern und die Zugänglichkeit und Nutzerfreundlichkeit zu erhöhen.

Mittel- und langfristig geht es darum, das Portal strategisch so auszustatten, dass es die anderen Themen des Open Government flankieren und verknüpfen und die wirtschaftlichen Potenziale von Open Data erschließen kann. Eine Notwendigkeit des Ausbaus zu einem ganzheitlichen Open-Government-Portal besteht nicht.

Das Portal wird aber nur in einem mittel- und langfristigen Zeitraum erfolgreich sein, wenn ein passgerechtes Betreibermodell Planungs- und Finanzierungssicherheit bietet und die Fachexperten und Multiplikatoren ausreichend einbindet. Das Betreibermodell muss Prozesse des technischen Betriebs ebenso abdecken wie die der Redaktion. Die Redaktion kann sich nicht auf den klassischen Bereich der Benutzerverwaltung und des Qualitätsmanagements beschränken. Vielmehr muss ein Informationsmanagement sowie ein Anliegenmanagement aufgesetzt werden, das ausreichend Hilfestellung und Unterstützung für Nutzer und Bereitsteller von Daten leistet.

Langfristig muss der Regelbetrieb durch eine auf Kooperation und Partnerschaftlichkeit fußende Organisation durchgeführt werden.

Vertrauen in E-Government - Sicherheit muss einfach sein

Petra Wolf

I. Einleitung - Vertrauen in E-Government

Vertrauen ist ein wesentlicher Faktor für die Nutzung von IT-basierten Angeboten. Mit der Nutzung solcher Angeboten ist aus Sicht der Anwender eine Reihe von potenziellen Risiken verbunden: Angefangen von Fehlern bei der Handhabung der Technik, über Fehlfunktionen der Technik selbst bis hin zum Missbrauch von Daten, die auf dem digitalen Übermittlungsweg abgefangen werden, sind zahlreiche Faktoren denkbar, die dazu führen können, dass das gewünschte Ergebnis der IT-Nutzung nicht erreicht wird bzw. darüber hinaus sogar Schaden entsteht. Vertrauen ist die Voraussetzung, um mit diesen Risiken umzugehen und sich nach Abwägung von Nutzen und Risiken für die IT-Nutzung zu entscheiden (Akkaya et al. 2010).

Wann immer diese Nutzen-Risiko-Abwägung eindeutig zugunsten des Nutzens ausfällt, entscheiden sich Anwender i.d.R. ganz natürlich für die Nutzung eines IT-Angebots. Online-Banking, Online-Shopping oder auch elektronische Kommunikation via E-Mail sind nur einige Beispiele, die aufgrund offensichtlicher Vorteile große Verbreitung erfahren haben.

Anders sieht es mit den IT-basierten Angeboten der öffentlichen Verwaltung aus. Insbesondere deutsche Bürger legen noch große Zurückhaltung bei der Nutzung von E-Government-Angeboten an den Tag (Initative D21 e.V./Ipima 2013).

Um die Ursachen dieser Zurückhaltung zu verstehen und geeignete Maßnahmen zur Stärkung von Nutzen und Vertrauen bei der Gestaltung und Einführung von E-Government-Angeboten vorzuschlagen, wurde die Studie eGovernment MONITOR aufgesetzt. Sie untersucht Treiber und Hemmnisse der E-Government-Nutzung in Deutschland, Österreich, der Schweiz, Großbritannien, Schweden und den USA. Im Folgenden werden die Grundlagen der Studie sowie die Erkenntnisse zu Vertrauen und Sicherheit als Erfolgsfaktoren für die E-Government-Nutzung vorgestellt.

II. Theoretischer Hintergrund

Empirische Erkenntnisse aus dem Bereich E-Commerce zeigen, das wahrgenommene Risiko beeinflusst das Vertrauen zu neuen IT-basierten Angeboten. Eine Stärkung des Benutzervertrauens führt hingegen zum Abbau der Risikowahrnehmung (vgl. Slyke et al. 2004). Wichtig bei der Auseinandersetzung mit dem Konzept des Vertrauens im Zusammenhang mit IT-basierten Angeboten ist die Unterscheidung zwischen Vertrauen in das Medium Internet und Vertrauen in die Anbieter von Online-Diensten (vgl. Belanger/Carter 2008; McKnight et al. 2002).

Beim Transfer in den Bereich E-Government zeigt sich, dass das wahrgenommene Risiko bei E-Government höher ist als bei E-Commerce (vgl. Gefen 2002). Speziell in Deutschland fürchten Bürger die Überwachung durch den Staat und zeigen eine hohe Risikoaversion (vgl. The Lauder Institute 2009). Dies drückt sich aus in strengen Datenschutzgesetzen und der hohen Bedeutung des Rechts auf informationelle Selbstbestimmung in Deutschland.

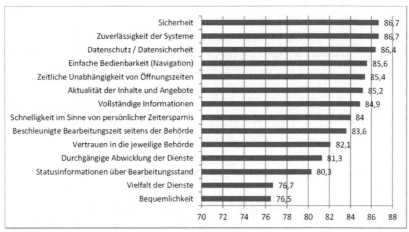

Abbildung 1: Wichtigkeit verschiedener Faktoren für die E-Government Nutzung (Quelle: (Akkaya et al. 2013), Angaben in Prozent, n=1001)

Deskriptive Untersuchungen (vgl. Abbildung 1) haben gezeigt, dass Faktoren wie Datenschutz, Datensicherheit und technische Zuverlässigkeit von Anwendungen von besonderer Bedeutung für die E-Government-Nutzung sind (Akkaya et al. 2013). Das bedeutet in der Konsequenz, das Vertrauen von Bürgern in die Verwaltung sowie in die technische Umsetzung des Verwaltungsangebots inklusive des Mediums Internet ist ausschlaggebend für die Nutzungsentscheidung.

Während das Vertrauen in die Verwaltung als E-Government-Anbieter bei den Faktoren Datenschutz und Datensicherheit nur implizit zum Ausdruck kommt, wird es beim Faktor »Vertrauen in die jeweilige Behörde« (mit immerhin 82,1% der Nennungen) offensichtlich.

Neben der Bedeutung verschiedener Aspekte des Vertrauens unterstreichen die deskriptiven Ergebnissen auch, dass der relative Vorteil, den E-Government-Angebote (Unabhängigkeit von Öffnungszeiten, Zeitersparnis etc.) gegenüber der herkömmlichen Abwicklung von Verwaltungsdiensten bieten, eine wichtige Rolle spielt. Kombiniert man diese Erkenntnisse mit der bereits vorhandenen Literatur zur Adoption von Informationssystemen, ergibt sich das folgende Forschungsmodell (vgl. Abbildung 2).

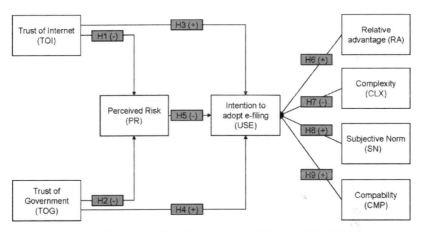

Abbildung 2: Forschungsmodell zu Vertrauen als Faktor bei der Adoption von E-Government (Quelle: (Akkaya et al. 2013))

Ergänzend zu den Faktoren, die die Wirkung von Vertrauen und Risikowahrnehmung als Einfluss auf die Nutzungsentscheidung abbilden, wurden weitere Faktoren aus der Diffusionsforschung mit in das Modell aufgenommen. Zu ihnen gehören der relative Vorteil, die Komplexität und die Kompatibilität einer IT-basierten Anwendung (vgl. Rogers 1995). Zudem wurde der Faktor »subjektive Norm« mit in das Modell aufgenommen, da es in der Literatur zahlreiche Hinweise darauf gibt, dass das soziale Umfeld einer Person und das dort zu beobachtende IT-Nutzungsverhalten Einfluss auf die individuelle IT-Nutzungsentscheidung haben (vgl. Taylor/Todd 1995).

III. Empirische Erkenntnisse

Im Rahmen der Umfrage zum eGovernment MONITOR wurden im Jahr 2012 1001 Internetnutzer in Deutschland im Rahmen von Online-Interviews befragt. Die Entscheidung, E-Government zu nutzen, wurde am Beispiel der elektronischen Steuererklärung ELSTER befragt. Aus der Analyse der Ergebnisse konnten die Zusammenhänge (bzw. Hypothesen) H1, H5, H6, H8 und H9 (vgl. Abbildung 2) bestätigt werden. Das Vertrauen in das Medium Internet hat demnach eine verringernde Wirkung auf das im Zusammenhang mit der E-Governmen-Nutzung wahrgenommene Risiko. Dies wiederum beeinflusst die Entscheidung, E-Government, oder in diesem Fall die elektronische Steuererklärung zu nutzen positiv. Zudem haben der relative Vorteil oder Nutzen der Online-Variante, eine als gering wahrgenommene Komplexität und die Kompatibilität des E-Government-Dienstes mit den Wertvorstellungen einer Person eine positive Wirkung auf die Nutzungsentscheidung.

Dieser Befund wird weiter bestätigt, wenn man sich die am häufigsten genannten Hemmnisse ansieht, die einer intensiveren E-Government-Nutzung nach Aussage der Befragten entgegenstehen: Ganz ober auf der Liste stehen hier Punkte wie mangelnde Durchgängigkeit von Online-Angeboten oder deren undurchschaubare Struktur (vgl. Initative D21 e.V./Ipima 2013; Initiative D21 e.V./Ipima 2012). Der mögliche Nutzen eines E-Government-Angebots wird stark reduziert, wenn das Online-Angebot immer noch einen Medienbruch beinhaltet und ein Formular ausgedruckt und per Post versendet oder gar persönlich zur Behörde gebracht werden muss. Den potenziellen Risiken steht dann nur noch wenig Nutzen oder relativer Vorteil gegenüber.

Die Entscheidung für eine E-Government-Nutzung wird dann umso unwahrscheinlicher, wenn ausgelöst durch Datenschutzskandale und Spähaffairen die Risikowahrnehmung im Zusammenhang mit Online-Angeboten drastisch ansteigt. Die Ergebnisse des eGovernment MONITORs 2013 zeigen, dass der Anteil der Bürger, die im Zusammenhang mit Sicherheitsbedenken Sorge vor Datendiebstahl haben, im Vergleich zum Vorjahr um 57 Prozentpunkte auf 61 Prozent angestiegen ist.

Sicherheit muss einfach sein

Um die E-Government-Nutzung positiv zu beeinflussen muss an beiden Seiten der Risiko-Nutzen-Abwägung gearbeitet werden: Einerseits müssen

E–Government-Angebote durchgängig und leicht bedienbar gestaltet werden, so dass der relative Vorteil zur herkömmlichen Abwicklung klar ersichtlich wird. Andererseits kann nur mit Vertauen in technische und organisatorische Sicherheitsmechanismen die Risikowahrnehmung potenzieller Nutzer positiv beeinflusst werden, so dass eine Nutzungsentscheidung als tragbar erachtet wird.

Sicherheitskomponenten müssen einfach zu handhaben sein

Mit De-Mail und Neuem Personalausweis stehen heute zwei Infrastrukturkomponenten zur Verfügung, die der sicheren Kommunikation und der sicheren Abwicklung von Behördendiensten dienen sollen. Allerdings gestaltet sich die Einführung dieser Komponenten schleppend. Nur bei der Minderheit der neu ausgestellten Personalsausweise wird die elektronische Ausweisfunktion aktiviert und nur ein geringer Anteil der Inhaber einer so aktivierten elektronischen Ausweises sind im Besitz eines Kartenlesegeräts, um die Funktionen des nPAs nutzen zu können. Die Handhabung des Neuen Personalausweises gestaltet sich zudem als schwierig, da zahlreiche Voraussetzungen (richtiger Browser, richtige Version des Browsers, Installation entsprechender Anwendungen, …) erfüllt sein müssen, um die Funktionen des nPAs erfolgreich nutzen zu können. Wenn dann der Zeitraum, in dem eine Behördenanwendung mittels des nPAs genutzt werden kann, auf die üblichen Bürozeiten begrenzt ist, stellt sich schnell Frustration ein.

Zu hohe Komplexität von Online-Angeboten stellt ein wesentliches Hemmnis für die E-Government-Nutzung dar. Auch Sicherheitskomponenten wie der nPA und deren Anwendung müssen mit möglichst geringen Anforderungen an die technische Versiertheit der Anwender genutzt werden können.

Sicherheitskomponenten müssen einfach zu erkennen und zu verstehen sein

Wenn die wahrgenommene Sicherheit bzw. das Risikopotenzial einer Online-Anwendung Einfluss auf die Nutzungsentscheidung hat, müssen die verwendeten Sicherheitskomponenten und –maßnahmen für den Nutzer sichtbar und nachvollziehbar sein. In der Privatwirtschaft wurden für diesen Zweck verschiedene Sicherheitssiegel und Zertifikate entwickelt, die den Nutzern signalisieren, dass technische und organisatorische Maßnahmen zur Sicherung des Angebots und der dabei ausgetauschten Daten getroffen werden. Die Ergebnisse des eGovernment MONITORs deuten darauf hin, dass dies aus bei E-Government-Angeboten eine Rolle spielt. Für die Nutzung der elektronischen Steuererklärung (ELSTER) sind eine Reihe von Vorkehrungen (Registrierung, Beschaffung eines Sicherheitszertifikats etc.) erforderlich, die der Sicherheit der Anwendung und der übermittelten Daten dienen. Dem Anwender werden die Sicherheitskomponenten der Steueranwendung dadurch bewusst gemacht. ELSTER-Nutzer geben in der Folge zu deutlich geringeren Anteilen Bedenken hinsichtlich Datenschutz und Datensicherheit als Hemmnisse für die E-Government-Nutzung an als Personen, die noch keine Nutzungserfahrung mit ELSTER haben.

Daraus kann geschlossen werden, dass Sicherheitskomponenten und Sicherheitsmechanismen von E-Government-Angeboten für Anwender deutlich erkennbar sein und in ihrer Wirkungsweise verständlich dargestellt werden müssen, damit sie einen positiven Einfluss auf die Risikobeurteilung und das Vertrauen in diese E-Government-Angebote erzielen.

Medienkompetenz und Souveränität in der Mediennutzung schaffen Selbstvertrauen

Vertrauen in die eigene Kompetenz im Umgang mit dem Medium Internet und die dabei erforderlichen Sicherheitsmaßnahmen sind eine weitere Voraussetzung für die Bewältigung der damit einhergehenden Risiken. Im Rahmen der Studie eGovernment MONITOR wurde eine Typologie für E-Government-Nutzer entwickelt (vgl.Abbildung 3), die auf dem Mediennutzungsverhalten sowie der Haltung gegenüber Verwaltungs-angeboten und E-Government der Befragten basiert (vgl. Initative D21 e.V./Ipima 2013).

Es zeigt sich, das Nutzergruppen, die sich durch einen hohen und sehr hohen Anteil an E-Government-Nutzern auszeichnen, gleichzeitig auch eine hohe Internetaffinität und -erfahrung aufweisen. Risiken, die mit einer E-Government-Nutzung einhergehen, werden in diesen Nutzergruppen ebenso wahrgenommen wie in Nutzergruppen, die nur geringe Anteile von E-Governmentnutzern aufweisen. Allerdings führt die umfangreiche Erfahrung mit der Mediennutzung offenbar zu einem Selbstvertrauen, das diese Risiken kalkulierbar und handhabbar macht.

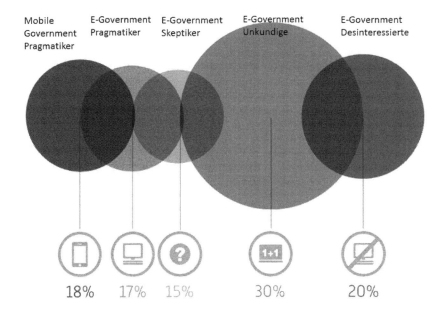

Abbildung 3: E-Government-Nutzertypen, Quelle: Initative D21 e.V./Ipima 2013

Um das Selbstvertrauen von Bürgern im Umgang mit Risiken im Zusammenhang mit der Nutzung von Online-Angeboten und die Souveränität bei der Anwendung der dafür erforderlichen Sicherheitskomponenten zu stärken, müssen verstärkt Maßnahmen zur Verbesserung der Medienkompetenz ergriffen werden. Darüber hinaus sollten Sicherheitskomponenten standardisiert werden, so dass sie in unterschiedlichen Kontexten zum Einsatz gebracht werden können und Nutzungsroutine entstehen kann.

IV. Zusammenfassung

Literatur und Empirie zeigen, dass die Abwägung zwischen Risiken und Nutzen im Zusammenhang mit einem Online-Angebot ausschlaggebend für die entsprechende Nutzungsentscheidung ist. Soll die Nutzung von Online-Angeboten der öffentlichen Verwaltung gefördert werden, sind demnach zwei Variablenkategorien zu beeinflussen: Der erzielbare Nutzen sowie die mit der Nutzung verbundenen Risiken bzw. deren Einschätzung oder Wahrnehmung durch die potenziellen Nutzer.

Zur Bewältigung von Risiken ist Vertrauen eine wesentliche Voraussetzung ebenso wie die einfache Handhabung von Sicherheitsmaßnahmen zur Eindämmung der Risiken.

Einfachheit entsteht durch Kompetenz im Umgang mit der Anwendung von Technik und Sicherheitskomponenten: Wer sich mit einer Anwendung auskennt und ihre Funktionsweise beherrscht, fühlt sich sicher bei ihrer Nutzung. Das gilt für praktische Anwendungsgebiete wie Autofahren ebenso wie für die Nutzung von Online-Angeboten. Die Sicherheit im Umgang mit dem Medium Internet schafft (Selbst-)Vertrauen für die Nutzung von E-Government. Medienkompetenz und Nutzungssouveränität sind der Schlüssel zur selbstsicheren Anwendung von Online-Angeboten des Staates.

Vertrauen in Sicherheitskomponenten entsteht auch durch deren Offensichtlichkeit und die Ergonomie ihrer Benutzung: Sicherheitsmechanismen für E-Government müssen einfach zu verstehen und einfach zu nutzen sein.

Einfachheit entsteht durch Routine: Je größer die Verbreitung und Wiederverwendbarkeit von Sicherheitsinfrastrukturen, umso höher ist deren Nutzen und die Vertrautheit mit ihrer Anwendung.

Je höher der Nutzen von E-Government ist, umso eher werden Risiken in Kauf genommen.

Literaturverzeichnis

Akkaya, C.; Wolf, P.; Krcmar, H. (2010). The Role of Trust in e-Government Adoption: A Literature Review. Konferenzbeitrag: 16th Americas Conference on Information Systems, Lima.

Akkaya, C.; Wolf, P.; Krcmar, H. (2013). A comprehensive analysis of E-Government adoption in the German household. Internationale Konferenz Wirtschaftsinformatik. Leipzig.

Belanger, F.; Carter, L. (2008). Trust and risk in e-government adoption. Journal of Strategic Information Systems, 17, 165-176.

Gefen, D. (2002). Reflections on the dimensions of trust and trustworthiness among online consumers. ACM SIGMIS Database, 33(3), 38-53.

Initative D21 e.V.; Ipima (2013). eGovernment MONITOR 2013. In: http://www.eGovernment-Monitor.de, zugegriffen am 14.05.2014.

Initiative D21 e.V.; Ipima (2012). eGovernment MONITOR 2012. In: http://www.eGovernment-Monitor.des, zugegriffen am 14.05.2014.

McKnight, D.H.; Choudhury, V.; Kacmar, C. (2002). Developing and validating trust measures for e-Commerce: an integrative typology. Information Systems Research, 13(3), 334-359.

Rogers, E.M. (1995). Diffusion of Innovations. (4. Auflage). New York: The Free Press.

Slyke, C.V.; Belanger, F.; Comunale, C.L. (2004). Factors influencing the adoption of web-based shopping: the impact of trust. ACM SIGMIS Database, 35(2), 32-49.

Taylor, S.; Todd, P.A. (1995). Understanding information technology usage: a test of competing models. Information Systems Research, 6(2), 144-176.

The Lauder Institute (2009). First-hand perspectives on the global economy.

Macht und Ohnmacht des Internetusers

*Edgar Wagner**

I.

Das Internet ist heute ein wesentlicher Bestandteil der Lebenswirklichkeit vieler Menschen. Im Jahr 2013 nutzten in der Bundesrepublik Deutschland 54,2 Millionen Menschen das Internet. Das entspricht 77,2 Prozent aller Bundesbürger ab 14 Jahren. In der Altersgruppe der 14- bis 39-jährigen waren es sogar annähernd 100 Prozent sogenannter Onliner. Im Schnitt waren die Deutschen 2013 dabei 169 Minuten am Tag im Netz unterwegs.[1]

Die Relevanz des Internets im Alltag des Einzelnen nimmt dabei beständig zu. Diente es zunächst als mehr oder weniger statisches Informationsmedium, in dem der User als Konsument auftrat (Web 1.0), ist es dem Internetznutzer von Web 2.0-Anwendungen wie zum Beispiel Facebook oder Twitter heute möglich, selbst Inhalte zu generieren und mit anderen zu teilen.[2] Im Jahre 2013 waren in diesem Sinne 32 Prozent der Onliner in privaten Netzwerken und Communities aktiv.[3]

Darüber hinaus zeichnet sich ein Trend ab, wonach die Grenzen zwischen digitaler und realer Lebenswelt mehr und mehr verschwimmen. Der Mensch sieht sich zukünftig in fast allen Lebensbereichen und dauerhaft digitaler und vernetzter Internettechnik ausgesetzt. Es passt in dieses Bild, dass die mobile Internetnutzung im Jahre 2013 um 18 Prozent höher lag als noch im Vorjahr.[4] Die mobile Internetnutzung ist dabei erst das Eintrittstor

---

* Der Autor dankt für die Unterstützung bei der Erstellung des Vortrags und der vorliegenden Ausarbeitung Herrn Michael Vogel, abgeordneter Richter beim Landesbauftragten für den Datenschutz und die Informationsfreiheit.

1 S. hierzu die ARD/ZDF-Onlinestudie, abrufbar unter: http://www.ard-zdf-online-studie.de/ (zuletzt besucht: 7. Juli 2014).

2 Zu dieser Entwicklung s. http://www.youngdata.de/internet/web-20/ (zuletzt besucht: 7. Juli 2014).

3 S. hierzu die ARD/ZDF-Onlinestudie, abrufbar unter: http://www.ard-zdf-online-studie.de/ (zuletzt besucht: 7. Juli 2014).

4 S. hierzu die ARD/ZDF-Onlinestudie, abrufbar unter: http://www.ard-zdf-online-studie.de/ (zuletzt besucht: 7. Juli 2014).

in eine „smarte" Welt, in der vernetzte Computersysteme den User ständig und überall begleiten.

Nur beispielhaft ist daher auf Stichworte wie das „Internet der Dinge" oder „Wearables" hinzuweisen. Ob also intelligente Kühlschränke, die bei Bedarf Lebensmittel nachbestellen, webbasierte Datenbrillen, Wecker, Jalousien und Heizköper, Kleidung mit Funkchip, Fitnesstracker oder autonom fahrende Fahrzeuge – vernetzte Computersysteme erobern immer neue Lebensbereiche.[5] Viele der zukünftig zu erwartenden Anwendungen werden dabei – ohne die Aufmerksamkeit des Users unmittelbar zu beanspruchen und damit unbemerkt – seine Interaktionen mit der Umwelt beeinflussen.

Zum Teil ist in diesem Sinne sogar zu lesen: „Das Internet prägt unser Leben, ob wir wollen oder nicht, ob wir mitmachen oder nicht. Gesellschaft und Wirtschaft funktionieren nicht mehr ohne."[6] Über die Folgen dieser ubiquitären Ausbreitung der Internettechnik wird viel gestritten. Gilt das Internet den einen als Allheilmittel, das Transparenz schafft, Teilhabe ermöglicht und die Gesellschaft insgesamt freiheitlicher macht, betonen andere die Datensammelwut von Staaten und Wirtschaftsunternehmen, die letztlich zu einer massiven Bedrohung individueller Freiheit führt.[7]

Doch was bedeutet das mit Blick auf die User? Haben wir es zukünftig mit Usern zu tun, die ihre Lebenswirklichkeit unterstützt durch die digitale Technik aktiv gestalten und gegebenenfalls als Teil der „Macht der Vielen" über ungeahnte neue Machtoptionen verfügen? Oder sind wir an einem Punkt angelangt, an dem die Lebenswirklichkeit der User mehr und mehr durch algorithmisch gesteuerte Technik bestimmt wird, die ihre Anwender fremden Mächten ausliefert?

Will man diesen Fragen nachspüren, gilt es vorweg festzuhalten: „Das Netz kümmert sich nicht darum, ob seine Wirkungen gut oder schlecht sind. Es liegt an den Nutzern, welche Folgen die Einführung des Internets hat,

---

5   S. zu diesem Phänomen zum Beispiel *Maak*, Das Haus, das weiß, was du wollen wirst, in: Frankfurter Allgemeine Zeitung vom 17.03.2014, S. 9.

6   So: *Bull*, Netzpolitik: Freiheit und Rechtsschutz im Internet, Baden-Baden 2013, S. 15 unter Hinweis auf *Fischermann/Hamann*, 2011, S. 15.

7   Vgl. allgemein zum Widerstreit zwischen Technooptimisten und Technopessimisten *Morozov*, FAZ-Online vom 07.02.2014, abrufbar unter: http://www.faz.net/aktuell/feuilleton/debatten/die-digital-debatte/politik-in-der-digitalen-welt/evgeny-morozov-antwortet-auf-martin-schulz-wider-digitales-wunschdenken-12790285.html (zuletzt besucht am 7. Juli 2014).

also an uns selbst."[8] Diese Ausgangssituation lässt es sinnvoll erscheinen, der Machtfrage im Internet nachzugehen. Im Nachfolgenden soll dies aus der Sicht des privaten Internetnutzers geschehen.

II.

Die User nehmen im Internet verschiedene Rollen wahr. Sie bleiben zuerst Privatpersonen, kommunizieren, diskutieren und streiten mit Freunden und Unbekannten, mit Menschen aus der Nachbarschaft oder anderen Kontinenten, via Facebook oder auf sonstige Weise, mit ihrem Klarnamen oder anonym. Die Kommunikationsplattform Facebook zählt 2014 weltweit zum Beispiel 1,276 Milliarden Mitglieder.[9] User treten aber auch als Verbraucher auf. In dieser Rolle nehmen sie Internetdienste verschiedenster Art in Anspruch. Sie bestellen Waren, bewerten diese, informieren sich über Produkte und tauschen sich über neue Entwicklungen und Trends aus.[10] Daneben hat das Internet die Welt des Politischen erobert. Eine steigende Anzahl an Usern engagiert sich über Internetdienste wie zum Beispiel Twitter oder in Blogs politisch oder greift auf neue Partizipationsangebote zurück.[11] Online-Bürgersprechstunden eröffnen neue Zugänge zur Politik und Onlinepetitionen erfreuen sich steigender Beliebtheit. Gleichzeitig trägt das Internet für den User zu gesteigerter Transparenz bei, wenn zum Beispiel Regierungsdokumente im Netz öffentlich zugänglich gemacht werden.

---

8   So: *Bull*, Netzpolitik: Freiheit und Rechtsschutz im Internet, Baden-Baden 2013, S. 15 unter Hinweis auf *Nicholas Carr*, The amorality of Web 2.0. I.E. ebenso *Morozov*, FAZ-Online vom 07.02.2014, abrufbar unter: http://www.faz.net/aktuell/feuilleton/debatten/die-digital-debatte/politik-in-der-digitalen-welt/evgeny-morozov-antwortet-auf-martin-schulz-wider-digitales-wunschdenken-12790285.html (zuletzt besucht am 7. Juli 2014).

9   S. hierzu für das erste Quartal 2014: http://de.statista.com/statistik/daten/studie/37545/umfrage/anzahl-der-aktiven-nutzer-von-facebook/ (zuletzt besucht: 7. Juli 2014).

10 Zur Rolle des Users als Verbraucher s. z.B. *Habschick/Gitter*, Verbrauchermacht im Internet, Gutachten im Auftrag der Abteilung Wirtschafts- und Sozialpolitik der Friedrich Ebert Stiftung, Bonn 2009.

11 Zur Rolle des Users im Rahmen des Politischen s. *Kneuer*, Mehr Partizipation durch das Internet, abrufbar unter: http://www.politische-bildung-rlp.de/fileadmin/download_neu/Publikationen_2013/Zur_Sache_RLP_2013.pdf (zuletzt besucht: 7. Juli 2014).

Die Frage nach der Macht und Ohnmacht des Users muss vor diesem Hintergrund differenziert gestellt und beantwortet werden. Dies gilt gerade auch deshalb, weil sich Macht, die gemeinhin als die Fähigkeit beschrieben wird, auf das Denken und Handeln anderer – auch gegen deren Willen – Einfluss zu nehmen,[12] stets in Relationsverhältnissen zwischen einzelnen Beteiligten verwirklicht. Je nachdem, welche Rolle ein User einnimmt, je nachdem, wer dem User gegenübertritt, ergeben sich andere Machtverhältnisse und andere Machtstrukturen.

Dabei treten den Usern mit den technischen Akteuren, den Staaten und den Internetunternehmen ambitionierte Mit- bzw. Gegenspieler auf dem Spielfeld des Internets gegenüber. Ihr Verhältnis zum User ist ambivalent. Sie stellen zum Teil die Infrastruktur, die eine neue Machtentfaltung des Users ermöglicht. Sie sind also jene, die den User ermächtigen. Sie haben gleichzeitig in beträchtlichen Umfang Macht über den Einzelnen und sind bereit, diese auszuspielen. Angesichts dieser Ausgangslage und der Vielfalt und Komplexität der verschiedenen Beziehungsgeflechte kann es im Folgenden nur darum gehen, einzelne Aspekte der Macht bzw. Ohnmacht der User zu skizzieren.

III.

1.

Die Netzstruktur des Internets hat zur Folge, dass private Sachverhalte in nur kürzester Zeit einer Vielzahl von Menschen zugänglich gemacht werden können. Einmal im Netz verfügbar gemachte Inhalte verbreiten sich in rasantem Tempo und sind nur schwer oder gar nicht mehr zu kontrollieren. Im Verhältnis zwischen Privaten wird dieser Umstand besonders dann relevant, wenn es zu Rechtsverletzungen gegenüber dem Einzelnen kommt. Diese wirken – wie zum Beispiel im Falle von unrechtmäßig verbreiteten Fotos – besonders intensiv. Die vermeintliche[13] Anonymität des Internets

---

12 Zum Begriff der Macht s. z.B. Bundeszentrale für politische Bildung, Das Politiklexikon, Stichwort Macht, abrufbar unter http://www.bpb.de/nachschlagen/lexika/politiklexikon/17812/macht (zuletzt besucht: 7. Juli 2014). Differenzierte Überlegungen zum Begriff der Macht bei *Han*, Was ist Macht, Stuttgart 2005.

13 Vermeintlich ist sie deshalb, weil sie trotz einer rechtlichen Absicherung (s. hierzu z.B. § 13 Abs. 6 Telemediengesetz) faktisch von Kommunikationsunternehmen – häufig auch durch vertragliche Konstruktionen – unterlaufen wird. S. hierzu auch

scheint dabei die Hemmschwelle für Eingriffe in die Rechtssphäre anderer zu senken.[14] Hinzu kommt ein Phänomen, das als digitale Kluft bezeichnet wird. Danach ist die Authentizität der digitalen Welt für den User immer noch schwächer als in der realen Welt. Insbesondere unter Jugendlichen führt das dazu, dass es im Internet häufig zu Beleidigungen, Diffamierungen oder gar konkreten Bedrohungen kommt. Nach einer Studie der Institute für Kommunikationswissenschaften an den Universitäten Münster und Hohenheim haben 2013 bereits ein Drittel der Schüler Erfahrungen mit Cybermobbing gemacht.[15]

Ein weiteres Phänomen im Netz sind Entrüstungsstürme, sogenannte Shitstorms, die längst nicht nur Unternehmen, sondern auch einzelne Personen treffen. Auslöser sind häufig sachliche Kritikpunkte, die von einzelnen Usern im Netz geäußert werden. Bei ihrer Verbreitung über soziale Netzwerke und Blogs schlagen sie aber nicht selten ins Unsachliche oder gar in Schmähkritik und Beleidigungen um. Neben Personen des öffentlichen Lebens wie zum Beispiel Markus Lanz, der durch seine Fragetechnik gegenüber der Politikerin Sahra Wagenknecht die Empörung von 170.000 Menschen auf sich zog,[16] können auch Privatpersonen ohne Öffentlichkeitsbezug betroffen sein. Anfang 2014 wurde ein solcher Fall in Rheinland-Pfalz bekannt.[17] Nachdem über WhatsApp ein Video verbreitet wurde, das einen Mann aus dem Westerwald zeigte, wie er einen Hund quälte, brachten über 1.000 Menschen ihren Unmut hierüber online zum Ausdruck. Zuletzt wurde der Mann auch real angegangen und die Polizei legte ihm nahe, zuerst einmal abzutauchen.

---

die noch nicht veröffentlichte Entscheidung des BGH vom 1.7.2014 abrufbar unter: http://juris.bundesgerichtshof.de/cgi-bin/rechtsprechung/document.py?Gericht=bgh&Art=en&Datum=Aktuell&nr=68159&linked=pm (zuletzt besucht: 7. Juli 2014).

14 *Hoffmann/Schulz/Borchers* MMR 2014, 89; *Heckmann* NJW 2012, 2631.

15 S. hierzu: http://www.heise.de/newsticker/meldung/Cybermobbing-Studie-Jeder-dritte-Schueler-ist-Opfer-oder-Taeter-1924795.html (zuletzt besucht: 7. Juli 2014).

16 S. hierzu kritisch: http://www.sueddeutsche.de/kultur/simulierte-demokratie-im-internet-klick-maus-und-shitstorm-1.1871585 (zuletzt besucht: 7. Juli 2014).

17 S. hierzu: http://www.rp-online.de/panorama/deutschland/betzdorf-shitstorm-gegen-welpen-schlagenden-tierquaeler-aid-1.4091632 (zuletzt besucht: 7. Juli 2014).

2.

Die User üben im Internet zweifellos auch Verbrauchermacht aus. Immer mehr Waren und Dienstleistungen werden über das Internet vertrieben. Neun von zehn Usern haben bereits im Internet eingekauft. 40 Prozent tun dies sogar regelmäßig.[18] Auszugehen ist hierbei zunächst von einer Nachfragemacht, wie sie den Verbrauchern auch in der analogen Welt zukommt. Doch nicht nur über den Konsum konstituiert sich die digitale Verbrauchermacht. Ein entscheidender Faktor ist, dass Kaufentscheidungen durch Recherchen im Internet vorbereitet werden. 58 Prozent der Internetnutzer gaben zum Beispiel an, sich in Preisvergleichsportalen wie guenstiger.de oder idealo.de zu informieren. 51 Prozent greifen auf Informationen von Webseiten einzelner Anbieter zurück.[19]

Um die tatsächliche Verbrauchermacht zu ermessen, muss auch bedacht werden, dass in Zeiten des Webs 2.0 Erfahrungen unter den Verbrauchern im Netz ausgetauscht werden. Bewertungsplattformen wie zum Beispiel holidaycheck.de, ciao.de oder qype.com erfahren einen enormen Bedeutungszuwachs.[20] 73 Prozent der User informieren sich vor einer Kaufentscheidung über die Bewertungen anderer Kunden. 35 Prozent geben selbst Bewertungen über erworbene Produkte ab.[21] Kundenbewertungen wird dabei eine höhere „Glaubwürdigkeit" beigemessen als einer auf das betroffene Unternehmen zurückzuführenden Werbeaktion – ein Machtfaktor, der wegen der Verbreitungswirkung des Netzes im Verhältnis zur Mund-zu-Mund-Propaganda neue Maßstäbe setzt.

---

18 S. hierzu die Studie des Branchenverbands BITKOM, Trends im E-Commerce, 2013, abrufbar unter: http://www.bitkom.org/files/documents/BITKOM_E-Commerce_Studienbericht.pdf (zuletzt besucht: 7. Juli 2014).

19 S. hierzu die Studie des Branchenverbands BITKOM, Trends im E-Commerce, 2013, abrufbar unter: http://www.bitkom.org/files/documents/BITKOM_E-Commerce_Studienbericht.pdf (zuletzt besucht: 7. Juli 2014).

20 Zur rechtlichen Einordnung von Bewertungsplattformen s. z.B. *Wilkat,* Bewertungsportale im Internet, Baden-Baden 2013. Die 10. Verbraucherschutzministerkonferenz hat sich ebenfalls intensiv mit Hotelbewertungsplattformen auseinandergesetzt (s. hierzu TOP 26 des Ergebnisprotokolls), abrufbar unter: https://www.verbraucherschutzministerkonferenz.de/documents/endgErgebnisprotokoll10-VSMK_2.pdf (zuletzt besucht: 7. Juli 2014).

21 S. hierzu die Studie des Branchenverbands BITKOM, Trends im E-Commerce, 2013 abrufbar unter: http://www.bitkom.org/files/documents/BITKOM_E-Commerce_Studienbericht.pdf (zuletzt besucht: 7. Juli 2014).

Angesichts solcher Entwicklungen erklärte Hans Werner Sinn in einem Interview mit der Frankfurter Allgemeinen Zeitung: „Das Internet hat den Konsumenten nicht ohnmächtig, sondern mächtig gemacht. Auf Knopfdruck kann er dort die Preise und die Anbieter aus ganz Deutschland vergleichen. Dadurch ist der Wettbewerb im Einzelhandel größer geworden."[22]

Das Internet kann also dazu beitragen, dass der Einzelne besser informierte und abgewogenere Konsumentscheidungen trifft. Es kann die Transparenz und die Vergleichbarkeit von Preisen befördern. Regionale aber auch nationale Grenzen spielen dabei kaum noch eine Rolle, was erhebliche Markteffekte auszulösen vermag. Allerdings sind diese Effekte nicht zwangsläufig. Denn nicht alle Bewertungen und Erfahrungen, die man als User im Internet findet, sind tatsächlich hilfreich. Es gibt kaum Zugangshürden für Bewertungen im Netz, so dass die Qualität einer Bewertung nicht sichergestellt ist. Stets besteht die Gefahr, einer Fake-Bewertung aufzusitzen. Diese kommt sowohl in Form des übertriebenen Lobs als auch in Form von sogenannten Rache-Einträgen daher.[23]

Trotzdem bleibt es aber bei einer potenziell gesteigerten Usermacht. Diese hat sich in der Vergangenheit auch dahingehend gezeigt, dass einstige Internetriesen in der Bedeutungslosigkeit verschwanden. Der frühere Primus unter den Onlinediensten AOL spielt heute keine Rolle mehr. Das einstige soziale Netzwerk Nummer eins „Myspace" hat neben Facebook kaum noch nennenswerte Bedeutung. Die sogenannten VZ-Netzwerke teilen dieses Schicksal. Yahoo, die vormals führende Suchmaschine scheint uneinholbar von Google abgehängt. Vom User ausgehende Markteffekte, das zeigen die Beispiele eindrücklich, treten in einer vernetzten Welt unmittelbarer und schneller ein. Die Netzarchitektur befördert kollektive Bewegungsmuster und macht es dem User leicht, sich – wenn auch zum Teil nur vorübergehend – zu einer Marktmacht zusammenzuschließen. Über Kanäle wie Twitter und Bloggingportale können so in einem rasanten Tempo (Nachfrage-)Trends gesetzt werden.

Die Motivation der User, sich von einem Anbieter abzuwenden und damit seine Marktmacht auszuspielen, ist dabei sehr unterschiedlich. In der Vergangenheit hat sich zum Beispiel gezeigt, dass User als organisierte

---

22 Abrufbar unter: http://www.faz.net/aktuell/wirtschaft/oekonom-sinn-im-interview-wir-haben-stimmzettel-in-unserem-portemonnaie-1489261.html (zuletzt besucht: 7. Juli 2014).

23 Kritisch in diesem Sinne *Pfeifer* in: Süddeutsche Zeitung, 28./29. Juni 2014.

Marktmacht mitunter ganz konkrete Unternehmensentscheidungen ange-
hen. Nach heftigen Protesten der User sah sich Instagram, eine Foto- und
Video-Sharing-App, zum Beispiel gezwungen, von einer Änderung seiner
Geschäftsbedingungen Abstand zu nehmen, mit der die Bilder der Nutzer
für Werbezwecke verwendet werden sollten.[24] Nach der Übernahme durch
Facebook erlebte der Nachrichtendienst WhatsApp im Frühjahr 2014 eine
Abwanderungsbewegung, die dem datenschutzfreundlicheren Anbieter
Threema zu Gute kam. Threema erklomm in Windeseile die Download-
charts und vermochte seine User innerhalb von nur 24 Stunden auf 400.000
zu verdoppeln.[25]

In dieses Bild fügen sich die bereits erwähnten Entrüstungsstürme von
Verbrauchern in sozialen Netzwerken, über Twitter oder andere Blogging-
dienste ein, mit denen auf vermeintliche Missstände oder missliebige Entscheidungen einzelner Unternehmen aufmerksam gemacht und Druck aufgebaut werden soll. Im Sommer 2012 traf Vodafone zum Beispiel der Protest der User, nachdem sich eine Nutzerin der Facebookseite des Mobil-
funkanbieters über falsche Abrechnungen beschwerte. Innerhalb weniger
Tage nahmen 145.000 User diesen Beitrag zum Anlass, ebenfalls ihrem Unmut Ausdruck zu verleihen. Vodafone sah sich gezwungen, auf diese Entwicklung mit einem eigenen Beitrag zu reagieren. Das Unternehmen ent-
schuldigte sich und klärte den Fall bezüglich der monierten Abrechnungen
auf. Ähnliche Erfahrungen musste das Fastfoodunternehmen Mc Donald's
machen, als es angekündigt hatte, die Preise für Cheeseburger von 1,00 €
auf 1,39 € zu erhöhen.[26]

3.

Auf den britischen Philosophen Francis Bacon geht die Wendung zurück
„Wissen ist Macht". Über den Zugang zu neuen Wissensressourcen und
durch neue Kommunikationswege, die zeitliche und räumliche Grenzen
überschreiten, hat das Internet neue Machtoptionen geschaffen. Diese sind

---

24 S. hierzu: http://www.lto.de/recht/hintergruende/h/instagram-private-fotos-wer-
     bung-facebook-datenschutz-agb/ (zuletzt besucht: 7. Juli 2014).
25 S. hierzu: http://www.spiegel.de/netzwelt/apps/whatsapp-alternative-threema-ver-
     doppelt-nutzerzahl-a-954915.html (zuletzt besucht: 7. Juli 2014).
26 S. hierzu mit weiteren Beispielen http://www.fr-online.de/recht,21157310,
     16936190.html (zuletzt besucht: 7. Juli 2014).

nicht nur geeignet – wie gesehen – Machtasymmetrien zwischen Verbrauchern und Unternehmern, sondern auch zwischen Bürgern und Staaten zu überwinden. Auch hier gilt, dass über das Internet kurzfristiges Mobilisierungspotenzial entsteht. Der Arabische Frühling hat insoweit eindrucksvoll gezeigt, wie Blogs und Foren die Umbrüche auf der Straße beflügelten und so Politik zumindest mitbeeinflussten.[27] Bereits in seinem ersten Wahlkampf um das Amt des Präsidenten der Vereinigten Staaten von Amerika hat Barak Obama die „neuen Medien" bewusst im Wahlkampf eingesetzt und damit die Wahlentscheidung ausschlaggebend beeinflusst.[28]

Dass die Netzgemeinde in der Lage und bereit ist, politische Entscheidungen konkret zu beeinflussen, hat sich in Bezug auf das Anti-Produktpiraterie-Handelsabkommen (ACTA) gezeigt. Neben verschiedensten inhaltlichen Kritikpunkten (z.B. die Einschränkung des Zugangs zu Generika und lebenswichtigem Saatgut) richteten sich die Proteste vor allem gegen die Art des Zustandekommens dieses Abkommens, das weitgehend unter Ausschluss der Öffentlichkeit verhandelt wurde. Der allen voran von der Piratenpartei, aber auch zum Beispiel der Anonymus-Bewegung organisierte Widerstand, hat letztlich eine Ratifizierung des Abkommens verhindert.

Als die damalige Familienministerin Ursula von der Leyen ein Gesetz forderte, auf dessen Grundlage die Provider kinderpornographische Inhalte filtern und entsprechende Sperrlisten durch das BKA geführt werden sollten, sammelte sich eine Protestbewegung, die von der Furcht getragen wurde, es komme zu einer Internetzensur. Über 100.000 Menschen sprachen sich mit einer Online-Petition gegen ein entsprechendes Gesetz aus und trugen dazu bei, dass es verhindert wurde.[29]

Das Netz ermöglicht insoweit - auch das belegen die Beispiele – neue Foren für politische Meinungsäußerungen. Meinungen werden nicht mehr

---

27 S. hierzu: Die Rolle der neuen Medien im Arabischen Frühling, abrufbar unter: http://www.bpb.de/internationales/afrika/arabischer-fruehling/52420/die-rolle-der-neuen-medien?p=1 (zuletzt besucht am: 7. Juli 2014). Die Rolle des Internets ist im Einzelnen freilich zu Recht umstritten. Nicht zu verkennen ist, dass der arabische Frühling wesentlich durch die Massen auf den Straßen beeinflusst wurde. Kritisch in diesem Sinne z.B. *Preisendörfer* in: Die digitale Öffentlichkeit, S. 19. Abrufbar unter: http://library.fes.de/pdf-files/akademie/hamburg/08862.pdf (zuletzt besucht: 7. Juli 2014).

28 S. hierzu: http://www.zeit.de/online/2009/35/online-zum-sieg (zuletzt besucht 7. Juli 2014).

29 S. hierzu zum Beispiel *Klingbeil* in: Die digitale Öffentlichkeit, S. 14, der die Debatte um die Netzsperren als Startschuss einer digitalen Demokratie bezeichnet. Abrufbar unter: http://library.fes.de/pdf-files/akademie/hamburg/08862.pdf (zuletzt besucht: 7. Juli 2014).

ausschließlich durch die klassischen Medien transportiert, sondern können von jedermann unmittelbar einer breiten Öffentlichkeit zugänglich gemacht werden. Ausdrücklich zu erwähnen sind insoweit noch einmal sogenannte Graswurzelbewegungen im Netz, mit denen Menschen anlassbezogen für ein konkretes Anliegen über das Netz mobilisiert werden.

Auch das Leaken, das heißt das Bekanntmachen von eigentlich geheimen und vertraulichen Informationen, ist zu einem Instrument des Politischen geworden. Julian Assange und Edward Snowden, um nur zwei prominente Beispiele zu nennen, erzielen die von ihnen gewünschten Transparenz- und Verbreitungseffekte nur über das Internet.

Neben diesen, von den Usern generierten Effekten, die als „Bottom-Up-Effekte" umschrieben werden, gehen aber auch im Sinne einer „Top-Down-Bewegung" Effekte vom Staat aus. Dieser verfolgt – in Deutschland unter anderem ausgelöst durch Protestbewegungen wie Stuttgart 21 – das Ziel, Bürger durch den Einsatz digitaler Technik umfassender zu beteiligen. Es geht darum, ihnen neue, innovative Partizipationsmöglichkeiten zu eröffnen und auf diesem Wege neue Machtoptionen zu schaffen. Auch wenn hier viele Entwicklungen noch in den Kinderschuhen stecken und die Begrifflichkeiten wie e-democarcy, e-government, e-consultation und e-participation ein wenig sperrig daherkommen,[30] ist doch nicht zu verkennen, dass derzeit verstärkt an neuen Politikmodellen gearbeitet wird. Schon heute kommt es im Netz zu Transparenzsteigerungen, die nicht durch das Leaken einzelner Dokumente, sondern durch das bewusste Zurverfügungstellen von Regierungs- und Verwaltungsdokumenten entstehen. Insoweit ist nur auf die Transparenzgesetzgebung von Hamburg hinzuweisen, die für viele Bundesländer Modellcharakter hat.

III.

Die Beispiele machen – ohne sie im Einzelnen bewerten zu wollen – deutlich, dass durch das Internet neue Machtoptionen geschaffen werden. Dieser Befund kontrastiert allerdings mit einer gleichfalls zu konstatierenden Ohnmacht des Users. Schon das eingangs erwähnte Phänomen des Cyber-mobbings bringt die Ambivalenz der digitalen Machtentfaltung zum Aus-

---

30 *Wagner*, Medienkompetenz macht Mühe – Wider die digitale Convenience, abrufbar   unter: http://www.datenschutz.rlp.de/de/service/reden/20130412_lfdi_-_Speyer.pdf (zuletzt besucht: 7. Juli 2014).

druck. In ganz unterschiedlichen Facetten zeigt sich, dass die digitale Technik nicht nur geeignet ist, bestehende Machtasymmetrien – wie sie zum Beispiel in Bezug auf den Zugang zu Wissensressourcen – zu nivellieren, sondern diese auch zu verstärken vermag.

1.

Ein zentrales Feld ist hierbei der Verlust der Hoheit der einzelnen User über ihre persönlichen Daten und der damit einhergehende Verlust an Privatheit und individueller Freiheit. Die Enthüllungen Edward Snowdens haben uns drastisch vor Augen geführt, dass die Geheimdienste weltweit Kommunikationsdaten überwacht und gespeichert haben. Ohne konkreten Anlass wurden sowohl Meta- als auch Inhaltsdaten von Millionen von Menschen erfasst. Was genau über wen gespeichert wurde, ist bis heute offen. Doch sind es längst nicht nur Geheimdienste und Überwachungsprogramme wie Prism und Tempora, die die Privatheit des Einzelnen in Frage stellen. Daten sind heute zu einer Handelsware geworden, die mit Öl oder Gold verglichen wird.

Der User steht dieser zu beobachtenden Ökonomisierung des Datenmarktes offenbar ohnmächtig gegenüber. Bewusst oder unbewusst gibt er eine Unmenge an Daten über sich preis. So vielfältig die Nutzungsangebote, auf die der User zurückgreift, so vielfältig sind auch die Datensätze, die bei deren Inanspruchnahme entstehen. Was genau mit den Datensätzen geschehen wird und welche Detailinformationen aus ihnen herauszulesen sein werden, ist heute bei Weitem noch nicht absehbar.

Den Transparenzgewinnen, die durch das Internet zu verzeichnen sind, stehen häufig Konzerne gegenüber, die dem User wesentliche Informationen verborgen halten. Das Internet ist insoweit nicht nur Transparenzmaschine, sondern auch eine große Black Box. Insoweit passt es ins Bild, dass viele Kommunikationsunternehmen mit Geheimdiensten zusammenarbeiten. Der User aber weiß damit nicht, wer den Schlüssel zur Black Box Internet hat – nur Google, Facebook und Co. oder auch die NSA und andere Geheimdienste?

Mit dieser Entwicklung geht einher, dass die Durchsetzung bestehender Rechte häufig an praktischen oder rechtlichen Hürden scheitert. An wen Auskunfts- und Löschungsansprüche zu adressieren sind, bleibt angesichts der beschriebenen Situation im Netz häufig unklar. Weiterhin bestehen beachtliche rechtliche Hürden, wenn Daten zwar international verfügbar werden, aber das Gesetz an nationalen Grenzen halt macht.

So undurchsichtig wie die bestehenden Strukturen, so vielschichtig sind die Ziele, die von den Internetunternehmen und Staaten im Einzelnen verfolgt werden. Klar scheint indes, dass sowohl die Privatwirtschaft als auch die Geheimdienste und andere staatliche Institutionen versuchen, mittels Algorithmen aus der Vielzahl der Datensätze Vorhersagen über menschliche Verhaltenspräferenzen zu treffen.[31] Es geht mit anderen Worten um die Berechenbarkeit menschlichen Verhaltens.

Die gesammelten Daten geben nämlich Aufschluss über das Konsumverhalten, Freizeitinteressen, das soziale Umfeld, persönliche Vorlieben, persönliche Risiken, politische oder gesellschaftliche Neigungen und vieles andere mehr. In seiner Rede beim Festakt zum Tag der Deutschen Einheit am 3. Oktober 2013 vergleicht Bundespräsident Gauck dieses Phänomen plastisch mit einem digitalen Zwilling, der neben den Stärken auch die Schwächen realer Personen zu enthüllen vermag.[32]

Die Daten sind dabei nicht nur für die Werbewirtschaft interessant. Sie zeigen auch Risiken auf, die das Interesse von Versicherern oder Kreditgebern wecken. Erst jüngst wurde bekannt, dass die Polizei in Nordrhein-Westfalen in einem sogenannten Predictive-Policing-Modellprojekt versuchen wird, Vorhersagen über zukünftiges strafbares Handeln anhand von umfangreichen Datenanalysen zu treffen.[33] Eindrückliche Worte, die die Ohnmacht des Users in diesem Kontext umschreiben, findet *Frank Schirrmacher* in seinem Beitrag „Die offene Gesellschaft braucht neue Freunde" für die Frankfurter Allgemeine Zeitung. Dort heißt es:

„Wer eine falsche Stromrechnung bekommt, der rechnet nach. Wer eine falsche Rechnung über seine Lebens- und Karrierechancen, seine Talente und Fähigkeiten und Konditionen, seine Gesundheitsprognose oder seine Kreditwürdigkeit bekommt, kann nur noch glauben."[34]

---

31 Ausführlich zu Chancen und Risiken von Big Data Strategien s. die Studie der Deutschen Bank, Digitale Ökonomie und struktureller Wandel, abrufbar unter: https://www.dbresearch.de/PROD/DBR_INTERNET_DE-PROD/PROD0000000000328652.pdf (zuletzt besucht: 7. Juli 2014). Zur rechtlichen Einordnung s. *Martini* (in diesem Band, S. 99 ff.)

32 Abrufbar unter: http://www.bundespraesident.de/SiteGlobals/Forms/Archiv/Reden/DE/JoachimGauck/Reden_Formular.html (zuletzt besucht: 7. Juli 2014).

33 S. hierzu: http://www.heise.de/newsticker/meldung/Rheinischer-Minority-Report-Polizei-NRW-will-mit-Predictive-Policing-Einbrueche-aufklaeren-2243936.html (zuletzt besucht: 7. Juli 2014).

34 http://www.faz.net/aktuell/feuilleton/debatten/frank-schirrmacher-ueber-den-digitalen-wandel-und-die-offene-gesellschaft-12836746.html (zuletzt besucht: 7. Juli 2014).

Wie die Algorithmen zu den Bewertungen über das Leben des Users gelangen, ist für ihn kaum oder gar nicht nachvollziehbar und der Algorithmus selbst – der wie im Falle der Schufa die Kreditwürdigkeit einer Person bestimmt – unterliegt nach neuester Rechtsprechung des Bundesgerichtshofs[35] dem Geschäftsgeheimnis. Dass so Freiheit und Gestaltungsmacht des Users begrenzt wird, ist manifest. Der User und seine Daten drohen zum Produkt des Anbieters zu werden und er selbst damit zum Objekt und einer Ware auf den Datenmärkten der Zukunft. Es ist dabei längst noch nicht absehbar, welche Folgen es für die Freiheit des Einzelnen und dessen Individualität hat, wenn der User stets mit der Überwachung seines Verhaltens durch digitale Internettechnik rechnet.

2.

Hinzu kommt, dass viele Internetunternehmen nach einer monopolgleichen Marktmacht streben. Google zum Beispiel hat diese mit einem Marktanteil von 90 Prozent in Europa praktisch erreicht.[36] Andere Unternehmen eifern dem nach und setzen in der Gründungsphase in erster Linie auf Marktwachstum, das zunächst wichtiger als der Unternehmensgewinn zu sein scheint. Sind Unternehmen dann strategisch so aufgestellt, dass sie Leistungen anbieten, auf die die User nicht verzichten können oder wegen ihrer Qualität nicht verzichten wollen, so fällt es leicht, Vertragsbedingungen zu diktieren. Zwar sind solche Monopole – die Beispiele aus der Vergangenheit haben dies gezeigt – durchaus fragil. Doch scheinen viele Unternehmen aus den Erfahrungen gelernt zu haben, so dass in letzter Zeit eine Vielzahl strategischer Unternehmenszukäufe – wie zum Beispiel die Übernahme des Thermostate-Herstellers Nest durch Google – zu verzeichnen sind.[37]

Diese Machtkonzentration hat ferner zur Folge, dass der User auch in Bezug auf die ihm zugänglich gemachten Inhalte einzelnen Monopolisten häufig ausgeliefert ist. Auf welcher Basis und nach welchen Maßstäben Suchergebnisse von Google angezeigt werden, ist schwer nachvollziehbar und

---

35 BGH NJW 2014 1235 ff.
36 S. hierzu: http://www.faz.net/aktuell/feuilleton/debatten/die-digital-debatte/kartellverfahren-ein-weltbild-von-googles-gnaden-13038943.html?printPagedArticle=true#pageIndex_2 (zuletzt besucht: 7. Juli 2014).
37 S. hierzu z.B. http://www.zeit.de/digital/datenschutz/2014-06/nest-gibt-doch-daten-an-google (zuletzt besucht: 7. Juli 2014).

wird durch das Unternehmen – zum Teil nach werbewirtschaftlichen Ge-
sichtspunkten - festgelegt. Die Frankfurter Allgemeine Zeitung fasst diese
Problematik in einem Beitrag mit dem Titel „Ein Weltbild von Googles
Gnaden" pointiert zusammen.[38]

IV.

1.

Wie mit diesem Befund umzugehen ist, ist schwer zu beantworten. In einem
viel beachteten Beitrag für die Frankfurter Allgemeine Zeitung hat der Präsident des Europäischen Parlaments, Martin Schulz, eine Parallele zwischen
dem digitalen Fortschritt, den er zu Recht als digitale Revolution um-
schreibt, und der industriellen Revolution gezogen.[39] Er fordert auf der
Grundlage dieses Vergleichs eine soziale Gegenbewegung, die sich der
skizzierten digitalen Ohnmacht des Users annimmt. Trotz aller berechtigten
Skepsis hinsichtlich der Vergleichbarkeit historischer Sachverhalte, ergeben sich dabei Parallelen, die es zu erkennen und die so gewonnenen Erkenntnisse in einem gesellschaftlichen Diskurs, der auch die sozialen Folgen der digitalen Revolution berücksichtigt, abzuwägen gilt.

Damals wie heute haben gesellschaftlicher und technischer Fortschritt zu
tiefgreifenden Veränderungen für die Menschen geführt. Der Ersetzung
menschlicher Muskelkraft durch die Maschine steht die Ersetzung menschlicher Denkleistung gegenüber. Gerade erst gewonnene Freiheiten drohten
bzw. drohen individuelle Freiheit zu beschränken. War es im 19. Jahrhundert die durch den freien Vertragsschluss bedingte Ausbeutung menschlicher Arbeitskraft, ist heute eine Ausbeutung von Privatheit zu erkennen. Es
fehlte und fehlt an einem funktionierenden Markt, der systembedingte
Asymmetrien auszugleichen vermag. Ob nun die durch den Einsatz der

---

38 S. hierzu: http://www.faz.net/aktuell/feuilleton/debatten/die-digital-debatte/kar-
    tellverfahren-ein-weltbild-von-googles-gnaden-13038943.html?printPagedAr-
    ticle=true#pageIndex_2 (zuletzt besucht: 7. Juli 2014). Die Macht von Internet-
    suchmaschinen wird ferner deutlich, wenn man sich die Konsequenzen der dem
    Grunde nach zu begrüßende Rechtsprechung des EuGH zu Löschungspflichten
    von Google (s. hierzu EuGH NJW 2014, 857 ff.) näher betrachtet. Die bereits be-
    stehende Macht von Google im Hinblick auf den Zugang von Netzinhalten wird
    nämlich gerade bei der Entscheidung über einzelne Löschanträge manifest.
39 S. hierzu: http://www.faz.net/aktuell/feuilleton/debatten/die-digital-debatte/poli-
    tik-in-der-digitalen-welt/technologischer-totalitarismus-warum-wir-jetzt-kaemp-
    fen-muessen-12786805.html (zuletzt besucht: 7. Juli 2014).

Dampfmaschine mächtig gewordenen Fabrikanten oder Google, Facebook und Co. Es gab und gibt Marktmächte, durch die die Ware „Mensch" in Form seiner Arbeitskraft bzw. seiner Privatheit gehandelt wird.

Im 19. Jahrhundert hat die industrielle Revolution die von Schulz geforderte soziale Gegenbewegung hervorgebracht. Es kam zur Bildung gesellschaftlicher Gegenmacht, aus der mit den Arbeiterparteien und Gewerkschaften Bewegungen hervorgegangen sind, die noch heute gesellschaftlichen und politischen Einfluss ausüben und die noch heute die Machtverhältnisse auf dem Arbeitsmarkt wesentlich mit beeinflussen. Ob eine vergleichbare soziale Bewegung heute zustande kommen wird, ist allerdings zweifelhaft.

Grund hierfür scheinen eine schon seit Längerem zu beobachtende Atomisierung der Gesellschaft und ein damit einhergehender Wertewandel zu sein. Diese haben zur Folge, dass sich Bürger nicht mehr langfristig an eine Organisation binden. Anstatt sich dauerhaft in gefestigten Strukturen zu engagieren, bevorzugen sie einen losen Verbund und gehen stärker zu themen- und projektbezogenem Handeln über.

> „Niederschwellige und unverbindliche Beteiligung ohne aufwändigen, zeitintensiven Vorlauf wird dauerhaft verpflichtenden Mitgliedschaften vorgezogen. […] Vieles deutet darauf hin, dass sich ein gewandeltes Politikverständnis herauskristallisiert, dass eher als situativ, kontextabhängig, erlebnis- und betroffenheitsorientiert zu beschreiben ist."[40]

Für das Userverhalten im Internet beschreibt dies der Philosoph Han so:

> „Die kollektiven Bewegungsmuster sind aber wie bei Tieren gebildeten Schwärmen sehr flüchtig und instabil. Die Volatilität zeichnet sie aus. Außerdem wirken sie oft karnevalesk und unverbindlich. Darin unterscheidet sich der digitale Schwarm von der klassischen Masse, die nicht volatil, sondern voluntativ ist und keine flüchtigen Muster, sondern feste Formationen bildet. Mit einer Seele vereint marschiert sie in einer Richtung. Aufgrund voluntativer Entschlossenheit und Festigkeit ist sie auch fähig zum Wir, zur gemeinsamen Handlung, die das bestehende Herrschaftsverhältnis frontal anzugreifen vermag. Erst die zu einer gemeinsamen Handlung entschlossene Masse generiert die Macht. Masse ist Macht. Den digitalen Schwärmen fehlt diese Entschlossenheit. Sie marschieren nicht. Sie lösen sich ebenso schnell auf, wie sie entstanden sind. Aufgrund dieser Flüchtigkeit entwickeln sie keine politischen Energien."[41]

---

40 *Kneuer,* Mehr Partizipation durch das Internet, S. 8, abrufbar unter: http://www.politische-bildung-rlp.de/fileadmin/download_neu/Publikationen_2013/Zur_Sache_RLP_2013.pdf (zuletzt besucht: 7. Juli 2014).
41 *Han,* Im Schwarm: Ansichten des Digitalen, Berlin 2013, S. 22.

Dieser Befund wird durch die eingangs aufgezeigten Beispiele bestätigt. Eine soziale Gegenbewegung, die sich den macht*strukturellen* Problemen des Internets nachhaltig stellt, ist insofern nicht zu erkennen. Die Netzgemeinde selbst scheint hierzu derzeit als zu amorph und zerstritten. Bildhaft wird dies auch bei Gruppen wie Anonymus deutlich, zu deren Selbstverständnis es gehört, als Kollektiv ohne Steuermann unterwegs zu sein. Vielen Usern scheint auch das notwendige Bewusstsein und Gespür für die Bedrohungen des Internetzeitalters zu fehlen. Anders als die Lohnarbeiter im 19. Jahrhundert sind die Auswirkungen der digitalen Revolution für den einzelnen (noch) nicht unmittelbar und existenziell spürbar. Er sieht sich vielfach nicht als Opfer, sondern als Nutznießer einer Entwicklung, die ihm prima facie eine Unzahl neuer Möglichkeiten gratis zur Verfügung stellt. Er erkennt dabei nicht, dass er mit seinen Daten eine Gegenleistung erbringt, deren tatsächlichen Wert er nicht einzuschätzen vermag. So wünschenswert und notwendig eine geschlossene und nachhaltig wirkende Bewegung also wäre, die sich mit strukturellen Fragen des Internets beschäftigt, so wenig erkennbar ist diese aktuell.

2.

Angesichts der zum Ausdruck gebrachten Skepsis in Bezug auf eine sich formierende soziale Gegenbewegung drängt sich die Frage auf, welche Alternativen bestehen, um den dargestellten Ohnmachtskonstellationen entgegen zu wirken. Der Blick fällt dabei zunächst auf den User selbst. Es ist wichtig, bei ihm ein Bewusstsein für die Verletzlichkeit seiner Persönlichkeit in der digitalen Welt zu schaffen. Einen Beitrag hierzu leistet das Bestreben, den Usern Medienkompetenz zu vermitteln. Wie der Einzelne mit seinen Daten umgeht, bleibt seine freie Entscheidung. Auch die Bequemlichkeit gehört zum geschützten Freiheitsgebrauch. Ziel muss es aber sein, dass sich die User zumindest in die Lage versetzt sehen, informierte Entscheidungen treffen zu können. Hierzu gilt es, die notwendigen Kompetenzen zu vermitteln, wobei auch die Schulen sich den Herausforderungen des digitalen Zeitalters stellen sollten.

Der informierte User ist insoweit auch schon heute gegenüber der Datensammelwut von Internetunternehmen nicht völlig machtlos. Ihm steht ein zwar mit einigen Mühen verbundenes, aber im Einzelfall durchaus wirkungsvolles Instrumentarium zur Verfügung. Zu denken ist hier zum Beispiel an den Einsatz von Verschlüsselungstechniken. Darüber hinaus gilt es,

Angebote bewusster zu nutzen und in diesem Sinne gezielt die Privatsphäreneinstellungen von Netzwerken wie Facebook zu überprüfen. Der User
sollte sich auch über alternative Angebote informieren. So gibt es auch im
Segment der Suchmaschinen z.B. mit Ixquick ernstzunehmende und wesentlich datenschutzfreundlichere Alternativen zu Google. Die Nachfragemacht des Users könnte genau hier ansetzen. Hierzu ist es allerdings notwendig, den User aus der Bequemlichkeitszone der vermeintlichen Gratis-
kultur herauszulocken.[42]

Die digitale Revolution erfordert nicht zuletzt eine rechtliche Umhegung.
Die Forderung von Juli Zeh nach einem „digitalen Code Civile" ist daher
nachdrücklich zu unterstützen.[43] Die Verabschiedung einer europäischen
Datenschutz-Grundverordnung wäre in diesem Sinne ein erster wichtiger
Meilenstein, der auch der Internationalität des Digitalen Rechnung trüge.
Vergleichbar den Bemühungen im internationalen Klimaschutz bedarf es
darüber hinausgehend internationaler Abkommen, die als Datenschutzab-
kommen auf die globalen Datenströme reagieren.

Der Rechtsrahmen sollte in diesem Sinne konsequent am informationellen Selbstbestimmungsrecht und der Datenhoheit des Users ausgerichtet
sein. Gegenläufige Interessen wie zum Beispiel die Meinungsfreiheit müssen dabei stets im Wege der praktischen Konkordanz ausgeglichen werden.
Insgesamt gilt es dabei, einen Verantwortungsrahmen zu entwickeln, der es
ermöglicht, Verantwortlichkeiten auch im Netz (ggf. über nationale Grenzen hinweg) zuzurechnen. Insoweit erscheint es auch sinnvoll, die globalen
Spieler an regionale Spielregeln zu binden.[44] Stichworte wie Smart Privacy
Management, das heißt Datenschutz durch Technik und datenschutzfreund-
liche Voreinstellungen sowie Datenschutzzertifizierungen sind vielverspre-
chende Ideen, die im Kontext der Datenschutz-Grundverordnung diskutiert
werden. Zu denken ist auch an kartellrechtliche ggf. wettbewerbsrechtliche
Instrumentarien, um die monopolartige Vormachtstellung der global player

---

42 *Wagner,* Medienkompetenz macht Mühe – Wider der digitalen Convenience, ab-
    rufbar   unter: http://www.datenschutz.rlp.de/de/service/reden/20130412_lfdi_-
    _Speyer.pdf (zuletzt besucht: 7. Juli 2014).
43 S. hierzu: http://www.faz.net/aktuell/feuilleton/debatten/die-digital-debatte/poli-
    tik-in-der-digitalen-welt/juli-zeh-zur-ueberwachungsdebatte-schuetzt-den-daten-
    koerper-12794720-p4.html?printPagedArticle=true#pageIndex_4 (zuletzt be-
    sucht: 7. Juli 2014).
44 Insoweit wirkt bereits das EuGH-Urteil zur Löschungspflicht von Google (NJW
    2014, 857) maßstabsbildend.

zu brechen.[45] Hierzu gehört auch die gezielte Förderung innovativer aber user- und datenschutzfreundlicher Internettechnik.

Zu schließen ist vor diesem Hintergrund mit einem Zitat von Frank Schirrmacher, der formuliert:

> „Die Snowden-Enthüllungen, so sagte unlängst ein IT-Unternehmer, seien Europas größte Chance. Europas Stunde, auch in der Entwicklung eines digitalen Konkurrenzangebots, hat jetzt geschlagen. Als *Martin Schulz,[46] in Widerspruch zu dem, was er „digitalen Totalitarismus" nannte*, und *vor kurzem Christian Lindner[47]* dieses europäische Projekt skizzierten, reagierten ausgerechnet Teile der Digital-Branche, die sonst immer nur „alles ist möglich" predigt, mit dem Einwand, der Zug sei längst abgefahren. Sie haben unrecht: Nur wir selbst entscheiden, was uns möglich ist."[48]

---

45   S. hierzu auch das Interview des Justizministers Heiko Maas in der Frankfurter Allgemeinen Zeitung, abrufbar unter: http://www.faz.net/aktuell/politik/heiko-maas-spd-im-gespraech-entflechtung-von-google-13014560.html (zuletzt besucht: 7. Juli 2014). Weitere beachtenswerte Vorschläge bei *Hoffmann/Schulz/Borchers* MMR 2014, 89 ff.

46   S. hierzu: http://www.faz.net/aktuell/feuilleton/debatten/die-digital-debatte/politik-in-der-digitalen-welt/technologischer-totalitarismus-warum-wir-jetzt-kaempfen-muessen-12786805.html (zuletzt besucht: 7. Juli 2014).

47   S. hierzu: http://www.faz.net/aktuell/feuilleton/debatten/die-digital-debatte/politik-in-der-digitalen-welt/it-kapitalimus-fdp-chef-lindner-fuer-digitale-autonomie-europas-12833286.html (zuletzt besucht: 7. Juli 2014).

48   Abrufbar unter: http://www.faz.net/aktuell/feuilleton/debatten/frank-schirrmacher-ueber-den-digitalen-wandel-und-die-offene-gesellschaft-12836746.html (zuletzt besucht: 7. Juli 2014).

IT - Entwicklung und Stand in der öffentlichen Verwaltung

Horst Westerfeld

Übersicht:

Informationstechnologie (IT) und Public Sector ist kein Widerspruch. Die IT ist für jede Körperschaft, ob privaten oder öffentlichen Rechts, ein Instrument, das unabdingbar ist zur Nutzung in den Arbeitsprozessen. Arbeitsprozesse werden im privaten Bereich allgemein Geschäftsprozesse und im öffentlichen Bereich Verwaltungsvorgänge genannt, was für den Umgang mit IT unerheblich sein müsste. Warum gibt es dennoch Unterschiede in der Intensität der Nutzung und unterschiedliche Innovationszyklen? Dies wird in den folgenden Kapiteln näher an Hand von drei Thesen beleuchtet. Deweiteren wird an Hand von Beispielen, der Stand und die Entwicklung der IT in der öffentlichen Verwaltung betrachtet.

I. *IT und Business im Public Sector - im Vergleich zu anderen Branchen*

Ein Vergleich des öffentlichen Sektors mit anderen Branchen bietet sich allein schon deswegen an, weil einige Politiker und hohe Beamte die Unvergleichbarkeit als Argument für bestimmte Strukturen und Verhalten im öffentlichen Dienst heranziehen.

1. Technologievergleich

Wenn die IT eine Technologie ist, die nicht nur für eine Branche entwickelt und produziert wird, dann sollte sie auch in allen Branchen einsetzbar sein. Storage Area Networks, Server, Clients, IP-Netzwerke, Datenbank-, Text- und Mail-Systeme oder Portalsoftware sind ohnehin Komponenten, die branchenneutral eingesetzt werden. Schon hier kommen Einige aus Politik oder dem öffentlichen Datenschutzbereich - besonders erst nach den Ereignissen im Zusammenhang Snowden und NSA - auf die glorreiche Idee, für den deutschen oder zumindest europäischen (Public-) Markt nationale Hardware- und Systemsoftware zu fordern. Es kann für diese Zielgruppe zu Gute gehalten werden, dass sie wenig über die Dimension des IT-Marktes und die Dominanz amerikanischer Firmen wissen.

Wenn von Standardsoftware oder Industriestandard gesprochen wird, wird es für die Standardprozesse in einer privaten oder öffentlichen Körperschaft nicht differenter. Bei der Software für Textverarbeitung, für Rechnungswesen, für Personalwesen, für Einkauf oder für Vertrieb gibt es ohne Zwang auch keine Branchenunterschiede. Im Gegenteil, es wird im Public Sector zum Vorteil, wenn Bestellungen und Rechnungen oder Dokumente mit allen Beteiligten wie Lieferanten, Kunden, Bürgern und Unternehmen

„kompatibel" ausgetauscht werden können. I. d. R. sind nur die Daten und Inhalte von Systemen für Customer Relationship Management (CRM), Enterprise Ressource Management (ERP), E-Procurement, E-Invoicing, Supply Chain Management (SCM), Dokumentenmanagement (DMS) oder Content Management (CMS) usw. unterschiedlich. Warum also von unterschiedlichen Anforderungen und Situationen sprechen. Selbstverständlich gibt es für alle Branchen spezielle Anwendungssoftware. Für die Banken Bankensoftware, für die Polizei Polizeisoftware, für die Schulen Schulsoftware, für die Fertigungsindustrie Produktionsplanungs- und Steuerungssoftware aber meist auf gleichen Hardware- und Softwareplattformen.

2. Kultur- und Organisationsvergleich

Warum setzen Firmen stets aktuelle IT-Systeme ein? Weil sie unter einem Wettbewerbs-, Kosten- und Innovationsdruck im globalen Wettbewerb stehen. Die Firmen, die diesem Druck standhalten, behaupten sich oder wachsen, sind erfolgreich. Sind das für öffentliche Körperschaften ebenfalls Kriterien? Ja, eine Stadt, ein Land, eine Volkswirtschaft, eine Staatengemeinschaft steht ebenfalls in Konkurrenz zu anderen Standorten. Was hindert also die öffentlichen Körperschaften daran, die IT als Instrument für die Standortpolitik und die Wettbewerbsfähigkeit zu nutzen? Ist es die Kultur oder sind es die Haushalte, die aus Steuern finanziert sind?

Neben dem Einsatz von IT spielen in den einzelnen Branchen und einzelnen Körperschaften für die Wettbewerbsfähigkeit die Faktoren Firmenkultur und Kostenbewusstsein die mit entscheidenden Rollen. Die Firmenkultur beinhaltet das Streben nach ständigen Verbesserungen (kontinuierlicher Verbesserungsprozess) und alle Maßnahmen stehen unter der Prämisse des wirtschaftlichen Handelns. Beide Faktoren bringen Organisationsveränderungen automatisch mit sich, im Aufbau und im Ablauf. Die Kultur des Wandels ist allerdng nicht die Stärke der öffentlichen Verwaltung und Kostenbewusstsein ist nicht vom Gedanken geprägt, es handele sich um das Geld der Körperschaft, bei der der Mitarbeiter beschäftigt ist. Also wird ein Zusammenhang zwischen erfolgreichen Wirtschaften und dem eigenen Arbeitsplatz nicht direkt gesehen. Ein Kulturwandel im öffentlichen Sektor ist notwendiger denn je, denn auch die effiziente Verwaltung ist ein Wettbewerbsfaktor für die Wettbewerbsfähigkeit der deutschen Wirtschaft.

Hinzu kommt, dass die Arbeit in der öffentlichen Verwaltung den Angestellten viele Vorteile bietet. Einer der Vorteile ist der Umgang mit flexiblen Arbeitsansätzen. Durch eine familienbewusste Personalpolitik wird eine

Balance zwischen beruflichen Anforderungen und familiärer Verantwortung hergestellt, die eine bessere und belastungsärmere Koordinierung beider Lebensbereiche zulässt. Deshalb scheint der große Drang der Hochschulabsolventen auf den Beamtensessel begründet[1].

3. Governance-Vergleich

Transparenz ist das Kriterium für Corporate Governance. Transparenz in Management und Führung, Steuerung und Kontrolle sind Anforderungen an die Wirtschaft. Welchen Transparenzkriterien wird der öffentliche Sektor unterworfen? Es wird verwiesen auf die Parlamente und die Wähler, die alle Rechte haben, Transparenz einzufordern.

Wie sieht es mit der Führungskultur aus? Managen Minister und Staatssekretäre als oberste Führungskräfte die ihnen anvertrauten Ressorts im Sinne eines wirtschaftlich arbeitenden Unternehmens?

Aus einer Corporate Governance-Kultur analog zum „Deutschen Corporate Governance Kodex (§ 161 AktG)" sollte auch eine IT Governance resultieren (siehe IT Governance Institute[2]), die die Nutzung der IT in einem Unternehmen steuert und überwacht. Zur IT Governance gehört die geeignete Gremienstruktur zur Überwachung, Kontrolle und Steuerung der IT und deren Verantwortlichkeiten. Wichtig dabei ist, dass das Gremium oberhalb und außerhalb der IT liegt. In diesem Zusammenhang bemerkenswert ist, dass die obersten Führungsebenen in den öffentlichen Körperschaften oft nichts mit IT zu tun haben - außer der eigenen Nutzung von aktuellen Smartdevices in Phone- oder Tabletform. Zu IT Governance gehören die IT-Strategie, die IT-Risikobeurteilung, die IT-Kontrolle und das IT-Komitee. Zur IT Governance gehört nicht notwendig IT Demand aber auf keinen Fall IT Supply, denn die Produktion und der Betrieb von IT soll gerade durch die IT-Aufsicht (Governance) gesteuert und kontrolliert werden. Best Practices zu diesen Themen gibt es reichlich, z.B. COBIT[3] und ITIL[4], sie sind nutzbar, so wie es wettbewerbsfähige Unternehmen tun unter Einbindung des CEO und CFO mit einem CIO.

---

1   http://www.faz.net/aktuell/wirtschaft/junge-studenten-ziehen-eine-stelle-beim-staat-der-freien-wirtschaft-vor-13028053.html
2   http://www.itgi.org/
3   www.isaca.org/cobit
4   www.itil-officialsite.com

Eine effiziente und moderne Verwaltung ist ein bedeutender Standortfaktor im internationalen Wettbewerb. Staat und Verwaltung sollten sich hierfür als ein hocheffizientes „Betriebssystem" verstehen und entsprechend agieren.

Was gehört zu einem solchen Betriebssystem? Eine Voraussetzung ist, dass der Staat ausreichend in die Förderung der technologischen Innovation investiert.

Eine digitale Infrastruktur ist eine Voraussetzung, dass alle Bürger und Unternehmen im Staat die IT und das Internet geschäftlich und privat von jedem Standort aus nutzen können. Eine weitere Voraussetzung ist, dass alle Bürger und Unternehmen ihre Kommunikation mit dem Staat und seinen Behörden im Zusammenhang aller Lebenslagen und aller gesetzlichen Erfordernisse einfach online erledigen können. Eine weitere Voraussetzung ist, dass der Staat mit seinen Institutionen effizient organisiert ist und den Leistungsvergleich (Benchmark) mit anderen Organisationen besteht. Hieraus ergeben sich vier Fragen:

- Fördert der Staat ausreichend die Technologien für die Zukunft Deutschlands?
- Stellt der Staat die richtigen digitalen Infrastrukturen zur Verfügung?
- Werden Unternehmen und Bürgern die relevanten (Behörden-) Services online angeboten?
- Ist der Staat intern effizient organisiert und nutzt er IT sinnvoll?

III.   Technologologische Entwicklung und das Engagement des Staates

Mit der Frage „Fördert der Staat ausreichend die Technologien für die Zukunft Deutschlands?" ergibt sich die erste These.

These 1: Bei der Entwicklung von Industrial Internet (deutsch: Industrie 4.0) verliert Deutschland den Anschluss an die Weltspitze.

Industrie 4.0 gilt als Fortsetzung der Industrialisierung und Automatisierung in vier Schritten. Beginnt man mit der Automatisierung (Industrie 3.0) in den 1980er und 1990er Jahren mit seinen Entwicklungen im Bereich Computer Integrated Manufacturing, Computer Aided Design, Computer

Aided Manufacturing gekoppelt mit Produktionsplanungs- und -Steue-rungssystemen unter Mithilfe von Robotern, Sensorik und numerisch ge-steuerten Maschinen und unter Nutzung von ERP-, CRM- und SCM-Syste-men, so hat Deutschland sich in dieser Phase eine führende Wettbewerbs-position erarbeitet. Die genannten Techniken und Systeme sind teilvernetzt und bilden über geeignete Schnittstellen ein Gesamtsystem, bei dem aller-dings die in den Einzelsystemen vorhandenen Daten dem Gesamtsystem nicht umfassend zur Verfügung stehen.

Industrie 4.0 nutzt vor allem die seit den 2000 bis 2010er Jahren neuen Möglichkeiten des Internet Protokolls (IP) und dessen Verbreitung in den Fest- und Mobilnetzen mit hohen Bandbreiten. Im Vergleich zu IPv4 hat IPv6 79 Trillion mal so viel Adressierungsmöglichkeiten, also fast uner-schöpflich. Mit der Machine-to-Machine-Kommunikation (Internet der Dinge) von Sensoren und Aktoren können sich Maschinen und Anlagen über das Internet regelbasiert selbst steuern. Das Cloud Computing ermög-licht für Mensch und Maschine in den Fertigungs-, Logistik- und anderen Betriebsprozessen über feste und mobile Netzwerke das zu verbinden, was unter Industrie 3.0 noch nicht möglich war. Mit Big Data und der Verwen-dung von semantischen Netzen können alle erzeugten strukturierten und un-strukturierten Daten für das Gesamtsystem nutzbar gemacht werden. Das System besteht aus sogenannten Cyber-physikalischen Systemen, die in in-tegrierte Systeme und Anwendungen eingebettet sind, vernetzt mit physi-kalischen und softwaredefinierten Service-Plattformen.

In den Umsetzungsempfehlungen für das Zukunftsprojekt Industrie 4.0[5] an die Bundesregierung von 2013 stellen die Autoren u.a. folgende Anfor-derungen auf:

- Gründung von industriekonvergenten, nationalen Kompetenzzentren für Smart Service Plattformen.
- Aufbau von Wissensplattformen für unternehmensübergreifenden Pro-dukt- und Serviceentwicklungen.
- Erarbeitung einer integrierten Forschungsagenda „Software-definierte Plattformen".
- Schaffung eines digitalen Binnenmarktes Europa.

Was ist seitdem passiert? Sind 200 Mio. Euro Forschungsmittel der Bun-desregierung für das Projekt Industrie 4.0 viel oder ist das zu wenig für das

---

5   http://www.bmbf.de/pubRD/Umsetzungsempfehlungen_Industrie4_0.pdf

Projekt für die Zukunft Deutschlands? Werden 200 Mio. für die Wettbe-
werbsfähigkeit des Standortes Deutschland in Relation gestellt allein zu den
Planmehrkosten des BND-Neubaus in Berlin, so waren das auch 200 Mio.
Euro, von den Mehrkosten des Berliner Flughafens von rund 2 Mrd. Euro
oder den Kosten im Zusammenhang mit der Förderung der erneuerbaren
Energien (EEG) von rund 2 Billionen Euro ganz zu schweigen.

Amerikaner und Chinesen investieren etwa zehnmal so viel in die Förderung der Forschung im Umfeld von Industrial Internet. Längst hat sich ähnlich wie bei der Standardisierung und Beherrschung des Internets (IANA,
IETF) ein „Industrial Internet Consortium" (IIC) in USA formiert.
McKinsey hat ausgerechnet, dass mit den neuen digitalen Produktionstech-
nologien jährlich volkswirtschaftliche Vorteile von 2,7 bis 6,2 Billionen
Dollar bis zum Jahr 2015 erzielt werden können[6].

Angesichts dieser beeindruckenden Zahlen ist es in Deutschland drin-
gend geboten mehr, für die Zukunftsfähigkeit im Wettbewerb der Technologien und damit Standorte zu tun. An Geld mangelt es offensichtlich bei
so viel überplanmäßigen Ausgaben nicht.

IV. Nutzung der IT im öffentlichen Sektor

Mit der Frage „Ist der Staat intern effizient organisiert und nutzt er IT sinnvoll?" ergibt sich die zweite These.

These 2: Bei der Nutzung von IT sind die deutschen Verwaltungen weit
hinter dem Industriestandard zurück.

Die Ausgangslage der Verwaltungs-IT in Fragen IT-Strategie, IT-Demand
und IT-Supply ist geprägt von heterogenen Strukturen, teilweise altertüm-
lichen Techniken, von Kleinteiligkeit bei Rechenzentren, von unnötigen
Vielfältigkeiten bei Anwendungssoftware und von wenig betriebswirt-
schaftlich aufgestellten IT-Dienstleistern.

Bei rund 23 Mrd. Euro Jahresbudget gibt es damit genügend Konsoldie-
rungs-, Standardisierungs-, Modernisierungs- und Effizienz-Potenzial in

---

6   Ringen um Vorherrschaft über Industrie 4.0, Frankfurter Allgemeine Zeitung,
     28.072014, S. 23

der IT des Public Sectors[7]. Mit der Einkehr eines politischen Interesses an der effizienteren Nutzung der IT und deren Wettbewerbsfähigkeit könnten Milliarden am IT-Betrieb gespart werden und für Innovationen genutzt werden. Moderne IT-Systeme und -Organisationen verlangen allerdings stetiges Reengineering und kontinuierliche Reorganisation, d. h. die politische und Verwaltungs-Spitze ist als Führung mit Umsetzungstärke gefordert. Vewaltungs-IT und Verwaltungsprozesse sind eng miteinander verknüpft. Normalerweise werden Vorgänge mit Hilfe von IT-Verfahren abgewickelt, dokumentiert und die dazugehörigen Daten zur Wiederverwendung gespeichert. Bei rund fünf Mio. Beschäftigten im öffentlichen Dienst des Bundes der Länder und Kommunen sind dies sehr viele Vorgänge, die zwischen Verwaltungen untereinander (ebenenkonform und ebenenübergreifend), zwischen Verwaltungen und Bürgern und zwischen Verwaltungen und Unternehmen stattfinden. Die Prozesskosten werden auf rund 270 Mrd. Euro geschätzt. Prozesskostenoptimierungen sind in der Wirtschaft fast jährlich im Umfang von bis zu zehn Prozent üblich. Auch das wäre ein Potenzial das genutzt werden sollte und könnte. Die frei werdenden Mittel kommen dann in die Größenordnung, die für Investitionen in Innovationen sinnvoll wären.

Wie können die Effizienzpotenziale erschlossen werden? Dazu gibt es (siehe Kapitel 1) entsprechende Governance-Standards (IT Governance), die mit entsprechenden Best Practices (COBIT) umgesetzt werden können. Die IT-Organisationsstrukturen sind dort ebenfalls beschrieben.

Neben der IT Governance, der Organisation von IT Demand und IT Supply sind in der Verwaltung intern und im Verhältnis zu Bürger und Wirtschaft die aktuellen Technologien und zugehörigen Techniken einzusetzen. Dazu gehören die Anpassungen an die Mobilitätanforderrungen der Gesellschaft, an neue Formen der Zusammenarbeit im Kontext zu Social Web, an effizientere Computing-Formen wie Cloud Computing und an die Chancen, die zum Nutzen der Gesellschaft Big Data bietet. Am Beispiel Big Data soll der mögliche Nutzen der Anwendung von neuen Technologien verdeutlicht werden.

Die öffentliche Verwaltung verarbeitet große Datenmengen, die für das Verwaltungshandeln notwendig sind. Schon frühzeitig erfolgte die Bearbeitung und Speicherung elektronisch, beispielsweise in der Steuerverwaltung

---

7   Westerfeld, Horst; Blumenberg, Stefan (2013): Stand der Entwicklung und Zu-
     kunftschancen. In: Glock, Christoph; Broens, Michael (Hrsg.): Verwaltung 2030:
     Managementkonzepte für die Verwaltung von morgen. B+G Wissenschaftsverlag,
     Würzburg

seit den 1970er Jahren. Seither hat die IT nahezu alle Bereiche der Verwaltung vollständig durchdrungen. Große Datenmengen werden in den ERP-Systemen (Enterprise Resource Planning), in den Collaborations- und Dokumentenmanagement-Systemen (DMS), den Portalanwendungen und weiteren ressortspezifischen Fachanwendungen erzeugt und verwaltet. Allein bezogen auf ein Land oder eine Bundesverwaltung werden in hunderten von Applikationen (u.a. alle Fördersysteme) massenhafte meist strukturierte Daten erzeugt. Die Bereiche Rechnungs- und Personalwesen sowie Einkauf und Materialwirtschaft beinhalten ebenfalls Massendaten. Aufgrund gesetzlicher und fachlicher Anforderungen besteht für alle Behörden ein enormer Veränderungsdruck, der sich jährlich pro Land, z.B. in fast 1000 umfangreichen Änderungen mit den dazu notwendigen IT-Projekten niederschlägt, die neben ERP- und Portalanwendungen gesteuert und administriert werden müssen. Außerdem müsse bei den fünf Mio. Beschäftigen im öffentlichen Dienst die Auszahlung von Gehältern und Bezügen für diese sichergestellt werden. Aus den Finanzdaten (Haushalt und Rechnungswesen) könnte zur individuellen Steuerung jedes einzelnen Bundes-/ Landes-Ressorts auf der Führungsebene mittels Führungsinformationssystemen mehr Transparenz erzeugt werden. Eine Steuerung über Finanzdaten ist in den Verwaltungen allerdings keine geübte Praxis bei den Entscheidungsträgern, obwohl damit genaue Steuerungen und Kontrollen von Leistungsplänen, Ergebnisplänen und Finanzrahmen auf allen Ebenen der Behörden-Hierarchie möglich wären. Plan-/ Ist-Vergleiche mit Konsequenzen gehören nicht zur Kultur in der öffentlichen Verwaltung. Das Festhalten an der Kameralistik verstärkt dies.

Neben den Querschnittsdaten, z.B. des Rechnungswesens, über alle Ressorts werden Massendaten in den ressortspezifischen Fachverfahren erzeugt. Die meisten dieser Daten können allerdings nur innerhalb der zugrundeliegenden Systeme genutzt werden. Über die Nutzung von Datawarehouse-Konzepten können ERP-Daten – sofern gesetzlich zulässig – auch mit Daten aus Fachanwendungen in Korrelation gebracht werden. Parallel könnte eine Open Data-Regulierung erarbeitet werden, deren Umsetzung weitere Nutzungsmöglichkeiten von Daten der Verwaltung für Bürger und Wirtschaft eröffnen könnte. Darüber hinaus existieren innerhalb und vor allem außerhalb der Bundes- und Landesverwaltungen große Mengen unstrukturierter Daten, die in Kombination mit den strukturierten Daten der Behörden für Verwaltungsaufgaben hilfreich sein können, beispielsweise in der Verkehrsplanung, Energieversorgung oder im Umweltbereich.

Zur Nutzbarmachung der genannten Daten aus geeigneten strukturierten Verwaltungsprozessen sowie unstrukturierten Datenquellen könnten der

Bund und die Länder ein erhebliches Potenzial in den Überlegungen zu Big Data und deren Analyse schöpfen, um beispielsweise Auswirkungen von Verkehrsplanungen, neuen Gesetzen und Verordnungen in Hinblick auf finanzielle, umwelttechnische und konjunkturelle Aspekte emulieren zu können. Die Nutzbarmachung von Daten aus Kollaborationsplattformen gehört ebenfalls zur Aufgabe in einem integrierten Öko-System. Fehlplanungen und die damit verbunden Mehrkosen könnten weitgehend vermieden werden, was im Public Sector nicht unerheblich ist.

V. Die Veränderung der Gesellschaft und das Schritthalten des Staates

Mit den Fragen „Stellt der Staat die richtigen digitalen Infrastrukturen zur Verfügung?" und „Werden Unternehmen und Bürgern die relevanten (Behörden-) Services online angeboten?" ergibt sich die dritte These.

These 3: Bei der Nutzung von Internet-Technologien wird die Kluft zwischen deutschem Staat und seinen Bürgern immer größer.

Seit dem Jahr 2006 gibt es im Rahmen des IT-Gipfels der Bundeskanzlerin fast jährlich eine Ergebnispräsentation über den Fortschritt der Digitalisierung in Deutschland. Neben E-Government- und E-Mobility-Projekten wird jedes Mal auch der flächendeckende Breitbandausbau als wichtiges Ziel deklariert. Allerdings beim Breitbandausbau für die Bürger und Unternehmen in Deutschland geht es nicht so richtig voran. Deutschland ist bei der Statistik der Länder mit Fiber to the Home- (FttH-) Anschlüssen nicht unter den ersten 20 Nationen zu finden. Bei anderen digitalen Infrastrukturen ist Deutschland ebenfalls nicht Vorreiter. So belegt in der Rangfolge des E-Government-Vergleichs in Europa die Bundesrepublik regelmäßig auch nur mittelmäßige Plätze. Mit viel gesetzlichem und bürokratischem Aufwand wurden der neue elektronische Personalausweis und das elektronische Postfach De-Mail etabliert. Die elektronische Nutzungsquote durch die Bürger bleibt bisher, wahrscheinlich wegen der Komplexität und dem damit verbunden Nutzen, sehr gering.

Wie kann all das bei einem der wirtschaftlich stärksten Länder der Welt sein, wenn zugleich das E-Government Verfassungsrang hat? Seit dem Jahr 2009 steht unter Artikel 91c des Grundgesetzes, dass Bund und Länder in Fragen der IT zusammenarbeiten können (unterstellt sei: zum Wohle des Volkes). E-Government und die IT von Bund und Ländern werden seit dem im IT-Planungsrat als entscheidendem Gremium vorangetrieben. Es kann der wichtigen Aufgabe nicht gerecht werden, wenn jährlich nur ein Budget von rund zwei Mio. Euro für E-Government-Vorhaben von Bund und Ländern zur Verfügung gestellt wird.

Die bisherigen Anstrengungen des IT-Gipfel-Prozesses und des IT-Planungsrats reichen nicht aus. Die „Digitale Agenda" der Bundesregierung, die mit dem IT-Gipfel des Jahres 2014 präsentiert wird, enthält neben Allgemeinplätzen nur die Fortschreibung bestehender Projekte. Das „Bürgertelefon 115", beim ersten IT-Gipfel ausgerufen, ist immer noch nicht flächendeckend im Einsatz und die weitere Finanzierung ist fraglich. Die für das Jahr 2009 von der Europäischen Union verordnete EU-Dienstleistungsrichtlinie, die die barrierefreie online-Gewerbeanmeldung EU-weit ermöglichen soll, ist in Deutschland nur partiell verfügbar. Der „Prozessdatenbeschleuniger", der die Melde- und Genehmigungsprozesse zwischen Wirtschaft und Verwaltung elektronisch ohne Medienbruch gewährleisten soll, ist nur in zwei Beispielen, der online-Beantragung von Schwerlasttransporten und der Meldeverpflichtung von Emissionsdaten, ansatzweise implementiert, obwohl es derartige Vorgänge in hunderten von Varianten gibt. Gerade dieses „Musterbeispiel" der „Fortschrittsmeldungen" von E-Government-Projekten auf den IT-Gipfeln zeigt, dass die Beteiligten von Politik (auf Kanzler- und Ministerebene), von Industrie (BITKOM) und Wissenschaft (Universitäten und Forschungseinrichtungen höchsten Ranges) sich mehr anstrengen müssen, damit die schon klaffende Lücke zwischen Anspruch und Wirklichkeit nicht größer wird. Denn unabhängig von den gegenwärtigen „Bemühungen" des Staates verändert sich die Gesellschaft rasant. Die mobilen, stets mit dem Internet vernetzten Bürger erwarten auch vom Staat, dass in allen Lebenslagen die Behörden elektronisch, z.B. über Appstores, erreichbar sind und „Behördengänge" in der Cloud erledigt werden können.

Softwaredefinierte Plattformen (Wirtschaft mit Behörden) und Lebenslagen-Management (Bürger mit Behörden) on demand, als Behörden-Service-Plattformen vernetzt, mobil und mit jedem Device (Smartphone, Tablett, etc.) erreichbar, das sollte das kurzfristig Ziel sein, damit der Staat nicht länger hinter der Entwicklung der Gesellschaft hinterherhinkt.

Die Entschlackung der Bürokratie von hemmenden „Verordnungen von Verordnungen" und mehr Transparenz durch Open Data und Open Government sollte dabei noch miterledigt werden. Das im Jahre 2013 vom Bundestag verabschiedete E-Government-Gesetz könnte dabei hilfreich sein. Denn dort wird postuliert, dass die (tausenden) Schriftformerfordernisse auf ihr jeweiliges Erfordernis überprüft werden sollen. Die Gefahr besteht jedoch, dass statt die Erfordernisse abzuschaffen, die Schriftformerfordernisse durch bürokratische Konstrukte wie „digitalen Signatur", neuer elektronischer Personalausweis (nPA) und elektronisches Postfach (De-Mail) gefestigt werden. Zum Schluss sei bemerkt, dass derzeit große Teile der Bevölkerung für ihre Kommunikation E-Mail schon nicht mehr verwenden.

Empirische Analyse eines Modells der kontinuierlichen Nutzung von E-Government - Die Rolle von Erwartungen und Servicequalität

Robert Piehler

Übersicht

I. Einleitung

Der Übergang von einer Industrie- zur Informationsgesellschaft wirkt sich auch auf die Leistungserstellung im Öffentlichen Sektor aus. Insbesondere die Entwicklung und rasante Verbreitung von Internet-Technologien haben dort, im Zusammenspiel mit der zunehmenden Betrachtung von Bürgern als Kunden, zu einer Vielzahl von informationstechnischen Projekten und Plattformen geführt. Mit einem Nutzensoptimismus des Neuen wurden so über IT-Systeme zunehmend Verwaltungs- und Regierungsleistungen als elektronische Dienstleistungen angeboten oder durch diese unterstützt. Die entsprechenden Leistungsangebote werden unter dem Begriff E-Government zusammengefasst (vgl. Wirtz/Piehler 2010: 5). Die kritische Analyse von Erwartungen und Zufriedenheit der Bürger als Nutzer dieser Systeme wurde dabei jedoch häufig zugunsten einer technologie- oder regulationsgetrieben Entwicklung vernachlässigt.

Daraus resultiert eine mangelnde gesellschaftliche Akzeptanz dieser Plattformen, die sich in zwei Entwicklungen äußert. Zum einen bleibt die Nutzung nach repräsentativen Umfragen auf geringem Niveau (vgl. Statistisches Bundesamt 2009). Insbesondere vor dem Hintergrund der zunehmenden Nutzung von kommerziellen Internetdiensten, wie etwa beim Online-Shopping, ist diese Tendenz bedenklich. Die geringe Akzeptanz von öffentlichen Internetangeboten kann auch nicht vollständig durch diejenige Bevölkerungsgruppe erklärt werden, die Internet-Nutzung insgesamt ablehnt (vgl. Initiative D21 2012). Zum anderen erreichen deutsche E-Government-Angebote in international vergleichenden Benchmarks lediglich Plätze im Mittelfeld. Beide Argumente sprechen dafür, dass das Potenzial von E-Government in Deutschland bislang nicht vollständig ausgeschöpft wird.

An dieser Problemstellung setzt die in diesem Beitrag vorgestellte Studie an,[1] indem zunächst die damit verbunden Folgen erläutert werden, die zugleich die Relevanz des Forschungsvorhabens zeigen. In diesem Beitrag werden die wesentlichen Ergebnisse der Studie aus theoretischer Sicht und aus Sicht der durchgeführten Datenerhebung dargestellt. Als konkretes Anwendungs- und Untersuchungsbeispiel wird dabei auf kommunale Verwal-

---

1 Die in diesem Beitrag dargestellten Ergebnisse sind Teil einer Dissertationsschrift der Deutschen Universität für Verwaltungswissenschaften Speyer. Vgl. im Folgenden Piehler (2014a) sowie die darauf basierenden Veröffentlichungen Piehler/Wirtz/Daiser (2014) und Piehler (2014b).

tungsportale (Stadtportale) zurückgegriffen. Aus den Ergebnissen der Studie werden abschließend in diesem Beitrag Implikationen für die Gesellschaft und die Verwaltungspraxis abgeleitet.

1. Gesellschaftliche Relevanz der Themenstellung

Die zunehmende Digitalisierung von Lebensbereichen erzeugt auch für die öffentliche Verwaltung einen Handlungsdruck zur Anpassung an die veränderte gesellschaftliche und technologische Umwelt (vgl. Castells 2004: 5 ff.; Weerakkody et al. 2013: 716). Da E Government-Systeme überwiegend aus öffentlichen Haushalten finanziert werden, besteht ein direktes gesellschaftliches Interesse an den damit verbundenen Kosten und Nutzen.

Während die Kosten für Personal und Infrastruktur meist recht einfach bestimmbar sind, ist dies für den Nutzen ungleich schwieriger. Daher werden in Kosten-Nutzen-Analysen dafür lediglich Schätzwerte verwendet. Der Nutzen umfasst beispielsweise für Bürger die zeit- und ortsabhängige Erledigung von Verwaltungsangelegenheiten, geringere Wartezeiten durch parallele Verarbeitung der Anliegen und vereinfachte Beteiligung an demokratischen Prozessen. Die Bewertung dieser Aspekte ist individuell verschieden und kann als Verbesserung der Servicequalität in der öffentlichen Verwaltung zusammengefasst werden. Um diese Verbesserung zu erreichen, ist jedoch ein Verständnis der zugrundeliegenden Erwartungen der Bürger notwendig.

2. Verwaltungswissenschaftliche Relevanz der Themenstellung

Bei der Bewertung von öffentlichen Projekten und Strukturreformen lässt sich ein allgemeines Ungleichgewicht feststellen. Verwaltungsinterne Bewertungsverfahren werden weitaus häufiger eingesetzt als externe Verfahren, wie bspw. Befragungen von Bürgern. Dies hat zur Folge, dass in die Bewertung häufig nur Faktoren eingehen, die der betreffenden Institution direkt vorliegen. Für eine Bewertung einer E Government-Plattform sind dies etwa Zugriffszahlen, durchschnittliche Verweildauer auf der Seite und Projektkosten. Der einfachen Quantifizierung dieser Faktoren steht ihre begrenzte Aussagekraft gegenüber. So kann eine lange Nutzungsdauer etwa sowohl auf ein positives Nutzungserlebnis als auch auf ein negatives Nutzungserlebnis zurückgehen.

Darüber hinaus zielen viele Benchmarkverfahren für E Government-An-wendungen lediglich auf die Verfügbarkeit von Informationen und Diens-ten ab, um Vergleichbarkeit herzustellen. Dies bedeutet jedoch, dass der tatsächliche Ablauf der Verwaltungsprozesse nicht bewertet wird. Damit wird folglich auch nicht geprüft, inwiefern die technische Ab-wicklung per Internet tatsächlich schneller oder komfortabler ist als eine persönliche Ab-wicklung. Auch Benchmarkverfahren tendieren somit dazu, vorrangig tech-nologiegetriebene Aspekte zu berücksichtigen.

Insgesamt fehlt daher ein grundlegendes Verständnis der Bürger als Nut-zer öffentlicher Informationssysteme. Dies trifft in besonderem Maß für die fortgesetzte Nutzung zu, da zur Einführung von neuen technischen Syste-men auch eher externe Evaluationsmaßnahmen, wie etwa Befragungen, durchgeführt werden. Aus diesem Informationsdefizit ergibt sich die bereits beschriebene Nutzungslücke für Internetdienste der öffentlichen Verwal-tung. Mit den Ergebnissen der vorliegenden Studie wird zu deren Reduzie-rung ein Beitrag geleistet, indem entsprechende Bewertungsinstrumente aufgestellt und überprüft werden.

II. Konzeptionelle Herleitung des Untersuchungsmodells

Für die Herleitung des Untersuchungsmodells wurde zweistufig vorgegan-gen. Zum einen wurden konzeptionelle und theoretische Beiträge der allge-meinen Forschung zu Informationssystemen erfasst und für ihre Tauglich-keit zur Analyse von eGovernment-Systemen bewertet. Zum anderen wurde die bestehende theoretische und empirische Forschung im Bereich eGovernment in einem Forschungsüberblick verdichtet. Dies wird in den nachfolgenden Abschnitten dargestellt.

1. Offene Punkte der Informationssystemforschung

Im Bereich der Informationssystemforschung gibt es eine Reihe von geeig-neten wissenschaftlichen Strömungen, die nutzerzentriert argumentieren. Jedoch werden die einzelnen Forschungsbereiche nur unzureichend mitei-nander verknüpft (Venkatesh et al. 2012). Zudem müssen die Besonderheit des öffentlichen Sektors berücksichtigt werden, die sich vorrangig daraus ergeben, dass Wettbewerb nur in geringem Umfang existiert. Dies hat auch Auswirkungen auf die Wahrnehmung von entsprechenden Internetangeboten (vgl. Morgeson/Mithas 2009; Scholl et al. 2009). Die bisherige Forschung im Bereich der Informationssystemforschung im öffentlichen Sektor hat bislang vor allem sehr einfache Standardmodelle der Informatik betrachtet, die wenig konkrete Schlussfolgerungen zulassen (vgl. Rana et al. 2011).

Daher besteht ein hoher Bedarf am Verständnis der Gesamtbewertung von E-Government-Plattformen durch die Nutzer. Dazu ist ein an den Bedürfnissen der Nutzer ausgerichteter Ansatz notwendig (vgl. Lai/Pires 2010). Dabei geht es um die Frage, welche Bewertungsdimensionen für die Nutzer von Bedeutung sind und in welchem Verhältnis diese stehen. Darüber hinaus ist in diesem Zusammenhang auch der Bezug zu fortgesetzten Nutzungsabsicht von Interesse. Diese beiden Aspekte werden im Basismodell der Studie erfasst.

Zusätzlich sollen jedoch auch Faktoren berücksichtigt werden, die nur mittelbar auf die Gesamtbewertung wirken, d. h. die als vorgelagerte Bewertungsprozesse einen Einfluss auf das Gesamturteil ausüben. Dies wird in der Studie als Erweiterung des Basismodells behandelt. Darüber hinaus soll auch der Einfluss der Qualität der Internetangebote im Zuge der Gesamtbewertung berücksichtigt werden. Dies wird in der Studie methodisch über Moderatoren umgesetzt. Die nachfolgende Abbildung fasst die Untersuchungsziele und Modellbestandteile zusammen.

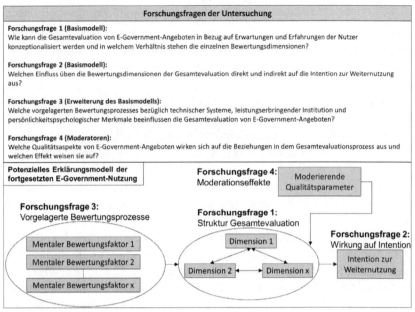

Forschungsfragen der Untersuchung

Forschungsfrage 1 (Basismodell):
Wie kann die Gesamtevaluation von E-Government-Angeboten in Bezug auf Erwartungen und Erfahrungen der Nutzer konzeptionalisiert werden und in welchem Verhältnis stehen die einzelnen Bewertungsdimensionen?

Forschungsfrage 2 (Basismodell):
Welchen Einfluss üben die Bewertungsdimensionen der Gesamtevaluation direkt und indirekt auf die Intention zur Weiternutzung aus?

Forschungsfrage 3 (Erweiterung des Basismodells):
Welche vorgelagerten Bewertungsprozesses bezüglich technischer Systeme, leistungserbringender Institution und persönlichkeitspsychologischer Merkmale beeinflussen die Gesamtevaluation von E-Government-Angeboten?

Forschungsfrage 4 (Moderatoren):
Welche Qualitätsaspekte von E-Government-Angeboten wirken sich auf die Beziehungen in dem Gesamtevaluationsprozess aus und welchen Effekt weisen sie auf?

Abbildung 1: Zusammenfassung Forschungsfragen
Quelle: Piehler 2014a: 16, eigene Darstellung

2. Bestandsanalyse wissenschaftliche Beiträge zu eGovernment

Für die Analyse der bestehenden Forschungsbeiträge wurde zunächst eine thematische Eingrenzung vorgenommen, um auf methodischer Ebene eine Vergleichbarkeit der Beiträge herzustellen und auf inhaltlicher Ebene zuwiderlaufende Effekte nicht fälschlicherweise als heterogene Ergebnislage zu klassifizieren.[2]

Für die methodische Eingrenzung wurde eine Beschränkung auf empirisch-quantitativ multivariate Beiträge vorgenommen, da die Messbarkeit der zu untersuchenden Konzepte einen wesentlichen Bestandteil der studie ausmacht. Für die inhaltliche Eingrenzung wurde auf die Kategorisierung von Gil-Garcia und Pardo zurückgegriffen (vgl. Gil-Garcia/Pardo 2005), die als Themenbereiche Information, Technologie, Organisation, Recht &

---

2   Als Beispiel im Bereich der Informationssystemforschung kann dabei auf die stark unterschiedliche Bewertung von privater und organisationaler (arbeitsbezogener) IT-Systemnutzung verwiesen werden (vgl. King/He 2006: 747 f.).

Regulierung sowie Umwelt identifiziert. Dieses Raster wurde durch die inhaltlichen Schwerpunkte Organisation, Technik und Management ergänzt, die aus der Wirtschaftsinformatik entlehnt sind (Vgl. Laudon/Laudon/Schoder 2010: 25). In der folgenden Abbildung werden die Auswahlkriterien der Literaturanalyse zusammengefasst, wobei die berücksichtigten Bereiche grau hinterlegt sind.

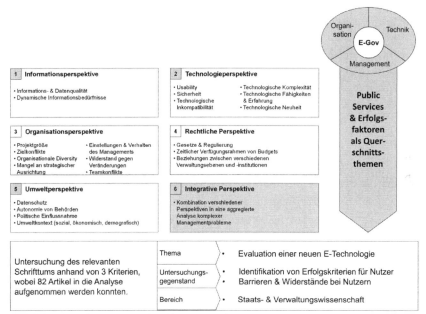

Abbildung 2: Eingrenzung der Literaturanalyse
Quelle: Piehler 2014a: 55, eigene Darstellung

Für die Literaturanalyse wurden insgesamt 82 Beiträge analysiert, von denen sieben einen konkreten Bezug zu Verwaltungsportalen als eGovernment-Anwendung aufwiesen. Aufgrund der Vergleichbarkeit zu der empirisch untersuchten Anwendung dieser Studie werden für diese sieben Beiträge die Analyseergebnisse nachfolgend exemplarisch berichtet.[3] Dabei werden Autoren, zentrale Fragestellung, primäre theoretische Basis, empirisches Vorgehens sowie die relevantesten Kernaussagen angegeben.

---

3   Für die vollständige Liste und Diskussion der Beiträge vgl. Piehler 2014a: 56 ff.

Autor(en) / Fragestellung	Theorie	Empirische Überprüfung	Kernaussagen
Alawneh/ Al-Refai/ Batiha (2013) Messung der Zufriedenheits-determinanten von E-Government-Services am Beispiel des nationalen E-Government-portals von Jordanien	ECT	• Mitarbeiter-befragung • n=206 • Multiple Regressions-analyse	• Accessibility, Awareness und Quality of Public Services konnten als Determinanten der Zufriedenheit bestätigt werden • Quality of Public Services zeigt dabei den stärksten Einfluss • Security & Privacy sowie Trust konnten nicht bestätigt werden
Detlor/ Hupfer/ Ruhi/ Zhao (2013) Rolle der Informationsqualität bei der Nutzung von lokalen E-Government-portalen am Beispiel von Kanada	-	• Bürgerbe-fragung • n=1279 (5 kommunale Portale) • SEM • AMOS	• Der Einfluss von Information Quality wird vollständig mediiert • Information Quality hat einen Einfluss auf Trust of Providers, Image, Perceived Ease of Use, Compatibility und Relative Advantage, wobei nur die letzten 3 einen signifikanten Einfluss auf Use aufweisen • Trust of the Internet beeinflusst Trust of Providers substantiell

Autor(en) / Fragestellung	Theorie	Empirische Überprüfung	Kernaussagen
Jiang (2011) Überprüfung eines Kausalmodells zur Weiternutzung von E-Government-Portalen auf Basis der Akzeptanzforschung am Beispiel von China	D&M Model SERV-QUAL TAM	• Bürger-befragung • n=630 • SEM • LISREL	• Als wichtigste Determinanten der Weiternutzungs-intention werden Zufriedenheit und Nützlichkeit identifiziert • Indirekt wirken zudem die Service-Quality-Dimensionen Information Quality (fiel in der Auswertung mit Responseness zusammen), Design & Function, Reliability, Security & Privacy
Lai/ Pires (2010) Überprüfung eines Kausalmodells zu Zufriedenheit und Akzeptanz mit E-Government-portalen am Beispiel der chinesischen Sonderverwaltungszone Macao	TAM EUCS	• Bürger-befragung • n=460 • Multiple Regressions-analyse	• Integriertes Zufriedenheitskonstrukt aus TAM- und EUCS-Ansatz konnte bestätigt werden • Zufriedenheit mediiert partiell den Einfluss von Information Quality, Service Quality und Social Influence auf die Weiternutzungs-intention

Autor(en) / Fragestellung	Theorie	Empirische Überprüfung	Kernaussagen
Liu/ Chen/ Wang (2010) Herausstellung von Aspekten zur Bewertung von E-Government-Portalen und eine Entwicklung von entsprechenden Indices am Beispiel von 30 Städten in China	-	• Bürger-befragung • n1=263 (CFA, mehrere kommunale Portale) • n2=30 (Inhalt) • Konfirmatorische Faktoren-analyse • Inhalts-analyse • AMOS	• Entwicklung des GPPA-Frameworks zur Evaluation, das aus den 3 Dimensionen Content Index, Function Index und Construction Index besteht • Content Quality und Construction Quality wurden hoch eingeschätzt • Die Performance der Portale einzelner Städte scheint mit deren wirtschaftlichem und politischem Status zusammenzuhängen
Papadomichelaki/ Mentzas (2009) Entwicklung eines Modells zur Erklärung und Messung der Online Service Quality von E-Government Services am Beispiel von Griechenland	SERV-QUAL	• Bürger- und Mitarbeiter-befragung • n=630 (1 nationales Portal für die kommunale Ebene) • Konfirm-atorische Faktoren-analyse	• Entwicklung des e-GovQual-Ansatzes • Das Messinstrument besteht aus 4 Dimensionen (Reliability, Efficiency, Citizen Support, Trust) und insgesamt 25 Items

Autor(en) / Fragestellung	Theorie	Empirische Überprüfung	Kernaussagen
Sung et al. (2009) Entwicklung eines Kausalmodells zur Erklärung der Weiternutzungsintention von E-Government-Services am Beispiel des nationalen E-Government-Portals von Taiwan	SERV-QUAL	• Bürger-befragung • n=241 (1 nationales Portal) • Anbieter-befragung (Administra-toren nationales E-Gov-Portal) • n=16 • SEM • PLS • Mann-Whitney-U-Test auf Gruppen-unterschiede	• Mithilfe der mediierenden Konstrukte Total Service Quality und Zufriedenheit kann die Weiternutzungsintention gut vorhergesagt werden • Faktoren wie Personalization oder Reliability weisen nur einen geringen bzw. nicht-nachweisbaren Effekt auf, was darauf hindeutet, dass Portale vorrangig als Informationsquelle genutzt werden • Die Bewertung der Wichtigkeit der einzelnen Dimensionen ist bei den Administratoren signifikant verschieden

Abbildung 3: Tabelle Forschungsbeiträge E Government-Portal-Nutzung
Quelle: Piehler 2014a: 84 ff., eigene Darstellung

Die Beiträge lassen sich in zwei Gruppen unterteilen. Zum einen untersuchen Arbeiten wie die von Detlor et al. oder Jiang die Erstakzeptanz von E-Government-Portalanwendungen (vgl. Jiang 2011; Detlor et al. 2013). Zum anderen wird die Servicequalität der Portale untersucht, wobei jedoch überwiegend auf den SERVQUAL-Ansatz zurückgegriffen wird (vgl. Papadomichelaki/Mentzas 2009; Sung et al. 2009). Als Gemeinsamkeit lässt sich bei beiden Gruppen die Anwendung von Einstellungsmaßen zur Erfolgsmessung feststellen.

Insgesamt lässt sich eine geringe Durchdringung des Forschungsgegenstandes konstatieren, da zur ohnehin geringen Anzahl an Beiträgen eine weiterführende Aufgliederung zu berücksichtigen ist. So finden sich bspw. Beiträge, die ein einzelnes Portal betrachten und solche, die Querschnittsanalysen durchführen. Darüber hinaus werden Portale unterschiedlicher Verwaltungsebenen betrachtet, neben kommunalen finden sich auch regionale und nationale Portale als Untersuchungsgegenstand. Zudem werden nur in einem Teil der Studien Wirkungszusammenhänge analysiert, einige Arbeiten entwickeln lediglich Messskalen. Die Mehrheit der Beiträge argumentiert dabei monotheoretisch, ein multitheoretisches Vorgehen wird lediglich in zwei Beiträgen deutlich. Damit kann eine Forschungslücke für E-Government-Portale im Speziellen und die fortgesetzte Nutzung von E-Government im Allgemeinen festgestellt werden.

III. Zusammenfassung der wesentlichen Ergebnisse

Zur Bearbeitung der aufgezeigten Forschungslücke und der daraus abgeleiteten Forschungsfragen wurde zunächst nach theoretischen Erklärungsansätzen gesucht. Dabei war das Ziel ein theoretischer Bezugsrahmen, der verschiedene Erklärungsansätze möglichst überschneidungsfrei und kohärent miteinander verknüpft. Auf der Basis dieses Bezugsrahmens wurden die Instrumente zur Überprüfung der einzelnen Hypothesen entwickelt, die schließlich in einem Online-Fragebogen umgesetzt worden sind.

Dieser Fragebogen wurde zunächst einem Pretest-Verfahren unterzogen, um seine Qualität sicherzustellen. Für die Hauptdatenerhebung wurde eine Kooperation mit den deutschen Großstädten Stuttgart, Dresden, Essen und Dortmund eingegangen, die entsprechende Verweise auf die Befragung in ihre Internetportale integriert haben. Insgesamt haben sich 477 Bürger beteiligt. Die statistischen Voraussetzungen zur Interpretation der Daten sind erfüllt. Zur Untersuchung der Hypothesen wurde die Kovarianzstrukturanalyse genutzt, da diese den Einfluss verschiedener (latenter) Variablen gleichzeitig abbilden kann und dabei auch Messfehler berücksichtigt.

Zur empirischen Untersuchung des Modells war zunächst eine Eingrenzung notwendig, damit eine Vergleichbarkeit der erhobenen Daten gegeben ist. Daher wurden nur Bürger, die bereits Nutzungserfahrung haben, befragt. Die Befragung bezog sich zudem auf ein Stadtportal als Integrationsdienst verschiedener Informationen und Services. Die nachfolgende Abbildung zeigt die Eingrenzung der empirischen Untersuchung.

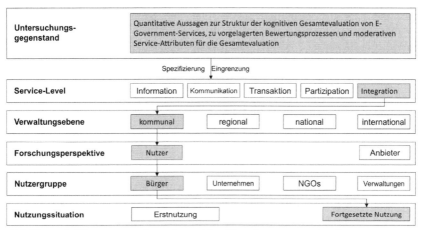

Untersuchungs-gegenstand	Quantitative Aussagen zur Struktur der kognitiven Gesamtevaluation von E-Government-Services, zu vorgelagerten Bewertungsprozessen und moderativen Service-Attributen für die Gesamtevaluation				
	Spezifizierung / Eingrenzung				
Service-Level	Information	Kommunikation	Transaktion	Partizipation	Integration
Verwaltungsebene	kommunal	regional	national	international	
Forschungsperspektive	Nutzer			Anbieter	
Nutzergruppe	Bürger	Unternehmen	NGOs	Verwaltungen	
Nutzungssituation	Erstnutzung		Fortgesetzte Nutzung		

Abbildung 4: Eingrenzung des untersuchten Forschungsgegenstandes
Quelle: Piehler 2014a: 18, eigene Darstellung

1. Theoretischer Beitrag der Studie

Das Hauptaugenmerk der Studie liegt auf einer stimmigen Verbindung verschiedener Forschungsströmungen zu einem ganzheitlichen Modell der fortgesetzten Nutzung. Dabei wird die Gesamtbewertung des Informationssystems über einen Zufriedenheitsprozess nach dem Modell von Bhattacherjee abgebildet (vgl. Bhattacherjee 2001). Dieses sagt aus, dass die fortgesetzte Nutzungsabsicht über die Zufriedenheit und die nützlichkeitsbezogenen Erwartungen bestimmt wird. Die Zufriedenheit wiederum entsteht in einem Prozess, der rational durch die nützlichkeitsbezogenen Erwartungen und emotional durch die wahrgenommene Übertreffung der Erwartungen gesteuert wird.

Die einzelnen vorgelagerten Bewertungsaspekte wurden vorrangig aus der Technologieakzeptanzforschung abgeleitet. Dort hat sich gezeigt, dass eine Vielzahl von Einflussfaktoren nicht direkt auf die Handlungsabsicht wirken, sondern indirekt über die wahrgenommene Nützlichkeit. Es lässt sich also bspw. ein Einfluss von Bedienerfreundlichkeit nur dann zeigen, wenn die Nützlichkeit eines Informationssystems vorliegt. Da Nützlichkeit das wesentliche Charakteristikum der Erwartungen im Modell von Bhattacherjee darstellt (vgl. Bhattacherjee 2001: 355), lassen sich beide Ansätze in diesem Punkt miteinander verbinden. Als vorgelagerte Bewertungsaspekte werden auf Basis einer Literaturanalyse das Bedürfnis nach persönlichem Kontakt, Vertrauen in die Stadtverwaltung, Vertrauen in das Internet

(Infrastrukturvertrauen) und die Aufwandserwartung (Aufwand zur Nutzung des Systems) vorgeschlagen.

Die moderierenden Qualitätsparameter wurden aus der Forschung zur elektronischen Servicequalität abgeleitet. Dort konnte man für kommerzielle Anwendungen, wie bspw. Web-Shops, für eine Reihe von Service-Attributen, wie etwa Optische Gestaltung, einen Einfluss auf die Nutzerzufriedenheit feststellen (vgl. Ladhari, 2010). Die Zufriedenheit im Modell von Bhattacherjee (vgl. Bhattacherjee 2001) dient somit als verbindendes Element zwischen diesen Bestandteilen des Untersuchungsmodells. Dabei wurde jedoch kein direkter Einfluss auf die Zufriedenheit untersucht, da dieser sehr wahrscheinlich ist. Stattdessen wurde der Einfluss der Qualitätsdimensionen auf den Entstehungsprozess der Zufriedenheit untersucht, also wie bspw. Optische Gestaltung sich in Bezug auf die rationale und emotionale Komponente der Zufriedenheitsentstehung verhält.

Als relevante Dimensionen der Servicequalität wurden dazu auf Basis einer Literatur-Analyse Optische Gestaltung, Benutzerfreundlichkeit, Zuverlässigkeit, Datenschutz/Sicherheit und Ergebnisqualität vorgeschlagen. Die nachfolgende Grafik zeigt den theoretischen Bezugsrahmen der Studie anhand der drei übergeordneten Komponenten des Untersuchungsmodells.

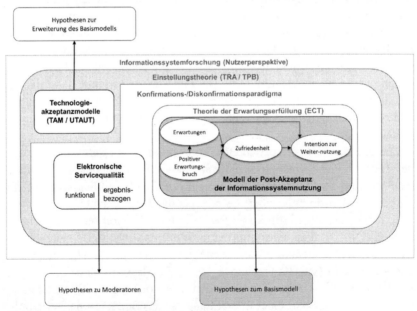

Abbildung 5: Theoretischer Bezugsrahmen
Quelle: Piehler 2014a: 125, eigene Darstellung

2. Empirischer Beitrag der Studie

Zur Modellierung der aufgestellten Hypothesen wurden die Softwarepakete AMOS und SPSS in Version 20 genutzt. Als methodische Grundlage der Berechnungen wurde den Empfehlungen von Weiber und Mühlhaus gefolgt (vgl. Weiber/Mühlhaus 2010: 103 ff.). Zunächst wurde die Güte der einzelnen Messmodelle bestimmt, bevor die Analyse des Gesamtmodells vorgenommen worden ist.[4] Dieses Gesamtmodell ist nachfolgend dargestellt. Die unten angegebenen globalen Gütemaße deuten darauf hin, dass es sich bei diesem Modell um eine gute Widerspiegelung der Realität im Datensatz handelt. Dies wurde auch durch Analysen mit Konkurrenzmodellen bestätigt, die schlechtere Gütemaße zeigten. Die Zahlenwerte an den Modellpfeilen geben an, wie stark der jeweilige Einfluss ist (von $|0|$ bis $|1|$) und welche Richtung er aufweist (positiv oder negativ). Der Einfluss der Moderatoren wird später separat betrachtet.

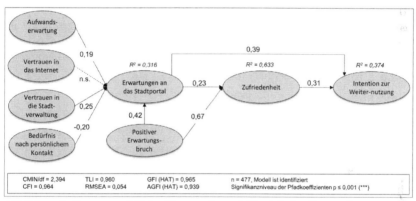

Abbildung 6: Gesamtmodell der Untersuchung inkl. globaler Gütemaße
Quelle: Piehler 2014a: 250, eigene Darstellung

Wenn man zunächst die Gesamtevaluation, die den Zufriedenheitsprozess umfasst, betrachtet, kann festgestellt werden, dass die Vorhersagen des Modells prinzipiell zutreffend sind. Auffällig ist dabei, dass im Zuge des Zufriedenheitsprozesses der Einfluss der rationalen Erwartungen eher klein ist

---

4   Für eine Diskussion der Datenqualität (Stichprobenzusammensetzung, Bias-Analysen), der vorgelagerten Prüfschritte zu Reliabilität und Validität der einzelnen Messmodelle sowie der globalen Gütemaße des Gesamtmodells vgl. Piehler 2014a: 199 ff.

(0,23), dafür aber ein hoher Einfluss auf die Weiternutzungsabsicht (0,39) vorliegt. Dies stellt eine Besonderheit dar, da bei anderen Informationssystemen der Einfluss der Zufriedenheit auf die Nutzungsabsicht höher ist. E-Government-Systeme werden folglich stark nutzensbezogen wahrgenommen und bewertet.

Die vorgelagerten Bewertungsfaktoren weisen einen moderaten und relativ gleichförmigen Einfluss auf die Erwartungen auf. Die einzige Ausnahme ist dabei Vertrauen in das Internet, das nicht signifikant wirkt. Dies kann durch die vorrangig informationsgetriebene Nutzung der Befragungsteilnehmer erklärt werden. In den Antworten zu den offenen Fragen des Fragebogens fanden sich dazu einige Hinweise. Sung et al. konnten in diesem Zusammenhang zeigen, dass Vertrauen in das Internet nur dann signifikant wirkt, wenn eine transaktionsartige Nutzung von E-Government vorliegt (vgl Sung et al. 2009). Wahrscheinlich steht mit der IP-Adresse als einzige persönliche Information bei einem Informationsabruf zu wenig auf dem Spiel, damit Vertrauen in die technische Infrastruktur überhaupt relevant wird. Diese Interpretation wird zudem durch ein Ergebnis der Moderatorenanalyse gestützt. Datenschutz/Sicherheit wirkt nicht signifikant als Dimension der Servicequalität. Es ist plausibel anzunehmen, dass dies ebenfalls auf einen Mangel an persönlichen Daten bei der informationsbezogenen Nutzung zurückzuführen ist.

a)   Empirische Belege für die Modellstruktur des Wirkungsgefüges von Erwartungen

In diesem Abschnitt werden Analyseergebnisse präsentiert, die einer Ablehnung der oben dargestellten Modellstruktur widersprechen und damit deren nomologische Validität stützen. Dazu wurden alternative Modelle untersucht, die ebenfalls inhaltlich sinnvoll interpretiert werden können. Diese Modelle wurden mithilfe des gleichen Verfahrens geschätzt, bezüglich ihrer Gütemaße bewertet und zusätzlich anhand von Informationskriterien verglichen. Informationskriterien stellen ebenfalls Gütemaße dar, die jedoch ausschließlich modellvergleichend eingesetzt werden können. Mit ihrer Hilfe können Aspekte wie Erklärungskraft, Modellsparsamkeit und Güte der Schätzung gesamthaft gegeneinander abgewogen werden.

Die Alternativmodelle wurden ebenfalls aus theoretischen und konzeptionellen Beiträgen des Schrifttums abgeleitet. Dabei wurden drei wesentliche alternative Modellvarianten identifiziert. „Alternativmodell 1" postuliert eine direkte Wirkung aller Faktoren auf die „Intention zur Weiternutzung" und verzichtet damit vollständig auf Mediationen „Alternativmodell 2" postuliert „Zufriedenheit" als alleinigen Mediator zur „Intention zur Weiternutzung", folglich wirken alle verbliebenen Faktoren auf die Zufriedenheit, die wiederum auf die Weiternutzungsintention wirkt. Mithilfe von „Alternativmodell 3" wurde untersucht, wie eine direkte Wirkung der den „Erwartungen an das Stadtportal" vorgelagerten Determinanten „Aufwandserwartung", „Vertrauen in das Internet", „Vertrauen in die Stadtverwaltung" und „Bedürfnis nach persönlichem Kontakt" auf die „Intention zur Weiternutzung" zu bewerten ist. Die übrige Struktur des Untersuchungsmodells blieb dabei unverändert.

Der Vergleich der Modellvarianten ist in der nachfolgenden Tabelle zusammengestellt. Über alle Informationskriterien zeigt sich, dass die Alternativmodelle durchgängig schlechter bewertet werden als das Originalmodell.[5] Damit wird die komplexe Mediationsstruktur durch die empirischen Daten gestützt und die theoretischen Überlegungen können nicht abgelehnt werden. Dies ist insbesondere vor dem Hintergrund der Berücksichtigung von Parametersparsamkeit in den Informationskriterien bemerkenswert.

Modell	Informationskriterien (AMOS)			
	AIC	CAIC	BIC	ECVI
Originalmodell	1015,034	1361,258	1294,258	2,132
Alternativmodell 1	1609,768	1945,656	1880,656	3,382
Alternativmodell 2	1254,126	1590,015	1525,015	2,635
Alternativmodell 3	1114,803	1403,027	1336,027	2,342

Abbildung 7: Informationskriterien zum Vergleich der Modellalternativen
Quelle: Piehler 2014a: 261, eigene Darstellung

---

5 Bei der Interpretation der Werte gilt, dass jeweils ein geringerer Wert im Vergleich eine bessere Eignung des Modells vorhersagt (vgl. Weiber/Mühlhaus 2010: 174).

b) Empirische Belege für moderierende Effekte von Servicequalitätsparametern

Moderierende Effekte bezeichnen Einflussfakoren auf Zusammenhänge im Strukturmodell der Untersuchung. Durch einen Moderator kann ein Einfluss bspw. stärker oder schwächer werden. Es ist jedoch auch möglich, dass sich durch einen Moderator das Vorzeichen eines Einflusseffektes umkehrt. In diesem Fall wird bei Kontrolle der Moderationsvariablen aus einer positiven Wirkung ein negativer Effekt. Mithilfe von Moderationsanalysen lassen sich folglich Randbedingungen von Strukturmodellen identifizieren. Das damit verbundene tiefergreifende Verständnis der Zusammenhänge ist insbesondere zur Einschätzung der Grenzen eines Erklärungsmodells hilfreich.

In der vorliegenden Studie wurde der Einfluss der wahrgenommenen Servicequalität auf die Zusammenhänge im Strukturmodell untersucht. Dabei wurde geprüft, wie die Qualitätsdimensionen „Optische Gestaltung" „Benutzerfreundlichkeit", „Zuverlässigkeit", „Datenschutz/Sicherheit" und „Ergebnisqualität" auf die Beziehung zwischen „Zufriedenheit" und „Erwartungen an das Stadtportal" bzw. „Positiver Erwartungsbruch" wirken. Für den Pfad $\gamma 1C/\gamma 2C$ zwischen „Positiver Erwartungsbruch" und „Erwartungen an das Stadtportal" wurde keine Moderationshypothese aufgestellt.

Die Moderatoren wurden auf Grundlage eines Gruppenvergleichs untersucht. Dafür wurde die Stichprobe für jede Dimension der Servicequalität am Median zweigeteilt. Danach wurde jeweils für die Gruppe, die diese Dimension hoch einschätzt, und die Gruppe, die diese Dimension niedrig einschätzt, das Modell separat berechnet. Abschließend wurde geprüft, ob die Unterschiede zwischen den Gruppen signifikant sind und ob sich ein Muster zeigt. Dabei konnte ein einheitliches Befundmuster festgestellt werden. Je höher jeweils die Servicequalität eingeschätzt wird, umso stärker ist der Einfluss der rationalen Erwartungen im Zufriedenheitsprozess. Eine Ausnahme dazu bilden lediglich Datenschutz/Sicherheit, die überhaupt keine Wirkung zeigen, und Optische Gestaltung, die lediglich bei der emotionalen Übertreffung der Erwartungen wirkt. Die fehlende Wirkung von „Datenschutz/Sicherheit" kann über die vorrangig informationsgetriebene Nutzung der Stadtportale erklärt werden, bei der, mit Ausnahme von IP-Adressen, häufig keine personenbezogenen Daten potenziell missbraucht werden können. In der nachfolgenden Abbildung sind die Ergebnisse dargestellt, wobei jeweils die Spalten $\gamma 1A$ und $\gamma 2A$ sowie $\gamma 1B$ und $\gamma 2B$ verglichen werden.

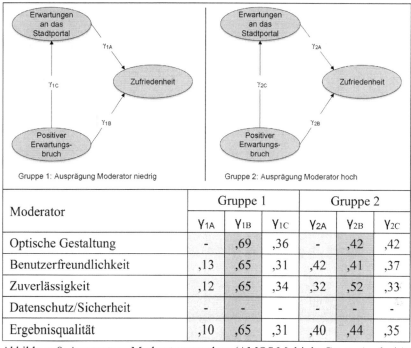

Moderator	Gruppe 1			Gruppe 2		
	γ_{1A}	γ_{1B}	γ_{1C}	γ_{2A}	γ_{2B}	γ_{2C}
Optische Gestaltung	-	,69	,36	-	,42	,42
Benutzerfreundlichkeit	,13	,65	,31	,42	,41	,37
Zuverlässigkeit	,12	,65	,34	,32	,52	,33
Datenschutz/Sicherheit	-	-	-	-	-	-
Ergebnisqualität	,10	,65	,31	,40	,44	,35

Abbildung 8: Auswertung Moderatorenanalyse (AMOS Multiple-Group-Analysis); Quelle: Piehler 2014a: 256, eigene Darstellung

IV. Zusammenfassung & Praktische Implikationen der Studie

Ausgangspunkt der Studie waren Defizite bezüglich der kontinuierlichen Nutzung von E-Government-Angeboten in Deutschland, die in einer zunehmend digitalisierten Gesellschaft überraschen. Insbesondere die weitreichende Akzeptanz von E-Services privatwirtschaftlicher Anbieter war dabei die Grundlage zur Fragestellung, durch welche Faktoren die fortgesetzte Nutzung von E-Government erklärt und bewertet werden kann. Aus einer Analyse der bestehenden Forschungsliteratur wurde ein multi-theoretisches Erklärungsmodell abgeleitet und einer empirischen Prüfung unterzogen. Diese Prüfung erfolgte anhand von kommunalen Verwaltungsportalen vier deutscher Großstädte, deren Nutzer mithilfe eines standardisierten Fragebogens befragt worden sind.

Die Ergebnisse der Analyse lassen sich folgendermaßen zusammenfassen: Mit dem theoretisch fundierten Erklärungsmodell konnte ein Beitrag zum Verständnis von Bewertungsprozessen bei Bürgern als E-Government-

Nutzer geleistet werden. Dabei wurden die vermuteten Zusammenhänge weitgehend bestätigt und diese konnten auch quantifiziert werden. Auf Basis der Analyse können daher Entscheidungsprozesse in Institutionen der öffentlichen Verwaltung durch die Ergebnisse dieser Studie unterstützt werden.

Zunächst kann festgehalten werden, dass eine breiter gefasste Erfolgsmessung für öffentliche Internetdienste durch die Berücksichtigung des Zufriedenheitsprozesses bei Bürgerbefragungen sinnvoll ist. Zufriedenheit allein erklärt den fortgesetzten Nutzungserfolg nur unzureichend, sodass nützlichkeitsbasierte Erwartungen ebenfalls erhoben werden sollten. Dies ist vor dem Hintergrund der stark nützlichkeitsbezogenen und rationalen Wahrnehmung von E-Government-Angeboten sogar von besonderer Bedeutung. Auch Kommunikationsmaßnahmen der Verwaltungsinstitutionen sollten auf eine ausreichende Vermittlung des Kundennutzens ausgelegt werden. Die Ergebnisse dieser Studie deuten darauf hin, dass der Übergang zwischen Erfüllung (Konfirmation) und Übererfüllung (Positiver Diskonfirmation) der Erwartungen bei E-Government-Angeboten anderen Einstellungsmustern folgt als bei der Bewertung von privatwirtschaftlichen E-Services. Weiterführende Untersuchungen können in diesem Zusammenhang klären, inwiefern dies ggf. auf den Mangel an elektronischen Konkurrenzangeboten oder die Bewertung bestehender Offline-Services von Verwaltungen als Ankerpunkt zurückgeführt werden kann.

Darüber hinaus können für Kommunikationsmaßnahmen der öffentlichen Verwaltung auch der erwartete Aufwand, das Vertrauen in die Stadtverwaltung und das Bedürfnis nach persönlichem Kontakt aufgegriffen werden, da sie für die Ausprägung von Erwartungen relevant sind. Sie können folglich zur Beeinflussung des vorgelagerten Bewertungsprozesses genutzt werden. Die bestätigten Servicequalitätsdimensionen können zudem als wesentliche Stellschrauben des Zufriedenheitsprozesses gezielt bearbeitet werden. Die Relevanz der bislang insignifikanten Datenschutz/Sicherheit wird wahrscheinlich mit der zunehmenden Verbreitung von transaktionalen Diensten steigen, die bspw. durch die Einführung des Neuen Personalausweises begünstigt werden. Die entwickelten Messskalen können dabei jeweils als Benchmark-Instrumente für öffentliche Dienstleistungen im Internet genutzt werden.

Literaturverzeichnis

AIS (Hrsg.): PACIS 2010 Proceedings, 2010 [Quelle: http://aisel.ais net.org/pacis2010/ (30.09.2011)].

Alawneh, Ali/Al-Refai, Hasan/Batiha, Khaldoun: Measuring user satisfaction from e-Government services: Lessons from Jordan, in: Government Information Quarterly 30 (3) (2013), S. 277 ff.

Bhattacherjee, Anol: Understanding Information System Continuance: An Expectation-Confirmation Model, in: MIS Quarterly 25 (3) (2001), S. 351 ff.

Castells, Manuel: Der Aufstieg der Netzwerkgesellschaft. Das Informationszeitalter, UTB, Bände 8259, 1. Auflage, 2004.

Detlor, Brian/Hupfer, Maureen E./Ruhi, Umar/Zhao, Li: Information quality and community municipal portal use, in: Government Information Quarterly 30 (1) (2013), S. 23 ff.

Gil-Garcia, J. R./Pardo, Theresa A.: E-government success factors: Mapping practical tools to theoretical foundations, in: Government Information Quarterly 22 (2) (2005), S. 187 ff.

IEEE (Hrsg.): Proceedings of the 42nd Hawaii International Conference on System Sciences, 5-8 January, 2009, Waikoloa, Big Island, Hawaii, 2009.

IEEE (Hrsg.): Proceedings of the 2011 International Conference on Management and Service Science, Aug. 12-14, 2011, Wuhan, China, 2011.

IPIMA/Initiative D21: eGovernment Monitor 2012. Nutzung und Akzeptanz von elektronischen Bürgerdiensten im internationalen Vergleich., 2012 [Quelle: http://www.initiatived21.de/wp-content/uploads/2012/07/eGovernmentMONI-TOR_2012_web.pdf (06.05.2013)].

Janssen, Marijn/Scholl, Hans J./Wimmer, Maria A./Tan, Yao-hua (Hrsg.): Electronic Government. 10th IFIP WG 8.5 International Conference. EGOV 2011. Delft, The Netherlands, August/September 2011. Proceedings, 2011.

Jiang, Xiao: Enhancing Users' Continuance Intention to E-Government Portals: An Empirical Study, 2011, in: IEEE (Hrsg.), Proceedings of the 2011 International Conference on Management and Service Science, Aug. 12-14, 2011, Wuhan, China, 2011, S. 1 ff. [Quelle: http://ieeexplore.ieee.org/xpl/login.jsp?tp=&arnumber=5998967& url=http%3A%2F%2Fieeexlore.ieee.org%2Fiel5%2F5996071%2F5997898%2F059 98967.pdf%3Farnumber%3D5998967 (02.07.2013)].

King, William R./He, Jun: A meta-analysis of the technology acceptance model, in: Information & Management 43 (6) (2006), S. 740 ff.

Ladhari, Riadh: Developing e-service quality scales: A literature review, in: Journal of Retailing and Consumer Services 17 (6) (2010), S. 464 ff.

Lai, Cora S. K./Pires, Guilherme: Testing of a Model Evaluating e-Government Portal Acceptance and Satisfaction, in: Electronic Journal of Information Systems Evaluation 13 (1) (2010), S. 35 ff. [Quelle: http://content.epnet.com/Content-Server.asp?T=P&P=AN&K=56952505&EbscoContent=dGJyMNLr40SeprQ40dvu OLCmr0mep7BSr6%2B4SK%2BWxWXS&ContentCustomer=dGJyMPGqs0uzp 7JQ uePfgeyx%2BEu3q64A&D=bth].

Laudon, Kenneth C./Laudon, Jane P./Schoder, Detlef: Wirtschaftsinformatik. Eine Einführung, Wirtschaft, 2. Auflage, 2010.

Liu, Yuan/Chen, Xi/Wang, Xiaoyi: Evaluating Government Portal Websites in China. Paper 88, 2010, in: AIS (Hrsg.), PACIS 2010 Proceedings, 2010, S. 879 ff. [Quelle: http://aisel.aisnet.org/pacis2010/88 (30.09.2011)].

Morgeson, Forrest V./Mithas, Sunil: Does E-Government Measure Up to E-Business? Comparing End User Perceptions of U.S. Federal Government and E-Business Web Sites, in: Public Administration Review 69 (4) (2009), S. 740 ff.

Papadomichelaki, Xenia/Mentzas, Gregoris: A Multiple-Item Scale for Assessing E-Government Service Quality, 2009, in: Wimmer, Maria A./Scholl, Hans J./Janssen, Marijn/Traunmüller, Roland (Hrsg.), Proceeding EGOV '09 Proceedings of the 8th International Conference on Electronic Government, 2009, S. 163 ff. [Quelle: http://imu.ntua.gr/Papers/C110-Multiple%20Item%20Scale%20for%20E-Gov%20Quality.pdf (30.09.2011)].

Piehler, Robert: E-Government - Post-Akzeptanz und Servicequalität. Eine empirische Analyse am Beispiel kommunaler E-Government-Portale, 1. Auflage, 2014a.

Piehler, Robert: Faktoren für die kontinuierliche Nutzung von E-Government. Nutzenorientierte Erwartungen der Bürger besser verstehen und berücksichtigen., in: Innovative Verwaltung (12) (2014b), S. 34 ff.

Piehler, Robert/Wirtz, Bernd W./Daiser, Peter: An Analysis of Continuity Intentions of eGovernment Portal Users, in: Public Management Review (2014), S. 1 ff.

Rana, Nripendra P./Williams, Michael D./Dwivedi, Yogesh K./Williams, Janet: Diversity and Diffusion of Theories, Models, and Theoretical Constructs in eGovernment Research, 2011, in: Janssen, Marijn/Scholl, Hans J./Wimmer, Maria A./Tan, Yao-hua (Hrsg.), Electronic Government. 10th IFIP WG 8.5 International Conference. EGOV 2011. Delft, The Netherlands, August/September 2011. Proceedings, 2011, S. 1 ff.

Scholl, Hans J./Barzilai-Nahon, K./Jin-Hyuk, Ann/Popova, O. H./Re, B.: E-Commerce and E-Government: How Do They Compare? What Can They Learn from Each Other? 2009, in: IEEE (Hrsg.), Proceedings of the 42nd Hawaii International Conference on System Sciences, 5-8 January, 2009, Waikoloa, Big Island, Hawaii, 2009, S. 1 ff. [Quelle: http://ieeexplore.ieee.org/xpls/abs_all.jsp?arnumber=4755557 (02.07.2013)].

Statistisches Bundesamt: Informationsgesellschaft in Deutschland. Ausgabe 2009., 2009.

Sung, Yu H./Liu, Su H./Liao, Hsiu L./Liu, Ching M.: Service Quality between e-Government Users and Administrators, in: I Ways Journal of E-Government Policy and Regulation 32 (4) (2009), S. 241 ff. [Quelle: 10.3233/IWA-2009-0194].

Venkatesh, Viswanath/Chan, Frank/Thong, James Y.: Designing e-government services: Key service attributes and citizens' preference structures, in: Journal of Oper-
ations Management 30 (1-2) (2012), S. 116 ff.

Weerakkody, Vishanth/El-Haddadeh, Ramzi/Al-Sobhi, Faris/Shareef, Mahmud
A./Dwivedi, Yogesh K.: Examining the influence of intermediaries in facilitating e-
government adoption: An empirical investigation, in: International Journal of Information Management 33 (5) (2013), S. 716 ff.

Weiber, Rolf/Mühlhaus, Daniel: Strukturgleichungsmodellierung. Eine anwendungsori-
entierte Einführung in die Kausalanalyse mit Hilfe von AMOS, SmartPLS und SPSS,
2010.

Wimmer, Maria A./Scholl, Hans J./Janssen, Marijn/Traunmüller, Roland (Hrsg.): Proceeding EGOV '09 Proceedings of the 8th International Conference on Electronic
Government, 2009.

Wirtz, Bernd W. (Hrsg.): E-Government. Grundlagen, Instrumente, Strategien, 2010.

Wirtz, Bernd W./Piehler, Robert: E-Government, 2010, in: Wirtz, Bernd W. (Hrsg.), E-
Government: Grundlagen, Instrumente, Strategien, 2010, S. 3 ff.

Mobile Government und Bürgerapps - Empfehlungen für erfolgreiche App-Entwicklung

Fabian Dziamski

Übersicht:

I. Einleitung

In unserer heutigen Gesellschaft sind Smartphones und Tablets allgegenwärtig. So besitzen rund 40 % der Menschen ab 14 Jahren in Deutschland ein Smartphone[1] - Tendenz steigend. Einer Studie zufolge wird der weltweit durch Smartphones generierte Datenverkehr, der so genannte Traffic, bis zum Jahr 2017 90.000 Petabytes pro Jahr[2] ausmachen, was in etwa 7 Millionen Blu-Ray Filmen entspricht. Dies mag bei einem Vergleich mit dem privaten IP-Traffic pro Monat von aktuell ca. 35.000 Petabytes[3] gering erscheinen. Gleichwohl muss dabei auch beachtet werden, dass von Smartphones gesendete Daten in der Regel deutlich kleineren Datengrößen entsprechen, da die Geräte und die aufgerufenen Dienste auf eine möglichst große Datenkompression hin programmiert sind. Somit liegt die Nutzungsintensität, trotz vergleichsweise geringerem Traffic, auf einem hohen Niveau.

Diesem Trend zu mehr mobilen Internetkonsum entsprechend, werden öffentliche Verwaltungen zumindest faktisch dazu gezwungen sein, mobile Kontaktmöglichkeiten und Schnittstellen zur Verfügung zu stellen. War es in der Vergangenheit häufig bedeutender, die Bürger an Willensbildungsprozessen zu beteiligen, wird es zunehmend wichtiger für den Bürger aktiv mit der Verwaltung in Kontakt zu treten[4]. Einen „digitalen Graben"[5] zwischen Behörde und Bürger gilt es zu verhindern. Die ansteigende Urbanisierung und die damit einhergehende geringere Bevölkerungsdichte auf dem Land werden, auch aus Kostengründen, diesen Zwang auf die öffentliche Verwaltung verstärken. Auch das Bundesamt für Sicherheit in der Informationstechnik (BSI) hat bereits erkannt, wie wichtig heutzutage die Nutzung des Smartphones und der dazugehörigen Apps ist und verteilt an den interessierten Bürger Sicherheitstipps für den Umgang[6].

---

1   http://www.bitkom.org/de/markt_statistik/64046_77178.aspx   (abgerufen   am 18.06.2014).
2   http://www.juniperresearch.com/viewpressrelease.php?id=551&pr=371 (abgerufen am 18.06.2014).
3   http://de.statista.com/statistik/daten/studie/152566/umfrage/prognose-zum-datenvolumen-des-internet-traffics-weltweit/ (abgerufen am 18.06.2014).
4   Vgl. Müller, Horst: eGovernment – Begriffe – Stand – Perspektiven, S. 17.
5   http://isprat.net/fileadmin/downloads/publikationen/ ISPRAT_Eckpunktepapier_Mobile_Gov.pdf
6   https://www.bsi-fuer-buerger.de/BSIFB/DE/MobileSicherheit/ BasisschutzApps/basisschutzApps_node.html (abgerufen am 18.06.2014).

Der nachfolgende Beitrag begutachtet aktuelle Projekte im Bereich von Mobile Government und Bürgerapps. Im Vordergrund soll dabei stehen, welche Richtlinien Entwickler und Behörden bei der Bereitstellung von Anwendungen für mobile Endgeräte einhalten sollten, wenn selbige erfolgreich sein soll.

Zunächst soll zur Veranschaulichung der Begriff des „mobile Government" und die sich bietenden Anwendungsgebiete im (Teil-)Bereich der „Bürgerapps" näher beleuchtet werden. Dabei handelt es sich nicht nur um native Apps für die gängigen mobilen Betriebssysteme, sondern auch um Webseiten, die auf dem Browser des Smartphones/Tablets ohne weiteres unterwegs verwendet werden können[7] (so genannte Webapps). Damit wird bereits die neuere Entwicklung, welche sich weg von nativen Apps bewegt[8], berücksichtigt.

II.   Überblick zum mobile Government und Begriffsbestimmung

Der Begriff „mobile Government" ist keinesfalls mit dem vermutlich bekannteren des „E-Government" gleichzusetzen.

Mobile Government ist die Erweiterung des E-Government[9] auf mobile Plattformen[10]. Der Begriff „Mobile Government" wird dabei nicht einheitlich verwendet. Es gibt eine Vielzahl verschiedener anderer Bezeichnungen für diesen Themenkomplex, welche sich im Grunde jedoch ähneln. So wird teilweise auch von mGovernment und M-Government gesprochen. Im nachfolgenden wird einheitlich der Begriff „Mobile Government" verwendet. Unter E-Government hingegen versteht zum Beispiel die Speyerer Definition nach Reinermann und von Lucke[11] die „Abwicklung geschäftlicher Prozesse im Zusammenhang mit Regieren und Verwalten (Government)

---

7   Android, iOS, Blackberry OS, Windows 8 bzw. Phone. Zu den Marktverhältnissen siehe auch: http://www.idc.com/getdoc.jsp ?containerId=prUS24257413 (abgerufen am 18.06.2014).

8   Vgl. nur die provokante Aussage „mobile is dead!" des Android Design-Chefs Matias Duarte http://www.theverge.com/2014/4/15/5619182/android-design-head-matias-duarte-says-mobile-is-dead (abgerufen am 18.06.2014).

9   Die gängige Abkürzung für Electronic Government (deutsch: elektronische Regierung).

10   http://isprat.net/fileadmin/downloads/publikationen/ ISPRAT_Eckpunktepapier_Mobile_Gov.pdf S. 2 (abgerufen am 18.06.2014).

11   http://foev.dhv-speyer.de/ruvii/Sp-EGov.pdf (abgerufen am 18.06.2014), siehe auch: Franz: Mobile Kommunikation: S.17.

mit Hilfe von Informations- und Kommunikationstechniken über elektronische Medien."

Mobil oder das dafür stehende englische Wort „mobile" meint nicht nur Fortbewegung, sondern auch ortsunabhängige Kommunikation[12].

Der Begriff des „Mobile Government" umfasst dabei den Teilbereich der Erweiterung des E-Government auf die „neuen" Endgeräte wie Smartphones und Tablet-PCs, sowie diverser Anwendungen (Apps)[13]. Eine weitere Begriffsbestimmung wird in der Form getroffen, dass Mobile Government als „die mobile Abwicklung geschäftlicher Prozesse im Zusammenhang mit Regieren und Verwalten mit Hilfe von mobilen Endgeräten"[14] bezeichnet wird. Vorliegend soll der Teilbereich „Bürgerapps" fokussiert werden. Daneben gibt es im Bereich des „mobile Government" auch die Möglichkeit der mobilen Verwaltung. Dabei kommt die Behörde mit mobilen Geräten zum Bürger[15]. Der Begriff „Bürgerapp" lässt sich kaum definieren. Das Wort „App" steht jedenfalls als Kurzform für das Wort „Application" und bedeutet übersetzt aus dem Englischen „Anwendung". Weiter wird der Begriff der App als „Software-Anwendung zur Erweiterung des Leistungsumfangs von Handys und Smartphones" beschrieben.[16]

III. Anwendungsgebiete des „mobile Government"

Die Anwendungsbereiche des „mobile Government" in Form der „Bürgerapps" sind vielfältig. So sind aufgrund der technischen Möglichkeiten

---

12 Adelskamp in Informationelle Staatlichkeit S. 125.
13 Beitrag von Dr. Christian Hoffmann in http://www.neue-verwaltung.de/ files/6314/0085/8297/abstracts_15nv.pdf S. 19 (abgerufen am 18.06.2014).
14 http://www.init.de/sites/default/files/downloads/ init_thesenpapier_mobile_government.pdf S. 4.
15 Kommune21 1/2011 S. 48.
16 Geiger 2011, in eGovernment-Kompendium 2011, S. 44 (abgerufen am 18.06.2014).

heutiger Mobilgeräte mit ihren vielfältigen Sensoren[17] und Erweiterungs-
möglichkeiten[18] praktisch keine Grenzen erkennbar. Durch steigende Leistungsfähigkeit der Geräte werden in Zukunft weitere Anwendungsgebiete
entstehen.

Als Beispiele mögen im Bereich der den Bürger unmittelbar betreffenden
Gebiete folgende gelten:

- Verkehrssysteme, die Daten einzelner Teilnehmer Smartphones
  sammeln und entsprechend die Ampelschaltung realisieren[19].
- Reine Informationsangebote, mit digitalem Stadtplan und Auskünf-
  ten über Sehenswürdigkeiten.
- Anwendungen, in denen eine Vielzahl von Behördendienstleistungen beauftragt werden können, ohne dass es eines realen Behörden-
  besuchs bedarf.
- „Störungsmeldeapps"[20] mit denen der Bürger bei Mängeln in öffentlichen Einrichtungen und der Infrastruktur, die Behörde in
  Kenntnis setzen kann, wobei die Meldung direkt mit dem genauen
  GPS-Standort verknüpft werden kann.

Rechtlich betrachtet ist es im Übrigen wegen § 3a BVwVfG[21] bereits ohne
weiteres möglich, Dokumente im elektronischen Format und auf elektroni-
schem Wege im Verwaltungsverfahren zu übermitteln, soweit der Empfänger hierfür den Zugang eröffnet hat. An dieser rechtlichen Hürde scheitern
die App Projekte der einzelnen Entwickler also nicht.

Über diese Anwendungsbeispiele hinaus muss jedoch beachtet werden,
dass „mobile Government" eben nicht nur den Bereich Bürger – Behörde[22]

---

17 Ein handelsübliches Smartphone besitzt heutzutage u.a. folgende Sensoren: Hö-
    henmesser, Gyroskop, Bewegungssensor, Annäherungssensor, Helligkeitssensor,
    GPS-Modul.
18 So gibt es z.B.: für das Apple iPhone Erweiterung im Bereich der Gesundheit vgl.
    http://ihealth.medisana.de/de/ (abgerufen am 18.06.2014).
19 Dass die Analyse von Verkehrsdaten grundsätzlich durch das Einspeisen von Da-
    ten durch Smartphones möglich ist, zeigt zum Beispiel Google mit seiner Anwen-
    dung „Maps" und „Waze" vgl. https://www.waze.com/about (abgerufen am
    18.06.2014).
20 Siehe z.B. die „Dreck-Weg-App" https://play.google.com/store/apps/de-
    tails?id=de.matthiasebel.bol.dresden.android (abgerufen am 18.06.2014).
21 Beziehungsweise gleichlautender Landesgesetze.
22 Auch als G2C für „Government to Citizens" bezeichnet.

und Unternehmen – Behörde[23] erfasst, sondern auch Behörde – Behörde und Behördenintern, also G2G und G2E[24] eine Rollte spielt. Nach dem ISPRAT-Eckpunktepapier[25] sind hier sogar die größten Potentiale auszumachen und schwerpunktmäßig zu bearbeiten. So gibt es als Beispiel die Möglichkeit durch mobile Endgeräte Bäume direkt im Wald digital zu erfassen und zu verkaufen oder Ergebnisse einer Untersuchung eines Gewerbebetriebes vor Ort digital an die zuständige Behörde zu übermitteln[26]. Dies beugt Medienbrüchen vor und kann für kürzere Bearbeitungszeiten sorgen[27]. Auch können Behördenmitarbeiter jederzeit auf gemeinsame Informationsquellen – das so genannte „Mobile Data Warehouse"[28] zugreifen, was insbesondere bei Außendienstmitarbeitern eine bedeutende Rolle spielt.

IV. Govapps.de die Lösung von Distributionsproblemen?

Man könnte meinen, dass es für den Bürger ein leichtes sein müsste, Bürgerapps zu entdecken, gibt es doch für die gängigen mobilen Betriebssysteme eigene „Stores[29]". Auch die bereits angesprochene weite Verbreitung der Smartphones könnte diese These untermauern. Gleichwohl zeigt sich ein anderes Bild. Durch die Vielzahl der angebotenen Anwendungen gehen die häufig nur im geringen 1000er Bereich heruntergeladenen Apps in den „Stores" unter.

Auch ist es für den Bürger nicht ersichtlich, welcher Suchbegriff in den Anwendungen zum Ziel führt, da in manchen Gemeinden die kommunale App nicht nach der Kommune selbst benannt ist. Erst durch Umwege[30] ist es möglich ein breiteres, jedoch bei weitem nicht vollständiges Bild, der im Play Store von Google verfügbaren Anwendungen zu erhalten.

---

23 Auch als G2B für Government to Business bezeichnet.
24 Government to Government und Government to Employees.
25 http://isprat.net/fileadmin/downloads/pressemeldungen/20130227_ISPRAT-Presseinformation_Mobile_Government-final.pdf S.7 (abgerufen am 18.06.2014).
26 a.a.O S. 3.
27 http://www.init.de/sites/default/files/downloads/init_thesenpapier_mobile_government.pdf S. 5 (abgerufen am 18.06.2014).
28 a.a.O.
29 Englisch für Laden, Geschäft.
30 Möglich wird dies bspw. indem man sich alle Apps eines bestimmten Anbieters namens „komuna GmbH" anzeigen lässt.

Als Lösung des Problems des Auffindens von Bürgerapps wurde die Plattform govapps.de ins Leben gerufen. Auf dieser Plattform werden Bürgerapps gesammelt und kurz beschrieben, wobei jeweils auf das entsprechende proprietäre Verzeichnis der Anbieter verwiesen wird, die Anwendungen also nicht selbst bereitgestellt werden. Der Bürger erhält hierbei auch einen Einblick über die Berechtigungen, die die jeweilige App erfordert. Doch auch govapps.de ist noch nicht vollends überzeugend gestaltet. So finden sich zwar bereits 190 Bürgerapps in diesem Verzeichnis[31], jedoch sind die Kategorien auf govapps.de nicht ausreichend aussagekräftig gestaltet. Es ist somit nicht ersichtlich, welcher Themenbereich zum Beispiel angewählt werden müsste, um eine App der Gemeinde zu erhalten mit der sich ein Führungszeugnis beantragen lässt. Auch sind teilweise Anwendungen vorhanden, die zumindest nach Ansicht des Verfassers nicht unbedingt in das Verzeichnis passen, beziehungsweise die Gefahr bergen das Verzeichnis zu überfrachten. So finden sich zum Beispiel Verweise auf die Apps „Artenfinder"[32], „Zu Gut für die Tonne"[33] und „Meine Umwelt"[34.] Zwar sind alle diese Anwendungen von öffentlichen Einrichtungen erstellt worden, jedoch stellt sich die Frage, ob sie nicht zu speziell in ihrem Anwenderkreis sind um auf einer solchen Plattform Raum zu erhalten. Jedenfalls ist eine Auswahl nach Relevanz nur sehr grobmaschig möglich, wodurch der suchende Bürger immer noch nur mit Mühe zu der gesuchten Anwendung gelangt. Auch ist eine klare Linie bei der Aufnahme der Anwendungen in das Verzeichnis nicht zu erkennen.

Andere Anwendungen wie zum Beispiel die „Kaiserdom-App"[35] des Gymnasiums am Kaiserdom in Speyer, die auch eher eine „spezielle" App darstellt, finden sich auf der Plattform nämlich nicht.

---

31 http://www.govapps.de/erweiterte-suche (abgerufen am 10.06.2014).
32 http://www.govapps.de/details/-/results/Apps?nr=10204&app=ArtenFinder (abgerufen am 18.06.2014).
33 http://www.govapps.de/details/-/results/Apps?nr=23901&app= Zu%20gut%20f%C3%BCr%20die%20Tonne (abgerufen am 18.06.2014).
34 http://www.govapps.de/details/-/results/Apps?nr=23803&app=Meine%20Umwelt (abgerufen am 18.06.2014).
35 http://www.placity.de/index.php?page=App (abgerufen am 18.06.2014).

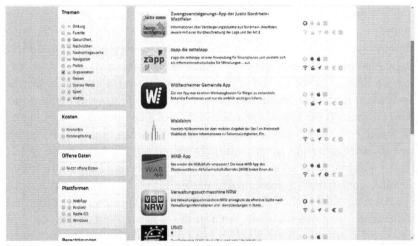

Abbildung: http://www.govapps.de/erweiterte-suche

In Bezug auf die tatsächlichen Zugriffsmöglichkeiten auf die Bürgerapps zeichnet sich ein anderes Bild, wenn es um die mobilen Anwendungen geht. Diese sind nunmehr auch in Regionen einsetzbar, in denen immer noch kein Breitbandanschluss verfügbar ist. Hier bieten dem interessierten Bürger die mobilen Anwendungen, insbesondere solche, die keiner Installation bedürfen (Webapps), erstmalig Zugriffsmöglichkeiten, die in anderen Regionen mit Breitbandanschluss längst zum Standard gehören.

V. Richtlinien der erfolgreichen Appentwicklung

Um Mängeln bestehender App Angebote zu entgegnen, soll dieser Beitrag interessierten App Entwicklern, Richtlinien an die Hand geben, nach denen sie erfolgreiche Anwendungen entwickeln können.

Zusammenfassend soll voran diese Übersicht dienen, die darlegt, welche Merkmale eine erfolgreiche App nach Ansicht des Verfassers aufweisen sollte:

- Einhaltung einheitlicher Design Standards
- Funktionskonzentration auf eine Anwendung unter Berücksichtigung der bestehenden Kommunikationsmittel der Behörde
- Anbieten aktueller (personalisierter) Informationen
- Nutzung ortsbezogener Dienste

- Registrierungsmöglichkeit (Personalisierung) ohne einhergehendem Zwang
- In-App Tutorial und Anwendungsübersichtlichkeit
- Maschinenlesbarkeit durch APIs / Diensteübgreifende Funktionen
- Verwendung von Open Data
- Medienbrüche ausschalten
- Nutzung/Veröffentlichung als Open Source

Es ist keinesfalls so, dass die bisher bestehenden Apps diese Empfehlungen überhaupt nicht einhalten würden. Jedoch werden überwiegend nur ein Teil der Empfehlungen umgesetzt. So bieten einzelne Apps hervorragende Funktionen, jedoch mangelt es ihnen an anderen grundlegenden Anwendungen. So sticht zum Beispiel die Stadt Osnabrück mit der Wartezeitangabe in ihrer App hervor. Diese zeigt die aktuelle Wartezeit beim Bürgerservice und die Anzahl der wartenden Personen aktuell vor Ort an. Versehen werden diese Angaben mit dem Zeitpunkt der letzten Aktualisierung, so dass der Bürger sich über die Aktualität der Angaben versichern kann. Die App bietet ferner gleich auf dem Startbildschirm aktuelle Nachrichten rund um die Stadt Osnabrück. Auch werden in der App Informationen zu den Voraussetzungen für diverse Behördendienstleistungen, wie zum Beispiel der Erstellung eines Führungszeugnisses angezeigt. Auf der anderen Seite ist es nicht möglich, aus der App heraus ein Führungszeugnis zu beantragen.

Die Möglichkeit derartiger appinterner Behördenanträge bietet zum Beispiel die Marktoberdorf App an. Die App selbst beinhaltet umfangreiche Anwendungsmöglichkeiten. So lässt sich eine Vielzahl von Behördengängen des durchschnittlichen Bürgers durch den Einsatz der App ersetzen. Gleichwohl ist es noch immer nicht möglich, ohne Medienbruch eine Vielzahl der angebotenen Dienstleistungen zu nutzen. Es bedarf dabei teilweise des Abholens des geforderten Dokumentes oder auch einer nochmaligen Beantragung bei einer anderen Behörde (z.B. im Fall des Führungszeugnisses). Das Beantragen der Briefwahl und eine Statusabfrage bezüglich der Personalausweiserstellung sind in der App jedoch möglich. Ferner beinhaltet die App einen integrierten Mängelmelder. Diese Bündelung von Funktionen und Informationen erleichtert jedenfalls das Auffinden der richtigen Anlaufstelle durch die Verhinderung einer Vielzahl von speziellen Apps, welche jeweils nur eine Funktion enthalten. Besonders zu den Zeiten einer Kommunalwahl interessant, ist auch die Funktion der Wahlergebnisbeobachtung innerhalb der App. Eine interaktive Übersichtskarte über das

Stadtgebiet und ein integrierter QR-Code-Reader[36] runden die Funktionen der App ab. Die Anwendung scheint auch sehr aktiv von der Kommune beziehungsweise dem entsprechenden beauftragten Entwickler gepflegt zu werden, da das letzte Update für iOS zuletzt am 05.06.2014[37] erfolgte. Bezüglich des Aktualisierungsintervalls war jedoch keine der begutachteten Anwendungen zu kritisieren.

VI. Einhaltung einheitlicher Design Standards

Eines der größten Mankos der aktuellen Anwendungen ist das uneinheitliche Erscheinungsbild ("Design"). So unterscheidet sich nicht nur – was weniger schlimm wäre – die farbliche Ausgestaltung der Apps. Viel schwerer wiegt, dass sich die Menüführung in den einzelnen Anwendungen grundlegend voneinander unterscheidet. So gibt es keine einheitliche Linie bezüglich der Anordnung der Interaktions- und Informationsmöglichkeiten. Teilweise befinden sich am oberen Bildschirmrand Knöpfe womit zwischen Information, Interaktion und anderen Angeboten umgeschaltet werden kann. In anderen Anwendungen wird dies wiederum durch große Buttons im zentralen Bereich des Anwendungsbildschirms realisiert. Finden sich zum Beispiel bei der Osnabrück App die aktuellen Informationen direkt auf dem Startbildschirm, sind sie bei der Marktoberdorf App nur über das Klicken durch diverse Menüs erreichbar. Die Folge dessen ist ein von manchen[38] als "App-Zoo" bezeichneter Zustand, wonach es in einigen Kommunen ausgereifte Lösungen zum Kontakt des Bürgers zur Behörde gibt, in anderen nur reine Informationsangebote in "Appform" bereitgestellt werden.

Diese Vielfalt in der App Darstellung ist nicht für gut zu befinden. Der technisch eher ungeschulte Anwender benötigt gleichbleibende Zugriffsmöglichkeiten, die er sofort als solche wiedererkennt. Der Nutzer ist schlichtweg überfordert, wenn er zum Beispiel anlässlich eines Umzugs in eine andere Kommune eine andere App nutzen muss und sich diese grundlegend von der vormaligen unterscheidet. Man erinnere sich in diesem Zu-

---

36 Englisch für Quick Response, "schnelle Antwort".
37 https://itunes.apple.com/de/app/stadt-marktoberdorf/id693962243?mt=8 (abgerufen am 18.06.2014).
38 http://isprat.net/fileadmin/downloads/publikationen/ISPRAT_Eckpunktepapier_Mobile_Gov.pdf, S. 4.

sammenhang nur an die Einführung von Windows 8, bei welchem der Hersteller Microsoft das übliche Startmenü entfernte. Die Folge war ein heftiger Aufschrei der Nutzer. Diese großen Änderungen zu wiederholen wäre schädlich für die Durchsetzung von Bürgerapps.

Auch werden Kostenvorteile bei einer informativen und gleichzeitig Anwenderfreundlichen App erzielt. Je besser nämlich die Informationsbereitstellung in den Anwendungen ist, desto geringerer werden m.E. auch direkte Anfragen an die Behörden. So lässt sich in einigen Anwendungen[39] direkt und strukturiert einsehen, welche Anforderungen zum Beispiel die Erstellung eines Führungszeugnisses hat. Dies sorgt für eine Reduktion von Personalkosten.

Eine einheitliche Anwendererfahrung kann durch eine Cross-Plattform-Entwicklung realisiert werden. Dadurch können Kosten eingespart werden, da die Anwendung in einer einheitlichen Programmiersprache für alle Betriebssysteme entwickelt wird. Dies ist zum Beispiel durch die Verwendung von HTML5 möglich, was sich jedoch einschränkend auf die Möglichkeiten der Anwendungen auswirkt. HTML5 ist noch nicht derart ausgereift, das damit auf eine native Umsetzung der Anwendungen verzichtet werden kann.

Auch sind die geräteeigenen Appstores wie bereits erörtert nicht unbedingt zielführend bei der Suche nach der passenden mobilen Bürgerapp. Reine Webapps werden im Übrigen dort überhaupt nicht angezeigt, da sie eben keine nativen Anwendungen für das jeweilige Betriebssystem darstellen. In diesem Bereich ist es deshalb erforderlich, dass die Kommunen aktiv tätig werden, um ihre App zu bewerben. Es bedarf Marketingmaßnahmen, damit die bestehenden Apps aus der Versenkung hervor kommen und einem breiteren Nutzerspektrum publik gemacht werden. Dies kann zum Beispiel dadurch geschehen, dass die App im Auftrag der Verwaltung bei diversen Internetmedien getestet wird.

Eine Lösung findet der Verfasser jedoch noch nicht, wenn es um die geringeren Ressourcen eines Smartphones geht. Auf einem Smartphone-Bildschirm ist alleine wegen der reduzierten Größe des Bildschirms das Durchlesen von Text, zum Beispiel auch in der Form von Datenschutzbestimmungen eher eine Qual und wird schon deswegen unterlassen. Auch eine steigende Bildschirmgröße wird dem nicht zwangsläufig Abhilfe schaffen. Bei dem klassischen Behördengang war das Durchlesen von viel Text in einfach gelagerten Fällen meist nicht nötig, da die erforderlichen Angaben vom Behördenmitarbeiter ermittelt wurden. Eine gesonderte Datenschutzbelehrung

---

39   Siehe dafür z.B. die „Marktoberdorf App".

war häufig nicht nötig, da der Bürger von einer sicheren Verwendung seiner Daten ausgehen konnte und keine zwischengeschalteten elektronischen Mitteilungsmedien vorhanden waren. Es wird sich noch zeigen müssen, in welche Richtung dieses Problem gelöst werden wird. Mancher tendiert gar zum Ende des persönlichen Datenschutzes, hin zur Veröffentlichung aller persönlichen Daten.[40]

VII. Funktionskonzentration, Integration anderer Dienste/Open Source

Auch muss sich die Behörde stets bewusst sein, dass der neue Zugriffskanal über eine App, nicht dazu führen darf, dass andere bereits bestehende Kommunikationsmittel der Behörde vernachlässigt werden könnten. Die sich durch die Apps bietenden Möglichkeiten sollten eher in die bestehenden Kommunikationswege integriert werden. Es muss eine Gesamtschau der Kommunikationsmittel stattfinden. Dies kann zum Beispiel durch Integration einer Telefon- und E-Mail-Funktion in der Anwendung geschehen. Aber nicht nur in den Bereichen, die dem Bürger als Nutzer offen gegenübertritt, sondern gerade auch im „Back-End" – dem technischen Hintergrund der Anwendungen – muss die Verwaltung bestehende Kommunikationskanäle mit dem neuen mobilen Kanal verknüpfen. Einher geht damit, dass es nach Möglichkeit bei einer Anwendung bleibt, die der Bürger nutzen kann. Diese sollte grundsätzliche alle sich bietenden Funktionen bündeln. Es darf nicht der Fall eintreten, dass es zum Beispiel eine „Ausweis-App" gibt, mit der sich nur Ausweisdokumente beantragen lassen und neben dieser eine separate „StadtInfo-App", welche ausschließlich Informationen der öffentlichen Stellen bietet. Soweit es von dritter Seite Anwendungen bezogen auf die öffentliche Stelle gibt, so sollte sich die Behörde, die selbst bereits ein entsprechendes Angebot zur Verfügung stellt, darum bemühen, dass ihre App als die offizielle wahrgenommen wird. Grundsätzlich ist jedoch die Bereitstellung von Angeboten von dritter Seite zu begrüßen. Erst durch den Input von außerhalb der Behörde stehenden Personen wird eine wahre Vielfalt an Anwendungen ermöglicht. Diese Innovationskraft ist und war es gerade, die Apps erstmalig so beliebt in der Bevölkerung machte. Damit es jedoch nicht zu der zuvor kritisch betrachteten Verbreitung an Einzelapps, mit nur sehr eingeschränktem Funktionsumfang kommt, sollte die entwickelnde Behörde von vorneherein den Programmiercode ihrer Anwendung für die Öffentlichkeit zugänglich machen. Sie

---

40   Heller, S. 7.

sollte anderen Entwicklern die Chance und Möglichkeit geben, die bestehende Behörden-App zu erweitern. Diese Art der gemeinsamen Entwicklung[41] ermöglicht die Bündelung vieler Funktionen in einer App. Gleichzeitig bleibt die Anwendung so mit geringeren Kosten auf einem technisch aktuellen Stand. Das gemeinsame Programmieren stellt mit Plattformen wie github[42], auf denen der Programmiercode öffentlich geteilt und Änderungen nachverfolgt werden können, auch keine organisatorischen Probleme mehr dar. Affine Menschen könnten dazu motiviert werden, sich stärker in der Gemeinschaft zu engagieren, in dem sie zum Beispiel Verbesserungsvorschläge für die Anwendungen unterbreiten oder gar selbst Programmiercode einreichen. Aus Sicht des Verfassers wäre ein wünschenswertes und erstrebenswertes Ziel eine Verbreitung diverser „Basis-Bürgerapps" als Open-Source, so dass durch den Rückhalt einer breiten Entwicklergemeinschaft, neue Ideen eingebracht und realisiert werden können.

VIII. Aktuelle (personalisierte) Informationen

Um die aktive Nutzung einer Anwendung zu sichern, ist es nötig Anreize zu schaffen, diese auch häufiger als nur anlassbezogen bei der Beantragung von Ausweisdokumenten, auszuführen. Es bietet sich an, die App mit aktuellen Informationen zu versehen. Auf diesem Weg wird die Anwendung auch über den aktiven Kontakt mit der Behörde hinaus genutzt. Dies sichert aus Nutzersicht auch die Berechtigung, die Anwendung installiert zu lassen. Der informatorische Mehrgewinn durch personalisierte Informationen ist ebenfalls nicht zu unterschätzen. Informationen die einen persönlich betreffen werden deutlich häufiger und intensiver von dem Betroffenen wahrgenommen. Eine derartige Personalisierung könnte durch die unten noch weiter zu erörternde Registraturfunktion realisiert werden. Eine derartige Informationsverteilung schafft auch die Möglichkeit, den Bürger in aktuelle lokale Entscheidungsprozesse besser einzubinden. Förmliche Planfeststellungsverfahren, auf die im Amtsblatt der Kommune hingewiesen wird, werden meist vom Bürger nicht wahrgenommen. Konflikte, wie sie bei Stuttgart 21 auftraten, könnten somit möglicherweise eingedämmt werden, da der Bürger sie bewusster wahrnimmt und rechtzeitig Gegenmaßnahmen un-

---

41 Englisch auch social collaboration genannt.
42 https://github.com/about. (abgerufen am 25.07.2014)

ternimmt, bevor eine Präklusion eingetreten ist. Auch könnten die regionalen Daseinsvorsorger diese Funktion der Anwendung nutzen und über aktuelle Wartungsarbeiten am Leitungsnetz informieren. Über die Push-Notification-Funktion[43] aktueller mobiler Betriebssysteme ließen sich auch Katastrophenmeldungen auf diese Weise verbreiten.

IX. Nutzung ortsbezogener Dienste

Die Informationsverbreitung über aktuelle Themen in der App ließe sich über eine Verwendung der Ortungsfunktion des mobilen Endgerätes weiter verbessern. Darüber hinaus bietet die Ortungsfunktion eine Fülle weiterer Möglichkeiten, die sich abstrakt kaum abschätzen lassen. Sie könnte zum Beispiel dafür genutzt werden, einen Fahrzeughalter der sein Fahrzeug verbotswidrig abgestellt hat - dessen Einverständnis vorausgesetzt - ausfindig zu machen und zum Wegfahren des Fahrzeuges zu bewegen. Dabei dürfen datenschutzrechtliche Vorgaben jedoch keinesfalls unterschlagen werden. Deren Einhaltung ist gerade von Seiten der Verwaltung wegen ihrer besonderen Vorbildwirkung wichtig. Weitere Anwendungsgebiete der Ortungsfunktion zusammen mit der Kamerafunktion bieten augmented-reality-Anwendungen[44]. Bei diesen wird das aktuelle Bild, welches die Kamera des Smartphones aufnimmt, mit weiteren Informationen aus dem Internet aufgewertet. Damit lassen sich zum Beispiel Stadtpläne auf das aktuelle Sichtbild des Benutzers übertragen. Auch können Hintergrundinformationen wie aktuelle oder geplante Vorhaben[45] dargestellt werden. Die enge Integration der nativen mobilen Applikationen mit dem Mobilfunknetz ermöglichen ferner zum Beispiel in Notfallsituationen über die App den zuständigen Behörden und Einsatzkräften Bescheid zu geben[46].

Technisch möglich wäre es auch, eine App für alle Kommunen zu realisieren, die dann anhand der Ortungsfunktion sich für die zuständige Behörde einrichten würde.

---

43 Eine Push-Notification zeigt im Auftreten eines Ereignisses eine gewünschte Meldung auf dem Smartphone an.

44 Zu Deutsch: Erweiterte Realität, siehe dazu auch: http://www.itwissen.info/definition/lexikon/augmented-reality-AR-Erweiterte-Realitaet.html (abgerufen am 18.06.2014).

45 So sind diese z.B. in der Heidelberg App vermerkt, welche jedoch keine augmented-reality-Funktionen beinhaltet.

46 So z.B. bei der App „Polizei Brandenburg" https://itunes.apple.com/de/app/polizei-brandenburg/id624517227?mt=8 (abgerufen am 18.06.2014).

X. Registrierungsmöglichkeit (Personalisierung)

Ein weit verbreitetes Merkmal vieler gewöhnlicher Apps hat es bisher noch nicht in eine „Bürgerapp" geschafft. Es ist bei keiner der getesteten Anwendungen bisher möglich, ein Benutzerprofil anzulegen und damit die Anwendung auf seine Bedürfnisse anzupassen. Dies ist zwar unter dem Gesichtspunkt des fehlenden Registrierungszwangs erfreulich, verhindert aber die Implementation weiterer nützlicher Funktionen in die „Bürgerapps". So ließe sich zum Beispiel durch das Hinterlegen des Wohnortes auch ohne die Verwendung von GPS und gerätespezifischer Ortsbestimmungsmöglichkeiten, die App dahingehend personalisieren, dass sie immer die wirklich lokal relevanten Informationen präsentiert. Darauf aufbauend dem Nutzer für ihn wahrscheinlich interessante Beteiligungsfelder[47] und Funktionen vorgeschlagen werden. Eine derartige Umsetzung wird jedoch vermutlich an Datenschutzbedenken scheitern. Ferner könnte im Benutzerprofil der Ablauf der Gültigkeit des Personalausweises hinterlegt werden, so dass die Anwendung an dieses Datum erinnert. Auch wäre eine Übertragbarkeit der eingetragenen Informationen auf andere Geräte erleichtert. Auf dem anderen Gerät müsste sich der Bürger nur in sein Profil einloggen und seine Eingaben wiederherstellen. Dies könnte man soweit führen, dass Informationen, die der Bürger bei jedem Vorgang in gleicher Form eingeben muss, bereits voreingetragen sind. Auch aus Behördensicht macht die Zurverfügungstellung einer Registraturmöglichkeit Sinn. Diese könnte nämlich das Nutzungsverhalten der Bürger genauer analysieren und damit Defizite in der App aufspüren und beseitigen. Dabei müssen jedoch selbstverständlich jederzeit die geltenden Datenschutzbestimmungen beachtet werden.

XI. Einleitendes („overlay image tutorial") Tutorial und Anwendungsübersichtlichkeit

Beim Testen bisher angebotener Anwendungen fällt auf, dass der Nutzer bezüglich der Funktionsweise der App auf sich selbst gestellt ist. Dabei ist die Implementation eines Tutorials nicht sonderlich aufwändig. So ist der dafür nötige Programmiercode zumindest für das weitverbreitete Android

---

47 Dass derartige Vorschläge mithilfe von Algorithmen möglich sind, beweist nicht nur aber auch z.B. der Amazon Konzern mit seinen Empfehlungen aufgrund betrachteter Artikel.

OS frei verfügbar[48]. Eine solche Einleitung in die Benutzung der App würde insbesondere technisch weniger affinen Personen zu Gute kommen. Ein sog. „overlay image tutorial" zeigt nämlich die Bedienung der Anwendung direkt in der Anwendung selbst, ohne dass es das Lesen einer weiteren Anleitung bedürfte. Ein derartiges Tutorial darf jedoch nicht die grundlegend auf Anwenderfreundlichkeit optimierte Appprogrammierung ersetzen. Dies geht jedoch schon mit der bereits angesprochenen Einheitlichkeit der einzelnen Apps einher. Positiv auf die Anwenderfreundlichkeit wirkt sich zum Beispiel die Reduktion an Einstellungsmöglichkeiten aus. Auch ist es besonders gewinnbringend, wenn die App möglichst eindeutige Beschriftungen und Symbole („Icons") verwendet. So ist es irreführend einen Briefumschlag zu verwenden, wenn man auf die Kontaktaufnahme via E-Mail verweisen möchte. Viele Menschen assoziieren mit einem Briefumschlag im Zusammenhang mit der Behördeninteraktion immer noch die Kommunikation per (analoger) Post. Auch sollten die wichtigsten Funktionen der Anwendung stets zentral und kurz nach Start der Anwendung aufrufbar sein. Abgerundet wird eine anwenderfreundliche App durch eine Suchfunktion mit der sich alle Funktionen der App auffinden lassen.

Auch ist es wichtig, dass der Nutzer einer Behördenapp stets bei Fragen einen Ansprechpartner hat. Erforderlich ist damit ein aktiver Support. Der Verfasser erlebte jedoch bei einer der getesteten Anwendungen ein Negativbeispiel. Auf eine per E-Mail gestellte Frage reagierte der Entwickler einer Anwendung erst eine Woche später. In dieser langen Zwischenzeit hat der durchschnittliche Appnutzer längst die Anwendung deinstalliert oder auf klassische Kommunikationsmittel zurückgegriffen. Um die mit dem Support verbundenen Kosten zu begrenzen, müssen aufkommende Nutzerfragen reduziert werden. Diese lassen sich insoweit im Sinne eines guten Supports auch reduzieren, in dem eine umfassende Dokumentation der Anwendung bereitgestellt wird. Dies kann zum Beispiel in Form einer FAQ[49]-Datenbank geschehen. Auch das angesprochene Tutorial leistet hier seinen Beitrag. Ferner bietet es sich an, ein öffentliches Forum einzurichten, in dem der Ratsuchende auch Hilfe von anderen Bürger bekommt.

---

48 Siehe nur hier: https://github.com/amlcurran/ShowcaseView (abgerufen am 22.07.2014)
49 Frequently Asked Questions, englisch für häufig gestellte Fragen.

XII. Maschinenlesbarkeit (API) und Open Data

Eine App ist immer nur so gut wie die darin eingespeisten Informationen. Durch die Open Data Bewegung wurden in der letzten Zeit eine Vielzahl von Daten angesammelt. Diese nun auch zu nutzen stellt ein besonderes Anliegen des Verfassers dar. Vorbildlich ist in diesem Bereich die Anwendung „eLISA – erweiterte Lokale Information, Suche und Aggregation". Die Webapp ist ein Projekt des „Institute for Web Science and Technologies (WeST)" der Universität Koblenz-Landau und wurde im Rahmen des Wettbewerbs „Apps4Deutschland" im Jahr 2011[50] von diesem entwickelt, bei dem es den ersten Platz im Bereich der Einzelentwickler[51] erlangte. Die App ist leider keine „mobile"-taugliche Anwendung, was das bereits aufgezeigte Problem des Defizits einer rundum ausgereiften App unterstreicht. Sie bietet jedoch durch umfassende Einstellungsmöglichkeiten für den Bürger eine Fülle an Informationen. Mit „eLISA" ist es möglich frei zugängliche Datenpakete (Open Data) zu bündeln und durch Visualisierung auf einer Karte, Stadtgebiete nach bestimmten Kriterien zu filtern. So ist es möglich auf einer digitalen Stadtkarte, die darauf abgebildeten Stadtviertel zum Beispiel nach dem Verkehrsaufkommen zu filtern. Dies kann zum Beispiel für Gewerbetreibende von besonderer Bedeutung sein. Momentan gibt es von der Anwendung nur eine Koblenz und eine München-Edition. Die Übertragung auf andere Städte und weitere Datenquellen ist jedoch geplant[52].

Es bietet sich für andere Entwickler an sich am Beispiel von „eLISA" zu orientieren und ebenfalls verstärkt auf Open Data zurückzugreifen. In diesem Zusammenhang ist auch darauf hinzuweisen, dass bisher keine der getesteten Apps/Behördendienste die Möglichkeit bietet, über eine API oder anderen Schnittstellen mit anderen Diensten auf diese zuzugreifen. API steht für *„application programming interface"* und stellt eine Schnittstelle zwischen verschiedenen Programmen dar. Damit ist es möglich Informationen einer Anwendung auf eine andere zu übertragen. Dies klingt zwar zunächst banal und nicht unbedingt gewinnbringend. Der daraus resultierende Mehrwert sollte aber nicht unterschätzt werden. Durch die Übertragbarkeit von Informationen wäre es zum Beispiel möglich Apps mit einer günstigen Authentifizierungsmöglichkeit zu versehen, wenn man zum Beispiel eine „neuer Personalausweisapp (nPA)" entwickeln würde. In dieser nPA-App

---

50 http://lisa.west.uni-koblenz.de/?page_id=120 (abgerufen am 18.06.2014).
51 http://apps4deutschland.de/preistraeger/ (abgerufen am 18.06.2014).
52 http://lisa.west.uni-koblenz.de/?page_id=120 (abgerufen am 18.06.2014).

würde sich der Bürger einmal authentifizieren und könnte dann diese Authentifizierung in anderen Anwendungen nutzen um rechtsverbindlich Handlungen vorzunehmen. Auch könnte man auf diesem Wege aktuelle Informationen zum Beispiel zur Verkehrssituation aufgrund von Bauarbeiten in der Straße in der der Nutzer wohnt, in andere Anwendungen zum Beispiel in den Kalender des Benutzers automatisch übertragen. Dies geht sogar so weit, dass wenn die Information maschinenlesbar ist, diese Information genutzt werden kann, um die externe Wecker-App des Nutzers derart zu modifizieren, dass diese wegen erhöhten Verkehrsaufkommens den Weckzeitpunkt um eine gewisse Zeit vorverlegt. Der Möglichkeiten sind in diesem Bereich keine Grenzen gesetzt.

XIII. Keine Medienbrüche zulassen und neue Kommunikationskanäle schaffen

Der angesprochene Punkt der Maschinenlesbarkeit geht einher mit der Verhinderung von Medienbrüchen. Bietet eine App die Möglichkeit Daten auf maschinelle Weise einzutragen und auszulesen, entfällt damit das Bedürfnis, Anträge beispielsweise behördenintern auf Papier auszudrucken. Eine nahtlose Übertragung der eingegeben Daten in eine bei der Behörde elektronisch geführte Akte wäre ohne weiteres möglich.

Auch ist es bei vielen der angebotenen Anwendungsmöglichkeiten noch immer der Fall, dass der Bürger nach der Eingabe der geforderten Informationen neben dieser Eingabe in der App aktiv werden muss. Häufig ist dies mit dem eigenständigen Beantragen diverser Dokumente bei anderen Behörden verbunden. Auch ist die Authentifizierung vereinzelt nicht rechtssicher gelöst. Auch hier würde sich die angesprochene Lösung über die Programmierschnittstelle anbieten.

Noch weiter gedacht und soweit dies der Verfasser erkennen kann auch noch nicht umgesetzt, bestünde die Möglichkeit in Echtzeit mit der Behörde über die App zu kommunizieren (Chat) und diese Kommunikation in die elektronische Akte aufzunehmen. So besteht zwar bei einigen Anwendungen die Möglichkeit eine E-Mail zu schreiben oder die Behörde anzurufen, eine Appinterne Lösung gibt es aber nicht. Auch könnte das tradierte Verhältnis des Bürgers zum Staat dahingehend umgekehrt werden, dass über derartige Apps die Behörde das Wort an den Bürger richtet und zum Beispiel diesen um Mithilfe bei kommunalen Projekten bittet.

XIV. Zukunftsaussichten der Bürger-Apps und des mobile Government

Die Entwicklung mobiler Anwendungen und des „mobile Government" wird in Zukunft weiter voranschreiten. Durch die erleichterten Einstiegshürden werden nicht nur die Kosten, sondern auch der zeitliche Aufwand bei der Bereitstellung von „Bürgerapps" sinken. Dies fußt insbesondere darauf, dass es bereits einen umfassenden Bestand an Anwendungen gibt, die mit geringem Programmieraufwand in ihrem Funktionsumfang auf andere Kommunen beziehungsweise Bundesländer übertragen werden können. Gleichzeitig wird das Entwickeln einer mobilen Anwendung durch die weite Verbreitung von HTML5 und dessen Fertigstellung für nicht-professionelle Programmierer[53] einfacher. Die markup-language HTML5 ist dabei auf allen mobilen Endgeräten direkt und ohne Portierung anwendbar. Gleichzeitig bietet sie APIs, welche Schnittstellen zwischen der üblichen statischen Seitendarstellung und interaktiven, dynamischen Inhalten darstellen. Diese erleichtern die Einbindung von Daten anderer Webdienste wie zum Beispiel von kommunalen Eventkalendern oder Wetterdaten, aber auch Multimediainhalten wie Videos[54]. Gleichzeitig bieten auch die bisherigen elektronischen Informationsportale der Behörden und Dritter immer häufiger die Möglichkeit, deren Daten in einfacher Weise zu extrahieren. So wurde zum Beispiel eine „Deutschland-API"[55] von der compuccino Roggenkamp & Cserny GbR erstellt, welche es ermöglicht diverse Informationen im Zusammenhang von Wahlen zu erlangen und weiter zu verwenden. Auch das Bundesfinanzministerium bietet mittlerweile bereits eine solche API zur Berechnung von Einkommens- und Lohnsteuer an[56]. Die rechtssichere Identifizierung im Internet wird durch den neuen Personalausweis in Zukunft leichter[57]. Nachdem die bestehenden Anwendungen in der Gesellschaft noch bekannter und technisch ausgereifter geworden sind, können weitere Erweiterungen wie zum Beispiel die Übersetzung in andere Sprachen erfolgen.

Auch wird die Nutzung mobiler Anwendungen im Bereich der öffentlichen Verwaltung weiter steigen. So belegen dies die Ergebnisse des

---

53 Laut W3C soll die Zertifizierung von HTML5 im laufenden Jahr erfolgen: http://www.w3.org/2011/02/htmlwg-pr.html.en (abgerufen am 18.06.2014).
54 Dies wird insbesondere durch den neuen <video>-Tag ermöglicht.
55 http://www.deutschland-api.de/Hauptseite (abgerufen am 18.06.2014).
56 https://www.abgabenrechner.de/interface/
57 Adelskamp in Informationelle Staatlichkeit S. 126.

„eGovernment Monitors 2013"[58]. Unter 1001 Befragten hatten dort bereits 48 Prozent angeben, dass für sie die mobilen Endgeräte für Behördengänge wichtig beziehungsweise sogar äußerst wichtig sind[59]. Der überwiegende Rest, stand den mobilen Anwendungen neutral gegenüber. Zwar hatte ein Großteil der Besitzer mobiler Endgeräte bisher keinerlei Bürgerapp genutzt, aber ein Drittel der Nicht-Nutzer planen zukünftig eine Nutzung[60]. Diese zukünftige Entwicklung des Nutzungsverhaltens kann und wird auch weitere Impulse auf Seiten der Verwaltung setzen.

---

58 http://www.initiatived21.de/wp-content/uploads/2013/11/eGovernmentMONI-TOR_2013_web.pdf
59 a.a.O. S. 30.
60 a.a.O. S. 31 (jeweils abgerufen am 18.06.2014).

Crowdworking - ein Blick in die Arbeitsbeziehungen der Zukunft

Annette Tapper *

Übersicht:

---

* Der Beitrag gibt ausschließlich die persönliche Meinung der Verfasserin wieder.

I. Einführung

Auf der *vierten Entwicklungsstufe der Digitalisierung* werden Produkte und Dienstleistungen global in internetbasierten (embedded) autonomen *Cyber-Physischen Systemen (CPS)* produziert, wo die Grenzen zwischen physischer und virtueller Welt verschwimmen. Diskutiert wird diese Entwicklung u.a. unter „Industrie 4.0", „innovative Digitalisierung", „Autonomik", „Web 2.0", „Smart Factory", „Smart Services" diskutiert. Manche Autoren bezeichnen sie als „Digitale Disruption", um den mit ihr anstehenden, tiefgreifend umwälzenden, globalen Auflösungsprozess[1] zu verdeutlichen, der global alle Branchen und Sektoren der Wirtschaft erfasst. Durch komplexe Datenauslese großer Datenbestände („big data")[2] und „smart data[3]" verbindet sich die Industrie über sog. „smart services" mit den übrigen Sektoren. Die von BITKOM, VDMA und ZVEI[4] getragene, wissenschaftlich begleitete und staatlich geförderte[5] Plattform „Industrie 4.0"[6] wird zur Plattform für „Smart Services"[7]. Im Forum „SozialCharta -Virtuelle Arbeit" des gewerkschaftlichen ZIMT-Projekts[8] haben als erste IG-Metall-Verwaltungsstellen und Betriebsräte der Metropolregion Rhein-Neckar auf Arbeitnehmerseite einen Diskurs angestoßen[9].

Maschinen kommunizieren - nach gelungener Entwirrung ihres „Babylons" - via Internet - nunmehr direkt global in Echtzeit mit anderen *Maschi-*

---

1   Martin Weigert, 08.11.2009, Die Folgen der digitalen Disruption für die Volkswirtschaft,1f, http://netzwertig.com/2009/11/08/strukturwandel-die-folgen-der-digitalen-disruption-fuer-die-volkswirtschaft/.

2   Duisberg, Computerwoche 2014, 1 (1,5).

3   Wahlster, Vortrag, Empolis Executive Forums, Berlin, 11.4.14, http://wn.com/wolfgang_wahlster, letzter Zugriff: 26.08.14.

4   Bundesverband Informationswirtschaft, Telekommunikation und neue Medien e.V. ,Verband Deutscher Maschinen- und Anlagenbau e.V. ZVEI und Zentralverband Elektrotechnik- und Elektronikindustrie e.V.

5   Exzellenz NRW, www.exzellenz.nrw.de/clusterinfo/landescluster/automotive/nachrichten/view/d... (letzter Zugriff: 10.06.14).

6   http://www.plattform-i40.de/, (letzter Zugriff: 19.08.14): seit dem 09.04.13 auf der Hannovermesse, eröffnet vom BMWi www.industrie4.0.de

7   Wahlster, Miterfinder der Plattform 4.0, Vortrag, Empolis Executive Forums, Berlin, 11.4.14, http://wn.com/wolfgang_wahlster, letzter Zugriff: 26.08.14.

8   Zukunftsvisionen über soziale Innovationen in den Arbeitswelten von Menschenhand mit neuen Technologien"

9   Welf Schröter pp., 9, Thesenpapier zum Forum soziale Technikgestaltung vom 28.11.2011,www.forum-soziale-technikgestaltung.de.

nen. Über dieses sog. „Internet der Dinge" steuern global vernetzte ubiquitär verfügbare Dokumentations-, Handlungs- und Zielerreichungsdaten
über zentrale Kontroll- und Steuerungseinheiten autonom intelligente
(smarte) Produktions-, Verarbeitungs-, Entscheidungs- und Folgenabschät-
zungssysteme. Optimierte - fragmentierte global „vernetzte Wertschöpfungsketten[10]" bis Losgröße 1[11] bilden ein globales integriertes Produkti-
ons- und Logistiknetzwerk.

Neuartige intelligente Service-, Wissens-, Entscheidungs- und Folgenab-
schätzungsprodukte entstehen, z. T. über neuartige Produktionsgeräte, wie
z.B. per 3-D-Kopierer bzw. 3-D-Drucker, u.a. für Sand und Metall.

Preiswerte differenzierte Sensorik-Optik-Haptik aller Art kann virtuell
bereits Emotionen erkennen, z.B. bei Telefonaten von Call-Center-Mitar-
beitern.[12] In der sog. „smarten Fabrik" produzieren durch Internetadresse
individualisierte Maschinen ebensolche Produkte, die über ein sog. RFID-
System[13] jederzeit lokalisierbar und ansteuerbar sind.

Die global vernetzte Produktion benötigt kaum noch Mittelspersonen
(u.a. Zwischen-, Außen-, Groß- und Einzelhändler) zu den nunmehr proak-
tiven Konsumenten, den sog. *„Prosumenten".* Das sind global vernetzte U-
ser, die über interaktive Anwendungen (Apps) eigene Inhalte für das Internet erstellen, bearbeiten und verteilen. Bereits über ihre differenzierten Bestellungen gestalten sie die Produkte und Dienstleistungen *unentgeltlich*
über ihre individuellen Auswahlentscheidungen, zugunsten der produzie-
renden Unternehmen (s. Anlage 1 auf S. 21). Damit generieren sie „on demand" eine diversifizierte Produktion beliebig vieler Serien *in einem Pro-
duktionsgang.* Bei Fertigstellung bestellt das Produkt autonom den Spedi-
teur und weist danach der Buchhaltung die Ausstellung der Rechnung an.

---

10   Umsetzungsempfehlungen Industrie 4.0, 62 ff; einschließlich neuartiger Netz-
     werke zur Interessenvertretung auf Plattformen, wie z.B. „SEEurope",
     „GoodCorp", „Turkoption", Seyboth,a.a.O, 4.
11   Los = Menge einer Produktart bzw. Baugruppe auf einer Produktionsstufe als ge-
     schlossener Posten.
12   Bei Callcenter-MitarbeiterInnen lässt sich z.B. überprüfen, ob sie bei ihrer Arbeit
     am Telefon - nach Vorschrift - lächeln. Neuartige „smarte" Datenspeicher, sog.
     ID-Tags in Firmenkleidung, erfassen, wann die Arbeitnehmer an welcher Ma-
     schine gestanden haben: Wedde: Vortrag auf dem Rechtspolitischen Kongress der
     Friedrich-Ebert-Stiftung am 26.03.14 Forum 7, ab 12 Uhr, Dokumentation, 145 f.,
     unter Auslassung der Callcenter-Sensoren.
13   Mittels Transponders (umgangssprachlich: Funketikett), der sich am oder im Ge-
     genstand bzw. Lebewesen befindet, mit einen kennzeichnenden Code und einem
     Lesegerät zum Auslesen dieser Kennung.

Autonome Transportsysteme mit effizienter Lagerlogistik reagieren in real-time auf den Markt[14]. Die Unternehmen erheben und verarbeiten abteilungsübergreifend Daten in *unternehmenseigenen App-Stores*[15]. So generieren Arbeitnehmer, Selbständige, insbesondere Crowdworker, und unbezahlte Prosumenten neue Kernkompetenzen des Unternehmens. Im sog. *Hyperscaling* werden Produkte, deren Funktionen und menschliche Dienstleistungen durch *Scoring*-Programme nach Algorhithmen[16] bewertet. Die volle Leistung wird beim sog. „rating[17]" mit einem Höchstscore von 100 Prozent für praktisch fehlerfreie Produktqualität bzw. eine volle Leistung ausgewiesen[18].

Datenschutz gegen Cyberattacken wird durch *Resilienz*-Konzepte ersetzt. Fingierte Attacken härten IT-Systeme laufend ab, damit spätere echte Attacken ohne Schaden an ihnen abprallen.[19]

Mit diesen *sechs globalen Zukunftstrends* prognostiziert „Accenture", dass die etablierten Großunternehmen ("digital giants") und nicht kleine innovative Unternehmen[20] binnen *zehn Jahren* den globalen Wettbewerb gewinnen werden[21].

Humane körperliche, psychische und geistige Unzulänglichkeiten, nicht nur Behinderungen, Krankheiten und Alterserscheinungen, werden durch die autonomen Maschinen verstärkt kompensiert. Unter dem erhöhten Wettbewerbs- und Innovationsdruck der globalen Märkte sinken die Produktions-, Distributions-, Transaktions- und Energiekosten, während der Aufwand für Forschung und Entwicklung (F&E) und Qualifizierung der

---

14 Amazon z.B. liefert seine Pakete in Ballungsräumen künftig mit einem Flugroboter ("Octocopter") binnen 30 Min. an den Kunden aus. DHL arbeitet an einer vergleichbaren „Auslieferungsdrohne".

15 So erreichte z.B. Google, dass weltweit maximal viele Websites seine Google-Apps nutzen.

16 nicht nach humaner, sondern - z.T. ungerechter, da inkonsistenter nur linearer Robotik-Logik, nach „SchemaF".

17 Strobel, Zündfunk, Rundfunksendung, 7.5.14, BR II, http://cdn-storage.br.de/MUJIuUOVBwQIbtChb6OHu7ODifWH_-bG/_-iS/_yN6_28f/140112_2205_Zuendfunk_Crowdwork-Vom-Entstehen-der-digitalen-Arbei.mp3.

18 Fründt/Fuest/Kaiser, Welt am Sonntag, Nr. 15, v. 13.04.14, 29 (30).

19 Z.B. bei Netflix Inc. greifen automatisierte Testing-Tools das eigene System ständig selbst an, damit es aus den Folgen der Angriffe lernt, diesen irgendwann standhält.

20 wie z. B "Instagram" oder "Tripadvisor".

21 Pütter, CIO, Technology Vision 2014, 8 (9).

Arbeitenden tendenziell steigt. Die reale Wirtschaftsinfrastruktur entwickelt unter ihrer Digitalisierung neue Marktchancen, insbesondere für KMU[22], auch in entlegenen Gegenden. Eine gegebene Menge wird allerdings von immer weniger Menschen in immer größeren globalen Unternehmen produziert. Diese beschäftigen tendenziell weniger Arbeitnehmer zu veränderten Arbeitsbedingungen, sourcen vermehrt global Arbeit an Selbständige aus, neuerdings in den globalen intelligenten Cyber-Schwarm, die *crowd*. Die multiple Entgrenzung von Arbeit (räumlich, zeitlich, inhaltlich-strukturell und national) verändert die Arbeitswelt umfassend. Die ökonomischen Chancen der Digitalisierung lassen sich in Deutschland nicht ohne frühzeitige Betrachtung ihrer Herausforderungen nutzen[23].

II. Neue Arbeitsbeziehungen in den CPS

1. Substitution des Menschen durch Maschinen

Die CPS substituieren die körperlichen, geistigen und seelischen Fähigkeiten des Menschen, regulieren dessen Belastungssituation[24], nicht nur bei Routinetätigkeiten, beruflich wie privat[25]. Die Maschinen lernen den interaktiven Prosumer-Usern optimiert zu dienen. Deren Vorstellungsvermögen erweitern sie durch neue Formen der Darstellung aus der Unterhaltungsindustrie, insbes. aus der Spielewelt. 3-D-Fernseher, kosten-günstige „Head-Mounted-Displays" und Spielekonsolen nutzen natürliche Interaktionen, wie die Gestenerkennung. Die Maschinen informieren die Menschen über deren Sinne, wobei Sensoren emotional beeinflusste menschliche Sinneseindrücke objektivieren. So benötigen Menschen weniger Einarbeitungszeit in ein neues System, können auch auf unerwartete Situationen schneller angemessen reagieren[26]. Exokorporale Greif- und Hebesysteme verstärken die menschliche Körperkraft. CPS unterstützen den Menschen bis hin zur Erfüllung von Familienpflichten zur Betreuung und Pflege. Dieses eröffnet neue Chancen zur Gleichbehandlung von Männern und Frauen, auch hinsichtlich des Entgelts bzw. der Vergütung. Maschinen entlasten den Menschen auch durch die Übernahme von komplexen Routinearbeiten aller Art,

---

22 Kleine und mittlere Unternehmen.
23 Koalitionsvereinbarung von CDU/CSU und SPD v. 19.12.13, 139 ff, www.spd.de.
24 Wahlster, Vortrag am 2.10.12, Berlin, http://www.dfki.de/~wahlster/Umsetzungs-forum_Industrie_4_0_Berlin_02_10_12/.
25 BMWi, Zukunft der Arbeit in Industrie 4.0, Mai 2014, 39 m. w. N.
26 BMWi, Zukunft der Arbeit in Industrie 4.0, Mai 2014, 52 m.w.N.

wie Rechnungen oder einfache gleiche Texte mit feststehenden Parametern und auswechselbaren Zahlen zu schreiben (z.B. bei Statistiken, Spielständen oder Wettkampfleistungen). Die gewonnenen Zeit- bzw. Kraftpotenziale kann der Mensch für kreative, innovative Arbeit, Freizeit oder Erfüllung seiner (verbleibenden) familiären Pflichten nutzen. Besonders Ältere werden von den Maschinen in ihren Fähigkeiten unterstützt. Das verhindert oder reduziert Berufsunfähigkeit und Erwerbsunfähigkeit –bzw. minderung (§ 43 SGB VI) oder gar Pflegebedürftigkeit bzw. verzögert diese, verlängert insgesamt die menschliche Lebensarbeitszeit bzw. autonomer Lebensführung. Behinderten bzw. erwerbsgeminderten Menschen eröffnen sich dadurch erweiterte, zusätzliche und lebenslängere Erwerbsmöglichkeiten. Aus diesen multiplen Effekten erwachsen u.a. Chancen zum Ausgleich der *demografischen Lücke* in Deutschland.

2.   Vom „Human Resource-" zum „Resourceful Humans-Management"

Die autonomen Prozesse in den CPS werden vom Menschen - via Internet - zunehmend nur noch veranlasst, oft unbemerkt, etwa auf der Innenfläche ihrer Hand oder hinter einer (ursprünglich für Polizisten, Feuerwehrleute und Rettungsassistenten entwickelten) gewöhnlich aussehenden „Datenbrille" (Google-„glass"). Leichte Kopf- bzw. Augenbewegungen, Berührungen des Brillenbügels, eine Lasertastatur oder Sprachkommandos, wie „ok, glass!"[27] genügen. Dieses wird Arbeitsplätze vernichten und gleichzeitig neue andere Arbeit für alle Erwerbstätigen generieren. Selbst hochqualifizierte Wissensarbeiter können aufgrund des Einsatzes intelligenter Roboter (z.B. Journalismus-, Fremdsprach-, Rechtsliteratur- oder Radiologieanalysecomputer) zunehmend entbehrlich werden.[28]

Menschen unterhalb der Führungsriege werden in den CPS nur noch benötigt, um diese zu entwickeln, einzurichten, - auf die „Ansage" der Maschinen hin - zu optimieren, deren Folgewirkungen abzuschätzen und vorausberechnete Störungen zu beheben. Als sog. „enabler" verbleiben besonders aufgrund ihrer besonders hohen Loyalität nur noch wenige *Arbeitnehmer*, um die „Arbeit" aufzuteilen und die Qualität von Arbeit und Produkten

---

27   Schwenke, Kund R 2013, 685 m. w. N.; Solmecke/Kocatepe, ZD 2014, 22 m.w.N.
28   Rifkin, Die Null Grenzkosten Gesellschaft,-das Internet der Dinge, kollaboratives Gemeingut und der Rückzug des Kapitalismus, 2014, 190 ff, 390.

zu kontrollieren[29], soweit und solange das Unternehmen diese Aufgaben nicht auch an Selbständige, insbesondere Crowdworker, outsourct. Im Unternehmen vollzieht sich ein Paradigmenwechsel vom „Human Resource"-Ansatz zum sog. „Resourceful Humans"-Ansatz[30]. Das Unternehmen wird durch ganzheitliche Selbst-Organisation, Demokratie der Willigen und Befähigten, mit freiem Informationsfluss und fairer Gewinnverteilung nachhaltig *innovationsfähig*. Statt einer Spinne (HR), die bei einer Zweiteilung ohne Kopf abstürbe, lebe ein Seestern (RH) bei Zweiteilung weiter, weil jeder Arm über alle Organe verfüge[31]. Jeder Willige und Befähigte darf selbst führen oder sich führen lassen, je nach selbst gewählter, wechselnder, nicht festgelegter, abteilungsübergreifender Aufgabe, welche er gerade erledigt. Unter Auflösung der realen Hierarchie des Unternehmens wird die Produktion nur noch netzartig, delegativ, über Assistenz- und Delegationsformen an mobilen Arbeitsplätzen gesteuert[32].

3. Arbeitnehmer, Crowdworker, sonstige Selbständige und Prosumenten

CPS generieren zunehmend aus der flexiblen, innovativen Nutzung der globalen digitalen „Schwarmintelligenz" sozialen und technologischen Fortschritt, mit steigenden Entgelterwartungen und Wohlstandchancen. Andererseits entstehen gleichzeitig Prekarisierungstendenzen[33] , insbesondere für regelmäßig hochqualifizierte Wissensarbeiter[34] am „digitalen Fließband", sog. „Click- oder auch: „Crowdworker" des Schwarms auf der „Cloud", der digitalen Wolke. Die Gefahr eines globalen „Unterbietungsprozesses" entsteht. Zur stärkeren „internen Verwettbewerblichung" kann das Unternehmen den Arbeitnehmern, neben Crowdworkern weitere

---

29 Däubler, Crowdworkers - Schutz auch außerhalb des Arbeitsrechts? in: Benner, (Hrsg.), Crowdworking, Sammelband 2014, (noch unveröffentlichtes Manuskript), vom Autor vorab zur Verfügung gestellt, 2 m.w.N.
30 BMWi, Zukunft der Arbeit in Industrie 4.0, Mai 2014, 52 m.w.N.
31 Heiko Fischer, Seestern schlägt Spinne, GDI Impuls, 2012, 88 (91 f.): „HR2RH"-Change.
32 Welf Schröter pp., Thesenpapier zum Forum soziale Technikgestaltung vom 28.11.2011,www.forum-soziale-technikgestaltung.de.
33 Leimeister/Zogaj, „meist unterhalb des Mindestlohns", HBS, Arbeitspapier 287, 68 ff (73), mit informativen Grafiken,60, 63.
34 bald ebenso durch Roboter entbehrlich: Rifkin, Die Null Grenzkosten Gesellschaft,-das Internet der Dinge, kollaboratives Gemeingut und der Rückzug des Kapitalismus, 2014, 190 ff.

Selbstständige und sogar - unbezahlte - Prosumenten gegenüberstellen. Es gibt zunehmend - crowdsourcend - Anfragen zur innovativen, schnellen und kreativen Lösung von Aufgaben aller Art - über unternehmenseigene oder -fremde Plattformen - in die intelligente crowd. Dadurch könnte es seine Arbeitnehmerschaft nach und nach abbauen, verflüssigen, „radikal „liquidisieren"[35] überflüssig machen[36], wobei diese Entwicklung allerdings nicht zwingend ist[37]. Das Unternehmen könnte auch das globale Outsourcing in die crowd, insbesondere das Crowdsourcing nur punktuell durchführen und mit dessen Ausweitung nur drohen, um interne Leistungssteigerungen anzustoßen. Schlimmstenfalls könnten Arbeitnehmer durch externe sog. Liquid-Strategien weitgehend überflüssig werden. Das Unternehmen „scort" jede Leistung und jedes Produkt, von Arbeitnehmern, Selbstständigen, nicht nur Crowdworkern, und - unbezahlten - Prosumenten. Entsprechende Softwareanbieter[38] ermöglichen selbst Kleinunternehmen das „Human Resource Management" eines Großkonzerns. Nicht nur die Erledigung betriebswirtschaftlicher IT-Aufgaben und das Scoring von Crowdworkern bieten sie an, sondern werten auch die Fehlzeiten, Arbeitszeiten, Vertragsabschlüsse oder sonstige Leistungsnachweise der „Lohnabhängigen" aus[39].

Aufgrund dieses Scorings trifft das Unternehmen nahezu alle Entscheidungen, nicht nur Personalentscheidungen. Über das umfängliche Scoring der Leistungen von Arbeitnehmern, Crowdworkern und (unbezahlten Prosumenten) kann unter Androhung negativer Personalentscheidungen vor allem auf Arbeitnehmer unternehmensintern Druck generiert werden, ihre Arbeit noch effektiver, effizienter und innovativer zu gestalten. Die anfragenden Unternehmen stellen an die Lösungen ihrer - von ihnen stets identifizierbaren - Arbeitnehmer tendenziell höhere Qualitätsanforderungen auch als ihre *internen* Crowdworker. Im Arbeitsvertrag und in kollektivrechtlichen Regelungen könnten unter Verweis auf ihre Insiderkenntnisse und - erfahrungen für Arbeitnehmer Leistungszulagen von der Überschreitung der ermittelten mittleren Arbeitsqualität bzw. -quantität der Crowdworker abhängig gemacht werden. Auch die gezielte Kontrolle eines Arbeitneh-

---

35 Kawalec/Menz, AIS 2013,5 (11 f., 20) betrachten IBM-Liquid als Prototyp der Entwicklungen und entwerfen worst-case-best-case-Szenarien.
36 Google -liquid oder IBM (mit Entlassung von 70 % der Arbeitnehmer), um einen Teil als externe Crowdworker wieder unter Vertrag zu nehmen.
37 Crowdworx kritisiert diese Strategie auf seiner Homepage, www.crowdworx.de
38 wie z.B. www.successfactor.
39 Konicz, 13.08.2012, www. heise.de, 5 f.

mers durch einen internen oder externen Crowdworker ist denkbar. Virtuelle und nicht-virtuelle Geschäfts- bzw. Arbeitsumgebungen werden künftig zu einer nur ganzheitlich wahrnehmbaren Mischform der Arbeitswelt verschmelzen[40]. So wird es regelmäßig maßgeblich von z. T. inkonsistenten, anwenderzentrierten - suprakulturellen - globalen Scoring-Programmen abhängen, ob ein selbstständiger Crowdworker zum Arbeitnehmer wird oder ein Arbeitnehmer zum Crowdworker, oder die anfallende Aufgabe gar durch einen unbezahlten Prosumenten erledigt wird.

4. Angepasste Forschung, Qualifizierung und Rekrutierung

Digitale Erwerbstätige leisten - neben Prosumenten - weniger „(Ein)-Facharbeit", benötigen eine höhere und gleichzeitig breitere Qualifikation bzw. Qualifizierung[41]. Erfolgsentscheidend im globalen Wettbewerb wird für die Unternehmen ihre Innovationskraft und das Know-how ihrer Erwerbstätigen, insbesondere der qualifizierten Ingenieure. Gleichzeitig sind mehr *Forschung und Entwicklung* relevant, mit exzellenten Resourcen, inkl. aktiven Prosumenten. Die Karrieren technischer Fachkräfte sind interdisziplinär aufzubauen. Sie sind hybrid handwerklich-technisch und interdisziplinär *kommunikatorisch*-wirtschaftswissenschaftlich-rechtlich über in Deutschland entstandene Branchengrenzen hinweg in Maschinenbau, Elektronik und Informationswirtschaft - lebenslang - zu qualifizieren[42]. Zusätzlich zu ihrem Fachwissen sollten sie auch die diversen Funktionalitäten der Maschinen und deren *Folgewirkungen*, insbesondere in Bezug auf Grund- und sonstige Rechte Drittbetroffener, abschätzen können. Dieses wird künftig auch für Angehörige bisher nicht akademischer Berufe gelten. Zunehmend wird in der Öffentlichkeit eine spezielle Ethik für IT-Fachleute gefordert[43]. Sog. multimediales „blended learning"[44] könnte - auf allen Bildungsebenen – für die notwendige breite Qualifizierung eingesetzt werden.

---

40 Welf Schröter pp., Thesenpapier zum Forum soziale Technikgestaltung vom 28.11.2011,9, www.forum-soziale-technikgestaltung.de
41 Fraunhofer, Produktionsarbeit der Zukunft- Industrie 4.0, 2013,131.
42 Enquete-Bericht, BT17/12505, 15 m. w.N.
43 von Randow, Die ZEIT, Nr. 34, 14, 14.08.2014; Entgegnung Liggesmeyer, Die ZEIT, Nr. 39, 13, 18.09.2014.
44 zu MassiveOpenOnline-Courses, kurz: MOOCs: Rifkin, 172 ff.

Auch die subjektiven Kompetenzen und Potenziale der Beschäftigten, das sog. „subjektivierende Arbeitshandeln", wie Intuition, Gespür und Empathie, werden für das „improvisatorisch-experimentelle Arbeitshandeln, nicht nur im „unvermeidbaren Störfall", stärker gefordert sein. Die erhöhten Qualifikationsanforderungen werden für befähigte, hochqualifizierte Arbeitnehmer die Aufstiegsmobilität erhöhen. Einsteiger in die „Industrie 4.0" haben aufgrund von Alleinstellungsmerkmalen enorme berufliche Entwicklungsmöglichkeiten.[45] Die Bedeutung einer qualifizierten *Berufs- und Arbeitsberatung* wird steigen. Die persönliche und charakterliche Eignung für digitale Arbeit sollte sich - neben einer zielführenden kulturellen Prägung der Selbstoptimierung - auch darauf erstrecken, die eigene Arbeitskraft und diejenige ihrer Mitarbeiter bzw. Kollegen zu erhalten bzw. wieder herzustellen. Jeder Erwerbstätige sollte frühzeitig in Selbst- und Zeitmanagement qualifiziert werden, um bei aller Flexibilität der digitalen Arbeit seine eigenen physischen und psychischen Grenzen zu erkennen und möglichst nicht zu überschreiten.

Interdisziplinäre Fachleute und Führungskräfte mit hohen kommunikativ-innovativen Fähigkeiten werden nicht nur als Arbeitnehmer, sondern auch als selbständige Auftragnehmer, insbesondere im Crowdworking, global gesucht werden. Sie werden sich global digital bewerben. Der bisherige Berufserfolg von Bewerbern wird gescort. Über den Datenaustausch mit weiteren Unternehmen, auch social-media-Netzwerken, könnte das rekrutierende Unternehmen, insbes. ein globaler digitaler Gigant, wie z.B. Google, seine Datenbasis für das eigene Scoring erweitern. Auch gescorte Erprobungen wären auf einer sog. Recruiting-Plattform möglich. Die Scoring-Rechner werden vom jeweiligen Anwender nach seinen Bedürfnissen - tendenziell zu seinem Vorteil - programmiert. Dabei werden Unternehmen im Zuge der rückläufigen Demografieentwicklung u.a. in Deutschland im eigenen Interesse global nach den *tatsächlich* meistbefähigten, nicht nur von Maschinen gescort besten, Bewerbern suchen.

---

45   BMWi, Zukunft der Arbeit in Industrie 4.0, Mai 2014, ,37 f. m. w. N., Constanze
      Kurz, vdma-Nachrichten, Qualität der Arbeit wird sich ändern, 26.

III. Neue Arbeitsorganisation

1. Von der polarisierten Organisation zur Schwarmorganisation

Das zu erwartende breite Spektrum divergierender neuer Arbeitsorganisationsmuster wird sich vom einen Pol der „polarisierten Organisation" hin zum anderen Pol, der globalen „Schwarmorganisation", entwickeln. In der polarisierten Organisation führen qualifizierte Experten mit hoher Loyalität zum Unternehmen - unter Wahrung der Geschäftsgeheimnisse - und mit großen Handlungsspielräumen - hierarchisch - Angelernte in einfachen Tätigkeiten. So sind tendenziell die wenigen festen Arbeitnehmer organisiert, die als Ermöglicher (sog. Enabler) der ständigen Unternehmensfunktionen (insbesondere Sach- und Personalverwaltung) verbleiben.

Den anderen Pol bildet eine globale *Schwarmorganisation*, in welcher hochqualifizierte Gleichberechtigte in einem losen Netzwerk - als Selbstständige - gemäß den Vorgaben des Unternehmensvorstands agieren[46]. Da Wissen nicht hierarchisch strukturiert, sondern situationsabhängig entweder relevant oder irrelevant ist, ist dieser Pol mit der Organisation von Wissen besser verträglich. Entscheiden unwissende Entscheidungsträger über die Auswahl von Wissen, kommt es zu Demotivation, Reibungsverlusten, Fehlentscheidungen und Frust bei den „Wissensarbeitern". Arbeit in der Welt der Open-Source-Gemeinschaften hingegen, in den Netzwerken freiwilliger Programmierer etwa, erzeugt Anerkennung, Vertrauen, Respekt, Toleranz und Fairness[47] . Diese bildet die Grundlage für innovative Prozesse, im bottom-up-Verfahren. Die konkreten Einführungsprozesse in den sich auflösenden Betrieben verlangen Arbeitnehmern eine hohe Qualifikation, Flexibilitäts- und Problemlösefähigkeit ab. Die klassische Sach- und Personenverwaltung wird - trotz vermehrter Fortbildung, Entwicklung und Qualifizierung - schrumpfen bzw. ebenso, vor allem in den Schwarm, global outgesourct werden.

---

46   BMWi, Zukunft der Arbeit in Industrie 4.0, Mai 2014, 39 f. m. w.N.
47   Klotz, Ulrich, Arbeit 2.0 - wie das Internet unsere Arbeitswelt verändert, Computer und Arbeit 2012, Heft 6, 19 f. m.w.N.

2. Multiple Entgrenzung der Arbeit

Aufgrund der ubiquitären Verfügbarkeit aller erforderlichen Arbeitsdaten, mit Abrufbarkeit von einem beliebigen digitalen Endgerät und überwiegend virtueller Kommunikation über verschiedene Medien löst sich die menschliche Arbeit im realen Betrieb des Unternehmens (unter einheitlicher Leitung als Klammer[48]) *räumlich* auf. Neben ihrer virtuellen Präsenz sind Menschen nur noch in von der Maschine bestimmten Ausnahmefällen, bei einer Störung, im Notfall, aufgrund eines Optimierungsvorschlags der Maschine oder zu vereinzelten persönlichen Gesprächen mit Kollegen, Führungskräften, dem Vorstand, Aufsichtsrat oder Prosumenten real vor Ort.

3. Flexibilitätspotenziale aus der multiplen Entgrenzung

Aus der multiplen räumlichen, zeitlichen, strukturell-inhaltlichen und nationalen Entgrenzung der Arbeit erwachsen *Flexibilisierungspotenziale für die Arbeitszeit, den Arbeitsort und die Arbeitsstruktur[49]* der verbleibenden Arbeitnehmer. Ihre Arbeit befindet sich bereits in der Entwicklung zur selbstständigen Arbeit, insbesondere als Crowdworker.

Arbeit ist räumlich nunmehr selbst in entlegenen, sog. „peripheren" Gegenden, auch in Entwicklungsländern, möglich[50].

Auch verbliebenen Arbeitnehmern wird im virtuellen Unternehmen nicht mehr zwingend ein fester realer Arbeitsplatz zur Verfügung gestellt. Arbeitnehmer wie Selbstständige, insbesondere Crowdworker, haben sich individuell selbst zu organisieren, die eigenen psychischen, physischen und geistigen Grenzen auszutesten und möglichst einzuhalten. Fordert der Arbeitgeber eine von ihm überwachte Dauererreichbarkeit, auch im Urlaub, ein, hat das erhebliche rechtliche und gesundheitliche Folgen, bringt u.a. psychischen Stress mit sich.

Mangels Arbeitsweges kann der Arbeitnehmer mehrmals am Tag zwischen Arbeit und Freizeit wechseln. Dieses entspricht bereits der Arbeitsrealität eines Crowdworkers.

Wegen der nicht mehr geforderten realen Anwesenheit, richtet sich das Arbeitsentgelt nach dem Arbeitserfolg, nicht mehr nach einer festgelegten

---

48 Koch, in: Erfurter Kommentar, § 1 BetrVG, RN 10 m.w.N.
49 VBW, Verband der bayerischen Wirtschaft, Positionen zum modernen Arbeitsrecht für eine flexible Arbeitsorganisation, März 2014, www.vbw-bayern.de, 1 f.
50 Kawalec/Menz, AIS 2013, 16.

Arbeitszeit. Die Situation gleicht sich derjenigen von Selbständigen, insbesondere Crowdworkern, an. Ihre punktuellen realen Termine richten sich nach ihren geschäftlichen Notwendigkeiten.

Fehlt ein fester Stundenplan, ist es egal, ob z.b. das Checken des Mailpostfachs durch den Arbeitenden obligatorisch ist. Bei einem Crowdworker ist seine virtuelle Dauerpräsenz bereits jetzt erforderlich, um beste Scoringraten zu erzielen. Auszuhandeln ist vielmehr für alle Arbeitenden nach den Notwendigkeiten ihres CPS, welche Reaktionsdauer (etwa: 1 Stunde tagsüber und 12 Stunden nachts) Standard ist, und welches zusätzliche Entgelt für schnellere Reaktionszeiten in - per Markierung zu kennzeichnenden Eilfällen - gezahlt wird, welche Auszeiten (Urlaub, Krankheit etc.) vom Honorar bzw. Gehalt abgezogen werden, und welche nicht.

4. Folgen der Internationalisierung

Die Internationalisierung der Arbeit schafft für alle Erwerbstätigen zusätzliche Probleme, sprachliche, kulturelle -, Kommunikations- , rechtliche - und u. U. erweiterte Haftungsprobleme, auch wenn sie für den Erhalt der Arbeit wirtschaftlich unabdingbar ist. Bei in Deutschland wohnenden Crowdworkern kommen Probleme zur Durchführung des Crowdworkingvertrages und der Durchsetzung ihrer *privatrechtlichen* Forderungen hinzu, insbes. auf (restliche) Vergütung gegen die ausländische Plattform bzw. das ausländische letztbegünstigte Unternehmen, das für ihn regelmäßig anonym bleibt. Diese Probleme sind besonders groß, wenn sein jeweiliger Vertragspartner seinen Sitz außerhalb der EU hat. Für einen digitalen Arbeitnehmer bei inländischer Tätigkeit für einen ausländischen Arbeitgeber gilt nach deutschem Kollisionsrecht automatisch das deutsche öffentlich-rechtliche Arbeitsschutzrecht. Außerdem ist der sozialversicherungspflichtig Beschäftigte digitale Arbeitnehmer über das deutsche Sozialversicherungsrecht zusätzlich abgesichert. So erhält er bei Arbeitslosigkeit entsprechend seinem Vorbruttoarbeitsentgelt - nach der Dauer seiner Versicherungspflichtverhältnisse und altersabhängig mind. für sechs Monate (§ 147 SGB III) - das beitragsfinanzierte Versichertenarbeitslosengeld I nach dem SGB III. Der Crowdworker ist hingegen bei Eintritt von Hilfebedüftigkeit, z.B. auch wegen prekärer Vergütung aus dem Crowdworking grundsätzlich auf das steuerfinanzierte existenzminimale ArbeitslosengeldII nach dem SGB II verwiesen. Damit ist er einem Eingliederungsreglement unterworfen, dessen breite Zumutbarkeit von Arbeit sich nachteilig auf seine berufliche Zukunft als Hochqualifizierter auswirken kann.

5. Annäherung von Arbeits- und Vertragsbedingungen sowie Haftung

Die Arbeitsbedingungen der Arbeitnehmer und die Vertragsbedingungen der Werk- und Dienstvertragsnehmer, insbesondere der Crowdworker, gleichen sich bei virtueller Arbeit tendenziell an. Alle Arbeitenden werden durch Maschinen gescort. Das sog. „scoring" bildet die Basis für ein Qualitätscontrolling, das bei Crowdworkern die Entscheidung über die Erteilung oder Steuerung laufender bzw. Folgeaufträge bestimmt. Umfängliche ubiquitär verfügbare Daten über Unternehmen (u.a. Geschäftsgeheimnisse) und Akteure in allen Vertragsformen, die crowdsourcenden Unternehmen, die Prosumer und die Crowdworker, entstehen[51]. Damit verbundene Gefahren einer Zensur von Meinungen erzeugt multiple Demokratiegefahren aller Art, auch in der betrieblichen - bzw. Unternehmensmitbestimmung.

Datensicherheit lässt sich auch durch eine differenzierte Verschlüsselung (Kryptografie) und bestimmte Löschungsrhythmen schwerlich erzeugen. Sie ist mit dem *Datenschutz,* insbesondere für KMU-Unternehmen für deren Geschäftsgeheimnisse, auch zum Scoring, für die Prosumer, die klassischen Arbeitnehmer, die Selbständigen, insbesondere für die Crowdworker und nicht zuletzt die Plattformbetreiber - global - unter Herstellung eines gesamtgesellschaftlichen Konsenses insgesamt neu zu verhandeln, mit veränderten Zweckbestimmungen und Verhältnismäßigkeiten.

Die Haftungsrisiken von Arbeitgebern für Arbeitnehmer mit eigener IT-Ausrüstung („bring-your-own-device-Klausel") werden sinken. Demgegenüber steigen sie, wenn der Arbeitgeber seinen Arbeitnehmern unternehmenseigene PCs zur Nutzung zuweist. Er haftet dann auch für Apps oder andere Software, welche dieser unbefugt genutzt hat. App-Probleme hat ein Unternehmen gegenüber selbstständigen - oft mittelbar über Plattformgeber - zu seinen Gunsten selbstständigen Crowdworkern nicht. Wegen neuer technischer Risiken haften Hersteller und Zulieferer von CPS allerdings tendenziell stärker gegenüber ihren Prosumenten. Neu ist die Haftungsfrage für Scoring-Programme und den Datenaustausch über Scoringdaten mit weiteren Unternehmen, u.a. social media-Giants. Sie gilt gegenüber allen Arbeitenden des Unternehmens. Eine Neuverteilung der Haftung für Plattformbetreiber als sog. „Intermediäre", und der Internetprovider (Vermittler) mit Privilegierungen für Hostprovider, Suchmaschinen, Zugangsprovider, Internetzugangsprovider (Hotels, Internetcafes etc.), Domaininhaber und

---

51 Kraft, Ich bin Teil der Cloud, Mitbestimmung 2013, 20.

Verwalter und der neuen Haftungsrisiken von Crowdworkern und Crowd-sourcern (Unternehmen) wird bereits z.T. [52] gefordert.

IV. Crowdworking

1. Einordnung in das Crowdsourcing

Das *Crowdworking* bildet die wichtigste Unterform des noch unscharf um-rissenen *Crowdsourcing* oder auch: *Cloudcomputing* als Ausgangsform (s. Anlage 1). Neben dem *Crowdworking*, der wichtigsten Arbeitsorganisati-onsform der Zukunft, stehen auf gleicher Ebene das *Crowdfunding* oder *das Crowdinvesting* und das Crowdcreating. Das *crowdsourcende* Unterneh-men der Zukunft generiert Arbeit (Lösungen von Problemen) zur Erledi-gung seiner Aufgaben, seine Finanzierung und seine Auswahlentscheidun-gen zur innovativen Entwicklung in der crowd, dem globalen intelligenten Schwarm auf der cloud. Diese Wolke umkreist es, als sogenannten *crowd-sourcer*.

Durch altruistisch geprägtes *Crowdfunding* (Stiften oder Schenken) bzw. das kommerzielle Crowdinvesting (mit hohen Ausfallrisiken behaftete sog. partiarische Darlehen) wird Kapital für das Unternehmen generiert. Aus-wahlentscheidungen aller Art bzw. Feedbacks, insbesondere zu grundle-genden Unternehmensfragen, wie Produktgestaltung, Werbung, maßge-bende Personen etc. werden über das *Crowdvoting* gewonnen. *Prosumenten* treffen - *unentgeltlich* - aus reiner Freude an der Mitgestaltung - Auswahl-entscheidungen zu Produkten, Dienstleistungen und anderen Geschäften bzw. geben ihr feedback, bewerten und/oder filtern jedwede Inhalte. *Crow-dworking* als hier eigentlich interessierende Arbeitsorganisation der Zu-kunft liegt vor, wenn sog. crowdsourcees - aufgrund neuartigen *privatrecht-lichen Vertrages* (Werk-, Dienstleistungsvertrag bzw. Mischform aus bei-den Verträgen) – Dienstleistungen (eigentlich: Arbeitsleistungen) gegen

---

52 Czychowski/Nordermann, GRUR-Beilage 2014, 3 (13), Grenzenloses Internet – entgrenzte Haftung, die auf die Def. in Art. 8 III EU-RL 2001/29/EG zur Harmo-nisierung bestimmter Aspekte des UrheberRs und der verwandten Schutzrechte in der Informationsgesellschaft (InfoSoc-RL) und Art. 11 3 RL 204/84/EG zur Durchsetzung der Rechte des geistigen Eigentums (Enforcement-RL) hinweisen und als Problemlösung branchenweite privatrechtliche Selbstregulierungen als Verhaltenscodex empfehlen.

Entgelt erbringen. Zu unterscheiden sind wiederum mind. drei Unterformen, das *crowd-wisdom* - Wissensmanagement auf der Basis von big bzw. smart data, das *crowd-creation,* das Erstellen jedweder neuer Inhalte und das *crowd-testing,* das Testen jedweder Inhalte bzw. Produkte[53].

Ein Crowdworker oder auch *Clickworker* oder *Digital Worker* liefert flexibel und schnell - global - ausgearbeitete Lösungen für aktuelle Probleme des anfragenden Unternehmens. *Crowdworking* bildet eine neue Erwerbsform gegen Entgelt, in Form von Geld, Sachleistungen, Dienstleistungen, Gewinnbeteiligungen, Prämien-/Bonuspunkte, Bluepoints (auch für Folgeaufträge)[54].

2. Funktionsweise und Bedeutung

Beim Crowdworking werden Unternehmensaufgaben statt an interne (u.a. Tochtergesellschaften) oder externe Verleiharbeitgeber oder externe stabile (reale) Unternehmen zunehmend - *flexibel und schnell – innovativ an die Crowd, den globalen, intelligenten Schwarm,* vergeben, *global outgesourct (s. o.II.3.)).*

Unternehmen vergeben nicht nur „zahllose kleine unerledigte[55]" Aufgaben, sondern inzwischen auch hochkomplexe Aufgaben aller Art statt an Leiharbeitsfirmen oder externe andere Selbständige global an digital selbständige Crowdworker.

Routineaufgaben, wie Adressenermittlungen oder Dokumentationsaufgaben, aber zunehmend auch kreative, innovative *Arbeiten,* wie Entwürfe, Konzepte, Designs, Analysen und Folgeabschätzungen oder auch Bewertungen, werden auf unternehmenseigene oder eine oder mehrere (nicht unbedingt wirtschaftlich) unternehmensfremde *digitale Plattformen* als Anfragen gestellt. Die Aufgaben erfordern zunehmend ein hohes Maß an differenziertem Wissen und Kenntnissen sowie eine hohe Analyse- und Problemlösungsfähigkeit. Crowdworker sind zunehmend hochqualifizierte „Wissensarbeiter" (Clickworker), Wissenschaftler, Künstler oder Ingenieure.

---

53 Autorenteam Welf Schröter pp., IT und Beschäftigung, Memorandum des AK IKT des IG Metall Bezirks BW in Zusammenarbeit mit dem Forum Soziale Technikgestaltung, Version 2.0, Stuttgart Mai 2014, 9 m.w.N.
54 Leimeister/Zogaj, HBS, Arbeitspapier, 287, 68 (69 ff) mit Grafiken, 74, 60, 63.
55 Kraft, a.a.O.,21.

Regelmäßig schaltet das anfragende Crowdsourcer-*Unternehmen* einen unternehmensfremden Plattformgeber dazwischen. Dieser soll ihm - gegen Entgelt - flexibel und schnell - Lösungen für seine Anfragen aus der crowd verschaffen. Er stellt mit den Anfragen korrespondierende Ausschreibungen für alle opensource oder für ausgewählte Crowdworker auf seine Plattform. Diese liefern als Lösungsantworten u.a. Texte, Konzepte zur Optimierung von Fertigungs- und anderen Produktionsprozessen, für höhere Investitionen in Zeit, Kosten und Material[56], Studien, Rechnungen, Grafiken, Analysen, IT-Programme etc.[57], u.a. Business-Pläne, Beweise, Programme, Zeichnungen oder Bilder, aber auch umfassende Problemlösungen. Dafür erhalten sie vom Plattformgeber ein Entgelt, das sich nach den jeweiligen Ausschreibungen und dessen AGB richtet. Ein Dauer-Crowdworker, in hauptberuflicher, regelmäßiger[58] selbstständiger Tätigkeit, muss daraus seinen Lebensunterhalt bestreiten.

Der Crowdworker wählt - nach seinem Belieben - aus den zumeist modularisierten Anfragen[59] eine oder mehrere aus, bearbeitet sie ganz oder teilweise und übermittelt dem Plattformgeber oder ausnahmsweise dem Unternehmen direkt in real time seine (nicht mehr zwingend gemailte) Lösung. Meistens arbeitet der Crowdworker für mehrere Plattformen, nach seinem Belieben an den Anfragen alleine oder gemeinsam mit anderen, miteinander oder im Wettbewerb gegeneinander. Seine Vergütung fällt aus, wenn nach der aktuellen Ausschreibung nur dem Absender der ersten abgenommenen Lösung eine Vergütung zugesagt wurde („only the first is paid"-Ausschreibung bzw. Anfrage), er erst als Zweiter liefert. Nur die erste vom Unternehmen angenommene Lösung, nicht unbedingt objektiv die beste, wird dann honoriert. Alle weiteren Crowdworker gehen dann leer aus.

Erfolgsentscheidend für den Crowdworker ist das Hyperscaling seiner Lösung, sein „Rating" durch Scoring-Programme. Ein Wert von 95 Prozent sei für einen Schwarmselbstständigen normal, unterhalb von 60 Prozent

---

56 Beisp.: https://www.innocentive.com/about-innocentive.
57 Klebe/Neugebauer, a.a.O., AuR 2014, 4 (4).
58 Däubler, Crowdworkers - Schutz auch außerhalb des Arbeitsrechts? in: Benner, (Hrsg.), Crowdworking, Sammelband 2014, (noch unveröffentlichtes Manuskript), vom Autor vorab zur Verfügung gestellt, 5 f.: weist auf die - nicht sachgerechte - privilegierte Behandlung als „Verbraucher" gem. § 13 BGB nur von Crowdworkern hin, die *gelegentlich* (in unregelmäßigen Abeständen) tätig sind. Regelmäßig beruflich als Crowdworker Selbstständige werden als „Unternehmer" betrachtet, die mit weiteren Unternehmern kontrahieren. Sie sind gegen übervorteilende AGB des anderen Unternehmers weniger geschützt.
59 Däubler, a.a.O., 1 m.w.N.

würden keine Jobs mehr vergeben[60]. Aufgrund der Ergebnisse des sog. Scorings werden Folgeanfragen erstellt, ggfs. optimiert und vergeben, nach der gelieferten Antwort zur Voranfrage (nach einem Matching, nach Qualität, Abgabezeitpunkt, Quantität, Komplexität, Verständlichkeit etc.).

Auch die Höhe der Vergütung für das Werk bzw. die Dienstleistung richtet sich grundsätzlich nach diesem Scoringwert. Bei durchschnittlichem Scoringwert ist die Vergütung regelmäßig gering, nach deutschen Maßstäben oft prekär, trotz regelmäßig hoher Qualifikation als sog. Wissensarbeiter.

Die Plattform „Clickworker" hat nach eigenen Angaben etwa 400.000 „Mitglieder", „Twago" hatte ein Auftragsvolumen von 172 Millionen Euro für 228.000 Experten in 36.000 Aufträgen. „TopCoder" in Massachusetts zählt 500.000 Mitglieder, Freelancer nennt 8.800.000 Nutzer und 4.928.000 Projekte, ist augenscheinlich marktführend[61]. Z. Z. findet das Crowdworking bereits auf 2000 kommerziellen und nonkommerziellen (nicht zwingend gemeinnützigen[62]) offenen Plattformen statt. Deren Zahl verdoppelt sich jährlich. „Open Plattforms[63]" (oder auch: „clouds") werden entweder von Unternehmen auf unternehmenseigenen Homepages oder - regelmäßig - von unternehmensfremden Plattformbetreibern oder Subunternehmern[64] auf deren Homepages betrieben.

3. Dreiecksbeziehung statt gegenseitigem Vertrag

Der Crowdworker schließt *nur ausnahmsweise* direkt mit dem anfragenden Unternehmen einen gegenseitigen Dienst- oder Werkvertrag bzw. einen Mischvertrag aus beiden eigener Art. Dieses kommt nur vor, wenn er dessen

---

60 Strobel,   s.o.   BR   II-Sendung.   http://cdn-storage.br.de/MUJIuUOVBwQIbtChb6OHu7ODifWH_-bG/_-iS/_yN6_28f/140112
    _2205_Zuendfunk_Crowdwork-Vom-Entstehen-der-digitalen-Arbei.mp3.
61 Däubler, Crowdworkers - Schutz auch außerhalb des Arbeitsrechts? in: Benner, (Hrsg.), Crowdworking, Sammelband 2014, noch unveröffentlichtes Manuskript, vom Autor vorab zur Verfügung gestellt, 2 m.w.N.
62 Klebe/Neugebauer, Crowdsourcing: Für eine handvoll Dollar oder Workers of the crowd unite, AuR 2014, 4 (4): nennt das Beispiel einer Denunzianten-Plattform der Fa. BlueServo, gegen illegale Einwanderer nach Texas
63 www.top-coder.com www.twago.com, www.clickworker.de, www.crowdguru, www.streetspotr.de.
64 Konicz, 13.08.2012, www. heise.de, 5 f.

Anfrage gegenüber dessen unternehmenseigene Plattform beantwortet. Regelmäßig liefert der Crowdworker - in einer Dreiecksbeziehung (s. Anlage 2) - einem unternehmensfremden Plattformbetreiber die Lösung, der diese an das anfragende Unternehmen als Letztbegünstigtem weiterleitet. Regelmäßig kommt ein Werk- und/oder Dienstvertrag eigener Art zwischen dem Crowdworker und dem zwischengeschalteten Plattformgeber zustande, nicht mit dem letztbegünstigten Crowdsourcer-Unternehmen[65].

Das anfragende Unternehmen schließt mit dem zwischengeschalteten unternehmensfremden (nicht notwendig wirtschaftlich von ihm unabhängigen) Plattformgeber - einen kombinierten Bereitstellungs- und Nutzungsvertrag für die Plattform mit einem Vermittlungs- und Zulieferungsvertrag hinsichtlich der zu sourcenden Aufgaben- bzw. Problemlösung. Möglich ist auch allein ein Werk- bzw. Dienstverschaffungsvertrag (Geschäftsbesorgungsvertrag eigener Art) über die Lösung zur Anfrage des letztbegünstigten Unternehmens. Das anfragende Unternehmen schließt mit dem Crowdworker regelmäßig keinen Vertrag. Vielmehr schließt der Plattformgeber zuerst mit dem anfragenden Unternehmen einen Vertrag über die Verschaffung einer Lösung von Crowdworkern und dann mit dem einzelnen Crowdworker ein Dienst- bzw. Werkvertrag eigener Art über die Lieferung der Lösung, wobei global die unterschiedlichsten Vertragsmodelle und AGB vorkommen. Gegenstand ist die Erstellung und Zulieferung einer Problemlösung durch den Clickworker als Antwort auf die vom Plattformgeber angenommene und von diesem in der Crowd ausgeschriebene Anfrage des Unternehmens, bestimmt zur Weitergabe an das anfragende Unternehmen - als Letztbegünstigtem. Der Crowdworker befindet sich i.d.R. in einer *Dreiecksbeziehung,* zwischen dem anfragenden Unternehmen und der (zumeist) unternehmensfremden (nicht notwendig wirtschaftlich unabhängigen) virtuellen Plattform, deren Inhaber - intermediär - dazwischengeschaltet ist. Dieses minimiert die Haftungsrisiken und Kosten des anfragenden Unternehmens, zumal der Intermediäre regelmäßig haftungsprivilegiert ist.

In der dreigliedrigen Arbeitsbeziehung unter Einschaltung einer „unternehmensfremden" Plattform kennt der Crowdworker regelmäßig das Unternehmen nicht, das die von ihm beantwortete Anfrage an die Plattform gerichtet hat, seine von der Plattform ausgewählte und weitergeleitete Lösung(en) von dieser erhält, so dass es Gebrauch davon machen kann und Letztbegünstigter der beiden Verträge ist.

---

65   Klebe/Neugebauer, a.a.O., 4, (5 f.) m.w.N.

Nur wenn das anfragende Unternehmen rechtlich mit der Plattform identisch ist, schließt es einen einen gegenseitigen Vertrag mit dem Crowdworker. Er weiß nur dann genau, wem er seine Lösung als Letztbegünstigten liefert. In der regelmäßig *dreigliedrigen Vertragsbeziehung* kommuniziert der Crowdworker grundsätzlich ausschließlich mit den Mitarbeitern bzw. Crowdworkern der Plattform. Einem durchschnittlich gescorten Crowdworker zahlt der Plattformbetreiber regelmäßig ein geringes, oft nicht auskömmliches (prekäres) Entgelt. Der Crowdworker ist tendenziell ähnlich schutzwürdig wie ein Arbeitnehmer. Crowdworker wissen wegen der Einschaltung unternehmensfremden Plattformgebers regelmäßig[66] nicht, welches Unternehmen ihre Letztbegünstigter ihre Arbeitsergebnisse ist. Auch herrscht selbst in zweigliedrigen Vertragsbeziehungen regelmäßig Unklarheit, wie sie ihr Scoring und damit ihr entsprechendes Entgelt erhöhen könnten.

4. Selbstständigkeit der Crowdworker

Ein Crowdworker bestimmt Ort, Zeit, Umfang, Art, Methode und Mittel und Anzahl und Person seiner Auftraggeber selbst, und kann (theoretisch) allen Plattformen weltweit zuliefern. Er trägt er ein höheres Prekaritätsrisiko.

Nach herkömmlicher arbeitsrechtlicher Definition übt er unbestritten eine selbstständige Tätigkeit, aufgrund eines Werk-, Dienst- bzw. eines Mischvertrages eigener Art aus. Damit findet das gesamte Arbeitsschutzrecht (Entgelt, Arbeitszeit, technischer Arbeitsschutz, inkl. Datenschutz und sozialer Arbeitsschutz, inkl. betrieblicher Mitbestimmung) für Arbeitnehmer auf einen Crowdworker keine Anwendung. Der selbstständige Crowdworker ist als regelmäßiger Dauercrowdworker „Unternehmer", der mit mindestens einem weiteren Unternehmer kontrahiert. Die AGB- Kontrolle gem. §§ 305 ff BGB ist - systemwidrig - damit weniger umfassend wie diejenige eines als „Verbraucher" betrachteten Gelegenheitscrowdworkers[67].

Er schließt zumeist mit einem Plattformgeber nach dessen AGB einen Dienst- oder Werkvertrag bzw. eine Kombination aus beiden Verträgen, bei

---

66   Welt am Sonntag, a.a.O., 29.
67   Däubler, Crowdworkers - Schutz auch außerhalb des Arbeitsrechts? in: Benner, (Hrsg.), Crowdworking, Sammelband 2014, (noch unveröffentlichtes Manuskript) freundlicherweise vom Autor vorab zur Verfügung gestellt. S. 5 f.

einer Mischung von Erfolgs- und Zeitbetonung. Das anfragende Unternehmen betreibt selten eine eigene Plattform, so dass es mit seiner Anfrage eine oder mehrere unternehmensfremde Plattform(en) mit Abschluss eines Lösungsverschaffungsvertrags bestimmt, dessen Geber, ihm (als Letztbegünstigtem) global Lösungen von Crowdworkern aus einer zu bestimmenden Crowd verschafft.

Der drohende globale „Unterbietungswettbewerb" der Plattformen zu Lasten von Crowdworkern lässt sich nach deutschem Recht de lege lata - nicht durch § 12 a TVG abwenden. Die Vorschrift greift nicht, weil sich die wirtschaftliche Abhängigkeit nicht auf wenige Personen begrenzen lässt und wegen der regelmäßigen Anonymität der eigentlichen Auftraggeber kaum nachweisbar wäre.[68] Deswegen ist auch das HeimarbeitsG nicht anwendbar[69].

5. Vertragsmodelle aufgrund verschiedener AGB

Die zumeist dreigliedrige Vertragsgestaltung richtet sich nach den jeweiligen AGB des Plattformgebers bzw. des anfragenden Unternehmens als Verwender. Kontroll- und Überprüfungsmöglichkeiten nach deutschem Recht existieren nach §§ 305 ff BGB[70] bzw. §§ 242, 138 BGB[71], soweit deutsches Recht auf den Sachverhalt mit Auslandsberührung stattfindet.

Die Wirksamkeit von AGB richtet sich bei regelmäßig vorliegender Auslandsberührung nach dem Kollisionsrecht am Sitz des Plattformbetreibers. Kommt danach ein für den Crowdworker nachteiliges ausländisches Recht zur Anwendung, nützt ihm bei Wohnsitz in Deutschland die ausnahmsweise

---

68 Klebe/Neugebauer, 5 m. w.N.; Däubler, 3 m.w.N.
69 Däubler, a.a.O., 3 m.w.N.
70 Däubler, a. a. O., 6 ff, mit Bespielen für unhaltbare und bedenkliche AGB. Insbesondere sind Schriftformerfordernis für individuelle Absprachen, Änderungsvorbehalt für Vertragsinhalt; Bezahlung wie beim Preisausschreiben für die fertige beste Lösung; generelle Nachbesserungsfrist von 3 Tagen; Recht der Plattform zur plötzlichen Leistungsreduzierung; Abtretung aller Nutzungsrechte auch für den Ausfall der Nichtbezahlung z.B. für die zweitbeste fertige Lösung; Verbot der Kontaktaufnahme des Crowdworkers mit User einer anderen Plattform bzw. Meldung dessen Kontaktaufnahme.
71 Klebe/Neugebauer, a.a.O., 4 f.; dazu grundlegend nach deutschem Recht: Däubler, a.a.O.,4 ff m.w. N.; 2 bis 3 Euro pro Stunde sind für einen Selbständigen (weniger als75 % des niedrigsten Tariflohns eines Arbeitnehmers) sind systemwidrig sittenwidrig.

Korrektur durch den Ordre public (der Grundwerte des deutschen Rechts) gem. Art. 21 Rom-VO wenig. Er ist auch kein „Verbraucher" i. S. v. Art. 6 I, II Rom-I-VO (enger als § 13 BGB). Bei hinreichendem Inlandsbezug kommt nur eine Überprüfung anhand von Eingriffsnormen, wie dem Schutz des allg. Persönlichkeitsrechts unter Wahrung des öffentlichen Interesses, in Frage[72].

Z.T. wird die Weitergabe von abgelehnten, nicht genehmigten Texten vereinbart, was nach deutschem Recht gegen § 307 Abs. 2 BGB i. V. mit § 11 UrhG verstößt[73]. Ebenso sind pauschal dreitägige Nachbesserungsfristen üblich, aber u.U. unwirksam, und es gibt u. u. unwirksame Kontaktverbote mit Anbietern potenzieller Beschäftigungen, z.B. der anderen Plattformen.

Der Plattformgeber leitet die vom Crowdworker gelieferte Problemlösung an das anfragende letztbegünstigte die Arbeitswelt Unternehmen mit oder ohne zeitlich begrenzte oder unbegrenzte Nutzungsrechte am geistigen Eigentum des Crowdworkers weiter. Die Modalitäten der Erstellung und Weiterlieferung dieser Lösung an das letztbegünstigte anfragende Unternehmen, mit oder Änderungsberechtigung, nach der *Annahme*, richtet sich nach den AGB, soweit diese nach dem anwendbaren Recht wirksam sind.

Vor Weiterleitung der Lösung des Crowdworkers an das Unternehmen unterzieht der Plattformgeber diese regelmäßig einer Qualitätsprüfung durch seine Scoringmaschinen. Z. T. wird eine Weiterbearbeitung durch seine Arbeitnehmer oder Selbstständige, insbesondere Crowdworker, erforderlich sein. Andernfalls leitet er sie unbearbeitet an das letztbegünstigte Unternehmen weiter. Der Plattformgeber kann auch während der Bearbeitung den Crowdworker supporten, damit in kürzestmöglicher Zeit die für das letztbegünstigte Unternehmen passgenauste Lösung entsteht.

Das anfragende Unternehmen hat vor seiner Lösungs-Anfrage an die Plattform diese im eigenen Interesse bereits in mehrere Module unterteilt, um über eine komplette Anfrage nicht seine Geschäftsgeheimnisse in den globalen digitalen Schwarm zu tragen bzw. dadurch ungewollt seine Identität offenzulegen. Diese Modularisierung kann ebenso der Plattformgeber übernehmen, dem einige der Crowdworker aus dem Scoring der Vorauftragserledigung bereits bekannt sind. Es gibt auch Plattformen, die nur die

---

72 Klebe/Neugebauer, AuR 2014, 4 (5 f.) m. w. N, Crowdsourcing: Für eine handvoll Dollar oder Workers of the crowd unite?
73 Klebe/Neugebauer, 6; Däubler, 11.

digitale Infrastruktur für die Verhandlungen zwischen nachfragenden Unternehmen und Crowdworkern zur Verfügung stellen, wie Amazon[74]. Das Entgelt richtet sich nach dem Arbeitsergebnis[75], liegt i.d.R. sittenwidrig gem. § 138 BGB unterhalb des für deutsche *Arbeitnehmer* grundsätzlich ab 2015 geltenden deutschen Mindestlohns von 8,50 Euro[76]. Allenfalls Crowdworker mit hohem Scoring - also „hohem Marktwert", etwa Spezialisten, erhalten ein höheres Entgelt.

Oft wird nur Schnelligkeit honoriert, indem nur die erste gelieferte Lösung honoriert wird. Sonst fällt das Honorar aus. Ob der Crowdworker eine zweite Plattform findet, bei welcher er genau die auf ein bestimmtes, ihm unbekanntes Unternehmen zugeschnittene Lösung doch noch gegen Entgelt liefern kann, ist zufallsabhängig.

Dieses kann auch für die - gescort - beste Lösung gelten. Der Bearbeitungsprozess kann wettbewerbsbasiert, im ranking für die gleiche Anfrage oder für verschiedene Anfragen, in zeitlicher, qualitativer oder quantitativer Hinsicht bestehen.

Das Honorar wird entweder im Vorfeld bestimmt, oder richtet sich nach der Darstellung der Lösung. Auch kann nach der benötigten Zeitdauer differenziert werden[77], wodurch ein Zeitwettlauf („first-come-first serve") entsteht. Die Plattform nimmt oft nur Lösungen an, die - gescort - den Qualitätsanforderungen genügen. Sonst hat der Crowdworker umsonst gearbeitet. Ein auf die Gegenleistung nach Projektabschluss, Kontrolle und Abnahme[78] zur Bestreitung seines Lebensunterhalts angewiesener Crowdworker ist ähnlich schutzwürdig wie ein klassischer Arbeitnehmer.

---

74   s.www.mturk.com/mturk/conditionsofuse: Däubler, Crowdworkers - Schutz auch außerhalb des Arbeitsrechts? in: Benner, (Hrsg.), Crowdworking, Sammelband 2014, noch unveröffentlichtes Manuskript, vom Autor vorab zur Verfügung gestellt, 2 m.w.N.
75   Beispiele:www.topcoder.com; www.Atizo.com.
76   Leimeister/Zogaj, 81, HBS, Arbeitspapier 287,68 ff, mit informativen Grafiken, 60, 63; In San Francisco, am Sitz des Unternehmens Crowdflower (www.crowdflower.com) beträgt der Mindestlohn 10,55 Dollar nach geltendem US-amerikanischem Recht im Bundesstaat Kalifonien. Die Crowdworker haben eine sog. „Class-Action", eine Statusklage, wegen Verstoßes gegen das Gesetz gegen unfaire Arbeitsbedingungen, insbesondere wegen Verstoßes gegen den Mindestlohn, erhoben. Diese hat durchaus Aussichten auf Erfolg.
77   Beisp.: www.oDesk.com; www.testcloud.com.
78   Leimeister/Zogaj, 73 mit Grafik über reale Entlohnungsbeispiele aus 7 Unternehmen, auf 74.

Ein Dienstvertrag betont den zeitlichen Aspekt, den Stundenaufwand. Hier geht es zumeist nur um den Stundenaufwand für erste Lösungsaspekte der Anfrage. Auch gibt es kombinierte Werk-/Dienstverträge. Z. T. entstehen - je nach Rechtstradition des unternehmensfremden Plattformgebers bzw. - im zweigliedrigen Vertrag mit dem begünstigten Unternehmen direkt wie bei IBM(-Be-)-Liquid[79] - völlig neue Vertragsmodelle.

Es gibt offene Ausschreibungen an alle (open source) oder eine begrenzte Crowd des Plattformbetreibers bzw. des Unternehmens oder an dessen Arbeitnehmer als interne Crowdworker. Der Bearbeitungsprozess kann wettbewerbsbasiert (im ranking für die gleiche Anfrage oder für verschiedene Anfragen), in zeitlicher, qualitativer oder quantitativer Hinsicht, bestehen.

Zusammenarbeitsbasiert (gemeinsame Arbeit, mit oder ohne Kommentarfunktion) oder einzelne Teile einer Anfrage ganz, je nach Zugangssteuerung, ist der Prozess, wenn alle kollektiv und unter den gleichen Bedingungen miteinander arbeiten Transparenz sollte hier hergestellt werden, damit die Crowdworker nicht auseinanderdividiert werden. Auch müssen sie wissen, ob sie zugunsten des eigenen Unternehmens liefern oder sich im scoring verbessern können. Kriterien der im Vertrag vereinbarten Scoring-Maschinen bilden regelmäßig das *Geschäftsgeheimnis* des Plattformgebers, so dass der Crowdworker oft im Unklaren darüber ist, wie er sein scoring bzw.

---

79 Kawalec/Menz, AIS 2013, 7 ff(5): Im Feb. 2013 teilte IBM mit, dass 8000 Arbeitsplätze auf das Crowdworking übertrage. Das Hauptproblem bilde das Qualitätsmanagement für die Lösungen der Crowdworker. Man kontrolliere sie nur eingeschränkt, so dass man sich nur bedingt auf einzelne Arbeitsergebnisse verlassen könne. Das von IBM unterstützte Karlsruhe Service Research Institute entwickle ein „People Clouds"- System mit „skalierbaren Qualitätsmanagementmechanismen". Ebenso habe das IT-Unternehmen SABA eine Software für People Clouds entwickelt, das über einen „People Quotienten" den Einfluss, die Reputation und die Wirkung der jeweiligen Arbeitskraft messen könne. Bei diesen „sozialen Softwareprodukten" erwarte SABA ein Wachstum von 40 Prozent in den nächsten 5 Jahren: Holger Marcks in: TAZ, v. 10.04.2012; kritisch: „Prekarisiertes Tagelöhnertum": Schwemmle/Wedde, Digitale Arbeit in Deutschland, 2012, 113.

seinen Verdienst erhöhen kann.[80] Auf manchen Plattformen kann er diesen allein durch Spezialisierung anheben[81].

V. Formen des Crowdworking

1. Internes und externes Crowdworking

„Internes" und *„Externes"* *Crowdworking* lassen sich ähnlich wie „unternehmenseigene" und „unternehmensfremde" Plattform durch eine rechtliche Definition zwar trennen. Die Begriffe verschwimmen *allerdings,* sobald die tatsächliche Interessenlage, aufgrund der wirtschaftlichen Machtverhältnisse, Netzwerke, internen Beherrschungsverträge, Personenidentitäten etc., im Vordergrund steht.

Interne Crowdworker sind zumeist auf freiwilliger Basis *zusätzlich* in selbstständiger *Nebentätigkeit* als Crowdworker tätig. Sie leisten dem crowdsourcenden anfragenden letztbegünstigten Unternehmen oder der unternehmensfremden eingeschalteten Plattform bereits aufgrund eines privatrechtlichen Vertrages abhängige Arbeit bzw. selbständige Dienste bzw. Werke i.w.S. gegen Entgelt, zu welchem der Crowdworkervertrag (entgeltlicher Werk- oder Dienstvertrag oder Mischform von beiden) hinzukommt. Damit sind jedenfalls Arbeitnehmer des anfragenden Unternehmens eindeutig *interne* Crowdworker. Bei Wirksamwerden einer Kündigung etwa, werden sie u.U. abrupt zu externen Crowdworkern. Prosumenten sind stets *externe* Crowdworker, weil sie zwar aufgrund ihres Dienstvertrages eigener Art bzw. Vorvertrages zum Kaufvertag, aber stets ohne Entgelt tätig sind. Denkbar sind weitere Selbstständige bzw. Arbeitnehmer, z.B. Gesellschafter-Geschäftsführer bzw. Nicht-Gesellschafter-Geschäftsführer als *interne* Crowdworker.

---

80 Leimeister/Zogaj, 81, HBS, Arbeitspapier 287,68 ff, mit informativen Grafiken,60, 63; In San Francisco, am Sitz des Unternehmens Crowdflower (www.crowdflower.com) beträgt der Mindestlohn 10,55 Dollar nach geltendem US-amerikanischem Recht im Bundesstaat Kalifonien. Die Crowdworker haben eine sog. „Class-Action", eine Statusklage, wegen Verstoßes gegen das Gesetz gegen unfaire Arbeitsbedingungen, insbesondere wegen Verstoßes gegen den Mindestlohn, erhoben. Diese hat durchaus Aussichten auf Erfolg.

81 Z.B. auf microworkers.com: Hirth/Hoßfeld/Tran-Gia, Anatomy of a Crowdsourcing Platform - Using the Example of Microworkers.com. http://www3.informatik.uni-wuerzburg.de/staff/matthias.hirth/author_version/papers/conf_410_author_version.pdf, 1 (8).

Ein crowdsourcendes Unternehmen kann auch die Mitglieder seines „festen Schwarms" per Crowdsourcing-Vertrag an jeden Einzelnen direkt über eine unternehmenseigene Plattform oder unter Einschaltung einer unternehmensfremden Plattform beauftragen[82]. Diese sind externe Crowdworker, wenn mit ihnen noch kein anderer Vertrag zur Leistung von Dienstleistungen oder Werken i. w. W. besteht oder sobald dieser nicht mehr besteht. Gehören sie - ohne Vertrag - schlicht zum sozialen Netzwerk, dann sind sie als externe Crowdworker zu bezeichnen.

Das Unternehmen verpflichtet *interne* Crowdworker regelmäßig darauf, ihm keine Konkurrenz über andere Plattformen zu machen und seine Geschäftsgeheimnisse zu wahren. Das allein begründet noch keine besondere soziale Schutzbedürftigkeit, soweit ihr Lebensunterhalt anderweitig gesichert ist.

Bei Zwischenschaltung einer unternehmensfremden (vermeintlich wirtschaftlich unabhängigen) Plattform weiß der Crowdworker allerdings regelmäßig nicht, welches Unternehmen die von ihm gelieferte Lösung letztlich begünstigt. So beantwortet er evtl. als Arbeitnehmer des anfragenden Unternehmens die Ausschreibung einer unternehmensfremden Plattform, „gefühlt" als *externer nebenberuflicher* Crowdworker, obwohl der Plattformgeber wirtschaftlich von seinem Arbeitgeber abhängt, diesem die AGB vorgibt, obwohl er realiter eigentlich als *interner* Crowdworker ein Problem seines Arbeitgebers löst und deswegen tendenziell niedriger gescort wird. Ansonsten sind hauptberufliche *externe Crowdworker*, die aus dieser Tätigkeit regelmäßig und dauerhaft überwiegend ihren Lebensunterhalt bestreiten - vorbehaltlich begrifflicher Ungereimtheiten - tendenziell schutzwürdiger als nebenberufliche *interne Crowdworker*.

2. Innovatives Crowdworking und Mischformen

Eher unproblematisch erscheint das aus den USA kommende innovative Task-Rabbit-Verfahren.

Hier engagieren zumeist vielbeschäftigte gutsituierte Privatpersonen einen „Auftragshasen" für alle möglichen lästigen kleinen und größeren Pflichten des Alltags, wie Aufräumen, Anrufen beim Call-Center ihrer

---

82 Beispiel: www.braincrossing.de, eine GmbH, deren „Mitglieder" im festen crowdsourcer-Schwarm anscheinend gleichzeitig Gesellschafter sind, zu denen nur Hochbegabte ab einem IQ von 130 zählen.

Krankenversicherung, Umzug, Rückholung eines verlorenen Gegenstandes etc. pp. Diese Variante scheint regelmäßig mit großzügigeren Entgelten - wiederum nach dem Scoring-Stand des Crowdworkers - vergütet zu werden[83]. Dieses gilt vorbehaltlich der sehr unterschiedlichen AGB der Plattform bzw. des Unternehmens.

Denkbar sind auch Mischformen des intern-externen Crowdworking, wo ein interner und/oder externer Crowdworker die gleiche Lösung mehreren Plattformen anbietet, oder wo - offen oder verdeckt - die Arbeit interner und/oder externer Crowdworker durch Arbeitnehmer oder die Arbeit von Arbeitnehmern durch interne oder externe Crowdworker kontrolliert wird. Das hätte entsprechende Konsequenzen für das Scoring aller betroffenen Personengruppen und ihre daraus resultierenden Auftrags- bzw. Entgelterwartungen für die Zukunft.

3. Hauptprobleme

Crowdworking auf der virtuellen, ubiquitär verfügbaren „Cloud" ist nicht an reale Arbeitsorte, -plätze, -mittel, an Arbeitszeiten als Gegenteil von Freizeit[84], an Betriebe, Branchen und Sektoren, Staaten gebunden, mithin räumlich, zeitlich, inhaltlich-strukturell und national entgrenzt.

Besonders Crowdworker, die ausländischen Plattformen oder ausnahmsweise: ausländischen anfragenden Unternehmen korrespondierende Lösungen als Werk- oder Dienstleistung zuliefern, haben regelmäßig starke Probleme bei der Vertragsdurchführung und der Durchsetzung ihrer berechtigten privatrechtlichen Forderungen, u.a. auf angemessene Vergütung, welche sich aus der Anwendbarkeit ausländischen Rechts - aufgrund des Kollisionsrechts - besonders bei Beteiligung von Unternehmen außerhalb der EU ergeben. Liefern sie deutschen Plattformen bzw. anfragenden Unternehmen zu, gilt grundsätzlich deutsches Recht, mit einer umfänglichen Inhaltskontrolle der AGB gem. §§ 305 ff BGB bzw. nach den Grundsätzen des BVerfG[85], welche allerdings bei Dauercrowdworkern eingeschränkt ist,

83 Welt am Sonntag v. 13.04.14; „Taskrabbit.com" gibt es in Europa über „Mila.europe" oder in D: „www.helpling.de"
84 Schlegel, NZA, Beilage 2014, 16 m. w.N.
85 Däubler, Crowdworkers - Schutz auch außerhalb des Arbeitsrechts? in: Benner, (Hrsg.), Crowdworking, Sammelband 2014, noch unveröffentlichtes Manuskript, vom Autor vorab zur Verfügung gestellt, 6 ff (gelöscht), grundlegend mit Anwendungsbeispielen deutscher Plattformen, 6ff.

weil sie auch als Mikrounternehmer „Unternehmer" gem. § 14 BGB sind, obwohl sie schutzwürdiger als Gelegenheitscrowdworker sind, die eindeutig als Verbraucher gem. § 13 BGB gelten[86].

Folgende Punkte kritisieren die Crowdworker hauptsächlich: eine unsichere Bezahlung und /oder eine niedrige Bezahlung, lange Verzögerungen vor Zahlung des Entgelts bzw. der Erstattung entstandener Kosten, eine nur mangelhafte Vollstreckung von (Rest-) Forderungen gegen die letztbegünstigten Unternehmen, die regelmäßig nicht Auftraggeber sind. Auch Unaufrichtigkeit und betrügerische Zielformulierungen bei den Aufgaben und die Untragbarkeit von zu engen Zeitvorgaben werden beklagt. Zudem wird fehlende Kommunikation mit anfragendem Unternehmen und Administratoren der Plattform bemängelt. Ihnen würden oft die Kosten der Auftraggeber aufgebürdet[87].

Einige Crowdworker werden in einer dreigliedrigen Crowdworking-Vertragsbeziehung in Unkenntnis der tatsächlichen wirtschaftlichen Umstände - ihrem (früheren) Arbeitgeber als nebenberuflicher interner oder arbeitsloses externer Crowdworker intelligente Lösungen über die Plattform liefern. Dann wird das Unternehmen in genauer Kenntnis ihrer Identität höhere Anforderungen an ihre Lösungen stellen und sie tendenziell niedriger scoren unbekannte Crowdworker. Den erkannten Crowdworker bleibt im Dreieck die Identität des letztbegünstigten Unternehmens regelmäßig unbekannt. Z. T. völlig neue Vertragsmodelle bilden sich aufgrund von sich ändernden AGB der Plattformen bzw. des Unternehmens mit der Zeit heraus. Dieses gilt auch für die intransparenten, regelmäßig als Geschäftsgeheimnisse gehüteten, Scoring-Programme. Sie sollen der vereinfachten, scheinbar intelligenten prozentualen Kontrolle der gelieferten Lösung „nach Schema F dienen. In ihrer robotischen Linearität mit oft inkonsistenter und damit ungerechter Beurteilung bilden sie einen Dauerstressor für die Crowdworker.[88]

---

86 Däubler, a.a.O.4 ff. , unter Hinweis auf BVerfG, Beschl. v. 19.10.1993, 1 BvR 567/89, 1 BvR 1044/89, BVerfGE 89, 214 (232).
87 Klebe/Neugebauer,a.a.O. zu Amazon Mechanical Turk und Turkopticon als Meinungs- und Bewertungsplattform, 6 m.w.N.
88 Strobel, Zündfunk, Rundfunksendung, 7.5.14, BR II, http://cdn-storage.br.de/MUJIuUOVBwQIbtChb6OHu7ODifWH_-bG/_-iS/_yN6_28f/140112_2205_Zuendfunk_Crowdwork-Vom-Entstehen-der-digitalen-Arbei.mp3

VI. Mögliche Lösungsansätze

Der - oft nicht vorhandene[89]- Betriebsrat vertritt nach dem BetrVG ständige *Arbeitnehmer* gem. §§ 1, 5 BetrVG, u.a. zur Sicherung eines Mindestentgelts, des sozialen und technischen Arbeitsschutzes, inkl. Gesundheits- und Datenschutzes. Das BetrVG gewährt zwar bereits echte Mitbestimmungsrechte bei Betriebsänderungen, etwa bei der Einführung neuer digitaler Scoring-Programme zur Evaluierung der Arbeitsleistung, inkl. Zeiterfassung etc. von Arbeitnehmern. Das auf den - sich auflösenden - Betrieb bezogene BetrVG ist aber sukzessive an globale digitale Arbeitsbedingungen und Vertragsmodelle und –bedingungen für wirtschaftlich abhängige Selbstständige, insbes. Crowdworker, anzupassen, um Betriebsräten weitere Möglichkeiten zur Wahrnehmung ihrer komplexen anspruchsvollen Aufgaben zu geben[90]. Der Betriebsrat wird im Zuge der Digitalisierung an Bedeutung verlieren, zunehmend virtuell agieren, sich auf Unternehmens- bzw. Konzernebene, möglichst weltweit, netzartig-global - als „Weltbetriebsrat"[91] aufstellen müssen. Dieser könnte über die Gewerkschaften ein globales virtuelles Forum für *alle schutzbedürftigen Erwerbstätigen*, insbesondere für Crowdworker, schaffen. Auch die Unternehmen und ihre Verbände haben zur Qualitätssicherung und kontinuierlichen Identitätsbildung am Markt ein eigenes Interesse daran, besonders hochqualifizierte Innovationsträger zu fairen Arbeits- bzw. Vertragsbedingungen dauerhaft für sich zu gewinnen und zu behalten. Mangels Arbeitsvertrags sind - global geltende - maßvolle Mindestvertragsbedingungen für Werk- bzw. Dienstvertragsnehmer, insbesondere schutzwürdige durchschnittlich gescorte Dauercrowdworker, auszuhandeln. Mehr Marktmacht ließe sich für sie über Öffnungen der Gewerkschaften für schutzbedürftige Selbstständige i.w.S[92] schaffen, was we-

---

89 Leimeister/Zogaj, HBS, Arbeitspapier 287, 68 (69 ff), mit informativen Grafiken, 60, 63, (7).

90 Antrag von Abgeordneten der SPD auf Fortbildung des BetrVG für eine Betriebsverfassung des 21. Jahrhunderts v. 14.05.2013, BT-Drs. 17/13476, 2 ohne die Digitalisierung speziell zu erwähnen; Leimeister/Zogaj, HBS, Arbeitspapier 287, 68 (69 ff, 85).

91 Seyboth, Kommentar zur Industrie 4.0-Betriebsverfassung 4.0, Rechtspolitischer Kongress der FES, 25./26.03.14, 3, 1,www.friedrich-ebert-stiftung.de.

92 Verdi als Beispiel für die Öffnung von Gewerkschaften für Selbstständige:http://tk-it-nord.verdi.de/personengruppen/freie-und-selbststaendige (Landesverband Nord).

gen Verringerung der Arbeitnehmerzahlen und Zusammenwachsens der digitalen Erwerbstätigkeit auch im gewerkschaftlichen Interesse wäre. Ansonsten sollten Crowdworker über ihre globale Vernetzung und Organisation in - z. T. neu zu gründenden - Berufsverbänden - über social media - die globale Öffentlichkeit, insbesondere die Prosumenten, wahrheitsgemäß über unfaire Crowdworking-Vertragsbedingungen bestimmter Plattformgeber bzw. anfragender letztbegünstigter Unternehmen informieren, neuartige kollektive flash-mobs oder gar Boykotte initiieren[93]. Zudem gibt es bereits spezielle Bewertungsplattformen, wo Crowdworker die Fairness der Plattformgeber bzw. anfragenden Unternehmen bewerten können[94].

Staatliche Stellen könnten die Gründung gemeinnütziger Fair-Plattformen[95], z.B. in Form einer Genossenschaft[96], steuerlich oder PR-mäßig über social media fördern.

Selbstständige Crowdworker unterfallen ohne Gesetzesänderung nicht dem Arbeitsrecht, insbesondere nicht den Bestimmungen zum technischen und sozialen Arbeitsschutz. Es mehren sich die Stimmen in der Literatur, *alle schutzbedürftigen Erwerbstätigen,* auch digitale Selbstständige i. w. S., insbes. die Crowdworker - ohne Rücksicht auf alte dogmatische Strukturen[97] - effektiv gegen einen sog. „Unterbietungswettbewerb" zu unfairen Bedingungen zu schützen. Dieses gilt vor allem für ein *Mindestentgelt* pro Stunde, den sozialen und technischen Arbeitsschutz, den Datenschutz und

---

93 Däubler, Crowdworkers - Schutz auch außerhalb des Arbeitsrechts? in: Benner, (Hrsg.), Crowdworking, Sammelband 2014, (noch unveröffentlichtes Manuskript), vom Autor vorab zur Verfügung gestellt, 19 ff m.w.N. mit vielen interessanten Beispielen.

94 Klebe/Neugebauer,a.a.O., www.turkernation.com (Amazon ist bloßer Plattformgeber) als Meinungs- und Bewertungsplattformen bzw. Foren, 6 m.w.N, und www.turkopticon.com u. U. als freiere Weiterentwicklung.

95 Ähnlich:"Co-working-Spaces" in Bezug auf ergonomische und modellhafte Telearbeit: Schwemmle/Wedde, Digitale Arbeit in Deutschland, 2012, 104.

96 Auch Rifkin erwartet in seiner Zukunftsvision die massive Gründung von Genossenschaften zum vermehrten Güteraustausch in einer nachkapitalistischen Gesellschaft des Teilens: Süddeutsche Zeitung, Nr. 213, 16.09.14; Rifkin, die Null-Grenzkosten-Gesellschaft, 237 f. unter Hinweis auf sieben Bauprinzipien als integrale Bestandteile jeder effektiven Allmende von Elinor Ostrom und Kollegen.

97 Wißmann, AuR 2014, 46 (50), zur Entwicklung des Arbeitsrechts in DEU und Europa; Nebe, AuR 2014, 51 (57), die die Innovationskraft des BetrVG, die Verantwortung der Gerichte bei der Rechtsfortbildung betont, und darauf hinweist, dass EU-RL den erweiterten Schutzbegriff schon kennen; Klebe/Neugebauer, 7.

das Urheberrecht[98]. Statt eines global einheitlichen Mindeststundenlohns sollten - unter Einschaltung des ILO der UN - Mindeststundenentgelte nach dem Beschäftigungsort des Crowdworkers *differenziert* festgesetzt werden. Schutzwürdige Dauercrowdworker unterfallen regelmäßig auch nicht dem § 12a TVG. Diese Vorschrift könnte allgemein um diese erweitert werden, um vor allem deren Vergütung in tariflicher Höhe (vergleichbarer Arbeitnehmer) - nach ihren Werk- oder Dienstverträgen - zu regeln. Damit würde das Prekaritätsrisiko dieser überwiegend hochgebildeten flexiblen Innovationsträger erheblich sinken.

Zusätzlich sollten insbesondere Schwarmselbständige gem. § 30 SGB I mit Wohnsitz in Deutschland sozialrechtlich über die steuerfinanzierte Existenzsicherung, die Grundsicherung nach dem SGB II, hinausgehend abgesichert sein, für Phasen verminderter oder fehlender Kreativität bzw. verminderter Dienstvertrags-/Werkvertragsauftragsangebote bzw. -erfüllungen. Ihre Aufnahme in einen eigenen der Künstlersozialversicherung ähnlichen Zweig etwa: „für Schwarmselbständige", wäre überlegenswert. Diese neue soziale Absicherung würde zudem global zumeist hochqualifizierte Innovationsträger dazu bewegen, ihren Wohnsitz nach Deutschland (zurück-) zu verlegen.

Zudem ist das deutsche Arbeits-, Privat- und Sozialrecht sowie das Kollisionsrecht, das EU- und Völkerrecht angesichts der obigen Probleme, wie Datenschutz, Haftung, Arbeitszeit, Fortbildung, Urheberrecht etc. der digitalen Arbeit i.w.S. innovationsadäquat anzupassen. Besonders schutzwürdigen hauptberuflichen Dauercrowdworkern sollte man durch Erweiterung des Verbraucherbegriffs in § 13 BGB eine *umfassende* AGB-Kontrolle gem. §§ 305 ff BGB ermöglichen, was Plattformen bzw. Unternehmen allerdings nur bei Anwendbarkeit deutschen Rechts[99] treffen würde.

Die bald in Kraft tretende EU-GrundVO zum Datenschutz[100] sollte durch eine EU-Rechtsetzung für Mindestvertragsbedingungen für „Crowdworker", möglichst unter gleichzeitiger Schaffung eines sicheren EU-Datennetzes ergänzt werden. Internationale Abkommen (UN, EUROPARAT) zur

---

98 Pech/Hartmann, Lizenzmodelle in der Cloud, ZUM 2014,22 ff zu Urheber- und Nutzungsrechten angesichts der nicht mehr möglichen Erschöpfung der Auflage bei Speicherung in digitalen Medien.

99 Däubler, Crowdworkers - Schutz auch außerhalb des Arbeitsrechts? in: Benner, (Hrsg.), Crowdworking, Sammelband 2014, (noch unveröffentlichtes Manuskript), vom Autor vorab zur Verfügung gestellt, 4, 6.

100 Geplante EU-GrundVO 2012/0011 zum Schutze „jeder betroffenen natürlichen Person" (nur) von „*gespeicherten*" Daten, Vorschlag v. 25.01.2012; dazu Schaar, Computer und Arbeit 2013, 24 (25).

Vereinheitlichung der Vertragsstandards für schutzwürdige Crowdworker, zur verbesserten Durchsetzung ihrer privatrechtlichen Forderungen gegenüber ihren Vertragspartnern und zur Cyber-Sicherheit sollten ergänzt werden. Auch wenn letztere erst nach erfolgter Unterzeichnung aller Vertragsstaaten u n d Umsetzung in das jeweilige nationale Recht voll wirksam werden, sind wenigstens frühzeitig erste Verhandlungen zur Lösung der kollisions- und völkerrechtlichen Probleme - durch das ILO der UN - anzustoßen.

VII. Ausblick

Bei der globalen Produktion von Waren und intelligenten Dienstleistungen in Cyber-Physischen-Systemen (CPS) werden sich Arbeits- und Vertragsbedingungen aller digitalen Erwerbstätigen voraussichtlich angleichen. Prosumenten werden - unentgeltlich - zunehmend in die Erledigung von Unternehmensaufgaben eingebunden, welche zunehmend an sog. *Crowdworker* global outgesourct werden. Das (Zusatz-) Entgelt bzw. die Vergütung der Selbständigen bemisst sich nach dem Ergebnis verwenderzentrierter Scoring-Pogramme der Unternehmen.

Aus der räumlichen, zeitlichen, inhaltlich-strukturellen und nationalen Entgrenzung von digitaler Arbeit i. w. S. erwachsen für die Unternehmen, die Erwerbstätigen und Prosumenten *multiple Flexibilitäts- und Einsparungspotenziale* und enorme politische Chancen, u.a. zur Herstellung der Balance zwischen Beruf und Familie und vor allem zur Schließung der demografischen Lücke.

Andererseits bringt die *Internationalisierung* für prekäre Selbständige, insbesondere Crowdworker, mehr Nachteile als für digitale Arbeitnehmer, was diese schutzwürdiger als jene erscheinen lässt. Dennoch werden sie trotz vergleichbarer Schutzbedürftigkeit - noch - nicht mit den Arbeitnehmern gleich behandelt. Sie werden noch - nicht als Verbraucher, sondern als *Unternehmer* betrachtet, weswegen ihre Crowdworkerverträge selbst unter Geltung des deutschen Vertragsrechts gem. §§ 305 ff BGB nur eingeschränkt überprüfbar und ggfs. korrigierbar sind. Unter Geltung ausländischen Rechts, insbesondere Nicht-EU-Rechts, verschärfen sich die Durchsetzungs- und Vollstreckungsprobleme, potenzieren sich in einem Nicht-EU-Staat.

Digitale Erwerbstätige, Arbeitnehmer wie Selbstständige, insbesondere Crowdworker, sind gleichermaßen erhöhten Datenschutz- bzw. Datensicherheits- und gesundheitlichen Gefahren ausgesetzt. Ihr Datenschutz ist aufgrund von „big data" mit Auswertung durch „smart data" und insbesondere bei fehlerhaftem, oft intransparentem scoring kaum noch gewährleistet. Dieses betrifft auch KMUs, insbesondere in ihren Geschäftsgeheimnissen. Das umfassende scoring und die Möglichkeit der Kontrolle von Arbeitnehmern durch Crowdworker oder Crowdworker durch Arbeitnehmer oder (weitere) Crowdworker - übt diffuse Zwänge zur Selbstoptimierung und zur digitalen Dauerpräsenz aus.

Vor dem Hintergrund des Crowdworking ist ein *umfassender gesamtgesellschaftlicher Dialog* von Arbeit- bzw. Auftraggebern, Arbeitnehmern wie Crowdworkern, Betriebsräten (auf allen Ebenen), Gewerkschaften, Arbeitgeberverbänden, Berufs- und Verbraucherverbänden sowie allen staatlichen Stellen, u.a. über die *veränderte Stellung von Arbeitnehmern und Selbstständigen in der Arbeitswelt* zu führen, eingebettet in einen „weltgesamtgesellschaftlichen Diskurs"[101]. Neuartige Vertragsmodelle, wegweisende Betriebsvereinbarungen, Tarifverträge, zur Gestaltung fairer Arbeits- bzw. Vertragsbedingungen inkl. umfassender Anpassungsfortbildung für alle Altersgruppen sollten so entwickelt bzw. näher ausgestaltet werden. Auch steuerrechtliche und finanzielle Anreize für eine stärkere, qualifikationsgerechte Frauenerwerbsbeteiligung, eine längere Lebenserwerbsphase, „gute faire Arbeit", Bildung und Qualifizierung der Mitarbeiter[102], ggfs. unter Bestimmung von Ausschlüssen von der Vergabe staatlicher Aufträge, von Vertragsstrafen und neuen Haftungsmodellen, könnten gesetzt werden.

Die *nationale, supranationale und internationale staatliche* Rechtsetzung (deutsches Arbeits-, Privat- und Sozial- und Steuerrecht, Kollisionsrecht, EU- und Völkerrecht), ist innovationsadäquat an die veränderte globale digitale Arbeitswelt, nicht nur an das Crowdworking, anzupassen. „Besser statt Billiger-Strategien" sollten - weltgesamtgesellschaftlich über einen Weltbetriebsrat bzw. Weltarbeitnehmerforum[103] - zugunsten aller Erwerbstätigen abgestimmt werden. Datenschutz und -sicherheitsbestimmungen sollten für Unternehmen, Arbeitnehmer und weitere Erwerbstätige mit neu auszuhandelnden Zweckbestimmungen für die erhobenen Daten, neu zu treffenden Verhältnismäßigkeitsabwägungen zur Erhebung und Verwendung, Verschlüsselung und festen (möglichst kurzen) Löschungsrhythmen

---

101 Umsetzungsempfehlungen Industrie 4.0, mit Handlungsempfehlungen, 58, 65 April 2013.
102 Steinberger, Arbeit in der Industrie 4.0, CuA 2013, 4 (11);
103 Seyboth, Kommentar zur Industrie 4.0-Betriebsverfassung 4.0, Rechtspolitischer Kongress der FES, 25./26.03.14, 3, 1,www.friedrich-ebert-stiftung.de.

entwickelt werden. Die *nationale digitale Agenda für 2014 - 2017*[104] und *der IT-Planungsrat* können - national - wichtige Weichen für die - rechtzeitig aktiv zu gestaltende - Zukunft die Arbeit stellen.

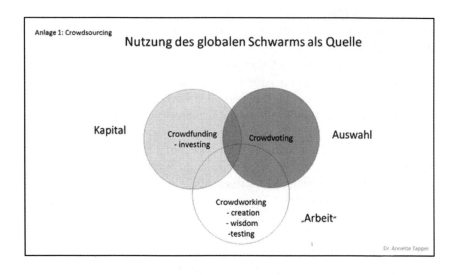

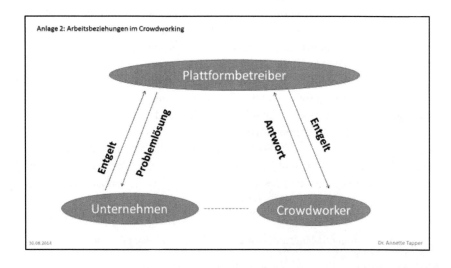

104 wurde am 20.08.14 von der Bundesregierung beschlossen, becklink 1034129, beck-online.de

Autorenverzeichnis

Ellen Abel, Senior Consultant, CapGemini Deutschland GmbH.

Fabian Dziamski, Rechtsreferendar beim Oberlandesgericht Koblenz.

Prof. Dr. *Wolfgang Ewer*, Rechtsanwalt, Fachanwalt für Verwaltungsrecht und Partner der Kanzlei Weissleder Ewer in Kiel, Honorarprofessor an der Christian-Albrechts-Universität zu Kiel sowie von Mai 2009 bis Juni 2015 Präsident des Deutschen Anwaltvereins.

Dr. *Nikolas Hill*, ehemals: Staatsrat bei der Behörde für Justiz und Gleichstellung Freie und Hansestadt Hamburg, davor Staatsrat bei der Kulturbehörde Hamburg.

Univ.-Prof. Dr. *Mario Martini*, Lehrstuhl für Verwaltungswissenschaft, Staatsrecht, Verwaltungsrecht und Europarecht an der Deutschen Universität für Verwaltungswissenschaften Speyer.

Dr. *Robert Piehler*, Projektmanager Abo & eTicket, Deutsche Bahn AG, Frankfurt am Main.

RORin Dr. jur. *Annette Tapper*, Referentin, Zentrale der Bundesagentur für Arbeit, Nürnberg, zwischenzeitlich Referentin für Wirtschaftspolitische Fragen des Arbeitsmarktes, Bundesministerium für Wirtschaft und Technologie, Berlin, Kontakt: mail@annette-tapper.de.

Edgar Wagner, Landesbeauftragter für den Datenschutz und die Informationsfreiheit Rheinland-Pfalz.

Horst Westerfeld, Staatssekretär a. D. im Hessischen Finanzministerium und ehemaliger CIO der hessischen Landesregierung sowie Mitglied des IT-Planungsrates.

Dr. *Petra Wolf*, Executive Director, Institute for Public Information Management München.

Univ.-Prof. Dr. *Heinrich A. Wolff*, Lehrstuhl für Öffentliches Recht, insbesondere Staatsrecht und Verfassungsgeschichte an der Europa-Universität Viadrina Frankfurt (Oder).